海上絲綢之路文獻集成

總主編　陳支平　陳春聲

歷代史籍編 18

主編　范金民

国家出版基金项目
NATIONAL PUBLICATION FOUNDATION

海峽出版發行集團
THE STRAITS PUBLISHING & DISTRIBUTING GROUP
福建人民出版社

本册目次

西洋雜志八卷（卷六至卷八）

〔清〕黎庶昌撰

西洋雜志卷第六

西洋雜志卷之第六

英國錢幣

蒓齋雜記英國錢幣金錢三品大金錢每箇以磅稱名為色佛倫值通行銀錢名施令者二十次金錢名哈夫色佛倫哈夫半也值十施令次小金錢值五施令又有所謂格尼者每個值二十一施令今已不鑄祇以一磅一施令計算銀錢五品大銀錢名克老思值五施令次銀錢名哈夫克老思值兩个半施令又次名弗老侖值二施令小銀錢名施令此為通行之品每个值大銅錢十二枚最小銀錢名塞克思本司或作辨士即銅錢六枚也銅錢三品大銅錢名佩尼每十二佩宜值一施令英稱則曰佩尼自本以後皆稱本司中銅錢名每佩宜即半佩尼小銅錢名發丁四發丁值一佩尼四十八發丁為一施令也銀幣自五磅為始至於十百千萬

法國錢幣

法國金錢三品大金錢每個值二十佛郎抵英之十六施令次金錢每個值十佛郎小金錢每個值五佛郎銀錢五品大銀錢每個值五佛郎次銀錢每個值二佛郎亦有值二佛郎半者不常用小銀錢名佛郎此爲通行之品再小者每個值半佛郎名爲五十桑的模最小者值二十桑的模每五個爲一佛郎銅錢三品大銅錢每個值十桑的模中銅錢每一個值五桑的模名曰蘇小者名爲桑的模每一百桑的模值大銅錢十枚作佛郎一個銀幣自一百佛郎至二百五百一千一萬

德國錢幣

德國金錢三品大金錢每個值二十馬克名多布尔克然譯言加倍王冠也次金錢每個值十馬克名克隆譯言王冠小金錢每個值五馬克銀錢六品大銀錢每個值五馬克次銀錢每個值三馬克名他拉又次每個值二馬克小者曰馬克此爲通行之品再小者值半馬克即五十分尼最小者值二十分尼銅錢四品白銅二品大者每個值十分尼十個爲一馬克名克魯士

深小者值五分尼名色克色紅銅二品大者值二分尼小者曰分尼馬克分兩較重於佛郎而微輕於施令

日國錢幣

日國金錢三品大金錢每个值二十五備細逹次金錢每个值十備細小金錢每个值五備細逹從前尚有值十五二十八十備細逹者今已收回改鑄銀錢六品大銀錢每值五个備細逹小銀錢每个名備細逹此二種皆通行之品次者每个值二備細逹半每次者值二備細逹小者值半个備細逹最小者值二十五桑的模銅錢四品大者每个值十桑的模次者五桑的模小者二桑的模最小者名桑的模此皆近時改從法國樣式者也舊時通名銅錢為瓜多每八个半瓜多作一个尔亞尔每四个尔亞尔作一个備細逹又有叉卜名目每十七叉卜作一个尔亞尔現均不用然民間買物猶以尔亞尔計筭銀幣自五十備細逹為始以至一百二百五百一千

俄國錢幣

俄國金錢三品大金錢名因必拉值銀錢名盧布者十個次金錢名卜魯因必拉值五盧布小金錢名車拉倭尼子值三盧布此皆指銀盧布而言若紙鈔盧布則市價不同銀錢八品大銀錢名盧布每個值銅錢名哥貝克者一百此爲通行之品次名煩尔賸尼克兩个值一盧布又次名車其威尔達克四个作一盧布又次名比阿刁但尼五个值三車其威尔達克又次名格伍多力温尼別名杜瓦賽哥貝者值二十哥貝克有名佩那賽哥貝克者值十五哥貝克有名各力温尼別名狄賽哥貝者值十哥貝克最小者名比阿達鉌克值五哥貝克銅錢九品大者名比阿七哥貝又有名佩達鉌克即銀中之小者均值五哥貝克次名阿拉的別名他立哥貝者值三哥貝克又次名杜瓦哥貝者值二哥貝克小者名阿丁哥貝哥貝之下名金嘎二金嘎爲一哥貝克最小名克茂什四克茂什爲一哥貝克此二種已不行使銀幣自

一盧布三盧布五盧布以至十百千萬皆用紙鈔銅銀兩種其價與紙鈔同

意國錢幣

意大里金錢三品大金錢每个值二十佛郎記次金錢值十佛郎記小者值五佛郎記銀錢五品大銀錢每个值五佛郎記次者值二佛郎記小者名佛郎記此為通行之品再小者值半佛郎記即五十桑的西米最小者值二十桑的西米銅錢三品大者十桑的西米次者五桑的西米一名索而度最小者名桑的西米銀票自一佛郎記以至十百千萬

奧國錢幣

奧國金錢三品大金錢每个值二十古爾敦次者名每倍爾杜嘎吞每个值十古爾敦又次者名杜嘎吞每个值五古爾敦銀錢七品大銀錢每个二百分值二古爾敦次者兩種均名他拉一為百七十五分一為百五十分又次每个一百分名古爾敦值銅錢名克賴則爾者十枚小者一為二十

五分一為二十分一為十分一為五分共二十分以下三品今已停鑄銅錢三品大者每个值四克賴則爾次者名克賴則爾此為通行之品最小者每个值克賴則爾之半銀幣自一克賴桌以至十百千萬

歐洲地形攷畧 據法文譯音

莊齋雜記歐羅卜即歐羅巴分十五大區在北四區曰蓋格勒待爾即英國三島總名為格朗得布乃丹業都城為郎得爾即倫敦曰丹勒馬爾克即丹國都城為高奔納克曰難得曰諾爾威什即瑞典挪而威都城為司多叩爾墨曰羅而豫洗即俄羅斯都城為三比得司布爾者中六區曰佛郎司即法國都城為巴黎曰伯爾希克即比利時都城為卜豫塞爾曰葛朗特即荷蘭國都城為拉騃曰須衣士即瑞士都城為拔爾樗曰奧脫利什蓋格里即奧斯馬加蓋〻平聲後仿此都城為維馬納曰阿爾曼尼即德國俗希豫司即布魯司合眾小國而成都城為伯爾靈者南五區曰波爾撻加爾即葡萄牙撻地廷切後仿此都城為利司

奔曰哀斯班業（即西班牙）都城爲馬得利曰意大里都城爲尔諾模馬（即羅

曰堆尔措（即土耳其）都城爲岡司當地奴布尔曰格賴司（即希臘）都城爲

阿丹納（以下各國分省分府）英格勒待尔分五十二工待（伯爵之稱古以封分治今治事所院凡者之總府）

在北者六一曰諾尔當伯尔蘭其城爲紐加司得勒（阿母司湯炮廠在此城）二曰工伯爾

郎其城爲加尔利尔三曰都尔阿穆其城爲松得尔蘭四曰要尔克其城

同名著名之城曰涉費夜尔得五曰威司莫尔蘭其城爲阿卜賴比六

曰郎加司得尔著名之城曰蔓舍司得尔（即滿徹司得織布局最多）曰利未普尔（即立沸普尔爲

地球上之第一通商大海口其次則數美國之紐約尔克）在東者九一曰蘭哥尔納二曰諾尔敷尔克其

城爲諾尔威徹三曰須弗尔克其城爲伊卜司威什四曰岡布利直五

曰運定東（即安定頓）六曰拜得弗尔七曰哀尔脫弗尔八曰哀塞克司

其城爲舍尔木司弗尔九曰密尔塞克司其城爲郎得尔（即倫敦地球上第一大都

會其次則數巴黎）在南者十一一曰岡（英語曰干脫英法過渡之海口曰多勿尔曰浮克司敦皆在此府）其城曰秉得

司多里二曰須尔類其城爲揩尔得付尔三曰須塞克司其城爲利

國司著名之埠曰布利克敦（即子來敦，消夏之地）四日拜爾克司其埠曰爾賴雅宮（即爾賴宮）五日蓋下同或名蘇當東其埠為究舍司待爾著名之埠曰蘇當東（即埽司阿母敦，通商海口）六日波爾自莫脫（即波自莫司，兵船海口）六日未爾脫其埠為薩利司比爾利（即埽爾司伯爾利）七日多爾塞其埠為多爾舍司待爾八日搜墨爾塞其埠為巴茲九日待砜其埠曰宸克司待爾著名之埠曰卜利莫茅十日高爾路達爾一名高爾路達伊其埠為度冋漫

右中英十五一日攙司待爾二日德爾比三日諾丁格穆四日厄爾豫得郎其埠為傍阿加穆五日賴塞司待爾六日司達弗爾七日楷大其埠為舍賴司勿比爾利八日宸爾付爾九日傍爾腮司待爾十日瓦爾威克著名之埠曰比爾漫加穆（即伯爾明根，煤鐵廠最多）十一日比千加穆其埠為宸勒司比爾利十二日捌克司付爾十三日格諾賽司待爾十四日蒙穆脫十五日

右西英十二一日蓋格賴塞其埠為波馬爾利二日加爾拉爾壽三日當比格其埠為爾豫母四日東蘭其埠為莫爾冋五日

墨尔地倭勒脫，其埠為多尔舍利。六曰芒句莫利，七曰加尔地岡，八曰尔
拉得諾尔，其埠為卜賴司敦。九曰布賴克闌克，十曰班布諾克，其埠
為哈佛尔付尔威司脫。十一曰加尔馬尔丹，十二曰格拉莫尔岡，其埠曰加
尔地弗。著名之埠曰寬細西亞。以下蘇格蘭　寬司哥分三十三土待在
北者九：一曰倭尔加得，其埠為稽尔克娃尔，在腮得郎島。二曰讀犒勒司，
其埠為未克。三曰須待尔朗，其埠為多尔諾克。四曰尔諾司、哀克諾
馬尔地，其埠曰丹。五曰安未尔勒司。六曰勒尔納。七曰密尔賴，一名哀
尔干，其埠為亮尔冉。八曰班弗。九曰阿伯尔敦。在中者十一：一曰干加尔地
細，或名墨亞尔齋，其埠為司多納伤。二曰付尔發尔。三曰伯尔脫。
四曰阿尔希尔，其埠為安未尔拉利。五曰比脫，其埠為尔諾得腮。六曰
東巴尔當。七曰司地尔蘭。八曰格拉克滿納。九曰干尔諾司。十曰費弗，
其埠為构巴尔。在南者十三：一曰蘭利脫葛，一名威司脫諾地安，其
城同名。二曰愛丁布尔，一名密得諾地安，其埠為愛丁布尔即埃丁伯尔質

都城三日防丹東一名克撥司脫地史其城同名印防定換四日伯爾威什
一名墨爾其城為拔即納五日爾謨克司比爾克其城為葸阿爾
克六日賓爾稽爾克七日抹布勒司八日蘭拉爾克莫名又城曰格拉
司哥九日爾郎拂穆拂十日扆伊爾十一日丹拂利夜司稽爾拘不利
脫十二日未克東以下屬爾蘭伊爾阴待尔為四省一曰廷爾司待爾
會城為耶東阿爾利二曰工謀克會城為加爾未三曰蘭司待爾
會城名為撞布蘭耶都布雲都城四曰滿司待爾會城曰高爾
克廷爾司待爾又分九工待一曰多勒加爾其城為利付爾二曰郎東
阿爾利三曰盡脫利模其城曰抹爾法司脫四曰依爾謀納其城為傣
馬格五曰費爾馬納格其城為扆利司稽穆六曰莫納圖七曰河爾
馬格八曰每宛其城為每宛巴脫利克九曰加仿工謀克分五工待
一曰賣但其城為加司特勒巴爾二曰司利哥三曰模脫利模其
城為加爾利克四曰爾諾司〻葛滿莽五曰加爾未蘭司待爾分十二

工待一曰阴付尔二曰杳司脱密亚脱其城为密兰舍三曰墨亚脱其城为脱利漫四曰鲁脱其城为东达尔克五曰埭帝兰占曰稽勒达尔其城为阿地七曰干格八曰魁因司其城为马尔利波尔鲁九曰稽尔干尼十曰加尔诺勿十一曰未克诺勿十二曰未克司付尔满司待尔分六工待一曰格拉尔其城为参尼司二曰利墨尔利克三曰地伯尔拉利其城为格诺罗尔四曰瓦阿尔付尔五曰高尔克六曰格尔利其城为脱拉赖（以下丹国）丹勒马尔克分两部一部曰灵阿即其城为未波尔格一部为群岛曰波尔的海中之腮阴岛其城为高奔纳克（即都城）曰孙悠尼岛会城为倭丹赛曰拉郎岛曰法尔司阿尔岛曰波尔楷尔本岛在大洋者曰伊司郎阿岛其城为尔赖加未克曰费尔罗威岛（以下瑞典挪而威）瑞典阿分三部一曰须袁阿其城为司多叩尔墨（即都城）二曰诺尔威什（即挪而威）其城为克利司地亚尼亚三为波尔的海之白阿阴岛倭阴阿岛及大西洋之诺弗丹岛（以下俄国）罗而豫浣在欧罗

卜者（即歐羅巴）分四部西部曰格朗埵会而弗蘭西省會為袁尔新付尔司内分八府一曰袁尔新付尔司二曰烏勒亞佊尔格三曰洼薩四曰拘汁悠五曰三客舍尔六曰未博尔格七曰達瓦司地歐司八曰阿色曰卜老克司波尔地格省會為三比而司布尔（即都城）内分四府一曰三比而司布尔二曰衣司多尼其株為尔賴未尔三曰利儀尼其株為尔利加四曰稚尔蘭而其株為塞兜曰羅而豫洗奥克西阴達尔固分八府一曰哥甫諾二曰未而伯斯克三曰未尔納四曰莫伊勒弗五曰格諾而漏六曰閔司克七曰儀利尼其株為熱多朱尔八曰色多利其株為嘎墨賴恭曰波蘭業者会為洼尔捜未内分十府一曰洼尔捜未二曰蘇茇尔稽三曰不閔克四曰諾木雞五曰嘎利恭六曰謝而多司七曰比要脫諾哥弗八曰尔拉多木九曰稽夜尔旬十曰靈布今中部曰格朗而羅而豫洗内分十九府一曰阿尔干干遮尔二曰儀諾賴恭三曰儀諾格達四曰納弗哥尔諾而五

曰孫尔㭊司拉弗六曰哥司脱諾馬七曰卜司哥弗八曰特費尔九曰司莫楞司克十曰莫司珂俄舊都十一曰勿拉地密尔十二曰尼什尼納弗哥尔諾以十三曰加路加十四曰都納十五曰尔利埶雅十六曰㭊尔賴尔十七曰當波弗十八曰𫗴尔司克十九曰倭尔諾勒日曰希地以羅而豫院內分四府一曰欽尔義哥弗二曰禄弗三曰波尔達洼四曰嘎尔哥弗東部曰加納以加三內分五府一曰米西脱嘎二曰伯尔木三曰嘎三四曰奔薩五曰新木比尔司克曰加納達司脱拉岡內分五府一曰烏發二曰倭蘭布尔三曰薩馬尔拉四曰薩拉多弗五曰阿司脱拉岡南部曰奴費尔羅而豫院我稱羅而豫院墨尔利地悠納尔內分五府一曰伯司薩尔拉比其埭為稽什勒弗二曰闌尔遜三曰袁加以尔里諾司拉弗四曰多尔利以一名克利味黑海北邊爲一其埭為細木費諾色尔五曰卜老克司以拉尔味地東其城為欽尔嘎司克至哥嘎司山北曰吕悅以郎司墱哥嘎司分為兩府

卷六　八

一曰司達未諾色爾，二曰達拔司當，其城為待爾奔脫，又另有兩府：
一曰待爾賴克，其城為稍爾屬夜分因克；二曰推邪，其城為埃加丹。
爾利諾達爾，其在亞西亞（即亞細亞）為兩大部。一部在西必爾利，其中
又分數部：在西亞曰多色爾國克，曰多木司克（即會城）；在中亞曰夜義
塞伊司克，其名之城為噶司諾亞因克，為伊爾姑司克（即会城，近巴伊加爾湖最）；
大在東亞曰亞非司克，曰脫阿司擇伊加利，會城為靡達；曰阿穆爾
（即黑龍江），會城為布拉哥未司稱司克；曰利多爾拉爾，會城為尼哥
拉夜分司克（此部所屬之白陵海口名為倍托兩波諾分司克；吉林至高麗海口名為弗拉地分司多克）。一部在亞西桑
脫拉爾（即中亞細亞，英法統稱土爾迄司丹），其中又分數部：曰西爾達爾利亞（即土耳邑國尚有者），
會城為塔什干；曰霍寨爾賴稱司克，会城為朱爾諾夜；曰費爾加
納，会城為闊坎（即浩罕）；曰薩爾拉夫商，会城為薩馬爾罕（即薩馬爾罕，俄國統入西
爾達爾利亞，不另為一部；此與布哈拉連界）；曰霍寨巴拉丁司克（即會城）；曰阿克莫令司克
（即會城）；曰土耳該伊；曰烏拉爾司克。四部為土人名稽爾稽司種類所居。

其在阿拉尔湖及喀司畳海之間曰阿母達尔利亞為土人名土耳高曼種類所居（此在西比境東南即機洼）以上東西兩大部凡會城地方皆有武官常兵駐紮謂之總督不謂之將兵而惟西尔達尔利亞總督哥甫曼統轄中亞細亞及西必尔利等處權如中國總督之制（以下法國）

佛郎国分八十七府（從前有今無）在北十七一曰諾尔其城為例而著名之城曰尔路信曰洼郎鏡二曰巴得加賴其城為阿尔拉司著名之城曰喀賴曰布隆業（兩處均英法海峽過渡處）三曰三納易費尔利夜尔其城為路汪著名之城曰勒阿弗尔四曰瑛尔其城為麦弗尔頓五曰加尔洼多司其城曰岡六曰蒼什其城為三諾著名之城曰舍尔布尔（兵船海口）七曰塌尔納其城為阿郎松八曰三納（巴黎河名）其城為巴黎（即都城）九曰三納宸洼司其城為末尔賽十曰三納宸馬尔納其城為墨郎著名之城曰苦丹勒不魯十一曰洼司其城為波未十二曰恩納其城曰郎十三曰倭伯其城為脱洼十四曰倭脱馬尔納其城為收孟十五曰馬尔納其城

為沙隴等名之城曰爾蘭㕵曰袞伯爾乃（西班牙酒出産）十六日阿爾丹納艾

城為墨即也爾十七日撥木其城為阿密擁土東十八一日墨爾脫袞

莫塞爾其城為陽西（一千八百七十年法為德所敗將巴爾蘭地方全割與德國又倭爾蘭之伯爾付爾及附近各城與剌什妹之一半墨爾脫之一半莫塞爾之一半仍收法國轄管屬德法因并為一府而改今名）二日墨塞其城為巴爾勒堆克三

曰倭白其城為袞汁納爾四日倭爾蘭其城為伯爾付爾（大炮台）五日都

其城為伯桑松六日倭脫撥思其城為瓦蘇爾七日執爾拉其城為

隴勒撥蒙夜八日哥脫窩爾（出紅酒有名）其城曰地茸九日思納其城為

倭爾塞十日撥思袞路注爾其城為馬工等名之城曰勒克賴所（鑄錢廠最有名）十一日安其城為布爾十二日爾老思其城為利酒（出絲綢）十三

曰路注爾其城為三簡興勒（煤廠及絲帶作坊甚多）十四日伊勑爾其城為格蘭

諾不爾十五日多爾木其城為瓦郎司十六日倭脫薩爾不其城為加

卜十七日薩瓦其城為商伯爾利十八日倭脫薩瓦注其城為安西

（若不郎大山在此之府）在角二十五一日布什堆爾諾納其城為馬賽耶（赴中國公司輪

船海口二日巴司薩尔卜其城为地業三日洼尔其城为伯拉精莫名之城曰都隆（兵船海口）四日阿尔卜馬尔利低木其城为羅麗司（此英國卜來敗為遊冬名勝之地）五日倭脫加尔諾納其城为都魯司六日達尔畏其城为阿尔比七日倭乃其城为加尔加三納八日底尔諾其城为蒂拜尔利夜九日加尔其城为義木十日諾賽尔其城为蒂乃十一日倭脫踰洼尔其城为勒比伊十二日阿尔待什其城为卜利瓦十三日比尔賴勒坳尔利央達尔貫城为伯尔比仰十四日阿尔夜日其埭为拂洼十五日巴司比尔賴勒其城曰波莫名之城曰巴要倫曰被阿尔利苏（浣濕斐）十六日熱伊尔登乃其城为色尔兜（通商海口紅酒有名）十七日每尔乃業其城为貝尔利猶十八日諾脫底加尔倫其城为阿冉十九日諾脫其城为加珈尔二十日阿未尔壟其城为尔落待苏二十一日達尔畏底加尔倫其城为孟多榜二十二日邛乃其城为孟乃馬尔桑二十三日熱尔其城为倭什二十四日倭脫比尔賴勒其埭为達尔不莫名之城曰巴業尔乃呂商

卷六　十

日巴爾賴日二十五日高爾司海島其城為阿蒽克修拿破侖第一生於此去西十三一日沙爾朗脫其城為叠孤勒模茀名之城日高尼亞克二日沙朗脫安費爾夜爾其城為爾諾金爾茀名之妹日爾諾什勇爾兵船海口三日維香納其城為布洼地夜四日堆塞勿堆篤歪切其城為義納爾五日枉待其城為拉爾諾什頗爾雍茀名之城日賴薩布爾多諾爾楞納六日伊勒袞來楞納其城為爾楞納七日哥脫堆諾爾其城為三不利构八日死義司待爾其城為干貝爾茀名之城日不賴司脫兵船海口九日莫爾比央其城為宛納十日路洼爾安費爾越爾其城為朗脫茀名之城日三納則爾往南亞墨利加海口十一日買勒袞路洼爾其妹為叠熱十二日薩爾脫其城為勒莽十三日買馬納其城為拉洼爾去中十四一日路洼爾賴其城為奧爾勒央二日尼爾袞路洼爾其城為沙爾脫賴三日路洼爾袞金爾其城為布魯瓦四日安得爾袞路洼爾其城為都爾五日茳堤爾其城為布爾日六日安得爾其城為沙現

尔路七曰義夜而尔其城為勒末尔八曰阿利夜其城為木蘭芙名之珠曰未舍九曰克藤曰其城為格尔賴十曰倭脫未馬納其城為利莫曰十一曰哥尔賴亦其城為堵尔十二曰比伊冈务木其城為格賴尔蒂費尔朗十三曰冈達尔其城為倭尔利亚克十四曰倭格呂司其城為阿未命共八十七府（以下比利時）伯尔希克分為九府一曰弗郎得尔奥克西蘭達尔其城為布呂什二曰弗郎得奥尔利央達尔其城曰岡三曰盎未尔其城同名四曰不拉邦墨尔利地悠納尔其城為卜鲁塞尔（即都城甚大）五曰底諾其城為蒙司六曰利夜日其城同名七曰納密尔其城同名八曰蘭布尔伯尔什其城為阿賽尔脫九曰呂克桑波尔伯尔什其城為阿尔龍（以下荷蘭）葛朗待分為十一府一曰珈阴得墨尔利地悠納尔其城為拉駭（即都城）二曰奥阴得賽十當脫利地悠納尔其城為阿木司待尔達木（或以此為都城甚大）三曰弗利司其城為呂越瓦尔敦四曰格諾蘭格其城同名五曰得朗脫其城為阿

三六曰阿朱尔伊賽尔其城為司傍尔七曰格尔洛納其城為阿尔勒穆八曰孫脱賴克脱其城同名九曰不拉邦賽卜雷脱利地悠納尔其城為希洼勒堆克十曰腮胡洛其城為客待尔希尔格十一曰蘭希尔奧尔胡待其城為買也司脱利克脱另有一府曰呂克桑波尔府城同名专為葛胡待君主自稽不列入十一府之内（以下瑞士）須尔士分二十二鄉（雖名為鄉實如各國之府）在北者六一曰巴尔二曰梭勒尔三曰阿尔哥未四曰蘇利克五曰堆尔哥未六曰沙費司在東者四一曰三加尔百阿蒂則尔二曰格拉尔利蘇四曰格利松在南者二一曰洛三二曰瓦賴在西者五一曰拜尔楞（即都城）二曰勒沙待尔三曰弗利布尔四曰傍五曰热勒弗（與湖同名或以此為都城）在中者五一曰雖格二曰呂塞尔納三曰施威蘇四曰克待尔瓦尔登五曰廷尔利（以下奧國）奧脱利什盎格里共分十八省在西者五曰巴司奧脱利什其城為維耶馬納（即都城華美為巴黎之次）曰傍脱奧脱利什其城為令茲曰薩尔茨希尔克其城同名曰司地尔利其

城為格拉蘇曰嘎尔安地其城為格拉根富尔脫在西南其一曰地
約尔其城為因司卜諾克在北者四曰波麥模
西其城為脫蘭波曰莫尔拉未其城為布邏納曰嘎利西其城為蘭
伯尔格在南者四曰嘎尔義約尔其城為賴巴克曰沘哥未納其城
為鈫尔諾威蘇曰脫利夜司脫（此省無專名有四城脫利夜司脫居其一）曰達尔馬西
著名之城曰尔拉約司曰加達尔諾在東曰蚤格利脫阴西尔發尼
其城為比得拉司脫曰費豫未其城同名曰克尔阿西及袁思格拉
弗尼著名之城為倍得尔瓦尔敦曰工放米利待尔（此省無專名係屯兵處）
其城為阿加木又一千八百七十八年從都尔稽（即土耳其）新得兩省一曰
波司尼其城為波司納塞尔阿伊一曰袁尔墊哥未納其城為莫
司達尔（以下德國）布豫司舊為八省曰布朗得布尔內分三府一曰
伯尔靈（即都城）二曰波蘇達木三曰弗郎克富尔須尔諾待尔（又地名弗郎克富尔須尔勒漫一百三十年前諾漢尔的大銀行由此興起）
曰波密尔納尼內分三府一曰司

臘丁二日格司今三日司脱拉尔松自日薩克司内分三府一日馬克
臘布尔二日墨尔色布尔三日哀尔费尔脱日細勒西内分三府一日
不賴司潞二日列格義蘇三日協伯尔納日外司脱法利内分三府
一日孟司臘尔二日盟敦三日阿尔楞司伯尔格日布豫司尔賴蘭
納内分五府一日哥不蘭蘇二日種賽尔多弗三日眾倫克魯卜砲廠在此處
孫地方四日脱賴勿五日哀克司拉沙拌尔有沙尔馬尼墳墓耶蘇降生後六百年沙尔馬尼曾有意
奥德法四國之地曰布豫司協尔利央達尔内分兩府一日格義格司伯尔格
二日工賔蘭納日布豫司協克西當達尔内分兩府一日當丹臘克二
曰馬尔厭納未尔得尔曰波斯蘭尼内分兩府一日波孫二日榜木
伯尔格一千八百六十六年從奥國歸臘三省曰阿諾勿尔内分六
府一日阿諾勿尔二日伊尔臘舍木三日路勒布尔克四日司達臘五
日倭司納布豫克六日倭尔利什日哀司納樓内分兩府一日加
塞尔二日未夜司巴敦納曰什賴司域克協尔司得納此省無府

又有曰葛思作尔勒尔楞為布豫司君主自擅之地如荷蘭之呂
克桑波尔不列入省府之內（以下日耳曼列國）自一千八百七十年布豫司君
主國良模義撲法國後自稱德皇帝并阿尔曼尼列
邦仍存其制而不革凡二十五國一省曰尔瓦納木去西（即君主之國其君主係德
德皇帝兼充）一曰布豫司（即布魯斯）都城為伯尔靈二曰巴未夜尔都
城為米義克（即漫稱甚大）巴未夜又分兩省曰巴未夜尔曰巴拉低納
其城曰司比尔基名之埭曰安尔安伯尔三曰薩克司都城曰
特賴司得基名之埭曰賴伊卜蹤克四曰豫尔母伯尔都城曰司
撻（地迂切）加尔曰格朗撻舍占（即大公爵之國）一曰巴但（即巴敦最修潔）都埭為加尔
速二曰哀司（即駭司）都城為達尔末司達脫三曰墨格蘭布尔施
未尔令都埭同名四曰墨格蘭布尔司脫賴利蒜都城曰司脫賴
利蒜五曰薩克司未馬尔六曰瑚尔母布尔都城同名
曰撻舍者五（即公爵之國）一曰布朗司域克都埭同名二曰薩克司墨琳

根都城曰墨濘根三曰薩克司阿尔丁布尔格都城同名四曰薩克
哥布尔哥達都城曰哥達五曰阿納尔脫都城為待梭曰卜蘭西
波待者七（即王爵之國）一曰什費尔蘇布尔格尔路多尔司達都城為
尔路多尔司達二曰什費尔蘇布尔格三的尔司好孫都城為三
的尔司好孫三曰達尔的克都城為阿諾尔孫四曰尔豫司格賴蘇
都城為格賴蘇五曰尔豫司什賴蘇都城為什賴蘇六曰梢木波
尔格利卜都城為比克波尔格七曰利卜都城為待脫莫尔得曰未
尔利卜尔者三（即自主之埠）一曰呂拜克二曰布賴木三曰罕波尔克（三城俱海口）
增出之城一曰阿尔薩司諾尔令綱都城為司脫拉司布尔即法國
所割去自為一省一併入十一省之列（以下葡萄亞）波尔堆加尔分六
府一曰密治其城為不拉加某名之城曰波尔多二曰脫拉司倭司莽
待司其城為不拉岡司三曰信伊尔阿其城為哥田不尔四曰底
司脫拉馬堵尔其城為利司奔（即都城通商海口）五曰阿楞待採其城為

彥付尔阿六曰阿尔加尔勿其城為洛尔諾又有海島三一曰阿撥尔
一曰馬待尔以下日司巴尼亞彥司班業尔十四省四十九府在北四省
曰嘎利司內尔四府一曰哥尔諾業（有初哥多亞墨利加名奚地亞哥多剛波司待尔者之札拜堂）
二曰路哥三曰邦待未多拉四曰奧蘭塞其名之城曰勒費尔諾尔（兵船海口）
曰未哥（通商海口）曰阿司達尔利一府曰地未夜兜曰卜老宛司巴司格內尔
三府一曰比司該伊其昧為比尔色二曰稽比司哥阿其城為多諾薩
其名之城曰三塞巴司典三曰阿納瓦其城為未多利亞曰拉達尔
一府曰邦布呂納在中四省曰利思司尔五府一曰利思二曰巴楞西亞
三曰薩莫尔拉四曰瓦尔亞多利多五曰薩拉芒克曰未穆伊加司地
伊內尔六府一曰三當多尔二曰布尔哥司三曰諾格尔閣約四曰撥尔
利亞未曰賈哥未六曰阿未納曰路費尔加司地伊內尔五府一曰瓜
多拉尔哈拉二曰馬多利（即都城）三曰多頼多四曰肽加五曰休達多尔利
亞尔其名之城曰阿尔馬多納曰彥司脫拉馬堆尔內尔二府一曰加

卷六　十四

賽爾賴司一曰巴達葛司在南二省曰泰達路西內分八府一曰駭
里二曰高爾多三曰賽未爾四曰外爾瓦五曰嘎地司其名之城曰
赫爾賴司六曰馬納夏七曰克賴那達八曰阿爾密爾義亞曰密
爾西亞內分二府一曰阿爾巴塞得二曰密爾西其名之城曰加爾達每
納吾船海口在東三省曰阿爾拉工內分三府一曰外司加二曰薩爾拉哥
司三曰待爾外爾曰加達諾業內分四府一曰赫爾諾思二曰巴塞倫
通商海口出精三曰勒爾利達盎多爾小國在其府四曰達爾拉哥思曰瓦郎司內分
三府一曰加司待隆要納二曰瓦郎司三曰阿利干待另有兩府係海
島一在地中海曰巴利亞爾其城為波爾馬里一在大西洋曰干納
爾利以下意大里意大里分十六省六十九府曰比夜蒙會城為堵
爾蘭內分四府一曰堵爾蘭二曰阿賴克桑得爾利三曰哥義四曰
諾洼爾曰利枸爾利會城為冉納內分兩省一曰冉納二曰波爾莫
爾利司曰郎巴爾地會城為彌郎內分八府一曰彌郎二曰信爾加木

三日不賴司細亞四日哥木五日克賴們六日芒都七日巴未八日桑得尔利約曰未勒西會城為衛力司（城在水中為西洋名城）內分八府一日衛力司二日信尔令納三日巴都四日脫賴未司五日未尔安納六日未桑司七日弗利要尔其城為烏地勒八日波利新納其城為尔諾未哥曰哀密利會城為波諾業內分八府一日波諾業二日費尔阿尔三日付尔利四日尔阿宛納五日莫待納六日巴尔末七日卜賴桑司八日尔賴直然曰叁不利會城為佰尔烏司內一府曰佰尔烏司曰馬尔什會城為叁姑納內分四府一日叁姑納二日阿司哥利三日馬賽尔阿達四日信薩尔諾其城為烏尔比諾曰多司干納會城為甫勇老郎司（新都）內分八府一日甫勇老郎司二日阿尔賴鄒三日格諾塞兜四日利烏尔惠五日呂克六日阿尔阿尔（出白石琢像）七日比伊司八日先納曰尔諾模會城同名（即羅馬為自古都会）內一府曰尔諾模曰阿博豫司蒙哀莫利司（其会城）內分四府一日阿博豫蘇西得尔越尔其城為稽夜地二日阿博豫蘇豫

尔待越尔卜老寮夜尔其城为待尔阿摩三日阿博豫爷豫尔待越
尔实工乃其埠为阿稽纳四日莫利司其埠为刚波巴搜日刚巴尼会
埠为拿布勒通商大海口法公司輪船赴中國经由香火山内分五府一日拿布勒二日信赖
仿三日待尔乃拉布尔其埠为加布四日卜蘭西波待细待尔越尔典城
为萨赖尔纳五日卜蘭西波待豫尔待尔越尔典城为阿未尔利语曰
布伊尔岛会埠内分三府一日加比千纳脱其埠为寓尔锡亚二日待尔
乃巴尔黎三日待尔多脱朗脱其城为勒斂此为所屬之海口卜蘭地浣英公司輪船赴中國經此
日巴西利加脱一府日波毋萨曰加拉布尔会埠为尔赖直悠内分三府
一日加拉布尔豫尔待尔越尔卜老寮夜尔其埠为尔赖直悠二日
加拉布尔豫尔待尔越尔实工乃其埠为加毋雜尔语三日加拉布尔
细待尔越尔其埠为哥三雜曰西息尔岛會埠为巴赖尔木内分
七府一日巴赖尔木二日加尔达义实达三日加毋拿四日踏尔珍地五
日墨新纳六日细尔阿拘司七日脱拉巴尼曰萨尔待業岛會埠为

加格利亞尔黎，內分兩府：一曰加格利亞尔黎，二曰薩司薩尔黎。以下土耳其

堆尔稽自主之國三：一曰尔諾滿尼，都城為比尔加賴尔脫；一曰塞尔未，都城為拜尔加得；一曰孟的尼哥，都城曰塞丁。此三國皆於一千八百七十八年伯尔靈公會割堆尔稽地以增益之。王主之國一曰比尔加尔利（每年納賦稅與土耳其君主），都城為索非亞，其名海口曰瓦尔納。自主之者一曰尔路墨利坳尔利央達尔，會城為費立波波利（設有總督如王者，由本地公舉，而土耳其君主派之。伯尔靈公會此省亦有增益）。堆尔稽君主本國，領分七省：一曰盎得利奴布尔，一曰岡司當地奴布尔（即都会，西洋有名之埠），一曰薩諾尼克，三者總名為尔路墨利，其名要緊之海口曰波斯付尔，曰達尔達賴勒；一曰司搨達尔利，一曰哥梭勿，二者總名為阿尔巴尼；一曰待司薩利，其埠為拉尔利薩；一曰庇比尔，其埠為高亞義納（此兩省伯尔靈公會議將南境割與希臘）。別有克賴脫海島，其城為岡地。又有小島四，其大者曰勒母諾。曰堆尔稽之在亞西者（即亞細亞也），領分七省：一曰安納多利，著名之埠曰司密亞納，曰司搨達尔利（此與都城

對面又黑海一口曰脱賴比松得二曰阿尔墨義三曰西尔利著名之城曰達
馬司又有名热尔豫薩賴摸（即巴勒司敦耶蘇生於此）四曰墨梭波達密五曰姑
尔地司韋六曰伊尔拉克阿拉比著名之城曰巴格達得七為海島名
曰覺易有尔諾得島薩莫司島（此有一王爵主之）希卜尔島（即西卜尔現為英國管轄）又有
阿拉比西边近紅海之一省名駭得查司其埠為拉麥格馬奥（墨墳墓在此乎國）
著名海口曰赫得達東边近波斯海灣亦有一口名阿薩（以下希臘）格賴
司尔十三島一曰阿地克哀信省西其埠為阿丹納即都埠二曰哀信貝
埠為加尔細司三曰專地要地得哀專西得其城為拉密亞四曰阿加
尔納義哀挨每利其城為密索隴稽五曰阿尔哥利得哀哥尔安
地其城為諾不利著名之城曰哥尔蘭脱（出乾葡萄）六曰阿格伊哀
挨利得其城為巴脱拉司七曰阿尔加地其城為脱利波利雜八曰墨
腮尼其城為加尔拉馬達九曰拉哥尼其城為司巴尔脱十曰勒西格
拉得島十一曰哥尔弗島十二曰腮發諾義島十三曰臧脱島（以下論海）

歐羅卜有墨尔即海十五大者三在北曰奥塞央格拉細亜尔(即冰海)在西曰奥塞央阿脱朗的格(即大西洋)在南曰妹地待尔耳拉勒(即地中海)小者十二一曰墨尔尔顛什(即白海与奥塞央格拉細亜尔相連)一曰墨尔巴尔地格(即波尔的海)一曰墨尔垤諾尔(即北海一名日耳曼海)一曰莽什(即英法過渡之海峡)一曰墨尔的尔郎得(即爱尔蘭海)均与奥塞央阿脱朗的格相連一曰墨尔阿得尔利亜地格一曰墨尔約尼馬納一曰墨尔阿尔希伯尔一曰墨尔得馬尔媽尔拉一曰墨尔踰洼尔(即黑海)一曰墨尔達厮弗均与妹地待尔耳拉勒相連一曰墨尔嘹司边(即死海)(以下仄海)待脱洼有十六在北者九一曰待脱洼得瓦伊加弗(在羅西豫洗及瓦伊加弗島之間)二曰司加热尔拉克三曰加待加脱四曰桑得五曰格朗拜尔脱六曰不洛拜尔脱(在墨尔垤諾尔及墨尔巴尔地格之間)七曰巴得加頼(在莽)什八曰加納尔垤諾尔九曰加納尔得三若尔須(合為墨尔的尔朗得)在南者七一曰待脱洼得希巴尔達尔(即机布洛陀在包司班業与阿弗尔利格之間)二曰待脱洼得波尼费修(在高西尔司及薩尔丹業島之間)三曰待脱洼得墨新納(在意大里之南)四曰加納

卷六　十七

尔多脱阴脱（在墨尔的尼马纳及墨尔阿乃尔利亚地核之间）五曰待脱洼乃达尔达赖尔（在墨尔阿尔希伯尔及墨尔马尔玛尔拉之间）六曰波司付尔（在墨尔马尔玛尔及墨尔路洼尔之间）七曰待脱洼地尼加赖（在墨尔路洼尔及墨尔达尔祈弗之间）以下海汊哥尔弗有十一曰哥尔弗乃波脱尼亚曰哥尔弗乃番阴乃三曰哥尔弗乃尔利加是为墨尔巴尔之汊四曰勃须伊乃尔载是为墨尔埵诺尔之汊五曰哥尔弗乃加司哥业是为奥塞史阿脱阴的核之汊六曰哥尔弗乃利湧七曰哥尔弗乃冉纳是为昧地待尔耳拉勒之汊八曰哥尔弗乃达尔阴脱九曰哥尔弗乃勃邦脱是为的尼马纳之汊十曰哥弗萨诺尼克是为阿尔希伯尔之汊（以下海岛）伊尔六十一在坳塞史核拉细亚尔者五曰司毕苏伯尔格曰路费尔桑尔尔曰伊尔乃瓦伊加苏曰伊尔加尔姑外弗曰伊尔诺弗敦在奥塞史阿脱阴的核者十四其大者三曰伊司阴乃曰格阴乃布乃冉叶（英国属名）曰伊尔阴待（印麦尔兰）小者十一曰伊尔费尔诺伊曰会脱阴乃曰坳尔加乃曰良不尔利乃曰查桑曰

格尔瓦曰拼尔伊尔曰路洼尔木地夜曰伊尔地越曰伊尔德尔賴
曰伊尔多勒尔瀧在味地待尔耳拉勒者十其大者三曰高尔西曰
薩尔丹業曰西息尔小者七曰真穷尔蒂德尔拉曰伊未薩曰馬约尔
格曰密诺尔格曰伊尔待尔卜曰伊尔利巴尔利曰伊尔德馬尔
脱印英國之毛尔達島在地中海東西之中爲屯泊兵船處在墨尔巴尔地格者十一曰阿朗德
曰達哥曰泉塞尔曰哥脱朗德曰倭朗德曰色尔诺尔木曰尔诺
根曰法尔司待尔曰拉朗德曰腮朗德曰费约尼在墨尔喳诺尔
者三曰西尔脱曰泉尔哥朗德曰待克腮尔在蒂什者三曰歪脱
曰格尔勒腮曰拼尔塞在墨尔的尔朗德者二曰漫曰查格赖賽
在阿德尔利亚地者有三島總名爲伊尔西尔利尔掩在约尼
馬纳者六曰哥坤曰巴克樓曰三德莫尔曰待亚稽曰腮德诺尼
曰臧脱在阿尔希伯尔者六曰赖未诺司曰司稽尔诺曰迁信曰
西格拉德曰塞尔利哥曰克赖脱以下洲卜赖司稽尔大者三曰

蘺以曰亞司班業曰意大里小者三在丹勒馬尔克阿尔曼又尼之間者挪脫阴亞格賴司者曰信諾色賴蘇在羅西豫洗者曰克利味以下兩洲相連處小峽伊司脫漫有二一為信諾色賴蘇与歐羅卜相連曰伊司脫漫以高尔蘭脫一為克利味与羅西豫洗相連曰伊司脫漫以信尔賴哥卜以下山脊加卜十一在蘺以北曰加卜諾尔一亞伊尔朗待西南曰加卜察生亞巻格勒待尔西南曰加卜蘭蘇且得亞亞司班業之西曰加卜犯尼司以尔亞波尔埵加尔西南曰加卜三泛蚤亞亞司班業之南曰加卜脫拉裝尔加尔亞高尔司之北曰加卜高尔司亞薩尔且葉之南曰加卜以拉達亞西息尔之南曰加卜巴薩尔諾亞意大里之南曰加卜司巴尔地温多亞信諾色賴蘇之南曰加卜馬達邦以下山脊達業十七最大者九在蘺以諾尔威什之間曰脊司岡地納弗在歐羅巴亞西亞之間曰脊烏拉尔亞墨尔頸洼尔及喀司迦之間曰哥加因亞埵尔稽者曰脊

巴尔岡在奧脫利什者曰莽加尔巴脫在意大里佛郎司須衣士阿尔曼尼之間曰阿尔卜在意大里曰阿奔細在佛郎司宸司班葉之間曰热尔拉在佛郎司阿尔曼尼之間曰萬曰在佛郎司曰實溫納曰莽多未尔業在宸司班葉曰莽岡達布尔曰莽得多賴得曰西尔拉英尔賴納曰西尔拉勒洼達以下火山倭尔岡三一在丹勒馬尔克曰莽宸格拉一在意大里之拿布勒曰未雖勿一在西息尔曰宸脫納以下湖拉克十七在雖得者曰拉克未勒尔拉未待尔曰拉克墨拉尔在羅面豫洗者曰腮伊馬曰拉加多曰倭賴加曰伯布司在須伊士佛郎司之間曰拉克得热勒弗在須衣士者曰拉克得勒沙待尔曰拉克得呂塞尔勒曰拉克得雖尔利克在須衣士阿耳曼尼之間曰拉克得岡司當司在奧脫利什曰拉克巴拉東在意大里曰拉克瑪拿尔曰拉克得哥木曰拉克得加尔得曰拉克得信尔路司在堪尔稽曰拉克得司榻達尔利以下江萬賴

卷六　十九

勿三十五入墨尔不阴什者曰的未纳入墨尔巴尔地格者曰勒洼曰都
纳曰義也浸曰未司埵尔曰倭待尔入墨尔埵諾尔者曰哀尔伯
曰未塞尔曰尔蘭曰墨司曰哀司哥曰逹寮司入莽什者曰三
纳入坳塞史纳阿脱阴的格者曰沙諾倫曰塞未尔纳曰路洼尔
曰加尔倫纳曰阿都尔曰察諾曰都尔諾曰逹日曰欣地豬纳曰欣
逹尔稽未尔入昧地待尔耳拉勒者曰哀不尔曰尔諾恩曰阿尔
諾曰的不尔入墨尔阿的尔剎亚地格者曰波曰阿地日入墨尔路
洼尔者曰逹吕不逹吕逹平声吕去声曰的尼司待尔曰的義夜伯尔入逹所
拂者曰東入墨尔嗲甸迪者曰倭尔加曰鳥拉尔以下阿尔剎未也
尔三十一入於未司埵尔者曰比格入於倭待尔者曰瓦尔脱入於尔
蘭者曰阿尔曰勒加尔曰浸曰莫塞尔入於墨司者曰桑弗尔
入於三纳者曰弱毋纳曰馬尔纳曰洼司入於路洼尔者曰阿剎夜
曰縱尔曰維哥纳曰買馬纳入於加尔倫纳者曰逹尔倫曰諾脫曰

多尔多業入於尔諾思者曰梭思曰伊塞尔曰埵尔郎司入於波者曰待三入於達呂不者曰伊薩尔曰用納曰昂拉勿曰薩弗曰待伊司曰卜豫脱入於昂義夜伯尔者曰伯尔賴踏納曰十利拜脱入於倭尔加者曰倭加曰加馬

談天彙志

莅高羅祀予素未習天文家言自到倫敦後往觀格林里止觀象台見其儀器之精詭爲未有台中有巨儀三一爲子午儀一爲地平經緯儀一爲赤道經緯儀即子午一器監正告以費至二十萬金之多其儀用法已詳羅李兩記不贅述宜其天學之夐乎獨絶也後至巴黎亦曾游其天文台儀器約略與格林相仿然此二處皆是晝觀惟在伯尔靈附天文台距使署不遠曾入夜一往監正導至觀星處啓其圓房頂門遠鏡正指觜參兩宿窺之與目所見者無甚殊異又窺月缺處惠如玻璃上凝結露珠及來馬司利黄

宗憲攜有四寸遠鏡，用以頻測金木土三星。木星能見其四月。土星形如雞卵，外有光環斜束之，而與星體相離甚遠，附月僅見其一。金星有圓缺，由於繞日一線，與月體無異，而以窺初旬所生之月，絕似破爛元寶銀也。又窺日食，食處如黑鐵一塊覆蓋其上，其邊微有缺痕。又窺日中黑癍，頻頻移徙，此皆余目所經驗者。然則一星一地球之說，雖欲不信而有所不能矣。西人向亦主日繞地球，自百數十年來，以器日精，推悟為地球繞日，故直以地為行星之一。設此例以類推之，而天象乃頭頭是道，無不脗合。各行星繞日之道為橢圓形，日不正居中心，因有攝力之故，恒在橢圓之常徑心，即以推知天空之中各體無不互相受攝。其各體攝力之大小，以與本體重積相比。苟無其氣阻之，種體下墜之速率與重體同。必明此理，始可以言天象。以下論日。日之為體，大於地球百萬倍，星月皆賴以發光。用大力遠鏡窺之，中有黑癍十餘，頻頻移動每月所行軌道亦自不同。當黑瘢見時，其光稍減，別有一種光紋如菊花形，或似髮樹枝杈枒交錯，現於其面，然非遠鏡玻璃大至一尺者不能見。以下水星

行星最近日者為辰星，離日三千五百萬英里，徑長得地之三，八十四日一周天，軌道最小，不離日左右，故祇於日出入時反見之。其軌與黃道畧相出入，有盈虧，如月晦時最與地近，然斯遠矣。體質較地球為重，實因距日太近，不能測其面有無雲水如大地。以下金星

其次為太白，離日六千六百萬英里，徑長約與地等，二百二十四日一周天，又二十三日四分時之一自轉一周，離日較辰星為遠，然祇能於旦暮見之，東有啟明，西有長庚，皆此一星也。有盈虧，如月晦時距地最近，望時日最遠，近時較遠時大六倍有奇。體質畧與地球似，以大遠鏡測之，其面有黑雲游移不定。金水二星皆較大地近日，故於大地上能見辰星、太白繞日而不見他行星繞日，二星有盈虧，他星無盈虧也。以下地球

金水之外，大地次之，離日

九千一百萬英里赤徑七千九百二十五英里又百分里之六十五極徑七千八百九十九英里又百分里之一十七因地心攝力之故兩極處稍扁故赤道大圍為二萬四千八百九十九英里兩極處較少二十六英里又百分里之四十八凡三百六十五日六小時九分繞日一周為一歲又每日二十三小時五十六分自繞本軸一周因其自轉與日有向背而晝夜分焉其自轉軸與黃道面正交線二十三度有奇是謂黃赤大距以下月繞地球月繞地球而行為附地之行星徑長二千英里所行之軌為白道每二十七小時四十三分而繞地一周亦自轉一周其向地一面有常不變因為實體受日之光以返照於地球故向日一面常明背日一面常暗合朔時與日同度暗面向地斯不能見也體質清澈無雲水以下火星大地之次為熒惑去日平率一萬三千九百萬英里徑長約地之半六百八十六日一周天又二十四小時半自轉一周軌圜最橢有時近地約祇三千萬英里其自

轉軸去黄道西正交綫二十九度氣候畧與大地同色常赤以遠鏡窺之則不見但見光暗相雜光處較多於暗處四倍暗處爲流光處爲凝其極時有白頂天算家以爲積冰重雪與地球相等以下小行星熒惑之外則爲小行星近時測得之數約一百三十星然時有所增見其小者約與空中第十等之小星光埒其面如小島而已以下木星太歲爲日底大之行星徑長約十倍於地距日四萬七千六百萬英里四千三百三十三日一周天每十小時自轉一周其形橢球以遠鏡窺之上有白氣如帶周繞間或見黑處游移無定天算家以爲蒙雲之破隙附星有四名爲歲星月與大地之月同以第一以二日而繞木一周第二以三日半繞一周第三以七日繞一周第四以四十六日又四分日之三繞一周此月所行之軌與歲星軌道出入無多故常見經食過西曰經過背而爲主所掩不受日光曰食歲星自轉之軸去黄道西正交綫四度有奇故知無四時之

地其積較地大一千三百倍然重祇較地三百倍重率得地四分之一以下土星　此外為填星徑長較地九倍重率得地八分之一其日八萬七千二百萬英里一萬零七百五十九日一周天以遠鏡窺之上有白氣如帶與歲星同其最異者外周有大環極耀凡三重最外一重徑一十六萬六千英里然厚不過一百三十八英里天算家以為衆月之集每十小时半自轉一周轉軸與黄道面正交線二十六度半故有四時如大地環外有填星月八顆行之軌與填星軌道出入過多少見經食以下天王　填星之外為天王徑長較大地四倍重率得地五分之一其日一十七萬五千三百萬英里三萬零六百八十六日一周天附月有四以下海王　天王之外為海王徑長較大地過四倍而質較天王為輕其日二十七萬四千六百萬英里六萬零一百二十六日一周天附月一此為離日最遠之行星其察得也天學家因填星在軌道中其行異緩知為他體

所吸，希冀以知其受一致之果。自此星此外，則未有知其逾於恒星之遠，不可思議。恒星能自發光，天算家以為太陽之比。餘以大力遠鏡窺之，不過光芒略加明耀，與目所見無甚懸殊。以下日食

日食者，日為月體所掩。凡月朔，月在地與日之間，日月經緯度相同，則見為食。月影斜交下射，為錐尖如糉子形，指經地面成一黑線。線之兩旁復有淺影，如人立黑線中，正對錐尖，即為食既者。時有大燄從四圍噴出，在淺影中，則祇見為食若干分，出淺影則不見食矣。若錐尖雖正對，而日距地近，月距地遠，錐尖之影尚未及地面，又須月體小於日，不能盡掩其光，四圍溢出一線，名金邊線，故謂之金環食。若初虧在地平上，復圓在地平下，或初虧在地平下，復圓在地平上，又謂之帶食也。以下月食

月食者，月為地體所掩。凡月望，地在月日之間，日月相對，同一緯度而經度差距一百八十，則見為食。日食有見有不見，月食則大地皆同。地

斟發大於月錐尖而較長當月將食時先有淡黑影一層蓋之其光頓暗所謂暗虛暗虛已過乃入濃虛為食既食既後漸行暗虛故月食必良久乃復明者職是故也此數在天文中為極淺近之說西人五尺童子大率能言之自余至歐土數年與羅稷臣嚴幼陵黃玉屏諸君數數討論始知其梗概而得於玉屏者尤多志之所以見余之陋也

西歷不置閏月

蓋窮稽西歷不特置閏月其閏即消納於每月之中月之多者三十一日少者二十九日每年皆是一定不易之數正月三十一日二月二十九日三月三十一日四月三十日五月三十一日六月三十日七月三十一日八月三十一日九月三十日十月三十一日十一月二十日十二月三十一日惟於第四年之二月則祇二十八日如今年一千八百七十一年二月少一日應在七十五年二月再少一日積四年算之適得小建一月之數也中歷冬至恆在其間過

年前七日彼亦有二分二至特不為節氣所重故不言耳使置
有一時辰鐘用其月分所排及月體之盈虧並針按日輪指至
二月應少一日之年行及二十八日即越過二十九而指三月初一其巧
如此洋鐘簡捷便於布算然月分不上應天象紀數授民
時之義不若中國之衷於至善也

西洋雜志卷六終

卷六　二十四　茹經堂

西洋雜志卷七目錄

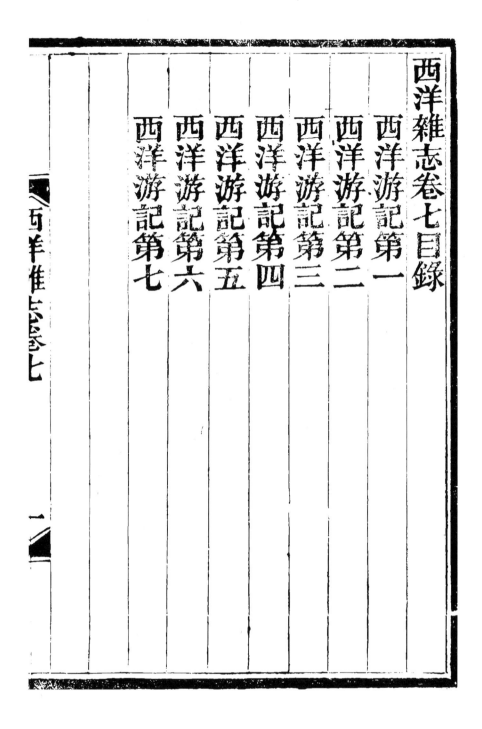

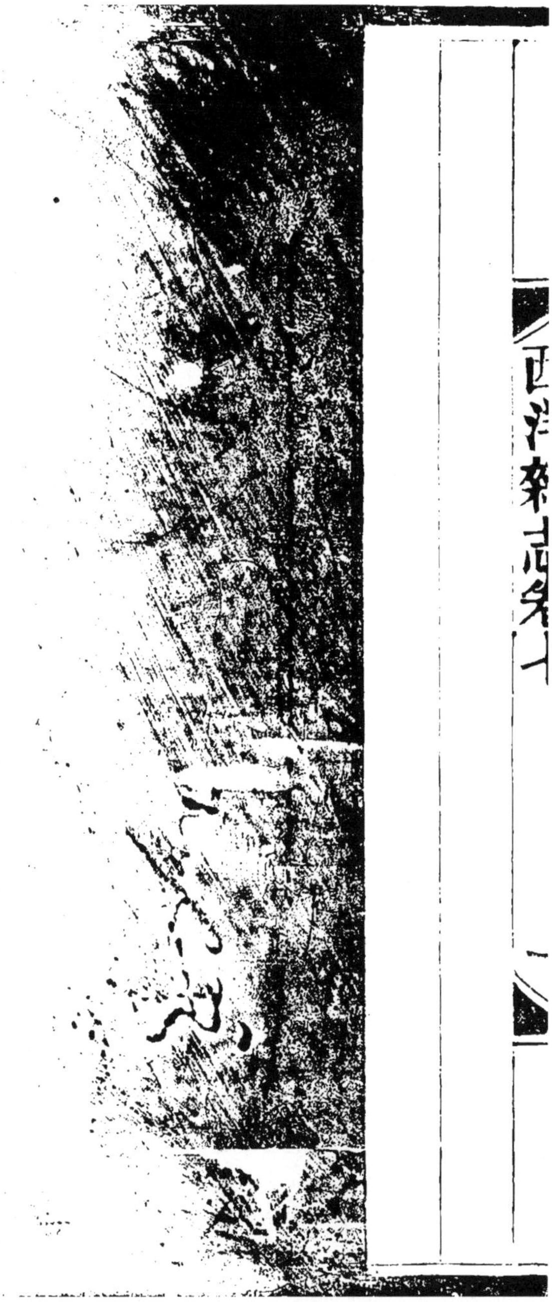

西洋雜志卷七

遵義黎庶昌

西洋游記第一

蒓齋雜記丁丑十月初十日余自倫敦赴伯爾靈從維克多爾利亞輪車啟行行二百三十二里至都勿爾海口乘輪船渡海六十八里至喀利登岸復乘火輪車行一百九十八里至利兒大鎮也居民十七萬有奇又二百零四里至比利時都城曰不魯塞而司居民三十二萬八千雖不甚壯闊而軒爽可愛火輪車行用電氣燈獨此先經過一地曰郎教爲法比兩國交界處自比都

行九十里至地洛忙居民一萬二千二百六十出大呢又東南行十餘里道南有平地名倭得魯達覗華表巍然一千八百十五年英國公爵威林登擒拏破侖第一之所又約九十里至列時居民約十萬七千七百餘有煤鐵廠工作二萬餘人別有洋鎗局頗著名自此以東穿山洞十餘峯巒回抱林木幽森有小溪流繞其間人家往往沿流居住絶似畫境六十三里至威亞威居民三萬三千有大呢局六十家可尖又二十七里至察必司達爾入德國界又三十里至阿亨居民七萬三千七百餘有大呢局四十八家鍼局十七家山中有温水産

煤礦又一百三十里至可倫德國西路巨鎮音近谷壟由巴黎赴德都之路自此合行旅於此換南居民十七萬五千鎮有大禮拜堂此修彼壞三十年未畢工又六十七里至地士而刀弗居民六萬九千三百八十可宿距鎮西數里有大江曰爾蘭上建鐵橋長一百四十丈又三十七里至堆司播時又十二里至阿北好孫居民十七萬產煤頗多又七十五里至兒爾持門居民六萬二千有煤鐵廠又四十九里至哈木居民一萬六千有鐵廠又九十八里至畢雷非爾塔居民一萬九千有織麻布局又二十三里至赫而又四十七里至明敦近維

新江有大客寓可尖有礮臺居民一萬六千又九十六里至亨諾法故國都也十年前爲布國所併居民十萬六千又四十二里至略德又九十八里至白根又十九里至沙爾士威德又八十六里至司登達爾又一百三十九里至斯邦道爲陸兵屯紮處合肥相國派員至德學習兵法在此營內有大礮臺又二十里至伯爾靈自入比境後其國人民勤於耕作畦壠縱橫相値如棋局種樹界之青黃間雜彌望成林亨諾法以東南北有山綿亙不斷往往有樹林長數十里火輪車道出入其間如畫圖然亦奇觀也

西洋游記第二

純齋雜記瑞士在法國之東奧國之西意大里之北德國之南山水佳勝爲西洋冠郭星使將次回國始一往游挈余從行正月十三夜七點半鐘自巴黎南路公司曰利溺者乘火輪車啟行是夜經過地茸法國有名城鎭也地茸以東漸次坡陀有山入瑞士境後山皆峻時方大雪積厚一二尺許逐望彌漫與翠柏蒼松互爲掩映火輪車經山腰行走俯看兩山間低平處有小溪一道迤邐曲折時有冰凍人家多臨水而居屋皆白板零星而卑陋無甚巨村落十四日巳刻行至兩峯盡處忽

然開朗有大湖橫列於前清澈可鑒所謂勒沙得勒湖也湖東諸山連綿不斷石骨秀露層暈分明絶似倪雲林畫意回望兩崖上雲氣蓊然湧出旭日射之皆成黄金色自是沿湖行過一巨鎮街市頗覺整齊亦名勒沙得勒湖盡處復有小湖續之名爲必焉納午初至拜爾楞瑞士都城也至一客寓早尖寓窗憑臨虚處望見容弗魯數峰高出雲表積雪皚然白光射目飯後至街市一游道路不甚修潔旋入其上下議事院局面稍不及他國之宏敞而規模則同中一室列坐百餘爲各紳議事處又一室爲總辦七人辦事處瑞士分二十二縣每

縣舉上議政院紳二人下院紳則以人數之多寡爲額大率二萬人得舉一人其入議院者共一百三十餘人辦事則推七人爲首七人之中推一人裁決定例每歲一易西洋民政之國其置伯理璽天德本屬畫諾然尚擁虛名瑞士並此不置無君臣上下之分一切平等視民政之國又益化焉蓋其地本山國各邦無欣羨之心故得免兵爭而山水又爲歐州絶勝西洋人士無不以樂土目之游畢復乘火輪車向西南行抵魯桑納近熱勒弗湖邊時已昏暮微辨湖光蕩漾而已自此沿湖行至十點鐘抵熱勒弗城與湖同名湖如初四五月形長

百餘里會城臨湖西角盡處水從西出逐漸低下置閘限之鐵橋數道架於其上東面有石壩二其中阿爲船隻收泊處壩外別有小火輪船往來湖中公司所置也是夜庽一大客舍名諾得爾拉地相納爾主人適有跳舞會請下樓一觀十五日清晨坐車一游過橋登其天文臺最高處遠視瀕湖兩岸諸山巉巉挺秀積雪未消林木森然雲霞掩映湖山清迴滌蕩塵襟可謂名副其實東南一帶峰巒西崒與白山相接白山者歐洲南面最高之峰其高一萬五千七百四十四尺積雪終年不化法語謂之忙不郎下至湖心亭散步半晌往游市肆

瑞士無他土產惟鐘表樂器最精入店一觀所有陳設之物如盛衣瓶坐椅榻脚櫈鍼黹盒裝小照之書册無一而非八音琴者又有翠鳥數枚引鑰開其機關即飛鳴上下聲音宛然極其精巧星使購置數器而歸三點鐘至火輪公司公司之旁有巨室一所係電公會以瑞士永無兵爭特設於此以期久遠惜未一睹其規模旋即開行出會城西不遠過一山峽即入法國界未幾過一長山洞其山甚大名爲付爾達哀爾格呂司自是皆順河流而行夜中至利湧與巴黎南大道合天明抵馬賽緣星使眷屬先期至馬賽約於此間相會也凡西人

往游瑞士者率皆夏日此行尚非其時然名勝之區雖匆匆一歷亦足以暢愜胸懷矣

西洋游記第三

純齋雜記郭星使既至馬賽小住一日檢料行李期至意大里之挐布勒海口上船是日午後先至山上之禽獸園一觀次至碼頭視星使所搭之船名安納地爾者旋又偕馬眉叔坐車繞馬賽一周觀其形勢馬賽爲法國東南巨鎮又廚通衢跨山沿海生意繁盛巴黎之外次數利湧次數包爾兜次即馬賽東南面山脊插入海中兩相環向如蟹螯然西南面人家因山高下而居樹

木陰翳近海一舊礮臺船隖皆在西面街市數條屋宇高聳近年生意減色漸就頹壞十七日星使復挈予與馬眉叔同行兩點鐘過都郎馬賽以東一海口也爲法國停泊兵船及造船處閩廠學生四人在此學習製造過都郎後輪避山而行距海稍遠至弗賴盧司復與海近自此以東皆遵海而行次至千次至麗司次至馬納哥次至門東是夜宿在上海關公平洋行者韓伯理家韓伯理以車來迎過門東里許一石崖中斷有小水流出上跨石橋法與意大里所設時已夜深管關者前來查驗韓伯理告以中國欽使即開關放行又數里然後

至其住宅在山麓陡下數千丈由都郎至弗賴盧司山皆沙石枯瘠異常近年徧種松柏不使露童頑之狀自干以東門東以西此一帶皆爲富人避冬處所人家依山而居高高下下房舍華潔間以柑柚橄欖之屬彌望成林青黄雜錯天然圖畫雖在冬令山以北積雪盈尺而海濱風日晴和時爲多士女嬉游輕車快馬絡繹載途麗司其最著名者也馬納哥據一小山頂自爲小邦不歸法國管轄寛不及五里長不過十五里地無賦稅其邦君取賭規以自給有法富人以三百萬佛郎新建賭庭夜夜跳舞招致各國游人以故往游者衆予從輪

車中遥見燈火繁盛山頂有電氣燈數座即跳舞廳也往時有兵二十人近聞頗增至六十人蓋亦欲以禦備云十八日韓伯理導觀其宅前後花圃壁間一石刻予詢之韓伯理謂此宅係四百年前一名人舊基購得後加以修葺遂成今式園內臘梅數株盛開係從中國移植者飯畢韓伯理駕車送往車場距其家十數里途中一一指點古蹟山半有小徑一條云是拏破侖第一征意大里時所行之道又有古城一座及他山巔廢屋如中國碉形者皆目爲千餘年之物是夜抵冉納其地出雕琢白石人物星使至街肆一游購置數具換車復行

過比司夜深無所睹十九日抵羅馬將及羅馬城有河一道其流迅激而渾濁河之南有古城牆一段尚存長司里許別有巷洞廢橋基一道亦長里許與古橋相接入城後游歷勝跡十餘處其最古者一爲廢堂基寬廣十數畝石柱石礎之類尚森然矗立一爲紀功石坊其名曰阿爾勾的岡司當地諾疑羅馬初建都黑海口時所立上有刻字漫漶不可讀一爲廢宮一座門戶堂室宛然具在一爲鬬獸館崇墉四周上下五重其中可容萬人今殘缺過半又有教皇禮拜堂極崇宏壁皆紋石嵌成入門正中一室新逝教皇墓也左右數室皆先世

教皇議處堂外有宮毗連教皇住居於此與意主同都徒黨雖盛而事權迴非數十百年之舊矣其城內游息之地在山岡高處名爲平蕉星使小憩於此所見游女如雲皆極美麗道旁有時辰表一具用水管激動機輪尚是中國滴漏舊法二十日抵拏布勒海口亦舊時都會地形如半環背山面海長五十里街道房屋不甚整齊潔淨而繁華特甚游手無業之民最爲衆多西北有馳道頗長名恰芽直抵一古城甕而止東北有火山山項一巨穴深不可測常有白煙噴出夜則見爲紅光酷類野燒時大時小山下掘出一古城名爲榜背相傳一

干數百年前火山迸裂所湮沒者午後從星使往探外有城基周回三里現掘出者三分之一街道縱橫數十條皆甚窄隘最寬處不過一丈均石塊面成石上間有轍跡其要道往往設有石步蓋積水未消時以便行走者也主者導入細觀有寬廣堂基兩處一爲刑獄一爲上下議政院有飯館數處爐竈尚存酒肆數處瓦瓶長三尺許羅列如故有妓館一所房極窄狹各有土炕壁間圖畫春宮猶隱約可辨有沐浴處燒水氣爐猶在絕類中國盆堂又有巨屋數所疑皆富貴人所居此外復有學堂及他神廟宇又有戲館三處其一圓房四周如

羅馬所見者古蹟凡九十餘時迫不能悉觀予購得一圖一一皆有指名不知其何所依據西洋最古之物殆莫逾此入門處尚有死尸數具皆凝結成石該處地方官派人經理現在逐段挑挖必盡掘出而後已是夜韓伯理請星使至桑家爾諾司戲園觀劇其園華麗閎壯上下七重分為三十一廂正中一廂陳設意主坐位規模比巴黎之倭必納尤巨適有名優二人女子曰巴地男子曰利高力令在此演戲客坐皆滿價較尋常增倍末一劇跳舞女子百餘人衣分五色裝聯翩而舞應絃赴節夸容軼態婉妙絕倫予在他處所見皆不逮也意

天里之為國土地膏腴天時和暖地利特勝獨其人民眾多習於懈惰無爭勝洋海之心經過村市大率塵鄙無甚可觀不似英法之整潔豈立國久者勢當如是歟其沿海一帶土產以目所見則自門東以東多種橄欖冉納以南多種葡萄與桑聞其養蠶之法與中國同特繅絲用機器異耳二十一日午刻送星使上船至兩點鐘而別二十二夜十點鐘與馬眉叔同至羅馬易他道而行二十三日至敦老郎司意大里新都也先是羅馬為教皇所據法國駐兵海口擁護之意主雖居敦老郎司然以羅馬自古名都終不忘徙居之意一千八百七

十一年布法交戰法國將兵船撤回意主遂乘間遷都羅馬與教皇同城敷老郎司遂別爲重鎮今未十年街道房屋整潔如新城內有河一道水頗渾濁其激瀉處纍石爲斜坡坦注之午後一游街肆先觀大禮拜堂二次至一富人所築之宫意語謂之巴拉作必的宫內悉陳油畫又有錦紋石鑲嵌石棹面數具甚精敷老郎司本以此法馳名其宫跨河兩岸而營下一層有甬道甚長游人往來不知其爲橋也次登一嶺道名爲維亞地考利因山爲圃可以觀覽全城次游城外一花園名爲加細勒是夜抵彌郎天尚未明困甚即投客寓酣寢午

後觀一有名禮拜堂又至陳設雜貨處因雨不能暢游購圖數幅而返彌郎亦舊都會街市整齊特新潔不如敷老郎司爲意國北路生意聚會地二十五日清晨至堆爾蘭堆地迂切自入意境後經過停車之所房舍卑小用人無多沿路皆無煤氣燈祇於車到時然油燈一照而已公司之省儉如此至堆爾蘭而行棧復大堆爾蘭以西所過皆懸崖絶壑穿過之洞甚多窮民沿山而居零星錯落或結茅於雲氣之上頗類川黔深山窮谷氣象至脱漏納過一洞行三十二分鐘西洋最長之山洞也洞在山半輪出洞後隨山勢盤旋而下即入法國界法

人設關於此稽察甚嚴關旁一飯館輪車至此必停二十一分鐘行旅當於此就食否則前後數十百里間無就食之處晚經過一湖名布爾捨輪車道出湖中蘆葦蕭疏湖水清淺如鏡風景幽絶湖邊有一鎮名商伯爾利是夜至馬工與巴黎南大道合二十六日還至巴黎

西洋游記第四

蒓齋雜記余在歐洲三年未嘗輕離使館己卯秋始蒙曾侯給假游歷七月初九日八點四十分鐘自巴黎之坳爾利央車行啟行約同馬眉叔建忠先往法之西境出城後西路山岡迴抱至埃當布一望平原過此坡陀

入山一點鐘至都爾大鎮也都爾跨路洼河而營橫直大街兩條河至此分兩岔有橋三道頗長一千八百七十年布人至此踞河北山頂一舊宮爲營今廢爲園圃沿河下流數十百里兩岸石巖隱秀叢樹障之時成邱壑西人舊目此爲法國花園蓋指山水清勝而言若街市則無甚可睹也初十日乘火車西南行六點鐘至包爾兒瀨臨加爾倫河未至二十分先過一橋加爾倫之北支也滙流後名希爾倫河身寬闊直通大西洋有石橋爲限自橋以西船舶停泊甚眾法國最大之碼頭東南數馬賽西數包爾兒所產葡萄紅酒極有名爲法國

稅項巨款之一十一日往觀市肆貿易較馬賽繁盛而精潔不如所見養病院及刑司衙門皆甚雄壯又有一大園池水清幽樹陰濃翳沿池左右坐椅千百侵晨游之頗得涼爽之致所住之店曰諾得爾佛郎腮十年前德在初經此其主人猶能記憶是日三點鐘乘火車西行五點鐘至阿爾加商海濱洗澡處也海至此分汊曲入如匏瓜形瀕岸一帶皆松樹居民結構於樹林中房舍華潔若隱若現近年游人日眾增修愈多有新造大客寓亦名諾得爾佛郎腮下榻皆滿竟無隙地十二日坐果下馬小車眉叔自御至樹陰中一游路旁一小屋

日國君主行館也先數日與奧國公主相會於此訂爲婚姻居民嘖嘖稱道午後泛舟海濱男女成羣乘潮而浴其小兒女之不能泅者則提抱而浸於水中使與水性相習是夜至山頂聽樂十三日七點鐘乘火車西南行所過沿海一片百餘里間皆松林也至忙松隨衆下車早飯一點半鐘至被阿爾利茲亦海瀕洗澡處與日斯巴尼亞（即西班牙）接境東南一帶大小綿延不斷山以北爲法國山以南爲日國法語謂此山爲比爾賴勒日語謂爲比爾賴勒要英語所稱比爾勒司者也被阿爾利兹兩崖環向畧似山東烟臺西崖盡處巨石高聳下穿

一洞有鐵路貫其中旁則亂石横列海潮激射白浪如堆又一石門寬丈許潮頭卷入聲若雷霆從橋上觀之浪花如雪如綿瞬息變幻崖之阿曲有更衣公所二有跳舞廳一皆游人聚會之所所住店曰諾得爾加待爾極大客舍也開軒面海心曠神怡十四日一點鐘坐馬車往游巴要倫府城昨日輪車經過未及下車故補游於此巴要倫街市不甚繁鬧而頗覺整齊城外河道寬深可通舟楫四點鐘回至原處觀賽船會十五日七點鐘復至巴要倫登火車折而東行路出比爾賴勒之麓遥見山巓積雪皓然至一地曰波山峽中斷房舍層疊

聞爲游人祈福之所有泉水飲之可以却病未及往游過此至達爾布早飯經山洞二路皆盤紆曲折隨山勢高下至莽脫賴收換車南行入山兩點鐘至呂商呂商在萬山之中巨嶺層巒磅薄鬱積人家皆住山麓街市僅止一條特以地有硫磺泉游人來此洗目治病者衆爲著名澡堂係公司所建往浴者須先買票令醫官診視其身體之宜浴與否然後入浴山峽中有瀑布一道西人詫爲奇景十六日坐馬車上山中途見一廢碉昔時防日國所築迤上三四里始見瀑布然尚在山腳也游人至此或騎馬或扶杖拾級而登眉叔以病辭不能

予同衆步行磴道盤紆且行且憩約兩點鐘之久至瀑源處僅及山半瀑從崖罅流出跌落數丈崖陰積雪不化凝厚二尺許懸跨於瀑上如卷洞然下山已五點餘鐘矣十七日熱甚所住店名諾得爾賴加利賴十八日十二點鐘乘火車自呂商出山北行過都魯司府城也換車至加爾加松晚飯再行至賽愓爲法國南境馮頭自馬賽盛後此遂稍衰換車復行至天明抵馬賽與船政學生魏瀚相遇於火輪車場時將回國予叩以所學渠謂製造船隻創畫圖式差堪自信餘則未敢言深造並車至都隆而別兩點鐘至麗司麗司倚山臨海高門

華屋爲富人避冬之所送郭星使時曾經過此間七月天氣署熱游此尚非其時沿海馳道一條夾竹桃盛開有絶大客舍曰諾得爾嵒格利予所住曰諾得爾敦宛殆其次也東岸街市數條甚汚穢原屬意大里後爲法國所割故其舊式猶存近海一大隖爲泊船處自都隆以東游憩之地五曰千曰麗司曰馬納哥曰門東曰生爾賴模相距數十百里風景大畧相同過門東即入意大里界是夜至馬納哥馬納哥以賭爲國法富人不郎氏建賭庭於山巔壯麗無比聞每歲賭項出入約十四五兆納八十萬佛郎於邦君遠方游人來此赴賭者取

保而後入。予與眉叔升其庭，閽者問欲與賭乎，答曰非也，行客過此，欲進內一觀耳。閽者以告總辦，授兩綠票，遂入。至賭場，廳長十餘丈，現設長棹三，環坐數層，冬日則增棹至七。棹上皆畫斜格，中設圓轉盤，盤中有球，每次由賭官轉盤，視球之所落以定勝負，金錢之聲鏗鏘盈耳，堆積者動以萬計，勝者用象牙長柄小爪爬之，真可謂見所未見。二十日，韓伯里之友意大里人名格賴亞義固邀至韓伯里家，適韓伯里避暑，舉家外出，格賴亞義代為主人，備極款洽。壁間懸有郭星使油畫像，係英國畫師古得曼之筆，前此上海申報館有所刺譏星使行文詰問者是也不意於此得見二十一日六點鐘自門東坐馬車至巒地未利亞乘火車東南行過生爾賴模亦麗司之比又過一鎮曰搔爾達再至冉納大城也出白石琢像有名住店曰諾得爾衣搔爾達二十二日七點鐘乘火車折而北行入山過洞四一點半鐘至彌郎自波爾兜以西以南至於意大里沿途所見無非種葡萄及玉米葡萄以釀酒玉米以作馬料至此始見種稻稻皆早生黃雲布野頗有故鄉風味所住店曰蓋得爾得拉未爾與大禮拜堂相近堂外觀雄壯雕刻精工內則紋石嵌成余前此經此曾入觀焉傍晚至花園

一游二十三日乘火輪車北行至哥木易輪舟入湖行至湖中大風雷雨湖波爲之湧起兩點鐘至伯納交所住店亦曰諾得爾伯納交湖如人字形西湖盡處有城曰果木東湖盡處有城曰勒哥湖即因以爲名伯納交當其磬折處湖面寬不過三里兩岸皆高山瀕湖時有人家點綴自成村落號爲幽靜二十四日天無片雲山色湖光爽人心目十一點鐘泛小舟渡湖觀薩克司王別墅古樹垂陰藤蘿爲翠眞佳境也日中意君后坐輪舟往來湖中兩岸皆聲礮夜則然燈致慶是夜意后厨一伯爵家其園囿稱爲精潔余往游觀閽人啟扉導入未

嘗禁止以此見西例之寬有俄富人地倭多爾克賴不司者夫婦攜其二女出游兩年未歸同寓客舍二女美秀而文能法語與眉叔攀談由此熟識二十五日邀同泛舟湖中游泳良久二十六日十點鐘登輪舟克賴不司父女四人送至岸邊搖巾而別十一點半鐘至勒哥易火車東行紆迴大山之麓首經一城名伯爾加木城在山巔有垣堞如中國狀踞勢甚雄至伯爾希納遥見大山之下一片水光則加爾得湖也近湖觜處有礮臺扼守八點鐘至衞力司衞力司因洲渚築成鎮市四面在水中央其外尚有兩洲環之地中海無潮水勢漲縮

不過尺許西人之論以爲海面淺仄月力不能提吸此說予未敢遽定輪車道出海中行約十餘分鐘始至其下車處機房外即係河道行人往來槪用小船搬載人家牆脚駁岸悉在水中中有大河一道如大街然此外支河汊港布置如同小巷街市之上則有橋梁可以環通所住店曰諾得爾維克多爾利亞二十七日泛舟一游河道不甚清潔近岸大禮拜堂數座雕刻頗細不暇入觀觀一玻璃抽絲局用玻璃小條然煤氣燈燒其端良久即鎔引於繅車上如抽蠶繭匀細與湖絲等以之編織器物冠履輭如葛紵布泛舟後步游市肆其街巷

之仄小橋之多與蘇州閶門一帶相類特房屋式稍異耳中一寬闊處四面迴廊陳設百貨名爲巴列羅亞爾旁有意主行宮游人率於此散步夜則男女往來如織

二十八日往游東頭盡處一園拏破侖第一收得衛力司時所闢不甚精致又至其兵房處中有船隝屯一礮船如龜形上層圓臺蓋守海口礮臺也有事則啟閘放出無事則收入隝內衛力司本地中海極大碼頭又爲自主之國自一千四百年以後帆船繞阿非利加之路既通漸就衰落近則生意寥寥屋宇多見頹壞舊時總統所居公所尚在今改爲藏書藏書之室矣由衛力司

至奥境有兩道水路乘輪舟渡海七點鐘可至脫利夜司脫予則仍走陸路是晚十點鐘乘火車東北行至烏地勒小飲次至阿爾本司買票換車入奥國境黎明遥見水光已距脫利夜司脫不遠自此經行衆山中人烟稀少頗有寥落之概過勒巴爾什後山更叢密循小溪而行至司登布爾什早飯次經西利遜望北面數峰高入雲表積雪不化次至馬爾布過河有一鎮景象漸佳又至格拉兹巨城也山勢至此迤平城在山麓下有平原人煙稠密頗覺繁盛十點鐘至奥都維焉納住店曰諾得爾安布爾利亞係巖敦布爾王故宫巖敦布爾爲

德國所併此宮售出改爲客寓宏麗之極維焉納西北兩面有山均不甚高大丹牛伯江經其東北歐洲中原最大之江也局勢宏敞頗有王都氣象其離宮別館皆在東山山麓有齒輪火車路可以盤折而上城內小河一道入丹牛伯分爲兩支市面繁盛在兩河夾抱處局廠等多在西面城外一大樹園馳道縱橫加非館二十餘座人民習於游玩風氣與巴黎無殊予入觀一所有女士七八聚而作樂亦向所未見者大街寬敞各有鐵路馬車兩旁種樹規模在巴黎伯爾靈之間兵房公所率皆壯闊而王公及外部下議政院則又不甚巨麗樹

圜外一玻璃長房一千八百六十二年賽會所建也卅
牛伯江上有鐵橋三道以石面成皆長百餘丈西人評
論歐洲都會於巴黎之外次數維焉納洵屬確論八月
初三日眉叔將赴伯爾靈予自維焉納回法是夜八點
鐘乘火車西行至天明已入德境過閩稱絶大城鎮與
北路大城相匹晚至司達布爾陳敬如季同隨德皇閱
兵駐此先期與之約會於車場及予至敬如因德皇請
讌不能前來遣人持書留予住宿予以出游日久車行
匆匆又不能稍待遂辭去初五日早六點鐘還至巴黎
司達布爾有礮臺數座德兵皆修補而守之蓋與法接

壤云

西洋游記第五

蒓齋雜記庚辰五月重五後予挈本署洋繙譯爾路賽爲日國南境之游初七日早七點鐘自馬得利南火車行登車九點鐘到阿蘭懷司日君主游憩之所有宫在焉宫有兩所均在大樹園内先觀其小者一千七百三年所建取名農舍房祇兩層自外觀之尋常一屋耳入其内屋多小間鍍金嵌碧陳設精麗鐘表多古式一鐘甚大其下有座座內設八音琴中腰一圓盤承之徑二尺許鑪上銅柱如碗巨而中空高可三尺十二時辰螺

旋而上每一點鐘至有鍼轉出其刻字處又有綠松石棹及鑲邊坐椅各一俄皇所贈另一小間如書室近壁如半月形坐榻紅絨墊覆之啟視則厠溷也房外大樹甚多房後翠柏二株其一枝幹葳蕤四垂至地中設藤椅可容坐十餘人可稱佳蔭廚內空無所有祗壁間懸一洋鐵鍋元是七十年前舊物君主至必取以烹飪焉樹園甚大而多果爲君主私產四時果熟園丁摘取儲之果房不時運送馬得利宮內旣又觀其大宮悉鋪涼席陳設不甚精美中有三間一仿阿拉伯回宮之式一仿中國人物燒磁一懸廣東雜畫小塊二百餘幅號爲

華麗皆不免俗氣宮外月季花頗多編爲籬落開時如錦馬得利大什河經流宮旁水聲潺潺不絕是夜九點鐘乘火車西南行至阿爾加雜爾換車初八日十點半鐘抵高爾多高爾多祇一大禮拜堂可觀堂係三百年前回人所建外牆頹剝入其堂內縱橫十數丈頂皆作城甕形斗拱雙層承磚之柱八百五十餘株悉皆紋石所琢森如林木此一奇也頂舊無窗然燈萬餘照之後因其用油過費始開窗洞所住店曰諾得爾瑞士初九日早十點鐘乘火車西南行兩點半到賽威爾納舊時都會也有河流經城外海船直通至此人民城市較馬

得利爲盛衔市中時有軒敞處人家多於庭堂內養花如小園闌干窗戸悉塗以綠與樹木相掩映風景頗佳城內一回宫柱礎之類率皆白石雕刻工細貼壁以燒花磁承塵悉紋木鑲成客廳一間安設矮榻兀几几多六方形罩以回錦尙存昔時舊樣樓上一層日君主常來住此皆改西式矣宫旁高牆一段從前係屬走廊後園內浴池長三四丈磚石砌爲卷洞而不甚高相傳爲回妃洗浴處飯後又觀一烟作樓上下共分四區第一區爲做粗烟卷處其法用古巴烟葉搓捻成條合數條爲一綹外用小吕宋烟葉一張抹平斜包而裹之每成

二十枝用紙條拴爲一束將刀割齊勤者日可成八九束第二區爲做烟包處先將烟葉之壞者切成細碎堆積盈屋用灰色粗紙粘成條方小包如信封式盛烟入鐵盤盤有舌插入包内以指押之即得一包隨即黏固極其簡易第三四區爲做紙卷烟處每食指套一空心銅甲攤碎烟於白紙小片上兩指承而裹之用甲尖塞其兩端即成二寸長小卷日可成三千枝堂中所用悉皆婦女老者少者下至七八歲者約三千餘人主者按日課工計所成之多寡給與工貲散工早遲聽其自便章程最善大約勤者每日可得一角半備細達備細達

者日國銀錢名輕重與法國佛郎相等一箇半備細達約合中國銅錢三百該婦女等以未曾見中國人紛紛起立窺予逐起看畢出門捐金錢一磅爲堂中助善之貲云向例如此旋登一鐘樓最高處遠望烟作之房頂平如席此亦新式臨河一大樹園爲車馬遊歷處有宮一所甚新日君主之父昔所居也初十日所住店曰諾得爾郎得爾司十一日早七點半鐘乘火車車行至烏爾脫賴納換車早飯至拉爾諾達再換車至波巴地亞又換車晚九點鐘抵干納達火車路止此干納達在山峽中是處一舊回宮最著名宮跨山巔對面峰巒層疊

山麓有古城甃自此迤邐而上道旁古木參天綠陰如蓋宮之前面有故宮一亘曰君折回宮磚石所建今廢轉廢宮而入始爲回宮階石柱礎無一而非白石琢成長輒盈丈門楣戶額亦石所建鏤空花紋玲瓏剔透極盡人巧較賽威爾納之宮尤爲精致中央有水池激水從南北兩廳內流出宮扉甚巨而重樓複道曲折迷人向南一廳稍寬敞回君愛朝處也極東一小方亭爲回妃梳洗處右顧雪山左則城市歷歷在目最占勝概山半有古城數段尚存宮牆之外傳以碉樓三四座所住店曰諸得爾諸司細夜待疎威諸司即在宮牆外樹陰

中故游人率趨往於此十三早四點鐘乘火車西行回至波巴地亞換車東南行過山洞十餘十一點半鐘到馬納戛地中海濱碼頭也船隝一帶尚修潔乘月一游所住店曰喆得爾維多利亞是處有酒作烟作麪作而馬納戛酒最馳名初擬由此趁船出大西洋而至葡萄亞既而船隻不便復由車路行走十四日十二點鐘乘火車回至波巴地亞換車再至高爾多舊店宿日國多山貿易亦少故火輪公司不能四通入達如英法兩國之便十五日早四點鐘自高爾兜乘火車西行至背爾墨司至阿爾莫爾沖及巴達嵩司均換車巴達嵩司有

店可尖過此即葡萄亞以山嶺爲界東界即巴達喬司西界有小城名愛爾洼司相距不及二十里兩國均有小礮臺防守十六日早六點鐘抵利司奔住店曰格朗諾得爾桑脫拉爾利司奔者海汊深滙爲巨澤寬數十里馬得利河下流名達火河者自東來注之三面有山環繞中可泊船數百艘天然一大船隖也市肆悉沿北岸山嶺街寬者有鐵路馬車河内有大小輪船往來游駛王宫在極西一峯頭距市頗遠城中高處多小小樹園爲游人憩息之所氣象較馬得利爲雄然祗是生意碼頭游人至此者少是日爲西洋慶節其夜樹園然燈

作樂予亦隨衆往觀十七日晚八點鐘乘火車從原路而回十八日至巴達嵩司至阿爾莫爾冲由此分道至蘇打得爾利亞爾皆換車十九日早六點鐘旋馬得利使署日斯巴尼亞本山國經過處人民稀少大率石山沙土無叢林茂草惟賽威爾納一帶地稍寬平所種樹祇橄欖而產麥獨多至近蒲都則漸種葡萄賽威爾納干納達等處鬬牛之風頗盛其人氈帽而闊邊皆鬬牛者也其餘所見無甚可紀述云

西洋游記第六

純齋雜記辛巳二月予因事由馬得利至巴黎因挈本

署洋繙譯爾路費便道一游法國西境二十日下午四
點鐘乘火輪車出馬得利傍爪達爾拉山麓而行山頂
積雪皓然薄寒侵骨過哀司哥爾利亞是處有一舊宮
甚巨夏時游者頗多天色將暝未能一登而去八點餘
鐘至阿未納晚飯竟夜行至天明抵多諾薩有造紙作
坊自此以西數十里間皆近海濱其著名可游之地曰
三塞巴司典洗澡處也曰巴薩日海口也曰伊爾隆日
國海關也自此換車入法國界曰比達疎洼曰法毗遮
界河也曰芳達爾拉比海邊一小島也曰三裔得呂司
曰被阿爾利茲皆洗澡處也曰巴要倫府城也至此留

住一日所住店曰格朗諾得爾維高壘爾司女主美宮而賢待予以上客之禮午後坐車補覯昔游之所未備城外有江名阿都爾頗寬高下兩礮臺夾江而守街市修潔人民亦眾中等城鎮也由此經包爾兜經盎孤納模經布洼地夜二十二日一點半鐘至都爾皆巴黎往來日國正道自都爾易馬車折而西行四點餘鐘至爾路賚田莊僅其母一人在此耕種度日田間一老婦也年七十餘矣即留住莊上田莊之西往往開山取石深入數十丈窮民因而結屋以居二十三日予入觀數所皆頗潔淨附近一小鎮有富人所築之室在焉四面水

流環抱樹木幽陰室内陳設精致所懸油畫甚多儼然王居也故亦以沙兜稱沙兜者宫也又觀一紙作紙料分三種一爲布筋一爲木皮木皮來自瑞典一爲草料其草名爲付爾密要丹納製造之法先將紙料裝入徑四寸許鐵熬桶高懸丈許用機器旋轉之桶轉而湯氣貫入四面皆匀蒸至十二點鐘料即腐朽候其冷定以付洗池池内有刀梳爬之梳爬既鬆取出壓疊成餅再付清水洗池加入灰鏹水名爲克諾爾預得收約二十分鐘料即漸漸受白上有機軸匀攪池水迴環動盪視其形如棉絮澱池底通管漏出濾乾次日再入清池攪

勻如豆渣始放從大管流入別室有木槽承之槽有平齒料水從平齒上漫過遂漸停勻凡四疊而下入五尺寬槽內一銅絲透空巨軸橫擋之如織布之綜然流過此軸粗渣盡去即有白粉一層墊於細絲銅簾上兩邊用印度膠方條約束以定寬仄再過一氈軸而紙已成過氈後又入兩巨軸間壓平其上面復卷而上再壓其下面壓畢騰過四烘軸軸下熱氣薰蒸須臾即乾至末卷成巨捆凡經機軸六次皆一氣呵成神速異常不假人力是局所用水輪機四十五馬力火機八馬力亦至省矣是夜回至都爾過路佳河乘火車六點半鐘至郎

奪所住店曰諾得爾得佛郎腮郎奪爲中亞墨利加通商碼頭人民繁盛其地亦有按察衙門議事博物等院然不如包爾兜之軒敞街車不用馬匹火車專用氣筒壓力其速與輪車同爲他處所未有又搭火車至具海口三納則爾該處僅止起卸貨物碼頭無所游覽近海一帶即路佳河下流水面寬深而渾濁絕似上海吳淞黃浦景象二十五日六點鐘乘火車西行九點鐘至爾賴東小縣也自此以西土地枯瘠潮水漫溢處頗多過宛納生意海口也十一點鐘至均爾利央此爲水師兵船小海口有礮臺兩所有官船廠以無照票未能入觀

又過干伯爾府城至朗待爾諾換車十二點鐘抵卜賴司脫極西兵船大海口也所住店曰諾得爾得拉卜賴司脫店之前面一四方園四圍種樹修其方形而翦突其樹儼如壁立城內修潔有一橋甚高兵船可豎桅而過其海口天然形勢入口處頗窄兩邊俱有礮臺扼守內則分為兩岔江面寬闊可容兵船數百千號近口泊有三層鐵甲兵船四艘專為學習兵法處往時閱廠學生數人肄業於此又有船政局羅列礮位甚多法國兵船船廠東為都隆西為卜賴司脫兩處最巨二十六日下午兩點鐘乘火車折而北行過木爾利四點半鐘過

岡其城在平原上五點一刻過三不剎月有名府城也近海亦夏日洗澡處九點鐘至木特賴投一小店宿此處係小火輪車公司行人稀少停候處僅屋一小間車亦小四分之一迴非大道氣象二十七日四點鐘登車七點半鐘至一地易馬車約三里許至三密舍爾者海濱一小島聳峙水中如鎮江金山狀潮退時馬車可至昔時安置罪人處今則廢爲游玩之所創建於一千二百年以前屢有修葺悉皆石屋基址雖舊而工程甚堅凡四層最上一層爲禮拜堂頂如小米瓜鏤刻精致四面圍牆環以石硐望之如古宮然曲徑螺旋而上山腳

新築火輪車路一條將次告竣以便游人往來西人之好奇如此下午三點鐘至邦多松登火車過姑當司過三諾皆有名之埠至利松换車十點鐘至舍爾布爾宿是處亦兵船碼頭街市整齊淨潔惟海口寬敞不如卜賴司脱之環抱因於海中築一長壩設圓礮臺三座守之環山東西兩面各有礮臺數座其近城一座推爲西洋巨擘土牆厚三丈周圍二里餘實小城也每數十丈即有一門下有隧道深入數丈用磚料砌爲藏火藥處上有透氣管船廠及兵房皆在此臺内其房多用石磚蓋成防礮子打入易於延燒也土牆上列礮車礮位甚

多礟子堆積如崇墉然海中實未見有一船停泊詢之則知爲現無兵事皆縱令出洋練習也所住店曰格朗諸得爾得拉密爾諾待下午六點鐘登車至利松分路至利絕換車天明至突路未爾海濱洗澡處如前歲所游阿爾加商被阿爾利茲之比夏時游人甚衆房舍修潔爽人心目坐馬車往游極東五六里許之未勒爾須爾墨爾一帶尤稱華麗靜穆惜未能久留自突路未爾乘小大輪船渡海一點鐘至呂阿弗北路通商大碼頭生意極盛船舶往來多賈英之立弗普美之紐約爾克富人往往[illegible]山富庶整齊尚在包爾兜馬賽之上

從後山高處下覘有一片清幽之致頗類美國風景極西峰頭遠望突路未爾阿弗特爾巴黎三納河口等處歷歷在目若天氣晴明可及舍爾布爾峯頭有地名三阿得爾賴司有照海電氣塔燈二座爲他國所無玻璃罩高二尺厚及一寸機器用馬力六匹每光可敵五千燈遇陰雨之夜則動足機力可敵萬燈亦巨觀也電用陰陽二極倘是舊法塔外矮屋爲機器房房之前面豎高杆二設電線牌從前電法未備時用木片懸於架上線動則木片各隨其字爲上下即暗號也今未百年巧拙懸殊乃至於此城内一花園精潔如巴黎之巴莫克

松累石爲假山養魚其間號爲柯魁爾亞模亦頗別致又有買股份公司按察司院其房皆極壯闊儼然大都會也所住店曰諾得爾得諾爾莽地是夜乘火車至巴黎經過路王亦巨鎭往時偕日意格至此觀銅廠曾游其地有禮拜堂數座雕鏤甚精他處所不逮也十二點鐘行抵巴黎

西洋游記第七

純齋雜記辛巳七月自日斯巴尼亞回華循其國之東南鄙而行入法境經微希至巴黎復至倫敦最後漫游觀船廠於阿母斯湯觀煤鐵廠於伯爾盟根觀織布廠

於滿飭斯得觀燈焉於立弗普遂北至格拉斯哥者蘇葛蘭之都城也住格朗諾得爾客寓寓頗宏敞昔時游人甚多近亦寥落見余至迎客甚恭客寓對面一山橫峙高出店址由店門迤邐斜下數十丈中央廢罷都人就此爲兩園以備游人散步山頂石巖高聳上有舊王宮今改爲礮臺宮內藏古王冠刀劍權棍之屬鑲嵌鑽石寶石稱爲一千三百十四年物也又塑有英君主丈夫像文石爲基光澤如鏡可以照人臺中兵士衣紅白衣帶下繫馬尾如麈然又於其上加小黑刷四縢以下赤露三寸靴以白布罩之帽頂上亦結白纓下垂尺許

大如帚旁插紅雞毛帚一具其裝束之奇若此格拉斯哥西南海汊深入地勢雄壯海濱一帶風景絕佳十四日偕繙譯官乘小划而出至碼頭另登公司船船亦而長可容二百人陳設裝飾極其華美飲饌亦精夏秋間游人消遣之用船行海中緩而且平綠波動宕時有二三小島迎面而來船頭奏音樂一隊好風徐引眞飄飄有三神山之意矣中間凡過八閘至倭本宿倭本亦小島也樹木陰翳羣花亂開店宇皆極幽雅十五日仍返格拉斯哥十六日坐輪車至海濱一碼頭名爲呵爾搭商船出海是夜風浪甚巨顛簸不安十七日下午

三點鐘入荷蘭港口進口即有一閘候關吏查驗乃得入閘閘門以內河道深通兩岸平平蘆葦成叢絶似蘇州一帶風景旁多風磨係爲抽水之用蓋荷蘭水高地低故於口門置閘以蓄之又多爲風磨以提之耳其都名爲阿母斯達木所住大客寓曰歐爾得威爾諾得爾午後觀一舊王宫無多陳設有一跳舞廳高一百尺寬六十尺四面無柱壁皆石砌又一圓房懸挂油畫畫西班亞侵踞荷蘭之圖相持八十年卒逐西班亞出境聞荷君每年四五月至此小住數日即歸國入餽金一萬磅中間河道寬闊肆市軒廠河岸兩邊皆種樹氣象豐

腴荷蘭國小而富觀其都會未可輕也是日至拉駭耶係荷王所居新都街市不及舊都繁盛而亦自修潔王宮卑小與民居無異小住半日午後六點鐘乘輪車赴比利時荷地低下所過田疇皆以水溝爲界風磨極多經過爾諾特達木通商大海口也又過爾蘭江入海處江面寬闊與洋子江同鐵橋長數百丈至比都不魯塞爾司宿比都街道宏敞王宮前面一圍對面皆各衙署共在一街制度最善觀一賽會堂下有地洞爲賣酒處皆用玻璃燒作葡萄結然火其中陸離生色又觀其按察衙門最稱壯闊三臺高聳修已十二年尚未畢工游

墨至南平槎赴果倫經弗郎克司敷爾運夜趲行過窪得爾至列時是處煤鐵礦最多輪車之上沿途見有火光皆煤鐵廠也又見一織呢廠樓屋數重燈火通明夜久尚未息工出此都後地土皆平至列時始多山過此峰巒重疊有河名墨司水源頗高屢屢泛溢爲害比人費三百萬磅將高源掘移他處其患乃息將近果倫郎分南道行未至其城此道在爾蘭江之西兩岸有山均不甚高山麓平疇迤邐各成邱壑江面寬處里餘尺處不及半里時有淺沙輪帆船往來頗密二十日抵馬陽司自此折而東行有小河匯入爾蘭江道南多矮松青

葸彌望次至弗郎克敷爾城大而整飭內多樹園有賽會堂一所小憩入觀規模雖不大然點綴亦自疎落十點四十五分鐘復南行過加爾速魯巴敦都城也國主公爵住此自弗郎克敷爾以南以東皆依山而行村落潔靜幽雅可愛號稱仙境入山十數里樹林尤多游人俱憩此街市人家大率客寓也德國游覽之地以巴敦名爲最大巴敦西以爾蘭江東以山南以湖爲界由巴敦回至倭司換車赴岡司當入瑞士境是處瀕湖湖如半月形長數十里內有輪船往來小住半日再赴沙敷司亦大湖也所住店曰諾得爾瑞士正與濛布相對

經夜聞水聲潺潺，店甚宏壯，飯館客廳皆爽，竹桃洋繡球堆集成圍。次日清晨，獨步湖瀕觀瀑布，循岸過橋，沿曲徑而上，至一小島之頂，復沿至崖下，但見飛濤濺沫，如雲如綿，豁人心目。因歸期迫，無暇再至熱勒弗，是日趁首爾利克，又經巴爾中途，遇一山洞甚長，十一點鐘抵巴黎。實七月二十三日，二十日間游行一萬餘里，非有輪船火車能如是乎！

西洋雜志卷第八目錄

西洋雜志卷第八

與李勉林觀察書

别來踰歲即經起居曼福庶昌隨星使出洋後於十二月初八日行抵
倫敦爲期五十二日凡行路三萬一千餘里自上海二千六百一十里至香
港又四千三百一十里至新加坡在赤道北二百四十里又一千一百四十三里至檳榔嶼
又三千六百二十九里至錫蘭錫蘭佛生處也自此以西無中國人又六千四百零三
里至亞丁是爲印度大洋由此轉入紅海又三千九百二十四里至蘇彝士
經新開河類似中國北方運河二百六十里至波塞入地中海又二千八百十四里至
毛兒達島在地中海東西之中英國停泊兵船處又二千九百四十三里至直布洛陀此山背石
其形如獅踞地中海大西洋之口英人鑿山爲隧道置炮守之所謂山炮台也由此出大西洋又三千四百五十三里至
婦司阿母敦英國碼頭又換火輪車行二百一十五里至倫敦經臺灣海印
度洋地中海均有風濤之險而大西洋爲尤甚幸皆無恙諸所經
過山川城市風土人情瀛寰志略所載十得七八乃歎徐氏立言之紀

卷八　二

謬自台灣以南波塞以東恒如中國夏秋氣候地中海之西較為寒冷似亦不如氣候之甚也倫敦都會大於上海二十倍街衢廣闊異常繁華車馬之聲殷殷轔轔相屬不絕夜則萬燈如晝論者謂氣局冠於歐洲以此可以推知其國勢之昌到此自須往觀會堂其之往與公於其二默參議國君臣之間禮貌未嘗不篤分際未嘗不嚴持其國政之權操自會堂民選大事必由外部與衆辯論衆意所可而後施行故雖有君主之名而實則民政之國也大抵西洋今日各以富強相競由施治力外而公法與其維持頗有春秋戰國遺風而英實為之雄長俄羅斯究睎北方屢欲吞并土耳其而屢迴當頗不敢公然遠顯其徒為英所扼持耳法於德亦未忘舊恥繼觀大勢目前當未始注意東方中國誠能於此時廓開大計與衆合從東聯日本西備俄羅斯而於英法等大邦擇交一二結為親與之國內修戎備以禦外侮擴充商賈以利財源此非不足大有為於時也否則殺

悵守約不使官民再啟釁端，近五十年無事，若猶偃然自是，不思變通，竊恐饕食之憂殆未知所終。極十餘年來，中國頗講自強之術，然兵船未能踰新加坡一步，現經遣使駐紮各國，而商賈不能流通，行旅不至於錫蘭，豈得謂之長駕遠馭？前聞中國有開設宏遠公司之議，果舉亦屬要圖，第數千萬金恐未足以集事。此間建一行棧，修一碼頭，動以兆計，若能仿西國火輪車船公司及電報信局之例，歲領國家之經費，而官為主持，庶幾利權可收，窮髮可以漸致，釋此而不務，吾未見其可也。兩星使呈遞國書後，與其外部丞相以下聯絡周旋，情誼尚不隔閡。惟交涉事少，時自甚覺寬閒，參贊文案所事，偶一出游，則兒童婦女圍繞觀看，語言不通，如同面墻，以此轉增異國之思耳。庶昌頓首　丁丑二月

與張廉卿書

廉卿執家足下：自振此一游之後，誠不意遂有四年之別。故第五之行

人事不可測度如忠奉使西來經今一載未以尺書達諸左右悚罪
悚罪西洋局面宏遠事事精詳蒙以為直老墨二氏境界莊生
所謂熙來攘往剖斗折衡者皆兼而有之此行真馳域外之觀而
益歎天地之大殆非思議之所能及矣一年以來往歷英法德三大
國其於西洋風俗政教亦頗窺見大概竊謂中國與外洋立約通
商多歷年所近歲究心時務之士始知船礮機器為歐洲之利用滌
革故常而仿傚之端尚不知其一國之中號令整齊條理精密若
學塾若監牢若養老恤孤之屬儼有一夫不獲其所之氣象即觀
其四郊亦皆土地闢田野治三代盛時所想望而不可及者今乃同
之目覩其尤著者火車電線與輪船水陸並馳不特行旅商賈
顧出其途而於轉餉用兵實有無窮之便利中國事事泥古難
與變通愚意以為救國自強則火輪車之建實為今日首務
昔者秦并六合治馳道起長城廢井田開阡陌千載之下人猶

死之然，乃自秦以來二千餘年，三代故事遂一往而不可復，然後
人智力之不逮天地，厭其窮也。今之輪船火車，亦秦廢井田開阡
陌之比，勢之所趨，蓋有天焉。方今天下譬猶水決於平地之上，漫
溢四溢，安未沾溉中國一隅耳。以一隅而當平地，終不至於浸灌
不止，不如因而利導之，此保國長久之術也。足下博觀古今，懷抱偉
然，未識有取於斯論否？庶昌頓首。戊寅十一月

上沈相國書

中堂閣下：十月初旬，庶昌隨同劉星使自倫敦起程，馳赴德都，助
理一切。十五日星使接到鈞函，持以見示，具紉 中堂不遺葑菲，
垂詢殷殷，仰見大君子之用心，縷及海外數萬里無遠弗屆。庶昌既
感且佩，鼓銘。 中堂福躬綏豫，一德所良，碩畫訏謨，必有消
患未形而為朝野所利賴，遠人所折服者，泰山北斗，景仰安
窮。庶昌自出洋以來，將及一載，身所經歷國都有四，曰倫敦

日巴黎曰不魯塞而司比利時曰伯爾靈其氣象規模以倫敦為最為
壯闊而國政號令之所從出人情之趨向亦以英國為最整齊一致
其庭即知該國之可與聯和而不易與競爭中國與外洋立約通商
以英之碼頭為最多其貿易亦較他國為盛竊謂今日時勢似
宜有一二強大之國深與結納以為外交殆未可以一律相待使無
輕重厚薄之分欲擇所從則莫如英英為宜矣俄雖與國為鄰
而行事譎詐歐洲之人無不畏而惡之此殆未可深恃者也現今
國家遣使四出至外洋亦知中國之誼意在聯絡邦交敦睦聘
洽迥非昔年情事可比獨至一國遇公事交涉則各國俱須自
若見大統任國是之強弱以為是非斯固未可盡以理喻徒執神
義以相抗制彼且視為漠然私謂　朝廷處此時勢宜常有
鞭撻四海之意并吞八荒之心然後退而可以自固其國至於遣
使駐紮各處為國體所關若欲求益國家不特公使之職其快

其難即參贊亦未易言。隨任庶昌於西洋語言文字素未通知，幸隨使一年，徒能窺觀其大畧，而無從細求，耿耿此言，用為憾事。以此益知出洋當以語言文字為先務也。郭、劉兩星使所撰日記西國情事大致甚詳，足資考察。惟郭侍郎自被彈劾之後，不敢出以示人。原　朝廷所以命使之意，亦欲探知外國情形，其初指未必如此，似宜飭屬隨時鈔寄，以相質證，西事可以洞審。意愚妄之見，幸惟　中堂熟而裁之。並請勛安，伏乞鈞鑒。參贊官黎庶昌謹肅　丁丑十一月十一日

上曾侯書

竊自天津定約以來二十餘年，沿江沿海要害之地，聽准西人設立碼頭，通商居住。西人之心猶以為未足，復於通商之外增出游歷名目，無非欲假此無限之利權，以遂其窺探內地之私計。華民雲貴甘肅新疆蒙古青海西藏之地，中國所號為邊鄙不毛者

鑿險縋幽無處不有西人蹤迹故其繪入地圖足履目驗詳覈可據一旦有釁何處可以進據何處可利於軍其國雖遠至數萬里外中土形勢莫不瞭如指掌而叩之吾華士大夫反有茫然不曉其方嚮者近年出遣使四出持節駐紮各國情形始漸漸通知一二然亦僅在西洋繁盛之區而俄羅斯與地綿長與國鄰接二萬餘里疆場糾紛時時多故其在亞細亞洲者所屬茫昧無稽俄人高掌遠蹠志在得地南侵蒙古新疆垂涎已久故常欲創火車設電線以達中國君臣同力謀之數十年往以地勢險遠經營未就而中國從未有出遣一介之使游歷歐亞兩洲腹地以相窺覘者從前康熙年間曾遣兵部郎中圖理琛出使假道俄羅斯西出準噶爾以行往返三年僅至土爾扈特而止其地在哈薩克游牧之西尚未出亞細亞境也同治中　欽差劉使志剛奉使至俄亦有從陸路回國之議期以畏難而止竊謂俄人久還伊犁收回故地

將來事定之日，正宜早建善後長策。商告俄廷，於出洋人員中選派數員，酌帶繙譯隨人，作為游歷名目，分兩道並發，徑往俄境陸路回國至京師，銷差以兩年為期。沿途令其從容行走，凡所經過之處，山川城郭、風土人情、道途險易、戶口蕃耗、貿易盛衰、軍事處處，以及輪車電線能否安設，一一諮訪參考而記載之，可圖出並圖其形勢，而後以備日後通商用兵有所考核，不為俄人所欺，實亦當務之急。查俄羅斯赴中國有東西兩道（此東路係沿舊約自咸豐八年定約後始由黑龍江之尼布楚城、吉林之伯都訥及琿春城，乃真東路，此實祗中路耳）。東道由舊都莫司科至尼什尼納弗哥爾諾得（俄境地名皆用俄文譯音），皆有輪車，由此約三千里至伯爾木。夏則溯倭爾戛與加馬河，冬則乘馬車走陸路，自伯爾木踰烏拉爾（拉山）嶺至挨加脫爾令布爾分道，由北路則至多色爾司克至拉爾利木至夜義腮伊司克，由南路則至倍託闊波諾勿司克至坳木司克至多木司克，同會於喀司諾亞司克，再至伊爾姑司克及腮林冊司克凡八千里而至加克達（即恰克圖）又十一台而庫倫十四台而喀拉烏蘇八台而畢順八台而察哈爾八台而入張家口（蒙古名加爾敢）西道亦由莫司姑分路至倭蘭布爾亦有輪車由此易馬車至協爾司克至烏拉爾司克近巴爾加什丹褚司湖（即鹹海）傍西爾河（即納林河）行走至小嘎薩納至阿克瑪司日意得（一名付爾信爾諾加司褚）至土耳近司南再行分路由北則至奧利夜阿達至多褚拉克至威爾諾夜至伊犁（洋名庫爾查）至烏魯木齊至巴里坤由南則至襪墨干得至塔什干至闊坎（即浩罕）至喀什噶爾至庫車至吐魯番同會於哈密而入嘉峪關此皆通商所必經行之道也廣昌久蓄此意議俟以觀其時機其人不能有所建白今幸值

侯爺奉

命訂約並使俄都核議力陳斯役倘

蒙商之總理衙門奏明辦理廣昌不惜軀命充一路之任以上報國家為奔走臣亦以明

文正公知人之美新疆地勢自

古用兵所必爭，與漢之西域相表裏。班傳向所研究，故又嘗志在西域也。倘以程途艱險，兩道並舉，一時乏人，可派庶昌願至京師，後再出張家口，而至俄都，然後銷差，路綫貫徹，如此庶昌雖死亦可以無朽矣。昔博望侯張騫發間使四出，其姓名皆軼不傳，惟獨定遠侯班超遣掾甘英往通大秦，至條支臨海欲度，安息西界船人以海水廣大止之，載在范史。侯爺若能行此異謀偉畧，是亦今之騫、超也。而在國家重費不過數萬金，於强敵之情得以考悉，亦足規畫久遠，其益似不在遣使駐紮之下。是否有當？伏望採擇施行，幸甚。

答曾侯書

八月二十七日接奉賜書，再四伏誦。侯爺當此國步艱窘之際，不憚煩勞，灑灑千言，反覆開譬，有如振聵發蒙，敬佩奚似。庶昌非不知中外事事講求，揣節前函所陳事屬頒費而言於兩國構兵之際尤為不達時宜第西事猶有定時而應為之所謂游歷者特為向俄廷說情耳至就中國言之則出洋人員今由陸路回國無論行走何道不過中途略加停頓矣如西人之得以任意游行漫無限制也目下時局艱難何敢望　侯爺遽以此事入告殊緩急輕重之失宜因遣駁斥若使中抄寄總理衙門作為新聞紙類看視非備一說以俟將來存而不論似亦無所妨礙且中朝何事不幾經審度而出之然自同治初元以來衆議以為無益耗財之舉而卒議行者無幾購買輪船之議始於赫德而總理衙門主行之幼童出洋肄業發於容純甫而　文正公主行之輪船公司之設亦發於容純甫諸人而李伯相主行之遣使駐外時議非者尤多而　廷議又行之皆知其事勢之不容已也游歷名目最為無謂而前此曾派斌椿等出洋近年丁稚璜宫保亦

有派員游歷西藏印度之事　朝廷亦不以為然扈昌初意頗疑此舉耗費必重近復細加考求前所謂中路者乃俄人經商坦途無甚艱阻須得一英商節略敘述頗詳該商經行此道三次其言由上海北京經恰克圖回至倫敦通計祗須九十三日所閱帳目兩人同行需費中國庫平銀六百六十三兩其人并走過黑龍江尼布楚一次費用較中路加倍惜不得其名華員行路自不能如西人之簡捷並以所到之處時有停留即照所言加十倍計算不過六千六百三十兩者數次然甚巨扈昌當攜四人同行苟有多金僅可綽有餘裕西路較為迅速再加一倍則亦足以濟事矣閱三年曾有法人夫婦往游伊犁浩罕等處俄國現尚訪求其書未獲若再得一二西人載記以相印證則西路更可豁然無疑方今中西之氣已通難易情形迥非漢代可比即與康熙時亦已不同事半功倍此乃時勢使然非後人之能有勝前人也當否仍求

裁鑒至於繪畫中俄三路接壤詳圖自可如命辦理惟亞細亞一洲法德美三國之圖祇皆存畧獨英俄二國於此留心其圖頗細而庶昌所有之俄圖僅祇歐亞兩洲中間一幅其於蒙古東三省尚皆闕如欲繪此圖必先以俄圖為主輔以英圖兼採他圖庶幾核實容俟購得俄圖佳本始可興辦並蒙示徐龔張祁何諸儒書目庶昌向皆知名而未嘗得見所僅見者徐星伯之漢書西域傳補注何願船之北徼彙編圖理琛之異域錄張遂寧相國之日記數小種而已遂寧相國係隨大軍出塞至庫倫而還西至蒙古沙漠一帶極言之特若道咸諸公窮搜荒邈慘澹經營其著述信足傑然不朽而庶昌建議之私意尤不專注重著書立說也論新疆善後絕無萬全之策惟力守尚是正辦何以明之當咸豐年間議割黑龍江時以為棄此數千里不甚愛惜之地以畀俄人重訂新約當可

保百年無事乃曾未十年而伊犁已入俄人之手矣新疆道遠費重人人畏難假令中國此時篤守先王不勤遠略之義即舉新疆而委讓之畫嘉峪關以爲守而關以內仍不能不用重兵屯紮俄人得尺進丈又不數年而駐軍嘉峪等處復假通商爲名以與中國議增口岸求索他地不與則兵戎從事其將何以自處一國如是他國又從而效之又何以自處故今日之力爭新疆與異日之力守新疆其用兵皆非得已諱言武矣所謂任勞費正所以省勞費也若以中國小儒之見不但新疆可棄即西北等省亦在可棄之列祇留東南數省足矣中國君主專制之國有事則

主上獨任其憂臣下不與其禍當俄人取伊犁之日議割黑龍江諸臣已不及見矣設令幸在而其人富貴固自若也固侯節推論及此故發憤胸臆之所蓄積而一發之小子桂簡

不知所裁，惟　侯爺鈞安而已

再上曾侯書

自去秋應昌建議遣派候補人員經由俄境陸路回國之議，仰
蒙賜書嘉許，允為轉達總理衙門。維時西事方殷，故未敢一
再申請。近因所有往應昌即致書英法地理会中，博訪周
諮，搜求書籍，以為行旅之證，務使中西兩道瞭然無疑。歷數
月之力，編成數書，除英商葛畏外，一為英人密溪由北京出蒙
古中路至俄都載記，一為法人密仰由俄都經西必爾利至北京
載記，一為英人伯爾拉貝至機洼等處遊記，一為英人瑞勒爾至
土耳迄司當伊犂塔什干等處遊記，一為法人湯普爾衛至土
爾迄司當薩馬爾罕伊犂等處及貝婁布爾當兩人遊記，一
為俄人衛勒米夫遊歷新疆載記。書雖編成，而應昌所習洋
文不能自讀，乃令李墨保請譯，將此數書讀過，擇其有關

行路者先行摘出洋文，再譯以華文，而西人善書語多重複淩雜，正如散錢無串，應昌因以己意聯屬之，以路為經，以説為緯，而附注於本條之下，既非出自己作，亦非原書本文，取其分明而已。其中道里遠近，殊多牴牾，無從證訂，並行路同日已呈取資
廷鑒。　俟節於未離俄都以前寄呈者覽，伏祈彙送總理衙門以備參核，若蒙附片奏陳，請　旨飭議施行，尤所深幸。應昌之建此議，亦欲求益國家，非苟為紙上空談，若以為游歷起見也者，則舍歐土之繁華，而趨沙漠之荒渺，釋輪車之便利，而取駝馬之艱辛，舍使館之舒和，而冒風沙冰雪之寒苦，雖至愚不為矣。

由北京出蒙古中路至俄都路程攷畧

有一英商三經此道，惜不得姓名，著有節畧一紙，極其簡明，可為行路法式，擇要譯出，其言曰：自上海到天津用火輪船，天津到

卷八　十

通州用中國夾板船通州到北京用騾車北京到張家口(蒙古名加爾敢)用騾轎張家口到恰克圖(西語名恰克達)騎駱駝恰克圖到俄國大車路用俄國四輪馬車(名達郎達司)　上海到天津四日住一日天津到北京四日住二日北京到張家口六日住三日張家口到恰克圖二十五日恰克圖到伯爾木路中行走三十日伯爾木到俄都生比得司布爾十四日生比得司布爾由水路到倫敦四日統共九十三日一節

行蒙古地方不必疑懼向聞人說匪盜余經行三次並未遇過但行路時須善待蒙古人又須有一定主意不宜游移并不宜與車夫馭駱設有車馬倒壞之事當親身相助與車夫所行之道似是紆曲心雖不然不宜直責其錯誤有時欲令喜悅將白糖小塊俾眾賞之將不宜使知置放何處庶免偷竊之弊一節

過蒙古地方可以騎駱駝亦可騎馬須用蒙古馬鞍當於七月內行走(西洋七月中國之五月底六月初)其時有草可以喂養牲口若騎馬

速行一日一换，可以十二日經過沙漠，但如此行路辛苦異常，因其路有八百買尔之遥，實中國之二千四百里。一節，行此道應用蒙古及俄國話，但曾讀書之俄人往往在棧房有説法國話者。俄國武官及水師武官亦有能説法國話及英國話者。所經之地如特有朋友行函相待，極優備。所説俄話不佳，其人亦肯從旁相助。一節，沿途雇用馬車，馬夫易於作弊，或將至數目子以少報多。雇用時須記看棧房門首所懸牌單，注明日期里數及官定價值，可以不受朦混。又當學習俄話，以便算帳。要菜蔬第事之用。一節，從恰克圖往俄都，晝夜兼行，途中所需之物，恰克圖均可購辦。最要者應買茶與白糖，并换銅錢，以為零星買物及賞馬夫之用。行路之先，須取一本國官路票，送與俄國公使蓋印，携帶之物以少為佳，物色不宜過大，恐駝馬有傷，便於取搭車上。一節，衣服只須帶法蘭絨

汗衣褲一套中國汗衣褲二套西洋衫領六箇見客好衣一套
襪六雙好鞋一雙厚皮鞋一雙斗蓬一件鋪蓋兩床軟帽一箇
大帽一頂過蒙古地方應用皮帽一頂常物愈少愈好因近
俄地各城俱有好店鋪可以隨時添置色件不宜過多以便
換車換馬更宜用一小皮袋將銀錢放入佩帶身邊如兩人
同行最為合算更當選擇精壯年相上下者因此道顛頓
太甚極其難行身弱者恐不能勝此勞頓一節途中所用
之銀錢在天津有一俄國銀行名司達爾脱掃弗張家口恰克
圖均有分行入西必爾利後不用銀錢概用銀票名為盧布每
盧布票一張值英國兩個半施令現銀盧布每個值三施令
半其在本國悟生比司布爾墨司拈兩處有銀行皆刷無
可兑換一節到恰克圖或到伊爾拈司克當買一俄國車郵
司郵遞發為合算此二處俱是好慄有兵甚多在兵內有兵作

樂花園戲館皆備人家亦有喜請客者說英國話人頗多亦有丹國法國人房屋店鋪馬車馬匹均有極佳者是處之人頗不陋劣在恰克圖約有西洋男女二萬人在伊爾姑司克約有西洋男女四五萬人　一節　各處地名難以悉數宜看一英人名密渥斯著書曰歐勿爾蘭得爾滿脫者備載詳明從恰克圖以西以北著名之地曰威爾納曰悠地因司克曰伊爾姑司克此為第一大埠曰喀司諾西耳克曰堪木司克曰多木司克曰埃加（尼加家字皆西阿切）脫爾令布爾曰魂何曰伯爾米曰尼什尼阿佛哥羅特曰莫斯姑此各埠中有精埠相隔不及三百買爾之遠四五晝夜可到埃加脫爾令布爾至伯爾米約二百買爾在烏拉山之東是處有極好店房需用之物無不齊備有英國工匠在此製造大呢與紙自張家口以北地多平衍若築火車鐵路容易建成俄境人衆富庶生意流通二十年後定成通衢　一節　自多木司克坐船者水路更為徑捷惟船不時

有或須守候每日且有时河淺船不能行如須坐船应至多木图克
先將所買之車賣去即四五十盧布亦當賤售若不趁船須再
坐車到伯尔木登後有火輪船行使尔夏及喀馬兩河自此以西
費用較少船上有法國菜可以點食上等飯每頓兩箇半盧布
英國比兩酒每瓶一個半盧布伊尔姑司克最貴每瓶四個盧布
船上搖晃平等相看使尔夏喀馬兩河景致頗佳河內另有一種
常水船常引夾板船裝送犯人往西必尔利從伯尔木游五七日可
至尼什尼彼哥尔誤得該處每年九月歐亞兩洲生意於此
大會一次自此以西皆輪車一節兩人同行約三個半月用費上海
到天津輪船價一百兩天津到通州船價四兩通州到北京馬車價
一兩住京花費十五兩北京到張家口騾轎十五兩路上零用飯食
三兩約銅錢五千文張家口租駱駝到恰克圖三十兩張家口有一俄國姓
口行名買賣蘭司稽安得喀干騎一節至張家口應置買各物水

壹錫碟錫碗木杯等六兩洗面盆一頓八兩下蓋地毡二兩乾麪
包一百斤三兩牛奶油四斤自来火六匣八兩胡椒芥末鹽共乙
箱一兩洋鐵白蠟燭六斤一兩蠟燈油蠟心四兩胰子煙、袋
刀叉勺子錫托盤五兩帶羊過沙漠五兩鮮皮帶子皮雜
二兩燒駝糞、鐵爐一兩住蒙古包無價白糖塊二十斤三兩茶
二斤并藥材二兩手槍洋槍無價鵝鴨毛枕兩箇用車內小繩兩
卷大小鐵釘兩斤粗繩一卷糖果三盒二十兩以上共二百三十八
兩又從上海恰克圖行李水脚車價七十五兩共三百十三兩一節
再由恰克圖至伯尔木应請領官照以便租馬若無照驛不肯租其照名
巴達尔諾什納二十五盧布尔租馬之錢另名卜諾格義用馬三匹
每一威尔司脫俄國里名每威尔司脫五百加蒸勒每一加蒸勒約中國七尺三个哥倍克俄國銅錢名每一哥倍克約值
中國銅錢五枚一百五十盧布尔在路住店飯食等費三百盧布尔過河
船價夫馬賞号四十八盧布尔馬夫賞十个哥倍克如行走遲速則賞二十哥倍克至恰克圖後

卷八　十三

伊爾胡司克買車一輛一百八十盧布，如不買車，各站馬驛均要換車，每處租錢四個哥倍克。車既小而不堅，行李容易遺失，且行不過兩三點鐘即須更換一次，最爲不便。水路走倭爾嘎、喀馬兩河，從伯爾木到尼什尼納弗哥爾諾得，船價五十五盧布。從尼什尼納弗哥爾諾得過莫斯胡到聖彼得司布爾，火輪車價一百盧布。從聖彼得司布爾過丹國都城到倫敦，英金三磅。如乘火輪車過伯爾靈（德國都城）、不魯塞爾（比利時都城）、倭司當得海口（比國），二十四磅，作一百九十二盧布爾（八個盧布合英金一磅）。以上一千零五十盧布，合中國三百五十兩，通計用銀六百六十三兩一節。此道宜於西歷五六月行走，因六七月內西必爾利地方道路乾濕得中，過此即係冬日，但冬日不用馬車，應另用雪車，春秋二季均不甚相宜。一節由上海到黑龍江，回至倫敦，較恰克圖之路多出六千買爾，並要坐雪車，人費至兩人之數。余前次行走，均係如此。若每經此道，所費亦不過三百數十兩。蓋須乘四月至九月開洋有火輪船往黑龍江之時，又不用坐雪車

惟黑龍江皆係野地無甚道路可通遠不如恰克圖之順當道矣

由亞細亞俄境西路至伊犁等處路程較略

從生比白司布爾赴庫爾查即伊犁有兩道一經西必爾利一經土耳匹司當均為俄國文信往來之路就如中國驛站各有站房鋪係民雇亦由官家經理總則皆係小道兩道天時大致相仿行路以秋季為最宜冬則風雪甚大春則雨水太多路途沮洳夏則天氣暑熱牲口無力兼以經過野地每有乏水之患兩路或坐馬車或坐雪車因時而用以上據括大略駕雪車之馬有三匹俄國總名為托伊加若馬好路平一點鐘可行十二英里每馬一匹俄國一里約租錢三個或四個哥貝克各驛站門首均有記程的里數若干馬價若干行者留意惟俄國官程每一點鐘祇行十里約中國十八里七分三厘若行人欲令車夫催趲速行設馬匹倒斃應罰出銀錢盧布爾四十個充入國家在途中無從換錢幣必須從俄都多帶銀錢

盧布尔及銅錢哥貝克兩種務使照用一節從俄國驛路行走必須取有路照其照據名為波多尔諾什拉亞到火輪車者處應先赴該處巡捕衙门報明從何而來現往何處該衙门給與路照注明何國人氏狀貌如何沿途每站租與馬匹其價每馬一俄里二个半哥貝克似較尋常租價為減然令以買路照之價亦須每里四哥貝克一節伯尔拉貝以上波多尔諾什拉亞分三種第一等為國事特用之路照如中國兵部火票刻無停留此不常用第二等為君主所送路照如中國之馳驛每到一站該站立即應付馬三匹其車夫帽沿有銅片為記他車遇此均讓道以行如不讓者車夫可向驛站告罰之第三等即尋常路照國家之意以為法係官道非經經過照之取費如去驛站按程每馬行走一次果須令驛息以致鐘不及以致耽者不准應差往往有行人到來而馬匹歇息必需留守稍俟聞有守候兩三日者其根由於

人至驛站守候，雖不出租錢，而飲食之類皆該站所賣，無非欲借此留難，以取多售耳。一節，在俄境道上，必須自買一車方利行走，否則逐處更換，一日之間多至數次，最爲不便。行路車畢仍可特備雪車，無輪，惟以兩彎木條直拖在地而行，餘亦用木，無多輕而程速。頂遮布卷篷，數其前面車之左右各有木條，前則繫簧，而後斜張如兩翅，以防與別車相碰。一日之間，多者碰至一二十次，兩不相得。車有大小兩種，若兩車相碰，大車反容易翻倒，然均不甚高，即使翻倒亦不至受大傷。車亦有收爲車夫坐位，擋馬頗難，須有人幫助。一節，行李不宜用堅固木箱，以皮包爲合用，橡皮條宜多常卷之，可以充枕。隨身之物如大小褥子、羊皮、氈蓋、氈鞋、氈被、毛織佛蘭絨、護胷、常服、枕頭、繩索，以及鐵錘、鐵鉗、小刀、燒酒、麪包、羊腸或小牛腸之類，雖似累贅，行李通置放車底，凡有空處宜用草包塞滿，然後鋪墊褥毯，人坐臥其上。一節，行旅

卷八　十五

多用皮衣俄人每以皮色分人等級上等者為藍狐皮實黑色而尤
以狐肥為最貴查去西必魚利地方購四狐肥白購全身之皮其價
相等約七八千佛郎購一全狐約不過一百五十佛郎若狐皮長種之
佳者則貴至三萬五千或四萬佛郎次等為水獭次為貂鼠次
為夜諸脫不知中國名均不甚貴而亦稱華美服此者多貴者一萬二
千佛郎賤者二百五十佛郎又次為家狗子下等為黑羊皮民間則
服羊皮大鹿皮熊皮此數種皮最下而最暖行路者多以此等皮
為裏衣而緣飾水獭貂鼠之類以壯觀瞻全製一四等皮衣外加一極
長衣頭腳俱可蓋蔽此衣兩面皆皮做成名為達沙由係白兔皮
外係大鹿皮加緣水獭領袖服此衣後再加大羊皮外罩一件頭戴
黑羊毛換帽再加皮風帽腳穿羊毛襪四雙再加氈襪一雙車內
先盖氈二重再加皮一重一節密卻以上應帶印度樹膠所做之夾褥
二一閉口者管者臨臥時吹氣貫入不用時將氣放出一閉口者人可入

臥毡中又須常皮鞾二双及風雨寒暑針表查某器具小鍋刀叉匕子藥材金雞納燒酒暨他食物之類用途中覓食物甚艱窘宜先備置放車內一節以上伯尔拉員各驛站房內極其蓬污應自帶鋪蓋褥子之類以便住宿一節以上涉若尔街之處布尔當左驛站可買之食物祇有黑麪包及雞蛋兩種一節余買一馬車其下四輪用兩木横支顛簸實甚鉅此車有一好處可以將四輪卸下另加木条作雪車用一節行小路租馬極難余租馬兩匹行英里十六買尔尋常民價每馬一匹行一俄里祇一个哥貝克合計不下兩个盧布尔而昂貴至七个盧布尔一節銀錢一項最關緊要余在俄都時人謂不必全數携帶宜匯兌至塔什干特要而行可免劫盜之患及至彼處再匯主以前該行素無往來不能照付故行此道必須兌換小銀錢小銅錢兩種隨身多携數袋務使足用一節以上瑪勒尔

生比得司布尔至倭蘭布尔之道由生比得司布尔六百零四俄里

至莫斯姑（俄里名威尔司脫，每一俄里作五百薩慈勤，每一薩慈勤當中國七尺，五百薩慈勤實三百五十丈，每一俄里為中國一里八分七厘有奇）快車行十五點鐘，上等車價每人十九盧布。尔由莫斯姑至細色尔蘭，一千八百七十五年始有火車，快車行二十七點鐘（伯尔拉貝云六十點鐘），上等車價每人二十四盧布。尔由細色尔蘭至薩馬尔拉，從前未有火車時係坐雪車，傍倭尔愛江邊行走，須行三十六點鐘，英之八十五買。尔由薩馬尔拉至倭蘭布尔，亦係官道，有馬車租，涉茨尔衛妻布尔甯云：從莫司姑至細色尔蘭坐火車兩日兩夜，由細色尔蘭至倭蘭布尔，亦有火車。自此以東始為馬車路一節。

倭蘭布尔至噶薩納之道，由倭蘭布尔至坳尔司克瑞勒尔，云一百六十七買尔，伯尔拉貝云一百四十買尔，此道不平，多坑窪之處，須行兩日兩夜。俄國武官米路果夫云二百六十五里（按俄地里數，應以俄里為準，以後所記之里，皆伯尔拉貝書轉物衛勒果夫記載）。自倭蘭布尔十七里納思司稍十四里半，噶們業子十六里未稽茹司加亞二十七里，克拉司諾要司加亞二十二里半，稽尔利務爾司加亞二十一里末爾勒一名奧西買亞二十七里半尼哥爾司加亞十九里波丹哥爾義夜二十六里非買爾今司加亞二十九里爲巴爾義夜二十六里半坳爾司克一節由坳爾司克至嘎薩納一名嘎薩今司克第一砲台也伯爾拉貝云從坳爾司克二百一十俄里至嘎爾拉布達克砲台瑞勒爾云一百四十買爾又一百八十二半俄里至烏拉爾砲台土名伊爾積司瑞勒爾云一百二十買爾又一百零一俄里至待爾賴克利此處爲倭蘭布爾省與土耳其斯坦省分界又二百四十二俄里至嘎薩納由倭蘭布爾至此須行十二晝夜過伊爾積司二十俄里有地名坳列爾查隆加勞即行走沙漠至薩巴克沙漠始完共二百十二俄里自坳爾司克二十七里多干三十二里伊司待墨司二十五里半阿拉爾都比亞三十六里薩利夜加密什二十二里布加地夜賽伊十九里當地夜二十八里巴什加爾拉布達克二十里加爾拉布達克砲台三十二里半朱拉克特伊拉

克地夜二十五里半姑木賽伊二十七里加爾拉塞三十二里半薩爾拉利夜三十里半塊列爾亞爾十五里帝蘇姑里爾二十里伊爾稽司二十里揚列爾查薩加鋒二十五里薩勒司二十六里阿爾馬三十五里待爾賴克利從揚列爾查薩加鋒分路十八里嘎地姑爾三十六里查諾弗蘇又若干里至待爾賴克利合十七里住路西十七里嘎爾拉姑刀克十六里半岡司坦地諾勿司加亞十六里朱洛姑爾諾克樓爾十五里半姑爾姑刀克十六里尼哥拉麥勿司加加亞十六里阿爾地姑刀克十六里半阿克朱爾巴司十七里嘎巴克此處沙漠各嘎爾拉姑里十七里多司利欧勿司加亞十七里嘎里什利巴什十七里哥諾勿司加亞十三里半比克巴利十六里悠尼司加亞十四里嘎薩納嘎薩納在西爾達爾利亞之上即納林河距阿拉爾拉克即鹹海數里瑞勒爾云湖中有小火輪船數隻西南可到機洼東南可到塔什干惟江中時有沙淺處艱行甚遲疑阻誤處無煤以木柴代

而木石鉄少，坐船比坐車價更昂貴一節

噶薩納至穆墨干路之道，由噶薩納可分三路，一為土耳迮司當官道，一往機洼，一往布哈拉。此兩路皆是經營野地，須騎駱駝或騎馬。由噶薩納至倍尔諾勿司稽砲台，土名阿克墨慈，路共三百九十半俄里，中間有一箱大地方，係第二砲台，土名噶尔克馬溪，距噶薩納一百八十俄里。瑞勒爾云：余經過此處，在四月二十二三等日（西四月下旬，約中國五月杪），下雨太多，水皆浸溢道路，汙阻極其難行，經兩晝夜有餘始稍稍平易。又一日兩夜至倍尔諾勿司稽。由此而有一斜路，西南往機洼及布哈拉，與正路合。自噶薩納十八里至巴司加尔拉，二十二里至墨伊利巴什，二十二里至阿克棱脫（棱蘇洼切），二十二里至阿克查尔，二十四里至伊尔溪拜伊，二十六里至加尔拉鄰拜伊，二十里至烟尔烏脫，十八里至加尔克馬溪，以上皆近西尔達尔利亞。二十二里至未克多尔諾勿司克，二十里至地要口尔諾勿司克，十九里至瓦地密尔司克，二十四里至阿賴克三多尔諾勿司克

二十四里至塞墨諾勿司克二十里至半信托諾勿司克二十六里至察托利
夜勿司克二十四里至信尔諾勿司稽砲台以上距西尔達尔利亚稍遠
一節伯尔拉自云信尔諾勿司稽至土耳迤司當三百四十六半俄
里中間有一地稍大名朱勒克係俄國砲台瑞勒尔云余由信尔
諾勿司稽晝夜行二十六點鐘到朱勒克又二十七點鐘到土耳
迤司當自信尔諾勿司稽砲台二十里至伯尔諾拜伊十六信尔加
三三字上声原十八里至查尔地姑木二十五里至的綱尔地姑木二十五里至達
尔都拜伊三十里至朱勒克二十五里至墨舒里二十五里至查達克達
尔二十五里至都們阿尔利克十九里至雅義姑尔干以上又近西尔達
尔利亚俱是野地惟中有一駝馬路北通托伊義蘇克三十五里
半阿尔拉薩特三十五里至薩烏蘭二十八里至哥司察司穆尔二十
里至土耳迤司當按土耳迤司當者俄國名為西尔達尔利亚此處為元代帖木耳所建
大城垣已荒廢城內有回人大禮拜堂及帖木耳之妹墳墓尚存

一節　附瑞勒爾所記一千八百六十八年至七十二年土耳迄司當度支數目六十八年進款一百二十萬四千九百零六靈布爾，用款四百三十九萬二千九百四十萬，實短三百十八萬八千零三十有六。九年進一百三十五萬六千二百四十一，用四百五十九萬二千四百六十一，短三百二十三萬六千二百九。七十年進二百九十一萬五千九百八十三，用六百十一萬四千八百八十三，短三百九萬八千九百。七十一年進二百十萬二千九百五十五，用六百八十二萬九百四十五，短四百七十一萬七千九百九十。七十二年進二百萬八千二百七十四，用七百五十七萬六千一百七十六，短五百五十六萬七千八百四十二。以上五年共進一千零五十八萬八千四百五十九，用二千九百四十九萬七千四百十四，短一千八百九十萬八千九百五十五。又一千八百七十二年用款分目：一武官俸薪及費用八十萬二千四百一，兵餉三百零一萬五千二百一，馬砲兩隊馬匹一百二十四萬九千一百一，各營醫生十三萬八千八百一，修造房屋二十萬五千一，柴炭燈火二十五萬二千九百一，火藥砲彈三萬六千九百一，阿拉爾湖輪船五萬七千八百一，驛費十二萬九千二百一，運費二十二萬二千七百一，信局六十九萬六千八百一，刻字刷印費二萬九千七百一，格外之費四十八萬六千二百一，學堂一萬二千六百一，察看道路及礦產二萬九千三百一，修路十四萬六千一百一，幫貼哈薩克兵三萬八千七百一，雜費五萬一千四百，共十八款　由土耳迄司當至稱墨干路一百五十二俄里，涉費爾衛云晝夜行二十四點鐘可到，若騎駱駝晝行夜息，則須五日。此一節山水尚佳，惟中間經過兩河，一名博姑納，一名阿爾利司，有時雨多水漫，渡甚難。自土耳迄司當二十二里伊干九里，諾該伊姑名阿十七里，阿克馬利三十里，博姑納二十里，阿爾利司二十里，布爾重爾十四里，稱墨干路一節

稱墨干向至伊犁之道由稱墨干向分路南至塔什干東至伊犁
其至伊犁之路一百七十三俄里至奧利夜阿達又二百四十八里至必什拜克
又二百五十四里半至威尔诺夜又一百八十三里至阿尔地图墨尔又約二百六九
里至伊犁浩罕尔衛云從稱墨干向到必什拜克經過野地或沙或艸或
石墨如西尔江一带景象山皆童頑車道經坡陀尚无艱阻惟奧利夜
阿達及必什拜克兩處地土精肥堪以種植至威尔诺夜附近一带大松林
及蘋婆果樹頗多自稱墨干向二十五里漫根向十二里馬薩脱三十里
都尔姑巴二十八里查克達克此數處經河道山險頗多二十八里待尔
司二十里姑约克三十里奧利夜阿達瑞勒尔云此埠在達拉司河上再
東三十里賈尔有一廢城嘗有西洋人名勒尔餘在該處尋得舊石數塊
上刻滿洲文字係一千七百五十八年中國官兵與準噶尔交戰事一節
瑞勒尔云過一俄國砲台名墨尔克後遇半毒蟲頗多有一種最毒粗
如小指能跳躍數尺土人名為加拉姑尔脱又有一種黑毛蜘蛛如鴿卵大

及一種黃紅色大如兩指其鈎能為行旅之害自奧利夜阿達二十四里
烏錫布拉克三十里阿松爾多信二九里姑馬爾利克二十三里達烏地
三十四里半墨爾克二十二里半查爾地爾柱納二九里嘎爾拉巴爾地十
九里阿克蘇十四里蘇姑魯克二十三里半丙什拜克此道皆近山而行
經過水澤多處又二十三里闊司坦地諾勿司克過朱河石橋二十三里薩
加地困司克三十里姑爾達困司克三十二里半協達司克三十里半達爾
干司克三十三里嘎司特克山峽二十七里呂波勿義伊二十八里半威
爾諾夜此為塞密爾賴錫省都會從丙什拜克有一山路較正路短而
難行所經之地曰伊西加地曰每克馬克過朱河即些河曰嘎納布拉克
曰薩爾利查司至嘎司特克與正路合一節瑞勒爾云威爾諾夜高
出海面二千四百尺該處有一小河名阿爾馬丁稽附近一帶俄兵備有
墾植至伊利困司克台過伊犁河下流河大而水渾濁有船濟渡岸
多積沙又常有大風俄兵用葦草鋪墊成路再東北至阿爾地困

卷八　二十

墨尔沿途山水均佳路亦平適驛站亦整齊每係俄兵所辦自威尔

諾夜二十四里半嘎拉綏司克二十二里半姑數達伊司克二十三里半

伊利因司克砲台此處有電報房過伊犁河二十四里綠楮尔丁司克

三十三里半嘎尔拉錫根二十八里姑告姑司二十七里半阿尔地因墨尔

此處分路北通西必尔利（以不里數係以地圖核計）四十里波當司哥二十里蓋每伊

綢布綢克二十里哥諾尔錫二十九里多伊賓二十五里博尔姑西尔中

俄交界處二十四里阿克根錫二十里哥尔哥司十二里阿利墨都古

里清查所子二千里綏屯三十五里拜史達伊八里伊犁（洋名庫尔查）自俄蘭

布尔火車起處有路經行直道至伊犁凡二千九百六十二俄里實

中國五千七百六十里一节又别有两道一從必什拜克分路傍伊西克

姑尔（伊西克名姑尔湖也）沿湖南北皆大山名為阿賴克三多分司克一峯最高

一萬七千英尺名達尔加尔當即古之葱嶺二十三里伊西加地二十八

里每克馬克三十四里嘎拉布細克三十里折尔阿尔利克均近朱

河二十七里哥克莫伊纳克二十七里姑待馬尔丁司克二處左班木山峡十七里都尔拉伊稽尔司克二十二里溪尔比克司加亚二十七里朱尔班阿達三十三里拈維祆伊阿克蘇三十二里威達尔四十里卜賴㘸不拉愳司哥伊六處皆近湘北岸三十里都纳何二十五里山加尔加纳過三達什山十七里大加尔加纳二十六里格根河二十里溪必低布纳克二十四里加尔拉祆伊利十九里查尔加地蘇過格脱们河四十二里格脱们三十里加尔查脱二十三里阿拉駁三處近山三十七里砦義沙尔過伊犁河十五里伊犁共六百五十俄里自卜賴㘸不拉愳司哥伊以東皆小路山路車行艱阻一節一從威尔諾夜多路二十三里拉待溪纳二十二里索飛纳兩處均有碉樓二十里容加伊諾勿司克二十二里烏尔拈木愳哥二十一里拉蛙尔九里多拈司每阿烏二十里薩尔利布纳克三十里薩尔利查干三十里加拉都木十三里待勒克過查林河二十三里朱木餘稽二十

五里，遂尔當佰十九里，旗服們與前路合，此道窄小，尚可行車。一節
伊犂至喀什噶尔之道，瑞勒尔云：從威尔諾夜至俄國納尔令砲台九
十六里，尔從納尔令至喀什噶尔一百七十五里，尔牙古波踞喀什噶尔
时，知此為至伊犂捷要路徑，曾向俄人索納尔令砲台，以為係中國
故地，俄人不允。此道窄小，不能行車，並冬日甚大雪，騎駝馬尚稱
平適。又有一道從哥克莫伊納克過朱河，經依稽山峽及朱灣阿尔
利克山峽至納尔令砲台合路。一節
穆墨干回至塔什干閻坎係什喀什噶尔之道，沙發尔衛云：從穆
墨干回到塔什干一百十五俄里，晝夜行二十四點鐘可到。又云：從待尔
賴克利至塔什干之路，係一西安尔利人名姑司賴克作夫為國家立
約所築，無官經紀，道途甚壞，並橋梁之類，馬匹亦少，若持上等
路照，晝夜疾行，五日可過；持中等路照者，約行十日；下等路照者
或十五、二十日不等。行此道總以秋季為宜，洋九月十一月中，冬則風雪甚

大寒冷異常人馬間有凍斃者其風俄人名為布尔安納者則每
兩夏則太熱又云土耳其斯坦馬有三類一名精尔精司買一匹十佃或
二十佃盧布尔一名加尔拉擇伊尔或二十五至一百盧布尔一名土耳其
曼二百以上盧布尔養馬用大麥及一種栽植之草每日養馬一匹
約十五哥貝克自穆罕干日十五里阿克達什十五里貝格賴尔
擇克二十七里沙尔利罕十四里粗尔利十六里安查尔十五里姑
尔即擇克十八里半塔什干塔什干為土耳其斯坦都會其地
居中四通八達為總督駐紮處所瑞勒尔云該處之城半為回人
半為俄人百姓約有二千駐防兵六千俄人約有房屋六百所屋
小而白街道寬敞中間往往種樹人家亦間有小花園河水分為小
渠經流其間頗類美國風景惟多蓋土城內一花園每禮拜兵
士作樂三日城外東邊亦有一園名為千杏園總督公署甚近距
署不遠建一大砲台城內有客寓名為英弗蘭其館不潔淨亦

有飯館其價甚昂如雖在俄都持看行西住在人家最要食物
如羊肉白菜瓜果之類均佳西洋酒比俄都貴四倍英國比而倍
一瓶貴至十施令生意稀少住家多是武官夏日太熱往往避至
鄉下樓居布蓬連有新聞紙館一家名為土耳迤司當新報係屬
官辦每年經費二萬二千盧布尔一節塔什干至各處約一百六
十八俄里此一帶地土尚屬可以種植過卜司干阿到西尔江邊均係沙
石塗半饒發不少各處均是江南岸俄人建木橋於江上城中街
道斜出而汗織時令甚熱因北面有山風不能至自塔什干三十
四里半加拉蘇十八里卜司干阿二十六里烏拉尔司加亞二十六里掛
希納克三十里莫薩尔拉巴脱二十四里各處均一節各處均甚闊
坎罕即浩一百十二俄里此道車輛難行以騎馬為便過各處均十一
買尔有村名嘎司達哥司為土耳迤司當及費尔加納省分界
此道熱而多塵土行旅殊勞過嘎司達哥司多石地草又有

沙漢瑞勃尔云約行四十八點鐘自各產爾三十二里噶尔拉溪姑木二十四里加義巴達木二十四里比什阿利克三十二里闊坎又有一路從塔什干十二里姑伊路克二十二里每伊都信十八里談尔撘溪三十里待利約五六里莫尔拉賽尔三十二里溪尔馬尔拉木三十二里撒路地八里闊坎闊坎為費尔加納省都會其城四方建有百年有小河經流人民七萬五千四人禮拜堂每可五百一節塔什干至係什自塔什干五十二里談利要溪三十里待利約二十五里干莫尔拉巴脱二十二里浩伊丹三十二里阿克查尔二十四里係尔木薩尔阿馬二十四里沙干三十二里梓司二十里都尔賴姑尔干二里納曼干從塔什干至此可以行車（以下馬路里數失載）又自納曼干至巴利克溪至海伊哥洼尔至納尔令河至馬錫姑尔干至撒伊達至西尔達尔利亞（即納林河）至悠地占納至喀什噶尔稽什拉克至霍查洼脫至係什從闊坎向有一路至納曼干經過之地

曰班地曰姑爾待信曰呵馬布納克曰閔布納克曰巴利克溪曰納
蒙干晝行約二十八點鐘又有一路由闊坎三六里爾利什丹之
十七里馬爾吉蘭二十三里闊坎同名二十二里阿薩該伊六千里
烏什一節由倭什至喀什噶爾不過俄里六千餘而有三道參
差互出路皆山險難行人煙絕少夜宿須攜帶帳棚過素夫
加拉烏爾嶺左此等處有無風沙冰雪始定行者依路更
一路自倭什一里半馬地三里半嘎不郎哥爾二里烏爾沙四
里稽西爾姑爾干三里素夫姑爾干三里質爾拜伊二里待爾
賴克達柱山峽三里阿克蘇烏克三里哥克蘇四里愛伊稽
因克三里多哥也巴沙四里質根二里閔都爾二里半諾莽姑
爾二里半稽因地克朱五里倭克薩拉克三里沙克布拉克三
里干綽加利三里閔約爾五里喀什噶爾共六千二俄里又一路倭
什三里郎格爾四里嘎不郎哥爾四里烏爾沙四里稽西爾姑爾

千三里索夫加拉烏爾三里蘇爾費二里半待爾賴克達柱山峡三
里薩爾拉脱三里阿司蘇紹克三里多哥也多倍四里頓根四里納
加爾利查爾瓦三里哥爾干三里西爾利枚協枚三里哥爾加奧干
納五里工溪阿爾利五里閔紹爾五里喀什噶爾共六十四半俄里
又一路烏什二里馬地四里嘎不郎哥爾三里烏爾沙三里稽西
爾牲爾干三里亭克加拉烏爾三里呼脱爾山三里阿拉伊三里阿
拉爾馬四里多哥伊波爾利三里待爾賴克達柱山峡二里阿爾
不蘇紹克三里阿伊稽塞克三里哥爾雲哥爾四里頓根三里
半哥爾干二里務日地克東五里債克薩拉克三里沙克布拉
克三里干踏加利二里半閔紹爾三里半嘎拉烏爾稽達五里
喀什噶爾共七十半俄里瑞勒爾云闊坎到喀什噶爾約三百賈
爾駝行載十二國二十日一節
西必爾利至伊犁之道從英斯姑至尼什尼綱布哥爾諾阿紹四百

一千俄里，快車行十一點半鐘。上等車價每人十二分半盧布。尔從
尼什尼俄弗哥尔諾得徑加襍納至伯尔木（察溪云，有人承辦火車路未成）。夏日則
坐火輪船走倭尔夏及嗄馬河，或五七日不等，船價每人二十七分半
盧布。尔（伯尔木有一店，名為代局客寓）伯尔木在烏拉尔山之東，歐亞兩洲雖以烏拉尔
分，而其山並无高峻之險。又從伯尔木坐車得行二日半至葉加脱
尔今布尔，至兜們，又至托木司克，或坐木車，或坐雪車，亦可由兜
們坐船到托木司克。渉過尔街云托木司克民人約三萬五千，為西悉
尔利省都會、總督駐劄之所（東西悉尔利總督駐伊尔斯司克，查俄國名城多係武官駐劄，謂之搖精，亦謂之搖
兵亦有惟土耳近司書哥甫，是猶如中國之体例）。自烏拉尔之東至此，俱是草地，亦有柏樹林。
又從托木司克（往恰克圖在此分路）南至塞密巴拉丁司克，皆傍伊尔地什河
行，走從途多樹林，亦可坐船，未果。路走云六百九十五俄里一節（以上是細里）。
塞密巴拉丁司克係都会，該省與都会同名。由此至阿尔地爾墨尔浩
通近蒙古邊界而行，為西悉尔利至中亞細亞要道，俄人視此甚重

自塞密巴拉丁司克二十五里烏路姑司有碉二十二里阿尔加利克二十七里阿司漠姑尔二十一里半查尔達什以上皆草地二十六里稽尔西莫尔二十六里半阿尔加脱近阿尔加山二十四里阿尔詹阿地尔諾弗二十四里半烏蘇木布拉克二十五里半因納尔賴格二十三里阿尔丁加納脱二十六里半塞尔緒傍色尔砲台近宰桑湖二十一里半阿亚姑司二九里達尔地姑都克過阿亚姑司河二十四里稽罗格二十六里馬謙阿亚姑司二十六里半米司阿加鋳三十一里阿尔加納丁司克有沙山經達尔地姑都克至此皆平々鋪地二十九里半阿司漠布拉克坡陀之水二十四里拉卜細因司克二十八里半巴司果木司克二十八里半阿克鎮司克二十五里半阿巴姑莫弗二十一里阿拉桑司克有温泉二九里哥巴尔此地男大二十七里阿克司鐃尔二十六里薩尔利布拉克多山三十里加尔拉布細克二十二里張稽司阿加鋳過加拉達尔河二十里半韃尔利精二十五

卷八

二十五

至牲加令司克二十二至阿尔地固墨尔与威尔诺夜至伊犁官道合
一节别一道從尼什尼纳弗哥尔诺司過加雜纳傍喀馬河至乌發
再至托伊苏克戎從加雜纳經伯尔木及埃加脱尔令希尔至托伊苏
克西南行以下每至數以馬行日計凡湘河等字注於本名下接出俱可瞭然一日密哈伊诺司加亚一日姑
尔希伊當湘一日務漫阿拉姑尔湘一日东巴尔近每色尔河一日務漫
加尔拉格伊砲台一日查伊勒拜河一日沙稽尔姑尔湖一日乌尔加鸽湖
產鹽甚多一日吹地湘一日加比尔稽河多水泉二日加什拉克沙漠一日
鄂尔该伊俄名倭蘭希尔砲台以上共約四百五十俄里又二日吉蘭溪克河一日
希司鸽姑尔湘一日加尔加勒及姑绳尔兩河一日莫尔待尔河一日加尔馬
克该尔格蘭一日半阿伊司拜一日半阿塞都司河一日半徽姑尔湘
一日達乌司多查井一日閲希纳克一日羅義姑尔干与土尔達司當
官道合尼俄商往希喀拉去多經此道又有一路從標墨干司之北數
至尔路過加尔拉多山嶺至苏薩克過一野地名拜克巴克達拉又過

一城名阿克莫令司克至信托闌波諾勿司克至西比尔利亞為每從塔什干至信托闌波諾勿司克約一千二百罗尔每貨物一布得（俄國一担之稱）約英國三十六磅重運價或九十哥貝克或二盧布尔租駱駝一匹或十四至二十二盧布尔因稽尔稽司枚伊慈克種類土人有財務故至此者財務從故貴貨不可如由塔什干經撒馬尔罕分路到托伊茲克亦約一千二百罗尔行三十九日此道租駝一匹或十一至十七盧布尔運貨每布得或二十哥貝克或一盧布尔十分之三一節

塔什干至撒馬尔罕之道有二官路共二百七十四俄里瑞勒尔云中間有一地名孺慈克距塔干一百七十九俄里為薩尔拉夫商及土耳造司當兩省分界（按薩尔拉夫商俄國統轄土耳造司當不另為省）過此路皆寬闊兩邊種樹由渠納司過西尔達尔利亞（即納林河）用鐵船漏渡（法普尔衔云有橋）又在薩尔拉夫商過一河用一種本地車名阿尔巴兩輪甚高河流迅急人皆騎馬坐車下流扶傍而行以防沖倒過西尔江後經一野地約

卷八　二十六

八千罗尔祇一二处有水而味甚恶俄人名此野地为哥诺得加亚丞厫饿荒之意自塔什干二十里至义亚苏巴什二十二里至塔什干驿站二十二里至溪纳司十七里至马赖克入野地三十四里至莫萨尔拉巴脱三十里至阿加锡利克二十里至乌锡都信十四里至端慈克出野地二十三里至亚强义姑尔干十六里萨拉伊里克十六里失名以石桥为记二十里至端木拜伊二十里至萨马尔罕又有一道从各处至分路二十五里至闹乌四十里至乌尔拉都信三十二里至萨蛙脱二十五里至萨盟五十五里至端慈克与官道合行一百七十七俄里始可行车瑞勒尔云从萨马尔罕二十点钟到端慈克又二十点钟到乌尔拉都信又四点钟到闹乌又十八点钟到各处由萨马尔罕为萨尔拉夫商者都会人民约有三万印度由太保有之而以阿富罕人为每元以前真义司汗及元时帖木耳又后百年印度王巴贝尔相继都此古城尚存皇宫一大礼拜堂一千三百二十三年帖木耳所建又一学院一千

三百八十五年帖木耳夫人名比比哈義木所建回人至今崇仰城南有大砲台俄人用舊制修而守之砲台之外俄人另修街道房屋砲台一礼拜堂名姑尔奢密尔内有帖木耳墳墓係綠斑石作盖堂為八方形頂如瓜瓣墻壁嵌以白石花紋兼六方塊甚精緻一節薩馬尔罕至布哈拉之道有三一正路二百二十五俄里自薩馬尔罕二十二里達烏尔二十一里半溪木拜伊二十二里半加地拔尔干三十里加拉伊達烏因三十五里校尔密勒十八里密穆利克二十八里布因肯二十五里拔恩克馬雜尔二十九里布哈拉又一騎馬路多沙無河而水艰甚寡薩馬尔罕三十里密史加尔山谷四十里查木二十九里爵拔都克十二里加尔拉待根十五里工拔道十七里加尔帝以上一百四十三里衛勒黑夫所記十八里賈尔加尔三又行兩日至加尔拉烏尔二十八賈尔布哈拉以上瑞勒尔所記又一道自查木分路十六賈尔加尔拉待倍又行四點鐘過達克達加尔拉溪山峽此山高出海面五千二百英

尺至極伊馬爾八買爾烏路司稽什拉克至稽達布六買爾沙爾由

此起行十買爾漯爾阿克漢十二買爾加爾拉巴克十買爾沙木又至

加拉洼脫六買爾至加爾希合路別有一道與西路錯出薩馬爾罕

一日加地拉爾干一日希爾含加敦又至塞爾二十四買爾極爾塞勒十

二買爾馬賴克二十四買爾瓦爾干蹄十二買爾妣然克馬雜爾十二

買爾至一地有大佛石像六買爾布哈拉瑞勒爾云往薩馬爾罕

至加地拉爾干背官路驛站今佳河道均有橋梁車輛暢行加

地拉爾干係布哈拉與俄國分界處布哈拉自主之國道路多

不修入境後應坐本地之車名阿爾巴其不分運貨坐人祇此種

約行五日可到布哈拉生意往來多至薩馬爾罕爲止不至塔

什干布哈拉至塔什干約三百四十買爾一節

嘎薩納至布哈拉之駝馬路十五里阿利里撈湖（湖井等字皆加出以清眉目非音也）

十八里烏達巴蘇井三十里伊爾撈井十八里古納巴加十八里薩

尔利布纳克二十五里至马拉司井十四里至查曼义加拉克二十三里至查尔阿眛井四十六里至乌尔希尔加司干井二十六里至伊尔稽拜十五里至朵加尔都倍山四十五里至稽西尔哥克（以下里数失载）再至布干至怛司拉都克至哥克班達司至丹查尔利克至都们倍至朵路尔利至卓马利塞伊至稽西尔哥克至纳薩尔倍至嘰薩達尔至巴雅尔薩尔利布尔至布哈拉约共七百俄里一千八百五十八年俄棋措伊義雅地夫查過此路紫草俱多瑞勒尔云此路有布哈拉至意非至僂蘭布尔之道约一千一百六十买尔然駝夫往往不由正道多經道西之草地而行可省一百买尔约行四十七日租駝一匹向不過十二或十五盧布尔今昂贵至二十一盧布尔從前生意多經雅蕃姑尔干至托伊蘇克共一千买尔约行五十二日近年因僂蘭布尔已有大車改由此道然東道運有駝群游牧付價較西路為賤由布哈拉運貨至莫斯科每一布得運價约二盧布尔四分

之三此道從搭義拉爾干分路西南行過稽西爾沙漠徑達木地
至布哈拉一節
噶薩納至機洼之道伯爾拉貝云荒野地車行艱阻以騎駝馬爲
便沿途無人烟食用之物均應全帶又須攜帶帳棚此類呼帳棚
爲稽氏脫加又須買一種羊肉白菜合做之菜其名曰司稽溪
并宜帶喂馬大麥每馬一匹日需十二英磅每駝一隻能任重八
百英磅至多八百八十磅爲止若欲行甚遲速不宜過五百六十磅
自噶薩納一百二十四買爾丹蘇二百七十六買爾搭義達爾利亞
江名從前有水今涸三買爾加爾拉巴都爾又至達直加司干至稽爾脫莫納
爾至信托闌阿賴克桑多諾勿因克砲台三季共六千八買爾俄句
機洼以阿母達爾利亞即阿母河古三媯水爲界砲台近江過江至機洼此道
有水井之地從噶薩納三十買爾曰巴拉克努伊六十六買爾曰信
爾伯加因干八十一買爾基地無井又一百二十六買爾曰加爾拉巴都

尔宁七买尔阿母達尔利亚又有一路從信尔諾勿司稽砲台至伊尔稽拜尔分路或至棧洼或至布哈拉一節

与莫芷升書

芷升親家大兄足下多年不通音問今春得舍姪以道來書始悉山中兄弟近狀家兄介亭季和從居者垣西鄉鄭子行叔兄遂已物故蹇子振作宦蜀鄰西鄭伯更惕亦客游粵土属蜀更遠遊翦第羅之海外二十年来人事遷變風雲幻滅不至敢常獨足下靈光歸然仍為老師祭酒主講會城汲汲以古学倡導後進閱与舍姪撰　國朝黔詩紀畧六十餘卷網羅放軼闡幽發微功在桑梓識甚盛業竊謂黔人之詩本於尹周漁獵富唐鄭子尹及令兄子偲兩徵君允足為黔南冠冕自餘如家兄伯庸篠庭亦皆能事ゝ獨遵堯樹一幟合以二百餘年滄桑巨變鑄然大集閏色窮荒計不至盡孫雨山左詩

欽院芸臺相國兩浙輶軒錄鄧湘皋沅湘耆舊集諸書之
下似宜趁今弟善徵叔家及唐鄂生觀察任官滇之際集
貲付剞以廣流傳一塞後死者之責歲月不居世變無故正未
可視為緩圖也唐昌自二年冬間應湘陰郭公嵩燾之調奉
使出洋從役五載駐紮英法德日四國游歷者比瑞意奧葡
數邦其於西洋情事窺之審矣歐洲一土富強首推英俄二
霸而俄人譎鷙志在并吞英則廣土眾民稍知持盈保泰人情
法令嚴密整齊自嘗以英為舉首各國風氣大致無殊凡
事皆由上下議院商定國主畫押而行之君民一體頗与三代大
同然貴國人顯分兩黨此伸彼絀絕似漢唐末流而於政令要為無
損至與外人交涉純視國勢之強弱以論事理之是非援公法与為
維持內情狙詐以相賊害又有似乎春秋戰國今之遣使全恃
周鄭交質故智故貴國既非蘇張之舌所能說亦非陳班之勇

所可施計彼所以誇示於我者則街道也宮室也車馬也衣服也土木也游玩也聲色貨利也此猶有說以折之至於輪船火車電報信局自來水火等公司之設實闢天地未有之奇而裨益於民生日用甚巨雖有聖智亦莫之能易矣其人嗜利無厭發若鷙鳥猛獸然居官無貪墨好善樂施往往學設監牢養老恤孤之屬率由官紳捐集爭相推廣累無倦容亦不為子孫計畫儼然猶與民胞而風俗則又鄭衛桑間濮上之餘也每禮拜日上下休息舉國嬉游浩浩蕩蕩實有一種王者氣象決獄無死刑而人情自厚幾不道不拾遺用兵服而後止不殘害其百姓蒙其所為直是一部老子墨子境界老墨知而言之西人踐而行之鑒其治理即又與孟子好勇好貨好色諸篇意旨相合者甚不可而名之矣余嘗以權欲二字攝舉東西大要於等西內一揆其凡略暢示之去年偶撰卜來敦記文附寄二紙亦足為世一法

惟心鑒庶昌頓首辛巳二月八日

右西洋襍志八卷光緒乙酉正月假黎蓴齋姑夫本録備觀覽闕第七卷以其倉卒回黔未經檢出他日應補録之英繩孫志

西洋襍志卷八終

瀛環新志十卷

〔清〕李慎儒撰

《瀛環新志》十卷，清李慎儒撰。慎儒字君右，丹徒（今屬江蘇鎮江）人。同治三年（一八六四）舉人，授刑部郎中。博聞强記，尤潛心於地理之學。有感於徐繼畬《瀛環志略》問世垂三十年，不無舛漏，而世事推移，思有以繼之，遂耗時十餘年撰成此書。書中徵引道咸以降清人治西學著述甚夥，西人及日人著作亦間有涉及。前有五大洲全圖，卷一地球圖説、皇朝一統輿地全圖説略、東洋二國圖説、南洋濱海各國；卷二南洋各島圖説；卷三五印度圖説、印度以西回部四國；卷四歐羅巴洲總説、俄羅斯圖説、北歐諸國；卷五奥地利亞國、普魯士國、日耳曼列國、瑞士國；卷六土耳其國、希臘國、意大利亞列國、荷蘭國、比利時國；卷七佛郎西國、西班牙國、葡萄牙國、英吉利國；卷八阿非利加洲；卷九亞墨利加洲，尤詳於米利堅合衆國；卷十北亞墨利加南境各國，如墨西哥、危地馬拉、桑薩爾瓦多爾、尼加拉瓜等。據上海圖書館藏清光緒二十八年（一九〇二）退思軒石印本影印。

瀛環新志

光緒壬寅首夏

瀛環新志

嘉定周世恒署

瀛環新志

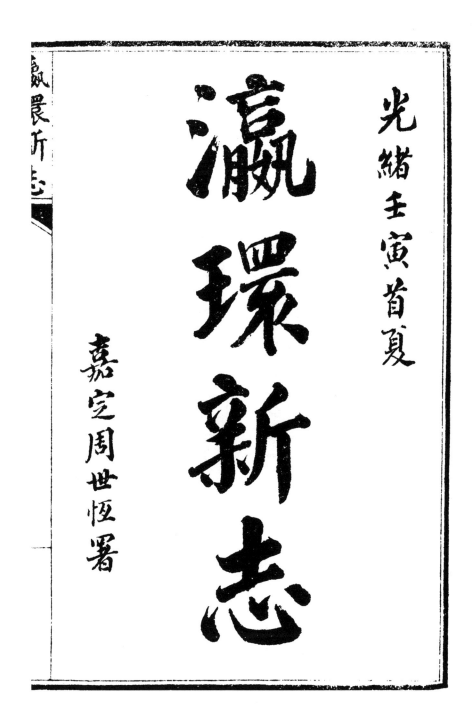

光緒壬寅夏五月
觀思軒西法石印

序

地球五大洲雄國林立學者不游歷不能知各國之形勝要害不讀輿地新書不能知各國形勝要害之所在以資游歷丹徒 李子鈞北部為學士雨人先生次子雲甫同譜猶子也精輿地學著有禹貢易知編遼史地理志考瀛環新志等書曩在京供職時嘗與海外使臣筆述瀛球大略觥觥數千言使者嘆為 中朝奇才余昔巡視京江北部東署縱談著述事因審新志一書係本

徐氏瀛環志略悉心考訂譌者正之踈者補之事在道咸後者廣為蒐輯以續之尚未梨行於世辛丑冬余自奉使海外歸返　命入覲道經海上爰函勸比部將新志定本繕付石印以惠學者余在柏靈使署著有奉使金鑑中多疑義駮駮詎夫未遑攷證他日道出南徐當持尊酒與比部商量舊學俾益加邃密焉

光緒二十八年壬寅三月

欽差前任出使德和大臣工部尚書世愚弟呂海寰序

瀛環新志自序

予讀美國丁韙良惠三氏譯德國法學名家步倫氏所著公法會通其凡例有云以華文而譯諸國名其用字配音率多不同是書所用國名人名地名則本條約與瀛環志略以期畫一又云閱是書應將地球圖記歷代史略先爲熟習各國圖記書籍如林欲求其詳莫如瀛環志略地球全志惠三氏係海外大儒其持論如此可見瀛環志略實爲講西學者入門第一書惟徐松龕先生之成是書在道光三十年其時外國書籍流入中國者尚少得之傳聞不無舛漏又歷咸同兩朝以至於今時閱數十年各國疆宇之分合政治之得失戰攻之盛衰半非其舊而惠三氏猶推重之者譬如考中國輿地必上溯漢書地理志而後下考歷代地理志方能源流貫穿講求西學理亦如是若但

據時下各國新報紛屬根本不明不足以訓後學蓋李龕先生固望後毋有繼之編輯者而惠三氏亦欲學者以是書為根本而推廣之也予有志博求中外書籍百數十種搜羅事實以瀛環志畧為藍本訛者正之疏者補之事在道光後者續之辛苦十餘年規模粗具名曰瀛環新志擬重為編排逐條收入合為一書而窮措大力不能覓書手欲自秉筆又苦太勞遂棄置敝簏今
朝政維新西學大盛同人急急勸付石印以待通達時務者之採擇乃仿何義門讀書記之例標明原書某篇某句下加儒案二字餘之非敢云以問世聊存吾心血而已覆瓿投溷則聽閱者者之所為有非予所能計也

光緒二十八年歲在壬寅春正月

丹徒李慎儒鴻軒氏自序

五大洲全圖

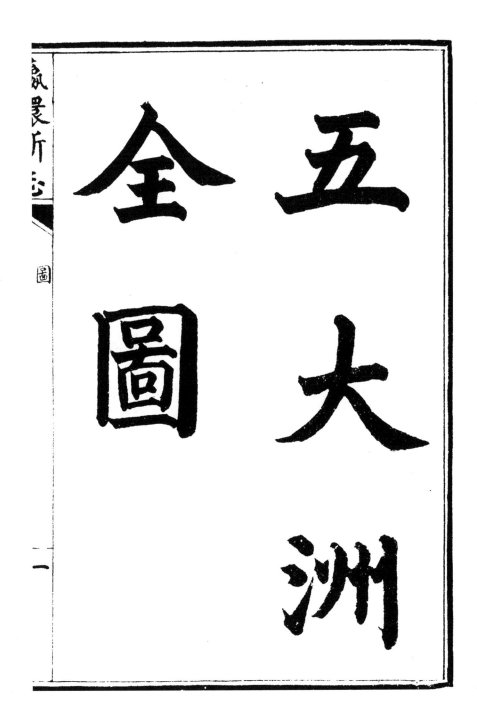

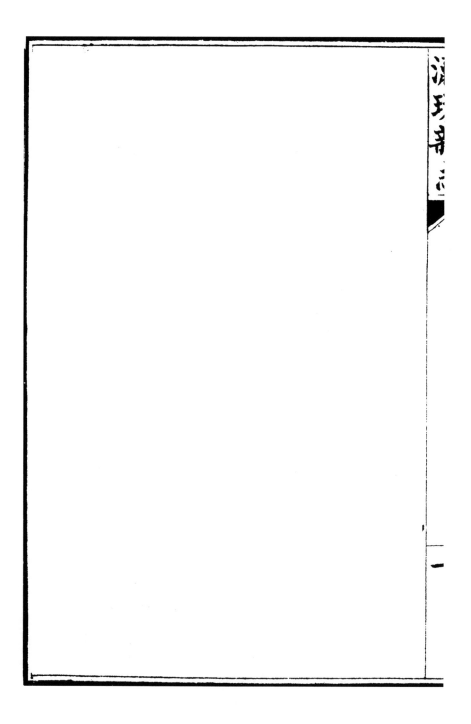

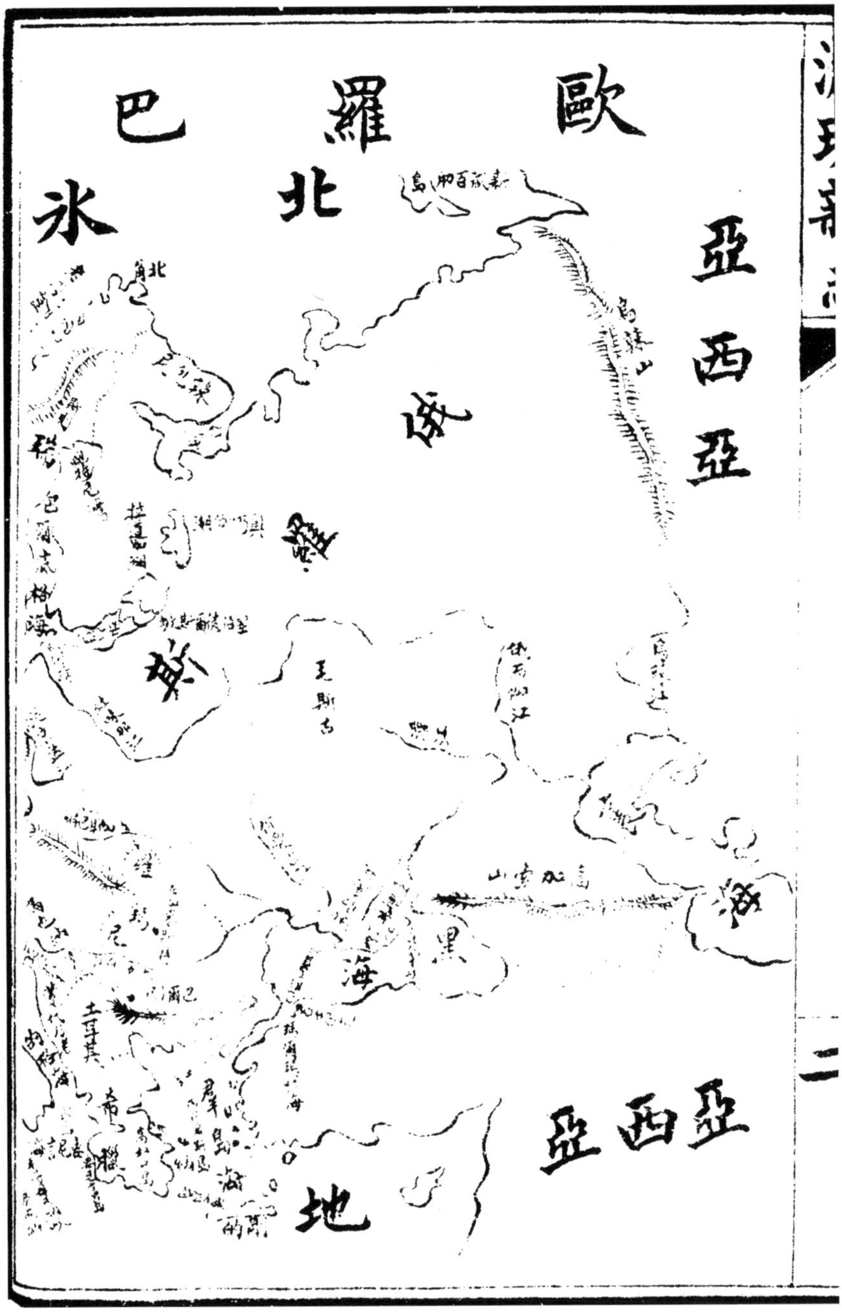
歐羅巴
北冰
亞西亞
俄羅
土耳其
黑海
亞西亞
地

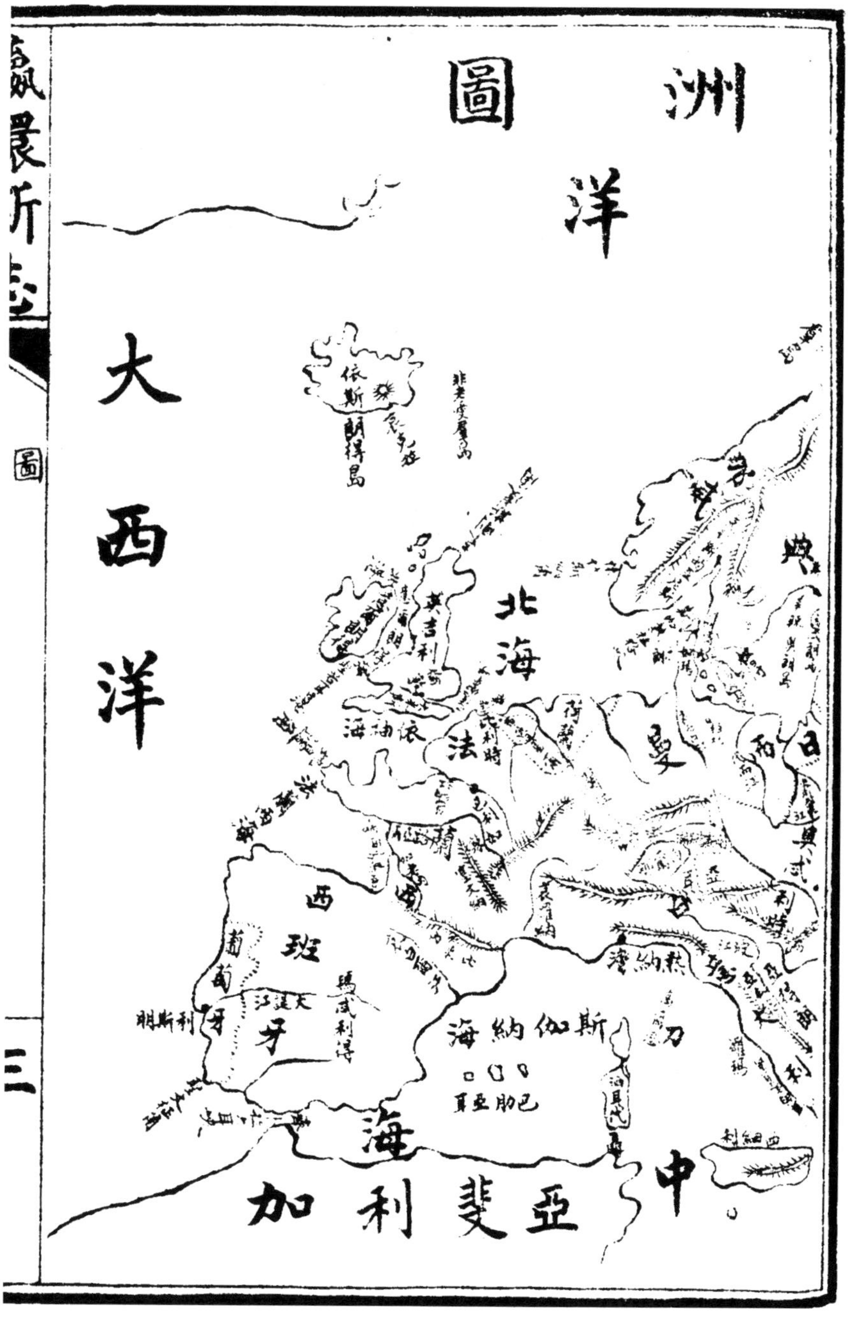
瀛環新志
圖
三
洲
圖
洋
大西洋
依斯蘭得島
北海
英吉利
法
西班
葡萄牙
斯伽納海
海
亞斐利加
中
日
西
曼

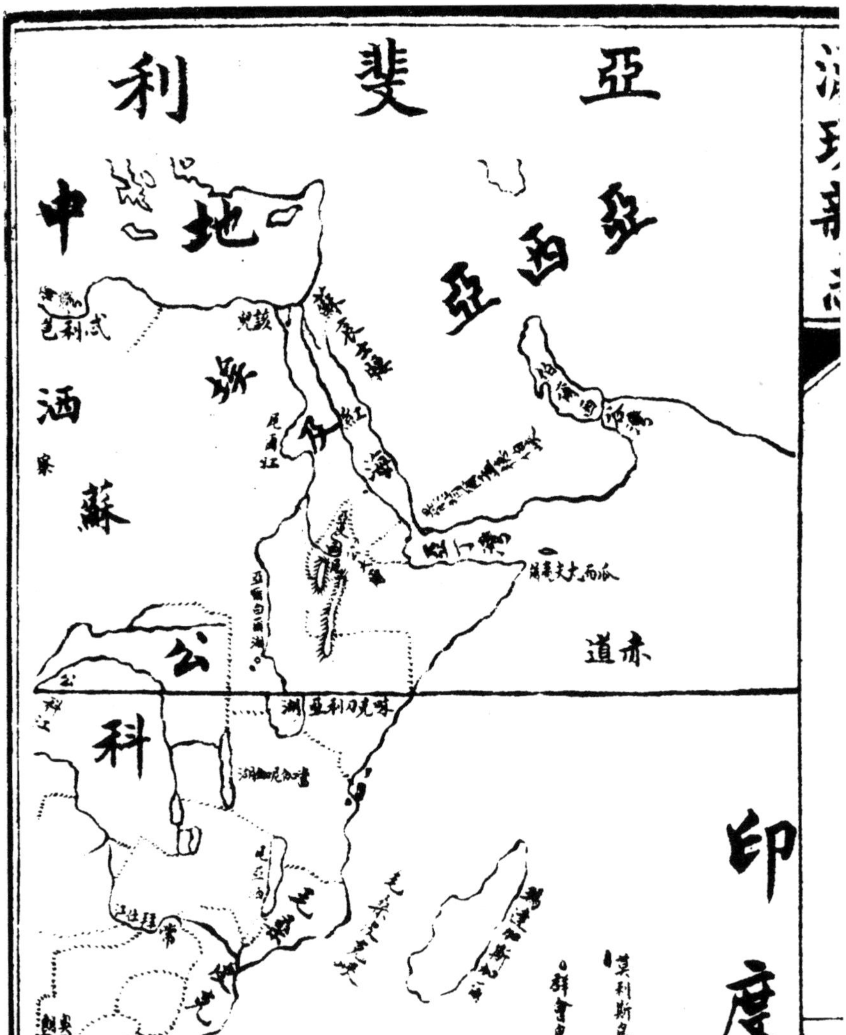
亞斐利
地中
亞西亞
赤道
印度洋

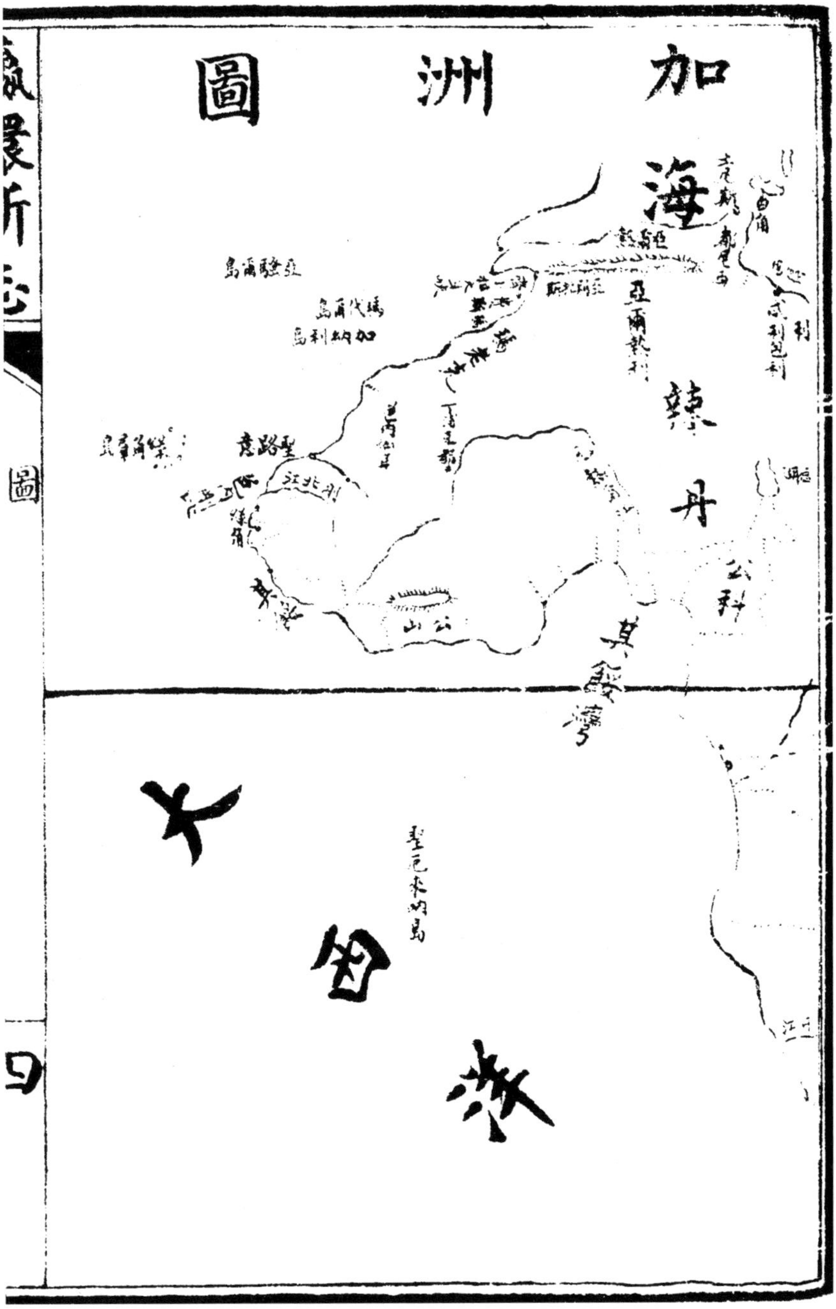
加洲圖
海
大西洋

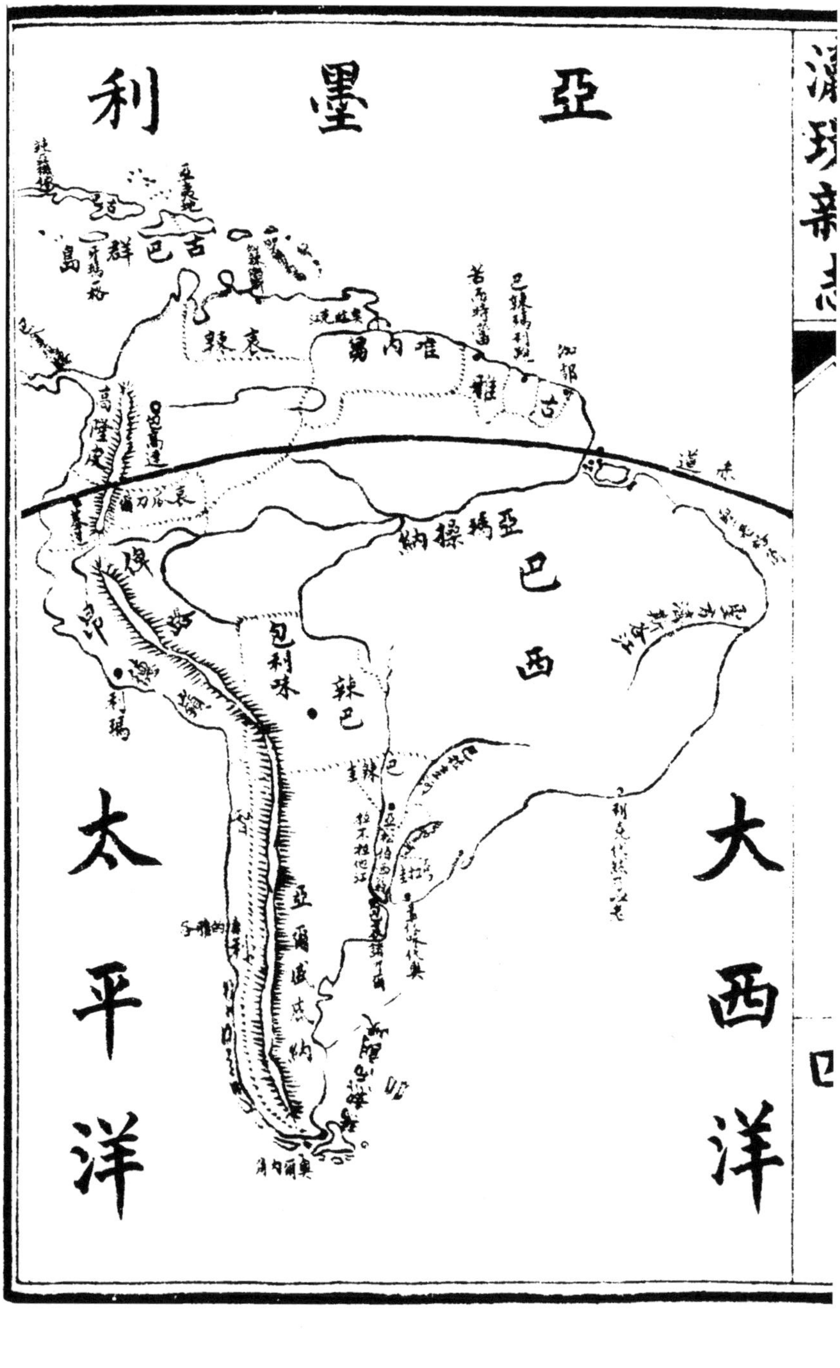
瀛環新志
亞墨利
古巴
群島
赤道
亞瑪操納
巴西
包利味
太平洋
大西洋

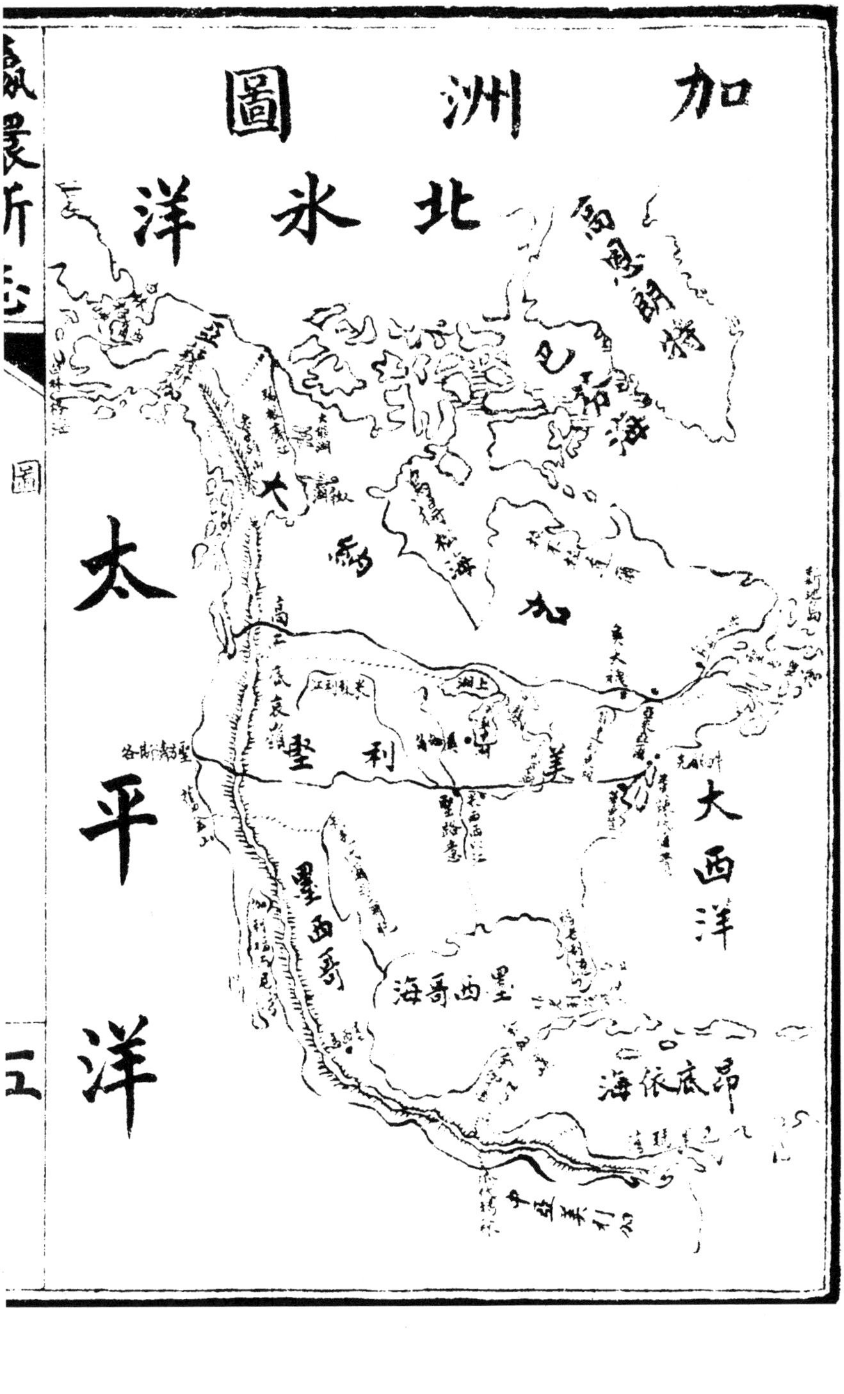
加洲圖
北冰洋
太平洋
大西洋
美利堅
墨西哥
墨西哥海
昂底依海

澳削尼亞洲圖

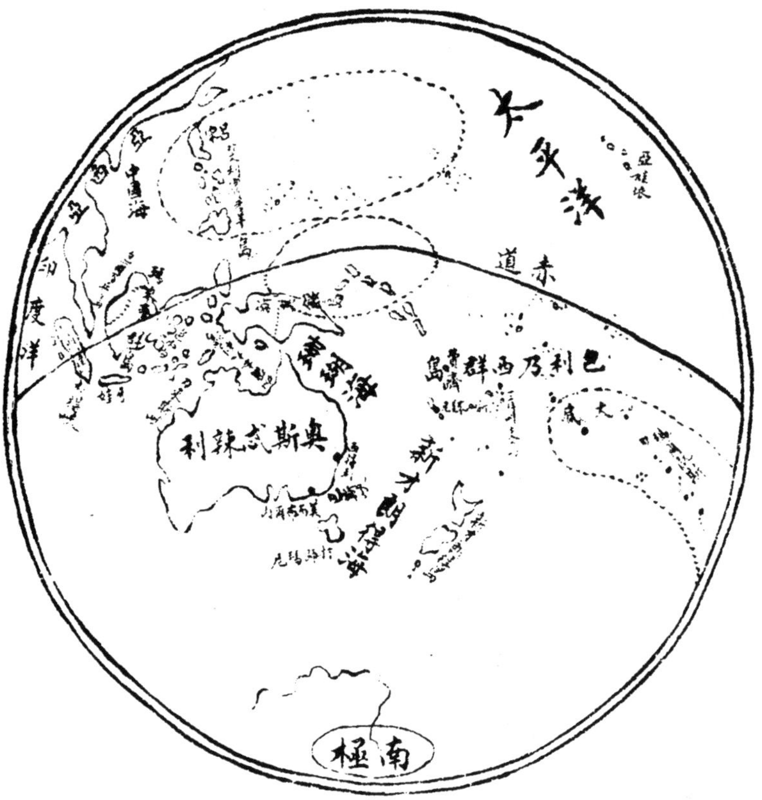

瀛環新志

凡例

一徐氏原書其每句有舛錯或疏畧須更正及加詳者則標明某句下空一格用儒案二字錄之其須編排別為一段或數段者則標明新增亦用儒案二字附列於後

一所引諸書其著書人姓名匯為引用書目詳載於前至引用則但舉書名不舉人名其一書之中所引用無幾者則並書名亦不載以省繁碎

一事有得之歷年達人訪問隨手錄存以次編入者其人姓名不復記憶則惟以儒案統之非敢掠美也閱者諒之

一徐氏紀年但有中國歷而不用西歷然是書紀外國之事當以西歷為主而不知是中國何代何年則閱者不能明析今凡於西歷某年皆兼載中國紀年以醒眉目

一徐氏於地球東西兩全圖未詳環球繞一周道里盖其時尚無環游之人也茲特詳補其說至　大清輿圖徐氏祇寥寥數語示尊　王之義然今東方北方西北方皆與俄接同疆西藏聲息亦與英之印度相通則邊境不可不畧知大槪茲亦粗補其說

一東西洋各國其權衡度量錢幣文字之類各有不同若散載於各國中閱者欲比較參攷多覺不便茲總匯為一篇新增於歐洲總論後盖五大洲亞洲而外以歐為首列之於此可以賅括各國也

瀛環新志

一是書卷數悉依余志仍為十卷不另編目録其一卷之中篇幅長者則分為某卷上某卷下或分為上中下

瀛環新志引用書目（書之引用無幾者不列此目）

東華錄

聖武記　魏源

奉使俄羅斯紀程　張鵬翮

滿漢名臣列傳

西藏賦　和寧

各省水道圖說　闕名

澳門紀略　印光任　張汝霖

地理備攷　葡萄牙國馬吉士

萬國公法　美國丁韙良譯

海道圖說　英國金約翰輯　美國金楷理口譯　華人王德均述

米利堅志　日本國岡千仞河野東之同撰

普法戰紀　王韜

環游地球新錄　李圭

東游筆記　闕名

日本雜事詩　黄遵憲

東華續錄　王先謙

皇朝經世文編

癸巳類稿　俞正燮

新疆賦　徐松

輿地略　馮焌光

紀元編　六承如

海國圖志　魏源

各國歷年和約　烟台官刻本

萬國史記　日本岡本監輔

地理全志　英國慕維廉

法蘭西志　日本國高橋二郎

使西紀程　郭嵩燾

地輿圖考　龔柴

史略　日本國石村貞一

萬國公報

歷年西報
西輶日記 黃楙材
西陲牧唱詞
屯田議 前明趙士楨
荷戈紀程 林則徐
讀史方輿紀要 顧祖禹
林文忠公政書
輿圖要覽 闕名 無刻本係古吳清白草廬鈔本
使法英日記 曾紀澤
朔方備乘 何秋濤
左恪靖侯奏稿
星軺指掌 布國馬頓爾原本葛福根注 京都同文館譯 美國丁韙良校覈
公法便覽 美國吳爾璽著 丁韙良譯
啟東錄 林壽圖
東槎紀略 姚瑩
列國歲計政要 英國麥丁富得力輯 美國林樂知譯 華人鄭昌棪筆述

使琉球記 李鼎元
使東述略 何如璋
西陲要略 祁韻士
西域釋地 祁韻士
洋防輯要 嚴如熤
水道提綱 齊召南
沈文肅公政書
地球說略 美國褘理哲
瀛海論 上中下三篇署名爲雒江樗笠者張自牧撰
海防紀略 清泉芍唐居士
大英國志 英國慕維廉
乘槎筆記 斌椿
四裔編年表 美國林樂知
康輶紀行 姚瑩
公法會通 德國步倫芳 美國丁韙良譯
出使英法義比日記 薛福成

瀛環新志卷一上

丹徒李愼儒鴻軒氏著　　江都夏霖夢蝦氏校

地球圖上　新增

海道圖說曰。日本海自北東北至南西南長九百里。所云里皆英里也計每三十里當中國百里最濶處自東至西六百里。日本各島爲南與東之海界朝鮮至滿洲爲西與西北之海界南有高麗水道以通東海東有發家爾水道以通太平洋北有拉拍路司水道以通阿可次克海按此當是黑龍江庫頁島以北俄國屬地之海海隨地立名阿可次克海方位在俄羅斯國西伯利部之稱哥德斯科之外則阿可次克當即阿哥德斯科之轉音　又北有滿洲海按此指朝鮮之北庫頁島與吉林黑龍江中間之海以通黑龍江灣併阿可次克海　又曰自揚子江口至朝鮮南角。按凡陸地伸入海與陸相連三面環水者曰岬相連而低者謂之頸陸地伸入海中而高者曰頭稍低而亦高者曰角皆海之通例也成直線。爲黃海與東海之界。揚子江口與山東角間之大灣爲黃海西界朝鮮爲黃海東界。黃河口以南此黃河口係雲梯關之口非今之利津口也水色黃濁。黃河口以北。水色漸清。故曰黑水洋　又曰自台灣琉球北面小島與日本九修島成直線。爲東海與大東洋之界

按日本海直隸遼東海黃海東海皆西人爲行船計所强立之名目。而相沿既久。遂爲定稱又西人稱中華曰支那凡近中國之海亦統名曰支那海今日本人亦然則是以東洋人學西洋人語非其本地語也或云日本人好佛。佛經謂中國爲支那故日本稱中國海曰支那海而泰西人沿之

庫頁島一名樺太島前為日本所有今則歸俄羅斯詳見俄國說日本之失計亦我之隱患也

地球圖下新增

按光緒二年李圭所著環遊地球新錄其大略云美國富庶之區皆萃於東北各省各省中又以三大城稱最一曰紐約二曰費里地費三曰波士登而地方之大費城實第一再以環地球都會言之則居第十二光緒二年為美國開基百年之期設大會於費城李圭之往也由日本出東大洋其歸則行西大洋繞地一周今記其里數於左按此云費里地費而出使日記作費地里費未知孰是

從上海一千七百九十七里至日本長崎又一千五百三十一里至日本神戶又一千三百四十一里至日本橫濱過此則入太平洋中間無可停泊處一萬七千四百八十里而至三藩城美國地本名三藩謝司戈城今日三藩省文也又行陸路一萬零七百一十五里至費城統計由上海至費城之水陸路共三萬二千八百六十四里

從費城行西洋歸中國則自費城三百八十八里至特爾拉窪河口又由河口越大西洋一萬零七百三十一里至君士湯埠又八百七十四里至苗爾細河口又進河口十九里至雷城雷城屬英國地方亦名雷弗普城省文則但稱雷城自雷城陸路七百三十六里至英倫敦都城自倫敦陸行二百九十七里至英之都發海口都發各書皆作都登此或誤對岸即法國北境僅

隔海港八十里。於此復登舟渡港。抵法國開利城海口。自開利陸路八十九里至布倫城。自布倫陸路五百十五里至法國巴里京城。自巴里陸路一千零五百十三里至里昂城。自里昂陸路七百一十六里至馬塞城地中海海口。仍法國管轄。為第一大埠頭。自海口登舟行地中海一千七百零二里至義大利國之奈波里城。又四千一百八十里至錫碎。為地中海盡處。蘇爾士運河北口。地屬埃及國。入運河北口行一百三十二里至廷莫薩湖。又一百五十五里出運河南口。至蘇爾士。入紅海。行四千九百七十里至亞丁。入印度海。行八千一百十三里至錫蘭之南之戈爾。又五千七百里經蘇門答臘檳榔嶼等處至新嘉坡。又二千四百二十一里至安南國之西貢。又三千四百七十七里至香港。又三千一百三十九里至上海。除田費城至法國馬塞海口。只美國必行之道。非西洋各國所必行。不計外。其為各國所必行者。自馬塞至上海。共計三萬三千九百八十九里。並費城至馬塞計之。為四萬九千四百八十七里。合之由上海至費城。環地球一周。總數則共計八萬二千三百五十一里。由英吉利至中國。不必繞地球一周。而亦八萬餘里者。以其向南繞阿非利加三面也。聞通蘇爾士則省路幾於三萬里。

光緒四年冬。曾襲侯紀澤出使法英兩國。其行程日記曰。自上海三千二百里至香港。又三千一百五十里至西貢。安南國嘉定省屬地。法國所佔之埠頭也。自西貢二千二百二十六里至新嘉坡。又五千三百七十二里至錫蘭島之巴德夾。亦一小埠頭也。又二百三十四里至錫蘭島之格崙坡以西字拚合其音當讀作科郎埠亦埠頭也自科郎埠七千三百三十二里至亞丁（未至亞丁之先一千七八百餘里已入紅海矣故以亞丁為印度海紅海相交處之一小島實瀛環志略之誤不足據也按亞丁島甚大）又四千四百四十四里至蘇愛斯（即蘇爾士作蘇彝士）又入新河又三百零四里至波利寨出新河北口入地中海又三千八百三十九里至拿波利島（即李圭所謂奈波里城）意大利國之陪都也又一千五百六十三里至馬賽海口地中海大都會也地屬法國自此登岸陸行七百十六里至立墉城（即新錄之里昂城）又一千七百七十里至法國巴黎斯都城

又接談瀛錄曰由上海至香港二千一百三十九里為中土內洋由香港至西貢三千四百七十七里為外洋乃出界第一碼頭再向西北行至新嘉坡二千四百二十一里乃第二碼頭再向北行五千七百里入印度洋至錫蘭乃第三碼頭再向西北行八千一百十三里至亞丁為第四碼頭再向北行四千七百里至蘇彝士河為第五碼頭入河三百有四里至砵碎為第六碼頭再向西北入地中海三千八百八十二里至義大利拏波利城為第七碼頭再向東行一千七百有二里至法國馬賽海口為第八碼頭從此舍舟陸路乘輪車以抵巴黎斯並可往各國惟至英吉利仍須渡海

又出使英法義比日記曰自上海東行經日本越太平洋抵美國之三藩謝司戈城（即舊金山）二萬二千一百餘里舟人測日度準時刻每日日遞早十七分有奇上海午正三藩城已交戌正再由三藩城東行一萬七百十五里抵美國之費地里費城則三藩城午正為費城申正較上海約

差六時矣。再由費城涉大西洋。又一萬一千七百餘里。爲英之倫敦。則費城辰初英已午正。再由倫敦東行。出地中海。過新開河歷紅海印度洋抵香港而回上海計程三萬六千七百餘里則英始卯初。上海已午正較費城亦約差六時。水陸共八萬二千三百餘里故凡環行地球一周較之常住一處者。必增多一日非真多也。其按日時刻較短。積之而贏一日也。若自東而西。環行地球一周不啻逐日而行較之常住一處者必減少一日非真少也其按日時刻較長。勻之而縮一日也。

皇朝一統輿地全圖說略新增

案徐氏志於
皇朝輿地繪圖而不繫說謂中國疆域山川人人知之不煩覼縷然西北兩邊蒙古回部新疆
三藏山川道里轇轕紛紜雖通人不難辨悉而後生家恐未易了然茲特具大概於左以資
攷證

察哈爾在
京師西北四百三十里當直隸山西邊外左右翼各四旗元世祖之嫡支正宗
正北或偏東者內蒙古出口之路凡有五曰獨石口張家口古北口喜峯口殺虎口口外四
十九旗合歸化城土默特二旗計之為五十一旗分東西六盟東四盟當東三省及直隸邊
外西二盟當山西陝西甘肅邊外皆在漠南皆聽
天朝設札薩克其部凡二十四並歸化城則二十五又正北或偏西分西路北路中路東路四
部凡四汗共八十一旗自設札薩克是為外蒙古俱在漠北總稱喀爾喀此之西橫亘者則
科布多過科布多則當日準噶爾境於今為伊犁東境北面皆與俄羅斯接界元朝起於和
林都城曰和林順治末年元之後裔始稱喀爾喀共七部有三汗後增入三音諾顏部一汗為四汗
喀尔喀西北中東四路者按會典土謝圖称北路凡二十旗　喀尔喀札薩克圖汗部称北
路凡十八旗附以輝特部一旗　三音諾顏称中路凡二十二旗附以額魯特一旗　車臣汗

極東路。凡二十三旗。元部和林在今三音諾顏部右翼中旗之東北地

烏梁海各部。按會典烏里雅蘇台之北定邊左副將軍所屬有烏梁海二十五佐領。札薩克圖汗部所屬有烏梁海五佐領。三音諾顏部所屬有烏梁海十三佐領。哲布尊丹巴呼圖克圖門徒所屬有烏梁海三佐領。烏梁海即明史所稱兀良哈譯音之轉也

阿拉善旗。與額濟納旗。皆在甘肅邊外。坤布倫河自甘肅肅州北流。經額濟納。分二道匯為澤。即古之居延海也。其東曰大苦水。騸馬湖。沙棗湖。豐盈大泉。俱瀦於沙。又東為昌寧湖。魚海。白海。其上源俱在甘肅甘州府涼州府界。與居延海同在瀚海南邊。甘肅寧夏府城西賀蘭山。蒙古語謂之阿拉山。賀蘭之陰。為龍圖山。蒙古語謂之阿拉善山。厄魯特分支於此游牧。因以為名

葱嶺。今俗名塔爾塔什。在喀什噶爾城西南。嶺以東水皆東流。以西水皆西流。

天山。蒙古語謂之騰格里山。騰格里者天也

古西羌湟中。唐之青塘城。今甘肅西寧府。領縣三。曰西寧附郭者。曰碾白漢之浩亹。曰大通。散廳四。曰貴德。曰循化。曰丹噶爾。曰巴燕戎格。散州一。曰河州。

明赤斤蒙古。乾隆中安西府。今為直隸州。領縣二。曰玉門。曰燉煌。

巴里坤。乾隆中鎮西府。今為直隸廳。領縣一。曰奇台。附郭之宜禾縣今裁。所屬吐魯番有同知。哈密有通判。

呼圖壁　惠寧城　霍爾果斯　綏定城　闢展　哈密司　惠遠城　吐魯番

各有巡檢。烏魯木齊。乾隆中置迪化直隸州。領縣三。曰昌吉。曰阜康。曰綏來。阜康本特訥格爾地建縣時掘得唐碑乃知即唐代之金滿縣地

燕然山。蒙古語謂之杭愛山。地屬土謝圖鄂坤河之旁。山形如馬鞍。蒙古謂馬鞍為杭愛。元之和林在此

阿爾泰山即古之金山也。在科布多城之西。蒙古謂金為阿勒坦。音轉為阿爾泰。

乾隆四十七年。乾清門侍衛阿爾達往青海窮河源。奏稱星宿海西南有一河名阿勒坦郭勒。蒙古語。阿勒坦即黃金也。郭勒即河也。此河實係黃河上源。其水色黃。回旋三百餘里。穿入星宿海。自此合流至貴德堡。在甘肅河州水色全黃。始名黃河。又阿勒坦郭勒之西。有巨石高數丈。名阿勒坦噶達素齊老。蒙古語。噶達素北極星也。齊老石也。其崖黃色。上為天池。流泉百道。皆作金色。入阿勒坦郭勒。則真黃河之上源。時

上諭有云。河源自葱嶺以東和闐葉爾羌諸水。瀦為蒲昌海。即鹽澤。蒙古語謂之羅布諾爾。伏流地中。　按漢書西域傳。蒲昌海去玉門陽關三百餘里。以今地理攷之。實不止此。邵晉涵爾雅正義。謂水經注作千三百餘里。漢書脫去千字。是也。

大積石山。蒙古謂之木素鄂拉。猶云雪山也。在阿里克土司之東。西傾山。蒙古謂之魯察布拉山。在和碩特南右翼中旗之東南。兩山俱屬青海之西寧辦事大臣管轄。西傾正東。距甘肅洮州三百餘里。西傾之西南。又一百餘里。為積石山

漢書西域傳云。自玉門陽關出西域有兩道。從鄯善傍南山北波河（師古曰波循河也）西行至莎車為南道。南道西踰葱嶺則出大月氏安息。自車師前王庭隨北山波河西行至疏勒為北道。北道踰葱嶺則出大宛康居奄蔡焉耆

聖武記曰。漢之西域前稱北六國。後又稱車師六國。車師有前後部。前王庭則今吐魯番。後王庭則今烏魯木齊。其西烏孫則今伊犁。其北為北匈奴地則今之塔爾巴哈台。皆天山北路行國。非居國。皆準部地

又云。回部天山南路居國也。即漢書城郭三十六國。南北分路於哈密。其由巴里坤踰山或吐魯番踰山。經烏魯木齊赴伊犁者為孔道。其由烏什阿克蘇踰冰嶺赴伊犁者為捷道

又云。撮今昔道里形勢。出燉煌為玉門陽關（二關在今燉煌縣治之西南）西行至哈密。為古伊吾。避白龍堆大戈壁之險。逕今闢展古鄯善（亦名樓蘭）而至吐魯番。即車師前部。漢戊己校尉治此。唐交河明火州治皆在焉。又西南行逕古危須焉耆地。而至車爾楚軍台。為漢烏壘城。都護治焉。又西至布鼓爾。為漢輪台地。又西南至庫車。為古龜茲。唐安西都護治焉。又北逕賽里木城。拜城（拜城即漢姑墨國）而至阿克蘇。即漢溫宿國。始分三道。一北行至烏什。即漢尉頭（烏什之西北皆尉頭地）一西南行至葉爾羌。為漢莎車。乃南渡玉河而至和闐（即于闐）。一則沿烏蘭河岸逕西抵喀什噶爾即古疏勒。則漢唐以來西域建庭之所

又云。欽定西域圖志以伊犁當烏孫。以喀葉二城當疏勒高車諸國。至北而哈薩克則昔

之康居。安集延即浩罕則昔之大宛。南而布魯特則昔之循休捐毒。巴達克山則昔之烏秅。愛烏罕則昔之大月氏。

王芑孫淵雅堂集。西陲牧唱詞。自注曰今安西州之北。爲哈密與鎮西府即巴里坤南北相對中間爲庫舍圖達巴。於漢爲伊吾。自鎮西府至伊犁三千餘里。以烏魯木齊爲適中之地。今爲迪化州。全境漢爲匈奴左地。唐爲北庭都護府。其左右境宜耕牧。漢車師蒲類移支諸國。唐之處月處密諸國也。庫舍圖碑也。達巴嶺也。地有漢永平碑即裴岑破呼延紀功碑唐姜行本貞觀中紀功碑故名。

又曰塔爾巴哈台。爲古匈奴烏孫交壤處。唐則突厥在焉。金山邏水土地肥腴。五單于角逐之場。三萬邏湛陵之地。西與伊犁接境。伊犁漢烏孫大昆彌所居。其南與迪化州接。斥鹵彌望。爲唐之沙陀州

後藏之阿里城。東北有山曰岡底斯。岡底斯者。萬山之祖也。康熙五十六年。測之爲天下之脊。分爲四幹。北幹發爲葱嶺。轉爲天山。具詳東華錄康熙五十九年十一月
上諭。及淵雅堂西陲牧唱自注。

南海馮焌光輿地略曰。伊犁在甘肅省西五千五里。至京師一萬九里。統城二十有一。天山以北。惠遠城。惠寧城。熙春城。綏定城。廣仁城。瞻德城。拱辰城。塔爾奇城。庫爾喀喇烏蘇城。塔爾巴哈台城。天山以南回疆喀喇沙爾城。庫車城。賽里木城。拜城。阿克蘇城。烏什城。和闐城

葉爾羌城。喀什噶爾城。英吉沙爾城。東至甘肅之安西州鎮西廳界，東北至科布多界，北至哈薩克界，西北至霍罕界，西南至博羅爾巴克達山界，南踰大戈壁至西藏界。

前藏布達拉城在四川省西六千一百十五里，至京師一萬八百八十五里。其西爲後藏札什倫布城。前藏城之東察木多城、碩般多城、薩宗城、拉里城、江達城。其西札什城、江孜城。後藏之西定結城、絨轄城、聶拉木城、濟嚨城、宗喀城、阿里城。西藏大臣所屬達木蒙古八旗在前藏北。又所屬納克書等土司三十九旗，皆在前藏東北，與玉樹土司接。西藏東至四川雅州府、雲南麗江府界，東北至青海界，西北踰大戈壁至伊犁界，南至怒夷、哲孟雄、廓爾喀界，西至巴克達山、痕都斯坦界。按痕都斯坦，五印度之總稱也，詳後印度圖說。

朔方備乘曰：中國與俄羅斯接壤之地幾萬餘里，最東濱東北海曰吉林所屬地，即三姓所屬海以內地也。北曰烏底河，爲甌脫地。又北與俄國雅庫斯科所屬地接。其西曰黑龍江省，將軍治焉。北踰雅克薩城，抵大興安嶺爲界。嶺之北與俄國雅庫斯科所屬地接。又西以格爾必齊河爲界，沿河而南，界牌在焉。河之西與俄國尼布楚城接。又南渡黑龍江，得額爾古納河口，界牌在焉。溯河而西，河之南皆中國卡倫，河之北與俄國尼布楚城屬地接。又西南曰呼倫貝爾城，副都統治焉。西北與俄國尼布楚城所屬地接。又西曰喀爾喀車臣汗部，北踰肯特山，抵楚庫河。河之南中國卡倫，河之北與俄國義古爾德斯科所屬地接。又西循卡倫至恰克圖，爲互市之地。其封畛則土謝圖汗所轄，庫倫辦事大臣治焉。又西北循卡倫至托羅斯嶺塔爾噶克山。山之南為中國所屬烏梁海界。三音諾顏及札薩克圖汗部分轄卡倫皆烏里雅蘇台將軍所治。北與俄國依聶謝斯科所屬地接。又西至阿爾泰山烏梁海界皆屬於科布多。參贊大臣治之。北與俄國托穆斯科所屬地接。又西南至和尼邁拉虎卡倫（按科布多與塔爾巴哈台以額爾齊斯河分界東屬科卡倫名和尼邁拉虎河西屬塔卡倫名輝邁拉虎此以和尼邁拉虎為塔城參贊大臣所治未知何所本）為塔爾巴哈台。新設互市地。參贊大臣治之。北與俄國托穆斯科所屬地接。又西南曰伊犁。將軍治焉。北以哈薩克為屏蔽。其北即俄國多木斯科境。

咸豐十年十月初二日。我與俄國續增和約十五條之第一條曰。此後兩國東界定為由什勒喀額爾古納兩河會處。即順黑龍江下流至該江烏蘇里河會處。其北邊地屬俄國。其南邊地至烏蘇里河口所有地方屬中國。自烏蘇里河口而南上至興凱湖。兩國以烏蘇里松阿察二河為交界。其二河東之地屬俄國。二河之西屬中國。自松阿察河之源兩國交界踰興凱湖直至白稜河口。順山嶺至瑚布圖河口。再由瑚布圖河口順琿春河及海中間之嶺至圖們江口。其東皆屬俄國。其西皆屬中國。兩國之界與圖們江之會處及該江口相距不過二十里。

啟東錄曰。國初分界石牌。在齊齊哈爾城西北二千五百里。黑龍江城西一千七百九十里格爾必齊河東岸。河源出西北興安嶺。東流入黑龍江。額爾古納河源出枯倫湖（按即呼倫泊）北流八百里。會東來數水入黑龍江。河之北岸。即俄羅斯。在齊齊哈爾城西北二千里。眉勒爾客河在齊齊哈爾城西北一千五百七十里儒按乃昔時之分界新界即咸豐八年在愛琿所立界約十年定為和約兩國互換者所分之烏蘇里河源出希喀塔山北流會諸河為一又北與凱湖流出之松阿察河流經千餘里會混同江東北流入海即古胡里改江也在寧古塔城東一千餘里與凱湖周數百里湖之南諸山中流出之門河烏渣虎河勒福河都忒黑河皆匯焉又自湖東北流出為松阿察河東北流注于烏蘇里河即明一統志之鏡泊在寧古塔城東南七百里松阿察河即興凱湖東北流出之水儒按即松花江又東北匯於烏蘇里河在寧古塔城東南九百里白稜河儒按白稜河即墨稜河因俄人既捏稱白稜河故東録遂沿用白稜河之名而實則記墨稜河之水道源出白稜窩集東北流匯數水凡五百餘里入烏蘇里河在寧古塔城東四百里琿春河本作渾春亦作渾蠢源出通懇山會諸小水西南流入圖們江金史世紀有渾蠢水與統門水合流金史留可傳留可統門渾蠢合流之地烏古倫部人即此琿春也在寧古塔城東南六百里圖們江本作統門音轉為土門又作徒門今作圖們源出長白山東北流繞朝鮮北界又東南折會諸水入于海通志云明一統志有阿也苦河源出長白山東流入海今長白山之水東流者有圖們江無阿也苦河名當即一水在寧古塔城東北一千二百里昔之界在黑龍江今之界在寧古塔而琿春則寧古塔之關隘也南與朝鮮接界皆庫雅拉等所居東至海二百八十里西至圖們江二十里南至海一百八十里北至佛思恒山一百二十里康熙五十三年編置佐領協領防禦管轄

儒按俄羅斯侵我東境自黑龍江由俄境流入中國格爾必齊河在黑龍江北額爾古納在黑龍江南

兩河入江之口從西北迤向東南至烏蘇里江口俄佔其北與東之地縱廣合計約三千七八百里（其地即國初記載所云薩哈連部卦尓察御薩哈勒察部呼尓哈部索倫部等地）立為阿穆爾省自烏蘇里江入黑龍江口由北而南至圖們江口俄佔其東之地縱廣合計約二千四五百里（即國初東海三部窩集瓦尓喀呼尓哈等部之地）立為東海濱省。孜阿穆爾距齊齊哈爾上游故黑龍江邊防喫緊東海濱逼近興京左腋故吉林邊防尤喫緊也至其南俯朝鮮右趨鳳凰門即奉天境亦不無履霜堅冰之慮

瀛環新志卷一下

丹徒李慎儒鴻軒氏著　江都貝霖夢蝯氏校

東洋二國圖說新增

儒案日本乃合四島而成國。南北約計中國里數四千里。東西或濶二三百里。或三四十里不等。地形狹而長。包朝鮮之外。東北接俄羅斯。對馬乃一小島。不在四島之列。且不過與朝鮮之南境。隔海峽相望。故素著名。非日本之北方盡境也。該國從未通貢中國。之往者向亦不多。訪問為難。宜徐氏圖之未確也

又按四島者。據光緒六年王之春談瀛録云。一為長崎。迤裏以至鹿兒薩摩。一為神户。旱道由火車以達其西京。由西京以達其東京。約程一千餘里。一為南部之阿波國。與神户對峙。中隔內洋。一為箱館。東南面太平洋。北海與俄界毘連。

又按日本地形。起東北。訖東南。洋人所繪圖。亦得矣參半

東洋二國

東洋浩渺一水直抵亞墨利加之西界數萬里別無大土附近中國者止有日本琉璃二國蓋神州之左翊也　儒按同治中英吉利人金約翰撰海道圖說論日本海篇曰日本海自北東北至南西南長九百里最闊處自東至西闊六百里日本各島為南與東之海界朝鮮至滿洲為西與西北之海界南有高麗水道以通東海東有楚家爾水道以通太平洋北有拉拍路司水道以通阿可次克海又北有滿洲海以通黑龍江灣並可通阿可次克海　又曰對馬島自北東北至南西南長三十七里分高麗水道為西二支對馬島中段低凹潮漲滿時則分為二其間大灣名竹敷浦潮漲滿時小艇可行巨艦須由西口出入　儒按西人以一緯度為六十里中國以一緯度為二百里是中國十里乃為西人三里也海道里數以此核算又按中國以四正四維定為八方西人定三十二方故有北東北南西南等名目　又按海道圖說曰日本嶼與也蘇島間為楚家爾水道自東東北至西西南長四十里最窄之處闊九里半即中國之三十五里也　又按光緒六年無名氏日本記游曰自長崎至神戶一千五百餘里舟行峽中從前西洋船自長崎至神戶須繞正南過肥後薩摩再轉東北入紀伊口海程三千餘里風浪險惡後有東洋人教之自長崎過壹岐島響灘入長門下關由海峽行走僅一千五百餘里

日本國

國事析於上將軍至而王無易姓　儒按萬國史記日本紀。後鳥羽天皇之世源賴朝為征夷大將軍。自是朝廷擁虛器如弁髦。按在南宋孝宗時　源賴朝卒。北條時政為將軍傳九世凡一百五十四年而滅足利氏姓尊氏名為大將軍。傳十三世二百三十五年而滅。信長為大將軍尋卒。德川家康為大將軍。傳十四世二百六十六年而滅。統計日本大將軍執權者六百六十年。按又謂小松天皇時小松即位在明洪武十七年足利義滿為大將軍。尋傳位于子義持自僭擬上皇遣僧於明書詞甚恭明帝朱棣成祖也封為日本王。遺臭萬世然則明史所載國王遣使入貢者實與王無涉乃為足利氏所欺也。又四裔編年表元明宗至順三年。日本將軍始建年號。宜其自稱太上皇矣。　又按日本現在之主年號明治其元年中國同治七年也是年廢德川氏。日本紀游早年米利堅求通商。德川氏以力難拒絕遽欲允之民情不服德川氏因之失據國王乘此奪其政。並廢藤橘源平各諸侯。收其采地入公但給歲俸大權一歸于國。曰維新之政。今則非但不能絕遠人且極力效用西法國日以貧聚歛苛急民復謳思德川氏以寬永為年號歷世不改　儒按朱竹垞曝書亭集吾妻鏡跋云。吾妻鏡一名東鑒五十二卷始治承四年。終寬永三年。為明天啟時寬永之前年號長慶則明之萬歷時也　又日本流傳至中國書籍古文孝經有享保十六年太宰純序全唐詩逸有天明八年竺常序序皇侃論語義疏有寬延庚午服元喬序皆日本之紀年也。非歷世不改可知。　又日本文字附詳歐羅巴州總說　又光緒六年。彼國為明治十三年其前明中葉大西洋之葡萄牙嘗欲據其海口至中國與荷蘭而已　儒按同治十年日本和約。附通商章程稱日本准通商之口共八。橫濱東海道武藏州神奈川縣管轄箱館北海道渡島州開拓使管轄大阪畿內攝津州大阪府管轄神戶同上兵庫縣管轄新瀉北路道越後州新瀉縣管轄夷港同上佐渡州佐渡縣管轄附于新瀉長崎西海道肥前州長崎縣管轄築地東海道武藏州東京府管轄現稱開市場　又按光緒七年二月東洋報日本於通商八口。添開兩口。曰賽關。曰依氣仁而移大阪于神戶。故靜守東隅至二百年中遂相安於無事　儒按四裔編年表。曰順治十五年鄭成功乞師於日本。日本不應

日本新圖說

日本乃合四大島而成一國。說詳後對馬乃邊境一小島耳。陳氏海國聞見錄謂合三大島成一國而以對馬爲三大島之一。徐氏據之書於志中。誤矣。　儒按海道圖說曰對馬島舊屬高麗今屬日本　又按萬歷中趙士楨屯田議曰。對馬島乃扶餘王牧馬之地。故名對馬。向屬朝鮮天順中山城君之弟出亡。朝鮮處之對馬島。嘉靖中中國禁絕日本市貢。朝鮮販我中國段幣磁器及各色貨物。與倭通市。釜山先爲婦寺之仁。繼爲壟斷之術。不戢之禍。實基於此地。自朝鮮釜山加德絕影對馬伊歧。直抵日本西海道。乃堪輿家所謂過脈處。其海底僅深七八丈。淺者止五六丈。浪因海淺。不甚狂惡。倭原無內犯心。平酋在日深知南中形勢不便大舉。而畢力朝鮮。自南柯下船。以至伊歧島而抵對馬島。逕到釜山。雖云大海。至多不過三四百里。風波之險易避。可以計程渡兵。頓兵釜山。蠶食朝鮮。既併朝鮮。然後合朝鮮之勢。窺我內地。此平酋在日之成算也。朝鮮至有昔年之禍。實由當日棄對馬島資倭就近耕種有以階之。按明史嘉靖元年嚴海禁。至二十八年弛禁。關白平秀吉之破朝鮮。在萬歷二十年。約畧計之。則對馬島之入於日本。當在嘉靖隆萬年間。日本之立國久矣。奚待此島以成國哉。嗚呼。天下之大勢。不互相鈐制。必不能久立。朝鮮弱矣。然而不忘於明。萬歷中者。日本攻之。明力尚能救之。迨我　大清興。明不能庇朝鮮。而朝鮮入於我。朝鮮既入於我。而明關東之地。亦入於我矣。今朝鮮更弱矣。而不亡者。日本欲之。米利堅欲之。俄羅斯亦欲之也。今日本國病民貧。亦弱矣。而不亡者。米利壓欲之俄羅斯欲之英吉利雖相隔甚遠而假以銀至三千餘萬厚利盤剝則亦欲之也使日本爲一國所倂則朝鮮必隨之由朝鮮渡鴨綠江而西北陸路五百里即抵錦州府由朝鮮沿海而西奉天府金州廳海中旅順口一帶向西南二百五十里即抵山東登州府蓬萊縣由朝鮮平壤都城東至海舟行不過七八百里即抵成山渤海之防豈易籌哉以今情形而論與朝鮮水路至近者爲日本陸路至近者爲俄羅斯俄最强即最可慮履霜堅冰端在議劃疆之日吾於朝鮮之棄對馬島有深慨焉　日本近來厲精圖治滅琉球佔臺灣自命爲大國欲與英法俄美並稱然異日國之先亡者必日本也後世必有信予言者

日本國

日本亞細亞東邊小國。今依附泰西列邦。亦自稱大國。起北緯線三十度。止四十三度。起偏東經線十三度。止二十九度。地形狹長。南界琉球列島。北界俄羅斯。東面皆臨太平洋。西面南起江浙兩省之交。迤邐斜向東北。包朝鮮之外。環至黑龍江口外海中。長約四千餘里。廣三四百里或百里不等。日本人紀載。謂天地未判之時。有神在高天原地方。曰天御中主尊。次曰高皇產靈尊。次曰神皇產靈尊。三神為獨化之神。而成造化之始。次曰可美葦牙彥舅尊。次曰天常立尊。二神亦為獨化之神。次有物如浮脂。生於空中。因此化生。曰國常立尊。自此後凡七世。是謂天神七代。繼之者曰大日靈尊。號天照太神。自此以後。是謂地神五代。七代五代。皆指其顯著而言。中間立為主者甚多。荒遠無稽。

彼國雖有端倪。其世次年歲。究不得而詳也。天照太神留有八咫大鏡。副以藂雲劍與八坂瓊曲玉。為萬世一統重器。至今守之。逮東周惠王十七年。神武天皇即位。由此之後。譜牒始詳。迄我　大清光緒七年。綿歷二千五百四十一年。皆一姓相承。未滋他族。神武天皇傳六世。

孝靈天皇時。秦人徐福攜童男女千人來日本。抵熊野浦居焉。於是文明日盛。熊野浦一作熊野山即徐氏所云熊指山為紀伊國徐福墓今尚在至推古天皇時。始與隋通。舒明天皇時。始與唐通。宋孝宗淳熙中。後鳥羽天皇時。大將軍始專國。明世宗嘉靖中。後奈良天皇時。葡萄牙船始至多褻島。始傳天主教。日本崇佛教故唐宋以來凡入中國者僧為使居多尤重中國書籍自今通商後書籍價目乃不甚昂貴始知用鳥銃。乾隆四十六年。孝格天皇即位。始設科攷試。今與中國立約有兩人不准冒籍攷之禍國。未幾俄國始抵蝦夷乞互市。以前止准荷蘭國通商餘皆禁之道光二十四年至二十九年。孝明天皇時。英美俄三國皆以兵來脅互市。而俄國水師提督布田廷又直至長崎。請重定蝦夷疆界。於是衆議或主攘夷。或主睦鄰。交訌不止。至咸豐八年。大將軍德川氏以國勢不能敵。遂與俄英美荷立約互市。是為大開海口通商之始。同治七年。睿聖天皇即位。年號明治。即今日本在位之主也。厲精圖治。廢大將軍以收主權。除衆侯國以闢王土。見西洋各國富强。力倣法之。盡去其舊日之紀綱法度。上至歷法服色律令（現用法國律）下至一飲食一器具。莫不惟西人是從。號曰維新之政。（舊歷名太陰歷今用西法改名大賜歷日本各事皆用西法惟鴉片烟之禁仍如前犯者罪至死）同治八年。逐蝦夷。立北海道。同治十年。遣使至中國立約通商。遷都江戶。稱東京。造紙幣。鑄銀錢。同治十三年。以水師赴中國台灣。索銀五十萬兩。又開機器局。博物院。造鐵路。懸電線。購輪船。以樺太島與俄國易千島。（附詳俄國說）以為富强可立致也。然而公私交困。負本國債及他國債各三千餘萬。無物不稅。民不聊生。盜賊滋起。處士横議者。又心羡西人民權自主之便。倡為共和政體之說。互相煽惑。有岌岌乎不可終日之勢。光緒二十年。乘朝鮮內亂攻之。次年遂取我台灣。亦不過虛矯之氣而已。

日本神武天皇至太和登山望曰。美哉國乎。其如蜻蜓之點水乎。故日本又名蜻蜓洲。合四大島為一國。（對馬島不在此數徐氏志略之說誤）曰九修。曰西各。曰日本。曰也蘇。（日本嶼即東山北陸東海畿內山陰山陽等道西各即南海道九修即西海道也蘇即北海道）四島之中。日本嶼為最大。自西南至東北長英里（英三十里當中國一百里每一里當中國三三分三三三）七百餘里。濶英里百里。至一百五十里。南隔窄水道為九修嶼。自南至北長英里一百八十里。濶約英里八十里。九修之東北。日本之南角以西為西各嶼。自西南至東北長約英里一百三十里。濶約英里六十里。日本之北。隔海為也蘇嶼。長濶若干未詳。日本人民之始。或云吳泰伯之後。或云徐福之後。日本人每諱言之。（源光國駮寬文中所著日本通鑑無泰伯後之說。賴襄所著日本政紀並徐福之來亦削而不載。）蓋不欲為中國下也。然其種實同中國。絕非土著。土著本皆蝦夷。（即古所云長鬚國。）頑蠢如中國台灣之生番。自神武天皇立國後。屢世開疆。皆逐之而有其地。故設有征夷大將軍一官。主征伐事。（即專政之大將軍。）數十年前。蝦夷人口已甚少。僅聚處陸奧以東之三小島。至創立北海道。而蝦夷之種類幾盡矣。（地球說略：日本係四座海島。北名葉沙島。又名對馬島。中名業半島。至大。又名長崎。南有二島。一名式可可島。一名玖岫島。又名薩峒馬。按葉沙與也蘇雙聲轉音。對馬則附近之島也。業半與日本音亦相近也。長崎則其口門也。閩廣人讀西字式字音皆如斯。式即西也。可可即各之轉也。玖岫即九修也。薩峒馬即薩摩也。）古時日本仿三代之制。分建侯國。大小凡數十。自維新之後。悉召諸侯入朝。歲給俸祿。取其土改為郡縣。而仍存其故國之名。圖中所列皆國名也。其京師本在畿內大阪府。江戶乃大將軍德川氏分封之國。明治元年。德川氏亡。乃就其幕府為王宮而定都焉。以在舊京之東。故曰東京。升江戶曰東京府。元明皆舉大兵攻日本。而皆失利者。以海道風波不測也。今則輪船四達。不畏艱險。遂至無險可扼。然各國由太平洋來往中華。究以日本為要道。其道有二。在南者日本語謂之西多武器。介乎日本峙與西各九修兩嶼間。東北之盡處曰紀伊口。出此可赴太平洋。西南之盡處曰長門下關。出此可由長崎赴中國。計長一千五百餘里。是為日本內海。水狹而穩。從前西洋之船。不知行此。凡自長崎往神户者。皆繞正南。過肥後薩摩。再轉東北。入紀伊口。計海程三千餘里。風浪又極險惡。後東洋人教之行此道。各國皆便之。遂無繞道者。其東北之道。介乎日本嶼也蘇嶼之間。西洋語謂之楚家爾。水面亦狹。而險不可言。人多畏之。且北海道地甚寒苦。秋即飛雪。故箱館雖開海口。迄無往貿易者。惟俄人從北來行此較捷而近。來亦不常行。故光緒五六年間。俄窺我吉林。而糧餉不就近寓於箱館。反南寄於長崎。可知其亦願行西多武器也。使日本能如嗹國之調度。加的牙海峽。縱不能禦外侮。亦無窮之利哉。又按光緒七年西人日報有俄人必由日本北境而來之語蓋欲用兵即不得不行楚家爾水道方能與琿春黑龍江口岸聲勢聯絡又必與日本和好而後可偶一行其向海

日本官制。推古天皇十一年。未立年號約在隋初始定冠位。凡十二階。如大禮小禮大義小義。以名為別。天智天皇三年。未立年號唐高宗龍朔二年爲彼元年改二十六階。如大紫小紫大錦小錦。以制為別。天武天皇十四年。未立年號唐高宗咸亨三年爲彼元年又更爵位號。凡四十八階。後復改制官名位號。易以位記。如親王自一品至四品。諸王羣臣自一位至初位。初位九位也位有從正。通為三十等。其大意多仿唐制。天智天皇十一年。始置太政大臣。左右兩大臣此兩大臣所以輔太政大臣者。太政大臣為百僚首職。權最重。然自大將軍專國後。此職亦成虛設。睿聖天皇即位。除去大將軍置總裁議定參與三職。明治元年二月。置總裁神祇内國外國軍防會計刑法治度八局。是年閏四月。廢三職八局。置議政行政神祇會計軍務外國刑法七官。設官分九等。明治二年七月。置神祇官太政官。及民部大藏兵部刑法宮内外務六省。設官位二十階。分勅奏判三

等。明治三年十月。增置工部省。七省之說本同治五年日本人所著萬國史記錄入而中國之紀日本事者則皆云宮內內務外務大藏司法文部工部陸軍海軍共為九省以萬國史記乃本國人序本國制度當可信故從之而存異說以備攷郡縣有事上之省。省有疑難上太政官。每省有卿有大輔有大小書記官。又有隨事分局官。官分十七等。統以八位。位有正從。自十等以下則無位。地方官稱府者三。曰京都。曰大阪。曰東京。府有事直達省。餘皆縣。縣不隸府。有事亦直達省。府有知事。縣有令。皆有書記官。惟北海道別設開拓使。

日本陸軍分六鎮。駐東京大阪攝津仙台古屋廣島熊本六處。步兵四十六營。共常額二萬九千五百六十八名。戰額增至四萬三千名。馬兵三營。每營常額三百九十名。戰額增至四百五十名。戰額乃西洋通行之法平時不歸營不食餉遇國家有事乃按籍調用日本近有三丁抽二之令故有戰額礮二十行。每行大礮二。礮兵常額二千四百名。戰額增至二千九百六十名。工程兵十七隊。常額一千六百餘名。戰額增至二千名。守護礮台兵七百二十名。戰額增至九百名。合計常額則三萬二千數百名。水軍分兩提督。駐相模薩摩兩處。共明暗大小輪船二十四隻。內有鐵甲者三隻。二三百噸及百餘噸小船七隻。設額兵四千名。統計通國水陸軍常額四萬餘名。按三萬二千餘合之四千不足四萬之數或並船夏水手等人而計之雜採諸書未能畫一姑各仍其舊存之俟攷

日本通國無私田。民之耕者。皆佃公田。後又改古制。以三百六十步為一段者。裁作三百步。賦本重。經此益重。大約十分取四。甚或十分而取六七。明治七年定額。全國米一千二百八十三萬七千六百九十二石。後改為以錢折色。明治八年收楮幣五千一百五十萬五千九

百六十七圓明治十年減租改為每歲收三千五百五十三萬八千七百九十四圓約計十分而取二五農民稍紓而雜稅則日加重歲收至五千餘萬圓於無物不稅之中獨不稅鹽蓋以隨處皆有不能稅也烟酒兩物稅尤重每歲收二百七十三萬六千三百十圓

四裔編年表載明嘉靖二十一年日本後奈良天皇享祿十五年葡萄牙人始至豐後我乾隆三十三年後櫻町天皇明和五年俄人來至阿波我乾隆五十年光格天皇寬政五年俄船來至松前我嘉慶九年光格天皇文化元年俄遣使至長崎嘉慶十一年十二年又連寇蝦夷嘉慶十三年光格天皇文化五年英吉利來攻長崎我道光二十五年仁孝天皇宏化二年美利堅船來至賀浦明年乞通商是為日本與各國交涉之始

琉球國

琉球在薩峒馬之南東洋小國也至體微尤至　儒案據日本人所著史略同治十三年五月日本入寇台灣之舉以琉球商船遭風泊台灣之南境為土番所殺琉球乃訴之日本求代申雪至於用兵也日本久視琉球為藩服欲吞併之自是愈不能立就虎狼以自衛自必終為虎狼所噬乃又求援於我不亦值乎中國究以其職貢有年未忍棄絕光緒七年二月初三日

上諭曰前因總理各國事務衙門奏擬辦球案一節當經諭令李鴻章劉坤一等妥籌具奏茲據該督等先後覆陳覽奏均悉原議商務一體均沾一條為日本約章所無今欲援西國約章辦理原非必不可行惟此案因球案而起中國以存球為重若如所議劃分兩島於存球祀一層未臻妥善着總理各國事務衙門再向日本使臣悉心妥商俟球案妥結商務自可議行欽此按日本之滅琉球在光緒五年蓋至七年尚未以實告我也

又按周海山尚書煌於乾隆二十年以編修為冊封琉球國王副使至嘉慶五年中書舍人李鼎元亦為副使著有使琉球記云首里府泊府久米府那霸府此四府為王畿此外則中山屬府十四設間切十如中國之知府山南屬府十二山北屬府九間切各如其府數境內群島分之為三十六合之止十二國中惟久米村按此為首里府之地非久米府也梁毛鄭陳曾阮金等為三十六姓後裔此外世祿之家皆賜姓士庶率以田地為姓更無名其後裔則云某氏之子孫幾男

所謂田名私姓也。其國官制。世爵世祿。官至大夫乃食采。凡世為王室婚姻。法司紫巾官者。大抵不出久米之七大姓。其子弟年十四以上。入王宮應差。漸以資授職。由庫司官積至局閫里官耳目官而至法司官。大者曰親方食俸。自庫官始世官。惟蔭長子孫。久米人按久米府之人也。官始於通事。上於紫金大夫。從未有至法司者。惟蔡温學優功著。王特用為法司。子尚翁主。亦即移居首里。與七姓同貴。那霸人以商為業。多富室。由夥長積功至那霸官。能漢語者用為長史。無至大夫者。其他外島。不過酋長。有按司遥領之。按司皆王之親屬。琉球先生廟左昭自舜馬至尚穆。共十六位。右穆自義本至尚敬。共十五位。卸金亭在首里之奥山亭下。即登舟處。前明嘉靖七年吏科給事中鄞縣陳侃為冊使。歸時卸金故造亭以表之。或云琉球國王之先世本浙江蘭溪縣人。有墳墓在蘭溪之某鄉。風水極佳。俗呼百鳥朝王地。每琉球使臣入都朝貢。必赴墓展拜。未知確否。而浙人多有言之者。使琉球記未言所自出。

光緒五年。為日本所滅。改名沖繩縣。近年日本得我台灣。改沖繩縣屬台灣。

南洋濱海各國圖說 新增

儒按黎氏舊臣阮福暎本據有農耐。借暹羅兵滅阮光纘。改安南為越南。農耐即祿奈也。

又按麻剌甲即滿剌加。本暹羅屬國。屢為所欺。其酋訴於中國。故明永樂十七年有諭暹羅俾與之平之舉。其地商賈極盛。滿剌加之南曰舊柔佛。與彭亨後山毘連。約相去四五日路程。嘉慶二十三年。英吉利以其為要地。據而有之。墾地招商。舟船輻輳。樓閣雲連。凡西洋人自澳門歸。自大西洋來者。以此為總匯。粵人謂之新州府。亦曰新嘉坡。番人稱為息辣。即徐氏圖之息力也。自新嘉坡貿易盛。而滿剌加遂衰。

又按雅魯藏布江即大金沙江。謂之大者。對入四川之小金沙江而言。恒河佛經所言之恒河也。雲南徼外人呼之為檳榔江。緬甸西北。接東印度。孟加拉印度地方也。至孟養與金沙江合為一。昔人不知其合一。致二水無可指名。固非。大金沙江始終不流入雲南境。去禹貢梁州西之黑水甚遠。黃貞元即指之為黑水者亦非。

又按禹貢之黑水。今之怒江也。源出前藏達賴喇嘛東北哈拉腦兒。名喀喇烏蘇。東南入怒夷界。名怒江。入雲南大塘隘。又名潞江。南流經雲南永昌府入緬甸。

又按瀾滄江亦出於西藏。有二源。會於前藏東之察木多。名拉克褚河。流入雲南境。乃名瀾滄江。南流至車里。又名九龍江。入緬甸。　又西藏之地察木多。古名康。布達拉古名衛。札什倫布古名藏。又統名為三藏。禹貢之三危也。今以布達拉為達賴喇嘛所駐。謂之前藏。札什

倫布爲班禪喇嘛所駐謂之後藏

南洋濱海各國

越南即安南古之交阯秦以後唐以前皆隸版圖至東南面大海　儒按地球說略曰安南綿亘三十里廣六百里

南境臨海有都會曰東埔寨真臘之故都也　儒案薛福成出使英法比義四國日記曰東埔寨土音轉為金波乍國又因金波之音轉為金邊國或曰該國建都金邊埠因其俗尚佛教多建高塔飾之以金故又名金塔國亦曰甘孛智國實即古之真臘國也又因地產綿花土名綿花國而地圖或遂訛寫為高蠻國有五十州地約二千里從前入貢越南暹羅兩國今法既設官保護幾已蔑為法之屬地國王坐食廩祿而已土產多魚米棉花象牙犀角豆蔻之屬

乾隆末年黎維祁為廣南大酋阮光平所逼至改封越南王　儒按國史杭奕祿傳雍正三年擢杭奕祿左都御史五年九月以安南國定界事

命偕内閣學士任蘭枝往諭國王黎維祹先是原任總督雲貴高其倬查奏安南國界内有内地舊境一百二十里應加清理於賭呪河立界國王具疏陳辨

上命總督鄂爾泰再行確查給還八十里於鉛廠山下小河内四十里立界國王復具疏陳辨

敕諭國王不必以從前侵佔地内為嫌中心疑懼奏奉申辨至是復

命杭奕祿等往諭，未至，國王奉
敕悔罪，上表謝。鄂爾泰以聞。六年正月，
詔以鄂爾泰所查鉛廠山下四十里畀安南。
今王安南之新阮舊阮皆由廣南藩封得國。　儒案光緒三年，越南使臣裴文禩林宏黎吉於
八月入關。由廣西取道進京奉貢。其表文稱越南國王臣阮福時稽首頓首云云。　定例越
南四年入貢一次。關，鎮南關也。入關至廣西太平府土思州。
暹羅南洋大國也。至北曰暹，南曰羅斛。　儒按地球說畧曰：暹羅長四千里，濶一千五百里。
又按列國歲計政要曰：暹羅疆域不一定，附近土司不盡為所有。以度綫計之，自北緯綫四
度至二十度。東經綫九十六度至一百二度。得二十五萬方英里。地分四十一屬，每屬置一
大條。沿海地方皆為英有。　又案暹羅之名，國人不知。彼自號其國曰泉，或謂暹羅黃色也。
乃酒來舊號之一種。國中民人　土產梯勾木。原注一名蘇克。一千八百六十八年，我同治七年，運售中國。其刊本
者皆緬甸人，而木較緬甸所出者尤大而堅緻。
一曰湄南河，至廈門相望。　儒按地球說畧曰：萬國都城，又名邦哥，湄南江土廣人稀，而田極
肥美。閩廣兩省人在彼務農為業者甚眾。至商船往貿易者，歲約有二萬餘隻。商農兩項外，
百工技藝不少。中國人在彼，大約有四五十萬之則。按邦哥乃猶地亞故都之名，非即曼谷也，此誤。
乾隆中國為緬甸所滅。至推立大酋鄭昭為長。　儒案鄭氏之前，其國王姓詔氏。　又按四裔

編年表乾隆二十二年耶穌一千七百五十七年緬甸將軍阿隆普拉爲緬甸王兼併暹羅等地乾隆三十四年耶穌一千七百六十九年暹羅割緬地以立國道光五年耶穌一千八百二十五年英人與暹羅立約

暹羅總按新增

儒按地理全志曰暹羅在亞細亞東南緯綫自赤道北四度起至二十二度止經線自中華北京偏西十一度起至十八度止東界越南西連摩魯隅南至海灣北接中國長四千里濶一千五百里總計七十萬方里地勢南則傍水有粮北則倚山食艱西方重崗叠嶺茔林稠密餘則邱阜寥寂廣野低淤河之大者曰湄南其上流淺急下流深廣田疇藉以肥沃歷代相傳君自爲主威儀甚尊百官偏袒跣足屈膝蹲身盡禮致敬稱謂以金爲貴王號禁言理國政財賦多以閩粵人爲官屬明時佛蘭西侵擾敗績大清時自尋干戈時事屢變緬甸攻之不支議和迨乾隆時名器更易有哥羅馬甲者立（按此蓋番語所立鄭昭之子名號也）國事以定通國分爲四土東曰猶地亞首郡名邦哥乃京都也（按平圖地球圖有班考克當即邦哥諧音之轉）建於湄南河濱華人搆屋樓閣相望土人架屋水中皆居蘆寮西土曰萬丹北土曰老撾屬地南土曰摩魯隅（按摩魯隅即七洲洋之西南毘連暹羅山脊以東斜仔六坤等各小國之總名詳見於後　又作馬來隅按當即巫来由之轉音）

又案地輿圖考曰康熙六十一年

上諭暹羅國貢使言其地米甚饒裕銀一二錢可買稻米一担朕諭令分運米三十萬担至閩

廣浙江於地方甚有裨益不必收稅雍正七年
御書天南樂國扁額賜之十三年又賜
御書炎服屏藩扁額乾隆三十六年為緬甸所滅旋恢復故王無後眾推大酋中華人鄭昭為
長子華嗣立
詔封為暹羅國王乾隆五十五年遣使賀八旬萬壽受封爵定例為十年一貢區嘉慶十年上
表言攻緬得勝頒
詔諭辭之初西南沿海屬部眾多著名者曰六坤曰吉德曰大哖曰吉連丹曰丁葛奴此數部
者雖旋復旋叛至今仍隸版圖南數部曰彭亨曰舊柔佛曰麻六甲曰沙喇俄等則久懷叛
志自立酋長不復納貢於暹至舊柔佛部之新嘉坡島麻六甲之內埠吉德部之檳榔嶼延
袤數百里皆為英人割據南掌一名老撾介緬甸暹羅兩國而分隸焉北鄙隸緬甸南鄙屬
暹羅各自立酋歲貢方物相安無事此外部落尚多難以枚舉曰宋腒曰嘉陵曰喇凡其總名
也猶地亞為其故都在湄南河上游新都曰曼谷在湄南河淤島上周十六里城中有小河
可通舟楫房屋富麗足為南海各國冠城中復建王城周二里有奇宮殿用金裝飾覆以銅
瓦室用錫瓦街以美石砌成通國之富裕即此可一班見之國分郡縣縣隸於府府隸於大
庫司大庫司者規制略似中國布政使司暹羅官制有九等選舉由鄉舉於大庫司以文達
國王王定期考試咨以民事應對咸宜始賜章授官考課亦以三年為期文字皆旁行與漢

字迦別明正德中選留貢使二人入館肄業後皆稍通漢文王出乘飾金彩轎或象車冠金
嵌寶石形似兜鍪上下衣裳緞錦五彩窄袖朱履元首獨不剪髮臣民均須修剪男女推髻
耳環手鐲白布纏頭官一等至四等金嵌寶石帽五等至九等五采絨緞帽婦女粧髻簪釧
戒指脂粉差同中國富貴家男女俱上下衣裳五采織金花幔曳地履用牛皮間染紅黑色
貧賤者類皆跣足裸上體而下圍以水幔冒前背後垂大汗巾一幅而已俗尚佛教男兒年
十二三皆出家為僧即天潢貴胄皆然其時住廟宇學梵典梵字僧師命其服役如奴僕如
是者七八年八九年不等始准還俗各從所業蓋其出家如中國之出就外傅非終身披剃
也故其言曰人生不可不出家不可久出家不出家則不知規矩久出家則虛度光陰嗜野味罕
食家禽更喜啖蛇虫食檳榔以黑其齒齒全黑者乃稱美麗人身多矮面黃黑少鬚髯性柔
順兇毆鬥殺之案鮮有見者土壤膏腴民多游惰居無几案皆藤席竹簟鋪地而坐食無箸
十指以代土產羅斛香味清遠似沈香以地得名（土出物與地理全志所記同不復錄）人死無論貴賤皆火
葬（火葬所費不貲國王葬尤甚原書述之頗詳茲以無關地理之要故不錄欲詳知自有原書在）又按暹羅今與泰西各國通商海口其
埠名曼谷君臣現皆剪髮改易西洋服色又與各國立約均光緒五六年間事又按游歷
印度記曰星加坡一埠為海道咽喉四方電綫文報悉萃於此英國鎮以巨酋拖以重兵為
南洋巨鎮蓋自英人侵佔印度國富兵強恃其詐力蠶食而東至緬暹境又計誘群番小島
攘奪諸國市埠經營謀劃無孔不入數十年來雄長海上莫與為敵他如法蘭西之覬覦安

南。暹伊朝夕。俄羅斯新與暹羅立約通商。其意尤為叵測。按俄暹立約此記以為新有之事則當在光緒四五年間

緬甸一名阿瓦種人之名蠻部大國也至西北連東印度　儒按地球說畧曰。緬甸長三千里。廣六百里。

英師將逼都城王不得已議和讓海濱曠土為英埔頭　儒按大英國志。若爾日第四紀。若爾日一作日耳治一千八百二十六年。我道光六年英征緬甸。既而議和。其西境折而入於英。　又按四裔編年表。道光三年。西一千八百二十三年。英人恨緬甸人過印度境。因以兵伐之。明年緬甸與英人盟。割數地以與之。道光六年。西一千八百二十六年。緬甸償英餉三百萬。咸豐二年。西一千八百五十二年。英又戰敗緬甸人。明年取緬甸之配古地。咸豐八年。緬甸海岸皆屬於英。　又按英取緬配古事。在咸豐二年。即西人地圖所謂南緬甸也。光緒十一年。英乘緬王昏暴。及中國因法越事厭兵之際。一舉滅之。緬王甕藉牙於乾隆二十三年立國。傳數世。歷一百十餘年而亡。

其西南曰馬爾達般曰達歪其西北曰阿喀喇　儒案此西南當作東南。又按瀛海論。謂英國在緬甸所立之埔頭。曰阿喀喇。曰朗谷。

南掌即老撾一作纜掌　北界雲南至緬甸別部　儒按地理全志。曰南掌又名老撾。乾隆時屬於緬甸。其大半後為土司所轄。南方屬於暹羅。分為三土。曰上老撾。曰拉匁。曰蘭長。海國圖志謂之老掌。

首先効順 至關係亦非淺鮮矣　儒按定例。緬甸十年一貢。咸豐六年。雲南永昌府騰越廳為
送回所踞。道路不通。歷十八年。至同治十二年。雲南肅清。該國遣使由永昌府屬孟定土知
府稟知督撫。乞仍入貢。並知中國將赴緬地購買馴象。先進馴象二隻。同治十三年十二月
十五日。貢使直也駄紀門腊們甸沮素率副使通事以下及象奴等共五十餘人。抵騰越廳
入中國。帶有馴象五隻。並各貢物。其國王表文稱緬甸國王小臣孟頓恭奏
天朝
大皇帝陛下云云。
至安南等三國地雖濱海 至末　儒按光緒二年七月二十六日。英吉利重定和約。有曰滇邊
及緬甸通商。於滇案議結摺內。一併請旨飭雲南督撫。俟英大員到滇會商　又按同治四
年八月。法蘭西更定法國商船完納船鈔之章程。有云船隻欲往中國他口並往來安南國
內法國所轄埠頭。以四箇月為期。無庸另納船鈔。　又同治五年。斌椿乘槎筆記安南入口
之港闊處三四里。狹處僅數丈。行一百八十里泊舟。為嘉定省新平府平陽縣屬地土名吧
唯洲。有法國水師提督駐法兵三千。起造埔頭公所。已三年矣。筆記又云四五年前。法蘭西
人與構兵。安南議與十年歲幣。每年銀錢四十萬。始罷兵。嗣議割三省與之。收租稅以當歲
幣。　又光緒二年。郭嵩燾使西紀程曰。法人所立安南嘉定府埔頭名西貢　又按普法戰
紀。一千八百五十七年。法王拿破侖第三攻安南。割其細江三省為屬地。設兵置戍。建堡通

商。則是咸豐七年之事也。　又按瀛海論曰。同治七年以後。法國據安南海口。屢戰皆勝。已得六埠之地。至光緒元年。為安南將劉永福所敗。擒其大帥安將軍。旋復求成於法。蓋越南文弱之邦。終非其敵也。近日二年謂光緒法人已駐兵順化安南都城也扼富良江。　又按列國歲計政要。法得安南老省。在一千八百六十一年。則是我咸豐十一年。得安南新省。在一千八百六十七年。則是我同治六年也。　又按談瀛錄曰。西貢距香港三千四百七十七里。初為越南嘉定省新平府平隆縣。土人呼為柴棍。其實即堤岸二字。我咸豐十年。安南以南圻六省畀法人。六省者。嘉定而外。有邊和定祥永隆安江仙河也。法人譯柴棍二字為西貢。立碼頭。稱省會。越南土音則又呼柴棍曰堤岸

緬甸總按新增

儒按地理全志曰。緬甸在亞細亞東南。緯線自赤道北十六度起。至二十七度止。經綫自中華北京偏西十六度起。至二十三度止。東至中國暹羅。西連印度。南接孟加拉海灣。北界亞剌。長三千里。廣六百里。總計五千萬方里。其地之北。重山疊嶺。南則平原曠野。頻患水災。西則邱陵寥茫。峻峭無匹。河之大者曰怒江。支派分流。舟楫往來。商賈輻輳。田土豐腴。屋宇最陋。籐架席牆。以苫覆之。磚瓦者寥寥無幾。貿易興隆。崇奉釋教。緬甸初為北古管轄。迨後別為一國。乾隆年間。賊寇猖獗。北古人攻奪。本國人率眾逐之。大獲全勝。遂興國立業。踐祚為君。國分二土。十一省。北土曰阿瓦。乃京都也。建於怒江之左。南土曰北古。乃古之京城。先是

英吉利割據東印度。將及緬甸。緬人擊英。英敗績。既而英兵船入港。緬為炮火所轟。而潰英師逼都城。緬王不得已議和。獻洋銀犒軍。割海濱為埔頭。按此即大英国志及四裔編年表西一千八百六十二年中道光六年英敗緬割地事也蓋先立埔頭而後割地北古即年表之配古平圖地球圖作丕果地輿圖攷作秘古皆譯音之轉也賈則一地名其東南曰達亞。曰馬達般。曰葉。曰德那薩靈。此數地徐氏志謂在西南參考各說寔在東南徐氏誤也馬達般即徐氏所謂馬爾達般洋語凡爾字皆可有可無之虛字也地輿圖考作馬耳達萬平圓圖作麻塌班皆即馬尓達般也德薩靈平圓圖作台訥嵬力毋為緬之極南處與暹羅所屬亞來由各國交界西曰阿拉干。即地輿圖考之阿臘干也緬之西有喻來刊山音近阿拉干攷平圓圖之喻來刊在山之旁地以山得名阿拉干即喻來刊也。英人又新闢曰阿薩密。一名亞桑。亞桑他書多作亞山桑字山字皆譯音之轉此一地徐氏志收入印度孟加拉條內山嶺險峻。瘴淤荒郊。烟瘴侵人。間有膏壤。英人從東印度踐而有之。歸孟加拉大將軍總轄。設官駐紮。平圖地球圖作愛賽母即阿薩密與亞桑之轉音其地在緬國之西南布魯克巴回部之南阿拉干之西北孟加拉之東北都城曰木爾門。其怒江口有大埔頭曰郎昆當即瀛海論所云朗谷為西洋人貿易之所。又有通商之地。曰波羅美巴森等。咸豐二年。其土官吏權稅太重。英商禀於印度總督。與緬王鬭。而橫更甚。於是英以兵船至郎昆。戰勝之。嗣後北古全土皆為英所統轄。按怒江入海之口在北古全土極南海即孟加拉灣一名本告耳灣　又按地輿圖攷曰。緬甸別名阿瓦。初國本三分。曰阿瓦。曰阿臘干即阿拉干曰秘古。即北古各不相能。明萬曆二十八年。阿瓦與爭衡。遂服秘古。垂百四十年相安無事。乾隆初。秘古復叛。血戰十餘稔。卒獲全勝。直抵阿瓦都城。生擒其王。而國遂屬於秘古。有阿羅般者。甕牖繩樞之子。揭竿起事。招集土兵。恢復阿瓦都城。自立為王。盡收其舊地。又攻滅秘古。數年秘古又叛。王山巴領親征平之。遂乘勝攻取暹羅。久之仍受衄敗按即乾隆三十六年暹羅為緬所滅旋復立國事　乾隆四十八年。四底臘疑勃老立。起師攻取阿臘。合為一國。軍威大振。會西鄙之民。與孟加拉英屬部。屢肇釁。致與英失睦。道光六年。英率印度兵來攻。進逼都城。緬不得已求和。割阿臘千等地與之。賠兵費數百萬兩。事始寢。咸豐二年。又以攜衅議和。盡失南方秘古等地。按四裔年表謂咸豐三年英取配古目下緬甸疆域。僅存彈丸黑子矣。其京都無常。要因時事之宜。故都曰阿瓦。曰安拉補臘。曰孟卓包。曰滿大來。今定都於滿大來。未知復遷否。人顏色稍形黧黑。男女皆蓄髮甚長。皆綰髻。男頂前。女頂後。居恒露頂無冠。尊者之冠。前高聳而後斬削。男女皆穿耳。貫金銀環。男子服長而窄。束以金巾。長至丈七八尺。女子上衣下裳。略短而較寬。坐席地。食無箸。俗佞佛。童男七歲以上。削髮為僧。入寺讀佛經。兼習詩詞。二十左右始准還俗。各從所業。王之下有親政大臣。輔政大臣。副理政事通事官各一員。部有師郡有守。又下則有土司。調司等職。祿無常制。故賄賂公行。肆無忌憚。殊非民生之福。

又按游歷印度記。由四川成都府西南。經邛州。雅州。登大象嶺。飛越嶺。大度河。行十二站至打箭鑪。按康輶紀行由成都府之華陽縣雙流縣新津縣新津南十里入邛州境過邛州及邛屬之蒲江縣蒲江南五十三里入雅州府屬之名山縣西五十里渡平羌江又十里至雅州府府治南一百三十里有大渡河宋太祖玉斧畫界處由雅州附郭之雅安縣南行七十里芭蕉灣入雅州所屬之榮經縣境又十里渡七縱河即榮永也武侯擒孟獲於此又西南三十五里安樂瓓為雅洲所屬清溪縣界又西南三十里過大關山明史地理志云邛崍山上有九折坂西有大關山邛崍關在為關今靡兵又十五里至大相嶺武侯屯兵於此故名小相嶺在清溪至富遠府道中故此稱大以別之又稱長老坪以昔有高僧居此又十五里下大相嶺過二十四盤即古笮箐山也又十里至清溪縣城此地西由打箭炉入藏南由建昌赴雲南為兩路交集之所建昌者明之建昌衛今四川寧遠府附郭之西昌縣也云清溪西門行一百二十五里上飛越嶺唐於嶺下立飛越縣未幾即發此嶺內第一險阻山頂有溢過隘下山十五里陡坡無駐足處下山即化林坪冷邊土司地也又西北二十里過沈村沈邊土司之地又五十五里至瀘定橋橋係鉄索長三十一丈一尺寬九尺鋪木板於上地屬雅州府屬之天全州橋下之水通志以為瀘水盖自打箭炉徼外流入大渡河者以水經注考之實即若水正幹又一百二十里至沈坑屬明正土司又十五里至打箭爐計去成都一千零二十里東西徑六百四十里南北徑八百三十里東至瀘定橋交冷边土司界一百二十里西至瞻對折熱泥塘界五百二十里南至鴉龍江中渡交裏塘界二百八十里北至小金川界五百五十里東南至甯遠府屬之冕甯縣五百里西南至剝滚菰瀾滄江界四百八十里武侯征孟獲時遣將郭達造箭於此故名元時屬青海部諸

十站至裏塘宣撫司〇又八站至巴塘宣撫司〇為川藏交界〇

按康輶紀行東自瀘定橋西至裏巴二塘凡土司一百六十餘處云打箭炉南關五十里折多山折多蕃語鬼也地多鬼故名折西折南行七十里過納脏又南十五里阿孃壩又西南三十里至瓦切過俄松多河二十五里至東俄落又南行四十五里至卧龍石又西南行四十里過八角樓又四十里至中渡又名河口即雅隴江其河東明正土司界河西裏塘界過中渡浮橋四十里至麻盡又西行上大雪山四十里至剪子湾有塘汛四十里過波浪工二十里至西俄落又西南行四十里至咱馬拉洞塘汛七十餘里至火竹卡二十五里至火燒坡又一里至裏塘計裏塘東至打箭炉六百五十里西至巴塘五百二十里

旋據江卡營守備〇報知藏地梗塞〇未可行〇不得已改道滇南〇

康輶紀行西藏之東界江卡即達頼剌麻所轄之地然江卡至藏中間尚隔乍雅（按李申耆地圖作乍丫）乍雅地形東西不足五百里南北不足四百里設有台站為入藏正道乍雅西北界外為察木多以形勢論察木多為藏之門戶以其地本古之前藏東至四川打箭炉二千六百餘里南至雲南維西中甸不過一千餘里是雲南近而四川遠矣

按西藏賦注西藏距京師一萬三千里為前藏由藏前至後藏又一千里由後藏至西南極邊又二千餘里即後藏之續城轟拉本城濟龍城等處今段其處與廓尔喀布魯克巴交界此兩回部東西僅一千二百六十餘里南北僅四百里再西南即東印度所屬之亞山游歷記所云行藏地者係指此適所云改由滇南道者按師範所著滇繫曰中國赴天竺佛國有二道一自云南騰越而南由緬甸城轉西以至東天竺凡三千五百里再至中天竺又一千六百里共五千一百里一自雲南麗江西進西藏至東天竺北界二千里又一十二百里而至中天竺僅三千二百里視南道近一千九百里以地望準之云南之騰越止與天竺東西相直因其間亦野人隔之一則迂道南行千有七百里至緬甸然後轉西至東天竺又西北至中天竺許三千八百里一則迂道西行入藏然後轉南亦至中天竺計三千二百里使能取道野人達直西上則免由緬由藏兩迂遠自騰越達天竺不過一千八九百里所以云改道滇南即由緬之迂遠特至緬之南乘海舶不復行陸路耳

又按西洋人紀載謂

由四川至亞山穿野人界東西直過過五六百里則未免太近但不足信不經六王奏堆循巴隆達河而下。絕徼荒陬人迹罕至。凡十八日乃抵中甸。中甸廳屬雲南麗江府在府北境又南經大理永昌諸郡。渡瀾滄潞音龍川諸江。所躡鐵索懸絙。更僕難終。自中甸至騰越。騰越廳屬雲南永昌府在府西南境舊為州屬雲南府後改計程二十有八站。亦皆重岡疊巘。無坦途也。騰越路通孟養寶井。昔時百寶薈萃於此。近日海道便捷。商販多趨粵中。其由緬入關者。僅餘棉花為大宗。較核關稅。十祇二三而已。由城啓行。經南甸干崖盞達三宣撫司。其地沿檳榔江。兩岸平疇沃衍。土民號曰擺夷。勤力耕作。頗有富庶之象。騰越所轄凡七土司。其南路曰隴川宣撫司及戶撒臘撒猛卯三長官司。昔年緬甸貢道。本由虎踞關入。經猛卯隴川。為南大路。近十數年。乃改由北路。即南甸干崖盞達三宣撫司皆騰越之直西以南大路較之則在北故曰北路徑達新街。前明時緬夷數犯邊。諸土司亦跋扈。故設八關九隘以資控制。今緬甸已積弱。邊備廢弛。行四站至蠻允。為中外交界。過此即化外野人境。非大衆結伴不敢行。所壩竹隘過大炎山。危險晝陰。野人蓬頭垢面。往往攔路要索。查此間有三路。下為河邊路。中為石梯路。上即火炎山路。上路崇草方便。故商旅多由此行。四日至蠻暮。入緬甸國境。河干有漢人街約二十餘家。至此地勢平陽。又一番景象矣。緬人刳木為舟。兩舟相聯。而覆以草蓬。江水寬而淺。百二十里至新街。漢人三百餘家。建有關神廟。緬國設蘊几一員。原注一品大酋英國設亞業班一員。原注即職事官大金沙江發源阿里後藏地名岡底斯山。曰雅魯藏布江。經流三藏及怒夷野夷綸絡野人之境。折南至孟拱孟養入緬國界。稱為伊拉瓦底河。自孟拱迤北。石峽奔瀧不通舟楫。至新街以下。會合茶山麻里梹榔龍川諸水。然後浩瀚寬深。廣十里。或十餘里不等。乘坐輪船。南行三日。經阿瓦都城。滇人居此者三千餘家。多納緬婦為室。易輪船南行五日至别年。入英國界。又三日至漾貢。（即郎昆又作朗谷又作冷宮皆轉音）為通商大碼頭。即秘古國。一作烏土。（即北古亦即北古又即配古即丕果）閩粵商賈。不下萬人。滇商僅十餘家而已。（按大金沙江由藏南流入緬境復即西行為雅魯藏布江江之北岸布魯克巴回部也南岸英東印度所屬新闢之地亞桑也其下游有岡噶江與之會為一岡噶江即佛經之恒河也既會之後又名安日得河南至東印度之南入海凡中外講地理者皆係如此未聞異說此云雅魯藏布江南至緬甸稱伊拉瓦底河逢南流至秘古以地圖攷之伊底自伊底非大金沙江也又按地輿圖考曰緬甸有大河二東曰潞江一名怒江發源前藏歷雲南入緬南向直流入海西曰伊底河亦自北而南貫通全地入秘古至蘭雲城南入海源分流異殊不可混至雅魯藏布江及恒河則已深入印度不可與之清混此說是矣游歷記得無誤乎惟所云漾貢者乃怒江之口非伊底河之口也即行伊底何以到此或者以伊底為大金沙致一誤又以怒江為伊底致兩誤乎殊不可解。）

道光末年。緬英兩國。搆兵累年。緬人對栅固守。英軍水土不服。每挫衄。本欲退師。反覩言水陸並進。直擣阿瓦。緬王大懼。割地請和。自是日侵月削。沿海精華繁盛之區。英人蠶食殆盡。西抵孟加拉。東抵麻六甲。延袤五千餘里。鎮以巨酋。英語曰箇勿那。緬語仍稱蘊凡。從漾貢又附海船。向西北開輪。行五晝夜。達於孟加拉。即東印度。英語呼曰卡呢格達。（按英語呼孟加拉曰本告耳其恒河口有一隅之地曰加尔各荅一作開耳扣搭皆卡呢格達之轉音非孟加拉之總稱也此亦誤）西南洋一大都會也。閩人僅五家。洋行粵人則有千餘。多手藝營生者。　又曰亞山之東南。有數小部落。曰格路時。曰各士亞。曰正得爾。曰的北亞。俱降附於英。再南海灣有新埠。曰徹地缸。曰唉克雅。在阿拉干部內。阿拉干之東。曰跛散。曰漾貢。曰模兒面。曰墨尼。曰梯泥色領。皆通商馬頭。昔本緬甸屬地。道光以後。

割隸於英。自徹地缸至梯泥色領。沿海七八千里。英國置吏戍兵。安設電綫傳遞文報。悉統於印度大酋。故華人但知英之據有印度。財賦所出。倚為外府。而不知所佔暹緬諸國。海濱精華之區。由印度直達新加坡。聲息相通。略無阻礙。尤為緊要也。按徐氏列阿薩毋於東印度孟加拉部下注云。又作亞桑一名徹地缸則是徹地缸與亞桑係一地也此則分為兩地未知孰是 又按地輿圖說曰。孟加臘即拉字屬地東南曰德那薩靈部。城名馬爾大萬。一作馬爾達般。為通商第一埠頭。秘古次之。埠名蘭雲。亦稱繁庶。阿臘按即拉字干部又次之。東北有阿薩密部。迤北之地甚瘠薄。南則平衍膏腴。雅魯藏布江自西藏東流。折西南入境。易番名蒲蘭蒲達。按一作蒲蘭布達莽會恒河以入海。

瀛環新志卷二

丹徒李楨儒鴻軒氏著　　江都夏　霖蔓甦氏　校

南洋各島圖說新增

儒按徐氏志圖說以綱巾礁䑸與民答那峩爲二島圖合爲一自相矛盾矣以今考之則說之悞圖不悞也

又按武羅島之南蚋䍐爾島之北其間之海名班達海

又按南里百島之西婆羅洲山東濱海萬喇之東其間之海平圓地球圖謂之麻哈撒耳水峽

又按萊地海峽泰西人謂之森格水峽又謂之麻剌甲水峽

又按息力今仍稱新嘉坡英國設總督一員於此兼轄三志西爲麻剌甲再西爲檳榔嶼麻剌甲之西與檳榔嶼隔海相望爲威諾斯里皆歸總督管轄

又檳榔嶼洋人名之曰碧瀾以上均見使西紀程　紀程又云檳榔嶼距麻剌甲九百三十三里英國有副總督駐此檳榔嶼今亦稱新埠出使日記曰新嘉坡麻六甲檳榔嶼全境英人總名司曲來脫舍脫門司曲來脫海峽也舍說門埠也

又按地理全志合南洋各島及東南洋各島爲一篇其總序曰大洋羣島摠之即五洲之一即徐氏地球說所云近又將南洋羣島名阿阿塞亞尼亞州據阿塞亞尼亞作阿削尼亞緯線自赤道北三十五度起至南五十六度止

經線自中華北京偏西二十三度起，至偏東一百四度止。南北相距約二萬里，東西約四萬里，地方總計約方一千五百萬方里。衆島散布洋內。其大者曰澳大利亞（即新金山）、萬地旻蘭（即徐氏所云班地旻蘭）、新西蘭（即徐氏所云搦日倫敦）、巴不亞（即巴布亞）、西里伯（即西里百）、婆羅（即婆羅洲）、民答撓（屬呂宋，即徐志所云民答那峩島）、把拉灣（呂宋迤南之島，名近於蘇祿）、呂宋、蘇門答臘、爪哇（即噶羅巴）、佛羅里斯、地墨爾（噶羅屬島），東曰公會島（即徐志所云羣會島）、馬其薩（即徐氏所云馬爾其殺羣島）、友島（即徐志所云友島）、三維斯。

又曰州內島嶼，分為三域。一曰亞西亞南洋（即亞西亞），又名東印度洋羣島；一曰澳大利巴不亞羣島；一曰南海羣島，又曰不里尼西（此總論名南海羣島，而分疏處則又稱東洋羣島，即徐志所云東南洋各島也）。

南洋各島

儒按徐氏志所載各島。按之地理全志。惟巴布亞歸入澳大利。不在此中。此皆謂之亞細亞南洋。一名東印度洋羣島。

西班牙國遣其臣咪牙蘭駕巨艦東來。至稜畨王滅其國　儒按四裔編年表。明世宗嘉靖元年。西一千五百二十二年。荷蘭立埠於南洋呂宋國。是時荷蘭國王兼爲西班牙王。兩國相通也。至穆宗隆慶五年。西一千五百七十一年。西班牙遂取呂宋

建城之地名馬尼剌　儒按平圖地球圖作麻尼辣

人稱爲小呂宋。而以西班牙本國爲大呂宋　儒按道光末年。葡萄牙人瑪吉士著地理備考。曦嘶吧呢呀。中華俗名大呂宋者。小呂宋地歸其統屬。故以此而名之焉。可與此參觀。知客襲主名之非謬。

呂宋迤南大小十餘島　儒按光緒　年。上海製造局刻西洋人平圖地球圖。呂宋迤南。有布里河斯島。明朵羅島。喀拉米阿乃羣島。塔伯拉斯島。麻斯巴台島。撒麻島。陌那島。西布島。乃格羅斯島。來伊台島。波浩耳島。帕拉氐恩島。明答那俄島。此際之海。名明答那俄海。

泰西人稱之曰撒馬　儒按當即撒麻

曰西武　儒按當即西布

曰多羅來地　儒按即地理全志之來地

曰明答那義　儒按即明答那俄最南一島較大海國聞見錄舞為網巾礁腦至究亦未知是否也　儒按民答那俄即地理全志之民答撓音與網巾礁腦相近方位亦合此說是也

晨鳴鐘為日方許開市至亦異俗也　儒按此段與地理全志同則此俗至咸豐之季年猶未改也

呂宋總按新增

儒按呂宋一帶羣島平圖地球謂統名斐力平羣島地理全志作非里比納羣島緯線自赤道北五度起至二十度止經線自中華北京偏東四度起至十一度止總計之方四十三萬里呂宋居其大半居民種類不一土人外有華人馬來人即巫來由西班牙人山內土人黑面鬈毛樹皮為服以蔴葉蓋屋舂糧穀亦有尊回教天主教者呂宋舊本土番馬來二部明時西班牙潛謀奪之萬歷年間遂殺番王據其國其島之地屬西班牙者分二十九省曰敦多首郡曰馬尼剌蓋都城也其地富庶百貨流通埔頭之盛甲於此洋市俗各以三時為日三時為夜曰加維海　不拉干　拉古納　巴當阿　達亞巴　邦邦阿　桑巴勒　邦加西囊　義羅各斯南北二省　加加言　新尼西沙　加馬林南北二省　阿爾白　巴丹　南有比薩多島分曰民多羅平圖圖作明朵羅島曰巴內三省曰尼鄂曰西武平圖圖作西布島其內小島有七曰來地曰撒馬曰加拉米安曰巴火曰民答撓按平圖圖來地作伊台撒馬作薩麻加拉米安作喀拉米阿乃巴火作帕那

明吝撓作明答耶棧分為三土，以西管轄曰桑波安牙，迷薩米，加拉加，餘則以酋長屬之。迤北五島總名曰把西，皆土番族類。平圖圖作拜帝

由呂宋正南視之，有大島距於巳方，曰西里百。里汶港尤為奧曲。儒按平圖，北曰邁耶呆，東曰撓米尼鸞，曰撓羅彎，東南曰波尼，南曰麻喀撒爾，一名馬加撒。此與婆羅洲東西相望，其海名麻喀撒耳水峽。

西里百總按新增

儒按地理全志曰：西里伯島在婆羅洲東，緯線自赤道北二度起，至赤道南五度止；經線自中華北京偏東三度起，至九度止。總計方二十五萬里。土脈最腴，氣候炎酷，海風能解。島分數部，其大者曰波呢，曰馬加撒，曰瓦入，曰盧予，曰索兵，曰馬羅，曰曼達耳，曰昔德靈，曰都拉德，曰德羅，曰美拿多，曰南土，曰鹿特提士。內有城名弗拉的俺，為荷蘭方伯駐紮。

蘇祿總按新增

儒按地理全志曰：蘇祿羣島在呂宋西南，緯線自赤道北五度起，至十二度十二分止；經線在中華北京午線至偏六度止。形勢蕞小，戶口甚繁，田土肥饒，物產甚富。此與徐氏所云地壽異，餘說皆同居民崇回教。島分為三：中曰蘇祿，長一百三十里，廣三十餘里；西曰達維達維；東曰巴息蘭。首郡名北灣，乃都城也。其外有巴拉灣，長九百里，闊一百里，北方為西班牙屬地。又有數島，未悉其詳。土產珠、玳瑁、木香、荳蔻、藤條、燕窩、鸚鵡、無對鳥。巴拉灣島，平圖地球圖作帕拉

瓦恩島。

婆羅洲總按新增

儒按地理全志曰。婆羅洲在蘇祿西。緯線自赤道北七度起。至赤道南四度止。經線自中華北京偏東三度起。至偏西七度止。長二千七百里。廣二千里。總計之方八十萬里。火山橫列於中。時迸流火燓地。常震動。海濱之地低淤居多。海則洪濤激宕。礁石纍纍。舟楫不能近岸。氣候酷烈。海風可解。雨旱及時。田土膏腴。（所記故事土俗與徐志同）設有王位。又分部長。乾隆時粵人吳元盛殺番酋。國人奉為王。元盛死。子幼。妃嗣位。至今猶存。（今謂咸豐中）通島分而為四。一屬荷蘭兼攝。乃分東西內地。其東省者曰哥麻亞。曰邦不安。曰忙達瓦。曰大達亞哥。曰小達亞哥。曰邦。曰爾曰達那勞。其西省者曰三巴斯。曰蒙巴瓦。曰崩的亞那。曰達蘭。曰桑古。曰星邦。曰馬州。曰圖達瓦安。（按以上地名與徐志及平圓圖皆不同亦不似譯音之轉或荷蘭所改名也）此外內地尚有數名。曰達打斯。曰馬爾達不拉。曰加郎音當。曰都古加囊。曰都古濟利。曰都遜。其屬英者曰薩拉瓦拉。（平圓圖作薩拉瓦克）一土王管轄者。（在洲之東北）曰不安海島。（平圓圖作拉布安島）有大宮駐劄。東北一帶地方。屬蘇祿王管轄。一土王管轄者。曰婆羅乃。都城也。昔盛今衰。巴昔爾。（原文巴昔爾之上不加曰字不知何故或婆羅乃此一方之總名而巴昔爾乃城名）曰哥的。曰蘇祿。曰比亞如。土產金沙。鑽石。煤。木料。藥材。惟島中外人罕到。（蓋留全洲腹地大山之中）迄今尚未詳悉。

又按平圓地球圖。婆羅洲一名保尼鐵島。文萊之北。有慶那巴羅山。山之北。海中有巴巴辣島。其間水道名巴巴辣峽。極南曰班查邁星。一名馬神。由馬神迤向東北曰斜狄。又東北曰萬喇。又北曰崑甸。又北即文萊。　馬神之西北海中不與岸連者。有必來唐島與岸連者曰旁提門部克。　又西北曰散巴斯。又西北曰薩拉瓦克。又北曰保尼俄保尼俄之西北曰拉布安島。爲通商埠頭。　婆羅洲西北海中。有那吐那群島。

噶羅巴總按新增

㒒按地理全志曰。瓜哇在蘇門答臘之東南。緯線自赤道南六度起。至八度止。經線自中華北京偏西四度起。至十五度止。長二千四百里。廣三百五十里。總計之方百二十萬里。其地濱海低淤。中間岡嶺重疊。火山四十五。塵沙蔽天。地常震裂。諸嶼羅列。門戶甚壯。中有山谷之氣甚毒。人獸觸之立斃。春雨秋旱。歲止一收。土壤肥沃。土民奉釋回二教。通國屬於荷蘭四之三。設總督駐劄。其四之一酋長回王分攝。通國分爲二十省。首郡曰巴達維亞（即四裔年表之打非也城巴達二字合音則近打維亞音近非也皆譯音之轉）常稱噶羅巴（平圖圖作查法亦噶羅巴之轉音）荷蘭總督駐劄。爲大埔頭。其通省之地曰理汶。曰北膠浪。曰喝力石。曰四里猫（即士里莫）曰外南旺。曰萬丹。曰三寶瓏。酋長居於蘇拉加大（平圖圖作蘇拉巴亞）在島之內。回王之都城曰若若加大。在南海濱。其嶼外有王嶼。夾板嶼。鼎嶼。馬嶼。白嶼。草嶼等名。　又按列國歲計政要曰。噶留巴爲荷蘭國東印度洋各屬島之一。荷人亦以印度目之。經營獨久。荷所置爲外府者。接壤麥多拉島（按蘇門答臘一名麻特巴轉音爲麥多拉）分二十三屬。每屬有一荷員駐紮。正副同辦。皆係荷國考選者。屬僚即土司。甚夥。一千八百三十二年（我道光十二年）定章每一地令民耕作。有土司董率之。荷人極意講求農政。初督土民種茄啡糖蔗靛青花椒荶茶等。既而出產饒裕。專課茄啡糖蔗。一千八百七十年。同治九年荷議院以噶留巴民土已能自獲其利。無須督率。為之約至一千八百九十年。時糖蔗一物亦不必官為勉強矣。荷員大小不一。大者為總督。兼轄東印度洋各屬島。其下有五員。亦荷王簡派。幫同商議。荷所佔東印度洋各島。惟於噶留巴大獲利益。錢糧歲有羸餘。大半出於房捐地捐牙帖税關税公地租息鹽課鴉片税。其利之最大者莫如農務。運出口至印度歐洲各國貨。利必倍蓰。地有五萬一千三百三十六見方英里。歐人寄籍田產。及土民自產。均不多。大率皆公地招墾者。佃戶租地耕作。每七日内必有一日耕公田。及業主之田。此定章也。

又按平圖地球圖。查法即噶羅巴其南西之海名查法海。西面水峽名森答峽。一名巽地峽即徐志之巽他查法地東西長。南北狹。南面極西曰班屯。迤東曰巴台斐。又東曰薩麻拉恩。古名三寶攏。北面之西為火焰山。又東曰蘇拉喀塔。又東曰羅克約喀埸。又東曰蘇拉巴阿。

又按四裔編年表。明光宗泰昌元年。西一千六百二十年。荷蘭建打非也城於噶羅巴。按即徐氏志所云蘭明中葉以下云云

又按四裔編年表。謂噶羅巴屬印度。嘉慶三年。即穌一千七百九十八年。立為自主之國。與徐志不合。按其時印度各舊國皆衰。諸要地盡為歐洲諸邦所佔。所以噶羅巴雖受制於荷蘭。而仍係之印度歟。

又按地理全志。爪哇篇曰。其餘各島廣或數十里。或數百里。曰馬都拉即麻杜拉。巴里即麻里。龍博即洛莫。松巴瓦即松墨窪。内多火山。時熾時熄。烟塵蔽天。人歎患之。馬牙來或有酋長統攝。或歸荷蘭轄治。佛羅里即佛理嶼地墨爾地字一作貽即池問中有葡萄

牙埔頭。以上七島。皆與爪哇平列。纍纍相望。南有薩尔温酋長領之。其島氣候不齊。風景清和。戶口稠密。田土膏腴。各島土番黑色。毛髮螺拳。深目高準。男女皆穿耳而大其孔。塡以枕性情兇良。半皆盜賊。

洛莫羣島總按新增

儒按平圖地球圖。查法之東曰麻杜拉島。又東曰拜力島。一名洛莫島。拜力之南曰刊扎蘭島。拜力之東曰琅保克島。一名麻里島。琅保克之東曰蘇保幹島。一名松里吉洼。蘇保幹之東曰散荅五得島。一名薩爾温。散荅五得之東北曰夫老來斯島。北面之海。夫老來斯海。海中有薩拉愛歐羣島。夫老來斯之東曰昂巴島。曰緋透島。此兩島之南曰塔毛耳。一名地問。又名貽墨耳。塔毛爾係大島。島中著名之處。南為代里。西北為庫盼。塔毛爾西北海中曰薩敷島。曰羅氏島。　又按塔毛耳之北之東。其海名班達海。海中島甚多。曰賽爾瓦提羣島。其東曰塔毛耳老特島。一名吉寧島。迤北曰拉拉特島。曰發荅台島。迤東曰暴暴島。又東北曰阿魯羣島。又折向西北曰啓羣島。曰班達羣島。曰果拉母島。曰克羅夫羣島。克羅夫之直西曰安保納島。曰摩婁克羣島。此兩島稍西。北與西里百島相近者曰布磨島。曰搴那島。　又按班達各島之北。與西里百島東西平列者。噶羅巴與洛莫島東西相平班達海中各島則多偏北間有與西里百之南邊相平者 曰布羅島。一名武羅島。布羅東曰賽隆母島。一名西蘭島。此兩島之北。迤西曰排凌島。排凌東曰台力阿波島。曰蘇拉羣島。又東曰俄比島。摩鹿加羣島。麻愛梭爾島。　排凌等島之北。自西而東曰曼果拉島。尤乞恩島瓦愛基烏島三島之北曰濟羅羅島一名摩鹿加大島也島之西邊地名透耳那特東北海中曰毛提島一名萬池直北海中曰散夻島一名德拏島　西里百在西摩鹿加在東其間名曰摩鹿加海道出此道有吐羅耳摩島

摩鹿加總按新增

儒按地理全志摩鹿加亦附瓜哇之後瓜哇西北摩鹿加數島有西蘭（即賽蘭一名西蘭）母武羅（即布羅）其羅羅為首（即濟羅羅）又安波那方伯方伯居於此德拏的（即德拏其）均為荷蘭方伯所轄此數處火山紛繁地震時作每多不虞氣候溫溼田土豆異物產各殊獲利甚微產丁香豆蔻所售之物不足防守之費也其東南有板大九島（即班達羣島板大音近班達）地震猛烈火山吐燄戶口甚稀地形狹隘最大者曰板大內有那燒城有荷蘭方伯駐此豆蔻甚蕃　又義羅羅即濟羅羅乃摩鹿加之本名

巴布亞總按新增

儒按平圖地球圖巴布亞即紐句尼阿一名新幾內亞西北地方名格來特啓東南地方名代力浮闌斯角西南海濱有開魄仆耳施島　又巴布亞西北海中有旦（此字俟校）乜島愛麻椄爾島　又巴布亞北面海中有愛窩來耳狄島　又巴布亞東南海中有新罕奴浮島之琅賽斯羣島紐阿耳闌島布喀島布軋恩斐耳島紐白力登島新招濟唵島掃羅們羣島特羅白里恩得島　又巴布亞東南海中有賽剔斯乏森島魯乙斯代耳羣島　按列國歲計政

要。此島現已屬英。地理全志以此島附記澳大利亞後。詳見東南洋各島說。茲不復錄。

山東七小國 新增 此指暹羅內海西岸伸入海中之山而言

儒按徐氏志山東之國。與平圖地球圖所載不符。圖中謂北自克老海腰而南。其在東面者曰帕塔尼。曰嗒蘭坦。曰帕哈恩。極南曰卓和耳。卓和耳之東有丙坦島。阿能巴羣島。帕塔尼之東北有坦來命島。而統全地謂之亞來由。　又按地理全志。統名此地為摩魯隅。一作馬來隅。馬來當即亞來由。西人於地之斜伸入海者。或謂之舌。或謂之隅。暹羅印度皆隅也。此地附記於暹羅之後。以初本屬暹羅也。緯線自赤道北一度起。至十二度止。經線自中華北京偏西十二度起。至十八度止。東西南三面皆海。長二千五百里。濶狹不一。或二百里。或六百里。總計三十萬方里。南北山嶺穿貫。餘則壅淤野阜。樹木叢茂。河多小水。最大者曰彭亨河。曰穆阿爾河。土田磽瘠。暑熱甚多。晚來風涼。所奉乃回回教。通隅之地有斜仔六坤宋卡大哖吉連丹丁噶奴吉德等部。為暹羅所屬。南方數土。一名麻剌甲。明時葡萄牙據之。旋為荷蘭所奪。至　大清嘉慶時。地歸英國。立為埔頭。西北海口有島曰檳榔嶼。閩廣之民五分居一。亦歸英管轄。生意繁盛。其餘彭亨沙剌我等土自立為王。賴英保護。海濱有島曰息力。又名新嘉坡。樹木稠密。藪澤相間。溪水混濁。貿易興隆。其地當南洋西洋之衝。為諸海國之中市。南洋西畔第一埔頭。英人築樓館以居。建書院設學堂。　又按地輿圖考曰。暹羅昔時沿海西南屬部衆多。其著名者曰六坤。曰吉德。曰大哖。曰吉連丹。曰丁噶奴。此數部旋叛旋服仍隷版圖。南數部曰彭亨。曰舊柔佛。曰麻六甲。曰沙剌俄則久懷叛志。自立酋長不復納貢於暹羅至舊柔佛之新嘉坡麻六甲之內埠。吉德之檳榔嶼。延袤數百里。皆為英人割據

息力島新增

儒按平圓地球圖。山之西自北而南曰克老海腰。克老海腰之西有並拉俄島蘭喀發雚島曰開荅。曰卓（此字俟校）齒卓齒之西有檳榔嶼。曰排拉克。曰薩拉恩果耳曰麻剌甲再南亦即卓和耳。地形南狹於北故山之東西兩面。均盡於卓和耳也。卓和耳之南為新嘉坡新嘉坡之東為里俄羣島。里俄南為龍牙島淩嚙島　按卓齒即吉德部。卓和耳即舊柔佛　又按談瀛錄曰。由西貢二千四百二十一里至新嘉坡一名嚹叻。凡航海者以西貢為第一碼頭新嘉坡為第二碼頭。惟英公司以新嘉坡為第一碼頭檳榔嶼為第二碼頭　又按葡萄牙之在馬六甲（即麻剌甲）立埠。四裔編年表系之明嘉靖八年。（徐志謂前明時有葡萄牙據之者指此也）

蘇門答臘新增

儒按地理全志曰。蘇門答臘島。在無來由西南（無來由全志亦名之曰馬來隅徐志所云巫來由也暹羅南境伸入海者詳見前）緯線自赤道北五度起。自赤道南五度止。經線自中華北京偏西八度起。自二十一度止。長三千里。廣五百五十里。總計之方五十三萬里。戶口稠密其地山嶺重疊。絡繹南北。迤東低窪。海潮浸漲。林莽襍穢。迤西平坦有大河瀠洄如帶。火山十六或吐或熄。地震頻仍。田土膏腴。氣候甚熱。惟風釋之居民部落不一。風俗蠻野。為盜食人。外人莫敢近之通貿易殖貨

財。技藝精良。奉回回教。至於朝綱。或設王位。或立酋長。又為荷蘭隸屬。　按明時大英與荷蘭分立埔頭。後大英以此埔易麻剌甲埔頭。通國疆域。遂歸於荷蘭。其自為主者。北曰亞珍。即平圖圖之愛栖思徐志所云大亞其有回王在馬市屋居首。曰西亞哥。西北曰音拉其列。當即小亞其曰羊皮。曰巴達斯。向知禮儀文字。適中之地有數酋分攝。其屬荷蘭者。一曰巴倫邦。一曰蘭邦。一曰巴當。即平圖圖之帕塔與徐志之叭嚐一曰茫古魯。一曰愛邦甚斯。東方島嶼曰邦甲。即平圖圖之班嚐徐志之崗甲內有錫礦甚富。荷蘭設官榷稅。比利斯。句鐵礦甚多。盧巴邦入。句甕安。句兵當。句來河句按原文記此數地不加曰字西曰呢亞斯。即平圖圖之尼阿斯徐氏志之呢士巴哩。句英加諾。句那搭。句搭字細無考比盧。句內有火山。晝夜吐燄。北曰呢哥巴。乃嗹國稱為己屬。安大曼。即平圖圖之大安豆曼小安豆曼羣島在蘇門荅臘之西北緬甸故地英國新收地秘吉之西南海中野番所居。　又按平圖地球圖。蘇門答臘一作蘇麻特拉。其極西北曰愛栖思。即亞齊。稍西又有曰愛栖思。即大亞齊。由此而南。在東者曰西阿克。在西者曰邁南喀。邁南喀之西。海中有浩格島。阿尼斯島。即呢是再南偏西曰帕塔恩。其海中有巴吐羣島。賽比魯島。再南偏東者曰雅母比。其海中有班嚐島。居中者曰帕來母巴思。偏西者曰日本庫楞。一名茫古魯其海中有賽坡拉島。泡吉羣島。安嚐奴島。再東南盡處曰拉母旁。曰克羅。即臨巽地峽矣。　又蘇門答臘之大山。平圖圖謂為英得拉普耳山。　又按英以麻喇甲之故。歸蘇門答臘於荷蘭。我道光四年。西一千八百二十四年事。徐志所謂荷蘭英吉利分據海口各立埔頭近年英吉利以此島埔頭易麻剌甲遂全歸於荷蘭指此　又按亞齊久屬荷蘭。同治中叛而自立。荷蘭為之帶兵於外者八年始定其局仍屬荷蘭

東南洋各島

儒按地理全志。以澳洲並巴布亞班撝二島。統名為澳大利亞羣島。

澳大利亞 補注

澳大利亞。一名新荷蘭。在亞細亞東南洋。巴布亞之南。週迴約萬餘里、　儒按此島。英人稱為新金山。於一千七百七十年。始有英人佔據之。一千八百五十一年。我咸豐元年。始開金礦、於亞地禮地華人掘金者叢集如蝟向例華人為此來者先在官領牌照、每人每年徵稅。以司令十枚為度。三十年來。礦砂日少。而所來之華人。仍不減於昔。光緒六年。西一千八百八十年。英官忽議加增稅額。每人每年納司令八十枚。利少於前。稅重於前。似此情形。是有意與華人為難也。將來華人受害者。未必不與舊金山等。　又按地球說略曰。英人於澳大利亞四境。分為四部。其腹地尚未經歷。北西南三部。即名為澳大利亞。而僅以北西南字樣。西南一部。名新南威力斯。乃居民最眾之處。據地理全志此此則云在東南亦罪人先流地也。內有大城曰悉尼其居民約得二萬五千。南澳大利亞部內。有一城曰壓地雷敵。二城之外。又有如城者數處

班地曼蘭島。一作地閃島在澳大利亞之東南隅、相隔一港地週迴約七八百里。　儒按班地曼蘭一名番氏曼斯蘭。又轉音為斯邁尼阿。又轉音為台司美尼亞。英人併入澳大利亞屬部

撝日倫敦兩島。一名新西蘭。在班地曼蘭之東。幅幀倍之　儒按撝日倫敦。今名紐斯蘭轉音為紐齊蘭。英人併入澳大利亞屬部。

大洋海羣島

㑺按地理全志。統名之曰東洋羣島

一曰友羣島言與耶穌教為友也　㑺按友羣島。今名夫蘭得力羣島。

澳大利亞總按新增

㑺按列國歲計政要曰。澳大利亞大洲者。印度洋東南各羣島統名南亞細亞一千七百七十年（我乾隆三十五年）英人科格尋地至此。在南緯線十度三十七分至四十三度二十九分四面環海廣漠荒蕪自成一大洲其先荷法兩國得而旋棄至是為英所有旁及小島草雜禽獮初置罪人謫戍之所。一千七百八十八年（我乾隆五十三年）男五百六十五人女一百九十二人悉充發其地此澳大利亞大洲開闢之始也。一千八百五十一年（我咸豐元年）分其南地為佛多利亞（今俗稱為澳大利亞一作奥斯特來力阿即新金山也亞地理地當亦即此處地名）一千八百五十九年（我咸豐九年）分其北境為君士蘭（俗稱北澳大利亞）一千八百六十六年（我同治五年）又分其西境為南澳大利亞即薩澳斯地利蘭嗣又分紐薩威而士（即地球說畧之新南威力斯洋語新曰紐南曰薩）四斯登澳斯地利蘭（紐部本與佛多利亞同稱澳大利亞本洲四部今所稱西澳大利亞也）此外紐齊蘭（一作紐斯蘭即紐西蘭洋人讀斯字音如西故轉為齊也一作新蘭洋語之紐即中國語之新也徐志所載捌日倫敦島亦即此捌與紐音相近洋語日與斯字西字倫與蘭字皆本同音捌日倫即紐西蘭也倫下敦字語之尾音也）台司美尼亞（即徐志班地曼蘭島）二島共七部又其北為巴布亞島一片荒土在赤道略南英人近又頗經營之尚未列入新疆　佛多利亞開闢於一千八百三十五年（我道光十五年）初合紐薩威而士為一邦至一千八百五十一年（我咸

（豐元年）英人分畫其地。始號今名。有八萬八千一百九十八方英里。一千八百五十四年（我咸豐四年）定國例設議會。分上下院上院三十人下院九十人。下院員以三年為期行政置總督一員。由英國簡派僚屬九人。相助為理。內必有四人在議會者。一千八百五十一年。尋得金礦。鳩工開採歲得十兆磅有奇五十八年以後（我咸豐八年以後）歲出六百萬磅有奇七十三年（我同治十二年）出黃金五百十九萬七千三百四十磅。礦工五萬二千九百六十五人。內有中國一萬四千一百五十八人。查佛多利亞所開金礦四圍有一千二十六方英里。有開挖極深者未詳里數。　君士蘭盡澳洲東北隅附近小島。亦歸併地有六十七萬八千六百方英里。即抵歐洲各國五分之一。沿海邊岸二千二百五十英里。一千八百四十二年。（我道光二十二年）披榛翦棘。處處通行。五十九年十二月。始與紐薩威而士分立部落。（我咸豐九年）章程捐稅等務。由議會酌定。上院二十一人。下院三十二人。（上院由英主派下院由民公舉）設立總督。助理者六員。通年內地頗種甘蔗。歲倍益盛。煤礦新開不少。黃金開採有十二礦。計工作一萬五千人。一千八百七十年。（我同治九年）出黃金十萬六百三十四兩。值銀三十五萬一千四百二十磅。　薩澳斯地利蘭。英於一千八百三十五年。（我道光十五年）始來墾闢荒土。簡派薩澳斯地利蘭為開闢新疆公使。即以其地交付經畫。有七十六萬方英里。令民買地墾種。每畝值銀一磅。賣地之值。即為公使農政之費。公使用通事數人。以左右襄理。次年英民至者漸眾。一千八百五十六年（我咸豐六年）設議會。分上下院。上院十八人。皆民舉。每四年更調六人。十二年乃盡換。下院三十六人。亦民舉三年為期。上院十八人中。公推一人主議。亦三年更換。政務設一行權會。有特派者。有專責者。計五人。如部員議會可詰責之。而總督主其成。（原註：即公使）銅礦甚多。開鑿者有四五千人。銅以重一百二十磅為一擔。

紐殺威而士。轄境共有三十二萬三千四百三十七方英里。在南緯線二十八度至三十七度。東經線一百四十一度至五十四度。極長處九百里。勻計長五百里。極濶處有八百五十里。勻計不過五百里。一千七百八十八年（我乾隆五十三年）安置官民犯人。一千八百二十八年（我道光八年）有三萬六千五百九十八人。二十九年至四十年（我道光九年至二十年）英民至者有四萬一千七百九十四人。以其天氣溫和。與中華同。土脈膏腴。種植蕃茂。貿易漸盛。遂成聚落。於是英國軍犯不復發遣來此。一千八百五十五年（我咸豐五年）始議章程。設議會上下院。上院二十一人。由英君主簡派。下院七十二人。由百姓公舉。英簡大員總督其地。行政屬僚七員。一切由議院稟報英部。悉循英國條例。而略參地方情形施行。一千八百七十二年（我同治十一年）墾熟田已得二十九萬七千五百七十五英畝。（原註：每一英畝約中國五畝）種植小麥大麥、粟米、珍珠米、山薯、蔗糖、鹽、葡萄、臨草。（原註：收割晒乾喂牛馬者）煤礦較美於他部。是年已開有二十六礦。金礦甚多。西北南皆有。以西為最佳。

田斯登澳時斯地利蘭者。澳洲西盡海濱。共有九十七萬八千方英里。南北長一千二百八十里。東西長八百里。地初闢。榛莽彌望。已開墾而有居民者。南北長六百里。東西濶有一百五十里。一千八百二十九年（我道光九年）置為新疆。戶口尚鮮。五十年（我道光三十年）僅得六千人。一千八百七十一年（我同治十年）人丁冊開二萬五千三百五十三人。内有軍犯一千九百七十人。有錮囹圄。有放充工作。又一千二百四十四人已省釋。又一千二百四十八。釋放在外工作。英派總督。又佐理四員。成一行政之會。議會六人。由上派委。中有三人。即政會官員。十二人由民公舉。近年農事大興。游牧亦不少。以野多曠土也。銅礦、煤礦極多。又有黃金礦。尚未議及開採。

紐齊蘭（即韶日論敦）一部之始。歐洲人有台司曼者。於一千六百四十二年（明崇禎十五年）尋地南洋。得履澳洲各島。一千七百六十九年（我乾隆三十四年）英人科格至澳洲。量測土地。旁及此島。島分南北中三大島。南島一名斯安阿島（按平圖地球圖紐斯蘭島之南海中有斯提民特島未知即是此島否）共長一千里。闊二百里。沿邊海岸灣環繚曲周徧。可四萬里。地共十萬二千方英里。竽島（即北島）四萬四千方里。牟勒島（即中島）五萬七千方里。薩島（即南島）一千方里。英國置總督一員。設議會。止下院上院四十九人。英君簡派。常供其職。終身不更調。下院七十八人。由地方公舉。五年為限。島分八省。每省有地方官。由民公舉。並設小會議事。地產木植高大而多。英人取之不竭。皆數千年物也。本島造船不少。又出金銅鐵煤等礦。

台司美尼亞舊名班地曼蘭孤懸於澳洲東南海中。一千六百四十二年。西人台司曼尋地至此。美人科格量測履勘。一千八百三年（我嘉慶八年）英置謫戍之所。一千八百十三年（我嘉慶十八年）紐薩威而士英人經營多年。漸成善俗。改遣軍犯至此島。一千八百五十三年（我咸豐三年）英之商民來者益衆。即亦不復充軍。疆土有二萬六千二百十五方英里。附近小島有二羣。一西北角（平圖圖有霎斯島）一東北角（平圖圖有浮耳奴羣島）設有上下議院。上院十六人。下院三十二人。英間派總督。其屬僚有五人。　又按地理全志。澳大利亞島在亞西亞即亞細亞東南。緯線自赤道南十度起。至三十九度止。經線自中華北京偏西三度起至三十八度止。長五千七百里。廣八千里。四周二萬六千里。地面總計之。方一千萬里。東方岡陵錯雜。粗草徧土。其間游牧良便。亦可播種。餘則沿海如一。至於腹地。多未悉之區。惟見一片茫茫。低淤沙壤而已。海口甚多。河泊絕少。最大者南曰墨來河。當即平國圖之墨來江支派橫流。他都當即平國圖之答淩江拉支林當即平國圖之拉克閈江墨輪比。　又有斯萬。草木稀疏。禽獸絕迹。異於他國。氣候不一。北中之地。夏時燥熱。東南和平。南濱或時有熱風。多由內起。紅沙飛揚。其地或歷十二年十年之中。每有亢旱。後雨甚多。復漸少。至再亢旱雨多如前。地大於歐洲全土三分之一。土人寥落。散為邑里。黑首赤體裸食。僅樹根山果。巢木而居。通島各地。全屬於英。有總督統轄。各土有紳房治理政事。其三之一。以總督選之。三之二。以民選之。通島分為四地。東南曰新南維里斯。即政要之紐薩威而士按維里斯即威而士轉音會城名悉德尼。即地球說畧之悉尼埠總督駐劄。管理通島。衙署營壘醫院博物院學藝苑囿。靡弗壯麗。五方輻輳。帆檣如林。海口曰摩利登倍。當即平國圖摩平屯灣其通商之地。巴拉馬大即平國圖之柏壯林埠曰溫海索句里禾不句新加斯爾句巴黑斯的句附近一區。滿地產金。甲於天下。於是此島為富饒之土矣。其政要謂君士蘭與紐薩威而士其和本一部咸豐九年始分為兩君士蘭即北澳大利亞也地球說畧有北澳大利亞也而無新南維里斯全志有新南維里斯無北澳大利亞蓋皆據其未分為兩之時紀兩書拘支於西十八百五十八年咸豐八年也其南一曰維多利即坎曼之維多利亞乃初闢此洲名為澳大利亞者後乃分君士蘭於北澳大利亞分紐薩威而士於新南澳大利亞於是一洲全土共為五部上

瀛環新志　卷二　澳大利亞洲　新增

志作之其末分時之疆域故無北部之名而所謂此部之海口其浪則又實係新南部之海口也會城曰麥普尼。海口曰其浪。平圖圖作基埌屬新南部波蘭信。平圖圖作吉隴斯薄浮亦屬新南部又一曰南澳大利亞。其銅鉛之礦甚富。會城名亞的來。平圖圖作定得蘭得即地球說界之壓底雷敝境海口名波亞的來句波林各尼句客拉奈克句一曰西澳大利。又名斯萬河。平圖圖作斯汪河河賓亦一大埠頭會城名比爾攝。海口通商之地非里曼檀。平圖圖作非里曼特耳亞巴尼。平圖圖作奧耳八達按此兩處均在西南萬地曼蘭島。即班地曼蘭島或要之台司美尼亞部均屬澳洲又名達斯馬尼。即台司美尼亞之轉音平圖圖作番氏曼斯蘭島一名司曼尼阿島在澳大利東南。長七百里。廣五百里。總計之方九萬里。戶口俱徙自外邦。風雨以時。樹木葱蒨。花卉紛繁。河之支流甚多。其大者曰達馬句曰德溫。其地勢岡陵參差。間有平原。土壤膏腴。英人跨而有之。開墾勤敏。農牧之外。兼捕鯨魚。海濱港汊甚多。貿易最盛。土人尊務殺掠。英軍強徙之他處。幾無噍類矣。島之會城曰合巴登。平圖圖作和巴耳屯屋宇壯麗。商船輻輳。又有城曰浪西登。平圖圖作埌斯登在此島之東北合巴登在此島之西南其外有島曰馬利亞句馬加里句達斯曼尼句在悉德尼句東北有諾佛。疑即平圖圖之浮耳奴羣島諾音近佛奴音近浮洋語用字往往或前或後不是華言字字直下不可顛倒也皆為流犯之所。土產畜穀。新西蘭即徐志之擱曰倫敦平圖圖之紐斯蘭政要之紐齊蘭島。在萬地東南。長二千七百里。廣或八百里。或二十里。周迴約計一萬里。其地山峯高崇。冰雪凝積。消融之時。分流灌注。火山凡五。或吐或熄。地時震動。氣候溫和。地位時候。四季皆與大英相反。又有北曉窔為南曉。按英在西北隅此在東南隅氣候故相反惟南曉北曉語不可解或即朝暮相反之謂歟土脈極滋。不見牲畜。皆由他國。土番色黎黑。心很而俗野。至於朝綱。屬於英總督駐紥。又有紳房管理政事。地分南北中三島北島有邑曰奧克蘭為首按平圖島之北境有浩克彎者海曲也奧字與浩音相近洋語謂地為蘭奧克蘭疑即浩克彎又有曰控另登次之當即平圖之外資屯圖所轄南島土產煤麻木料等　巴布亞島在澳大利之北長四千里總計之方六十七萬里外人罕至居民黑面拳毛翦皮以飾之風俗山頑每從林中躍出見人則攫而裂之爭噉其肉地產珍禽香料其外有亞密拉的即平圖圖之北面愛密來耳狄島　新阿蒻咸即平圖圖東南面之新罕浮奴島　新比勒達尼　新耳蘭即平圖圖東面紐阿耳蘭島撒羅蒙即平圖圖東南面之搨羅門羣島　新希伯利的乚盧義塞達即平圖圖東南面之魯乙斯代耳羣島　新加里多尼諸島　環列東南洋大小不一皆不絡繹山勢峻峭外人罕到民黑山頑漁獵劫掠各酋管轄不相統屬土產椰椒沙穀米等

大洋海羣島新增

儒按地理全志東洋羣島志曰均在澳大利之東亞墨利加之西緯線自赤道北三十五度起至南二十四度止經線自中華北京偏東二十七度起至一百二十四度止其島大小不一或山林峻峭或大山吐焰或岡陵平坦或高於海面僅有數尺皆珊瑚樹環圍船至輒閡氣候燠熱風至稍解水土清淑波浪平靜按即所謂太平洋也土人赤身黑色性極頑梗島嶼星羅棊布不能詳悉其名均分為赤道南北　赤道南者曰公會羣島在南洋太平洋之間共有十座大者曰他希的即徐志之阿他害地平圖圖之俄塔海氐島一名塔西提島周六百四十里山清水秀風景宜人乾隆時英士至之導以耶穌教民篤信之建學館會堂近佛朗西以兵船入之強服土人據其全島四裔編年表法王羅衣佛力在位時啞打海的島女主來盟王旋取之時為道光二十三年西一千八百四十三年啞打海的即阿他害地也羅衣佛力即法蘭西志之路易非立惟志

載路易非立以一千八百四十二年被逐拿破侖第三攝政則取此島應屬之拿破侖第三而年表記路易非立之出奔在一千八百四十八年則取此島屬之路易非立年歲互歧設有總督駐劄管轄居民形貌端正頗通藝術　其東南海面珊瑚樹見其形勢（按蓋謂水中珊瑚長高而實不高望見樹影也）致遂稱其島曰低島（平圖圖作羅羣島）曰險島　其東北一曰馬其薩（即徐志之馬彌其薩平圖圖作麻開敉斯羣島）共有十三座山高土潤新為佛蘭西開闢之地　一曰那米加德　一曰古克　一曰奧德拉等島（平圖圖作奧斯特來耳羣島）　一曰非支　一曰當加又名友島（平圖圖作夫蘭得力羣島）皆布列澳大利之東諸酋分攝不相統屬　當赤道之北者曰波寧（即平圖圖之佈寧羣島）在日本之東南均為五十島土人絕迹惟日本人居之　其南曰拉的羅尼又名馬利亞納（平圖圖作辣德隆島一作麻里恩羣島）共有二十島其大者曰谷囊周二百七十里內有亞古那為首城其島皆西班牙轄之　其東南曰加羅林（平圖圖作嗒羅連羣島）環列八千餘里共有二十五島　西曰比留（平圖圖作不留羣島地與呂宋之北蘇祿之南相平）內有二十八島　東曰其八的　曰拉大克　曰拉利克　曰馬沙爾（平圖圖作麻紹耳羣島）羣島皆為低處居民繡畫其身諸酋分攝不相統屬　再東曰三維斯在中國之東一萬六千餘里今為東洋羣島中之最要者內有八島大者曰哈維地面總計一萬三千方里其地火山重疊其一吐焰不息上有廣口闊有深穴多為熱湖技藝日精貿易頗盛設有王位又有紳官管理政事居民多循耶穌教都城曰合諾魯路建義塾會堂屋宇平列街坊廣直土產香品最富多運中國

按三維斯之方位規模物產即散得蔚茲島而俗稱為檀香島者也為由中國往亞美利加洲中間之大埠頭近十年來華人赴外國傭工多附輪船至此然後分道前往貿易船

資則商人代向僱主議定工價幷年限。寫立合同取資以抵船資。從此陵虐悉憑僱主本人不得自由。甚有被其轉販至骸骨不歸者。其情形詳美秘兩國說中。本島現亦招用華工矣。

又按三維斯。音與散得蔚菡相近。 又按西報火奴魯魯島本夏威仁國一名珊惟紫捱倫。又曰夏威仁捱倫。日本則譯為布哇。粵人則譯為三梔枝。或譯為檀香。在北太平洋中偏東。距英屬香港約四千九百英里。距美國舊金山約二千一百英里。地處黃道緯線十九度至二十二度。經線一百五十五度至一百六十度。由東南迤西北。斜列八島。廣袤六千七百四十英方里。素為君主之國。其曰火奴魯魯者。以彼國京城之名名之也。八島曰夏威帖曰茂宜曰詰湖曰道威曰獅猻合之茂宜西南三小島而成八 其外島嶼甚多周圍散布。故稱曰散島。

又按地理全志。又以南黑道內外羣島別為一篇曰南黑道羣島。案地之士推為一大洲之分地。其島皆環列南黑線內外。氣候冰冽。永不消化。戶口走獸草木皆無。惟海島海狗鯨魚。其地非扼要之所。

曰新南舌蘭。在合尼角之東南環列。合尼角據地理全志亞墨利加全圖在鉄府依句之南鉄府依句即徐志所云鉄耳聶離依林句山也平圖冈作撒愛耳拉敝愛果其角曰浩恩角 又新疴克尼句利的尼的土哥勒早土句魯義非利土句亞德來等島 曰安海比土在好望角之東南好望角即阿非利加洲之大浪山安德比或即平圖圖之安角呵的利土句合於維克斯土句在澳大利之南。 曰維多利土通來英船主探得之。為地球最南之所。其地岡陵峯尖火山吐焰不息 曰德辣句以利晉斯句海濱崖立。冰山峻峭。人不能至

又大洋孤島篇曰。大洋孤島點點散布在印度洋之南有鴿嶴

闊。長三百三十里，廣二百里。氣候寒冷，其地產煤。曰二保羅，曰安的但，閒於澳大利、好望角。

馬利安句、如意德句、哥羅。曰皆在好望角之東南。德利斯根哈句、哥發句在南大西洋。草葦

徧地，稍有英人、米人居之。曰三維斯句、葱日式。在南大西洋，平列合尼角。曰三保羅，在大西

洋之間。高惟五十尺，皆無草木，惟盤石纍纍。

丹徒李禎儒鴻軒氏著　江都夏霖夢蝬氏校

五印度圖說新增

儒按康熙五十九年十一月　上諭梵書言普陀有三一在厄納忒可克國之正南海中是真普陀一在浙江定海縣善才第二十八參觀音處一在布搭拉即布達拉今為前藏寺名亦觀音現身之地敬按厄納忒可克嘉慶初和甯西藏賦作額訥特克道光中魏源　聖武記作厄納特珂克字音之轉實一國也即中天竺即中印度在此圖曰丑加拉蓋元時蒙古全有五印度於此建都故言普陀者以此定方不復稱南印度也

又按大唐西域記南印度瀕海有秣剌耶山東有布吐落迦山頂有池池側有石天宮觀自在菩薩往來游舍亦作補落迦山字音之轉也即普陀山

又按東華續錄載乾隆五十三年秋廓爾喀侵前後藏八月　上諭雍正年間巴勒布之葉楞雅木布庫庫木等兩次遣使輸誠納貢今之廓爾喀者乃雅木布之呢爾巴也

又按　國史杭奕祿傳乾隆元年以工部侍郎駐西藏辦事四年四月奏西藏西南三千里外巴爾布國有三汗一名庫庫木一名顏布一名葉楞雍正十三年曾通貢近三汗交惡臣遣員勒頗羅鼐宣諭罷兵三汗歡欣聽命遣使三進部落戶口數並金銀絲緞及珊瑚念珠等物報聞與東華續錄小異蓋繙譯之不同也

又按使西紀程。錫蘭之南盡西處一海汊。地名高諾。距總督駐紮科倫布二百四十里。

五印度

儒按印度劄記曰。華人以痕都斯丹為印度總名。其實專指中印度也。蓋西域回語稱國王所居曰斯丹。從前大蒙古之王。建都於中印度之德布城。故易以回語。至今相沿不改。

又按南懷仁坤輿圖。瀕南海有地曰印度斯單。

北印度雪山拱抱　儒按地球說略曰。印度北方高山。名曰喜馬拉。在西藏交界之處。又云喜馬拉計高十六里。其上極寒。常有積雪。則即雪嶺也。或云即冈底斯山

東西約五千餘里南北約七千餘里　儒按地理全志曰。緯綫自赤道北八度起。至三十四度止。經綫自中華北京偏西二十四度起。至四十九度止。長六千里。闊六千里。或數百里。總計之方三百五十萬里。地輿圖攷曰。東西相距約五千八百餘里。南北約五千餘里。

境內名水二　儒按地球說略曰。印度有大江三條。一鉛絕斯江。僧人愚其國人。稱為聖水。二布蘭布搭江。此二江俱在東。三印度江在西。按鉛絕斯當即雅魯藏布之別名。布蘭布搭當即安頴河之別名也。

其地為佛教所從出　儒按四裔編年表。虞舜四十三年辛丑。始拜婆羅門。始造梵字。在耶穌紀元前二千年。周康王五年戊寅。始與猶太國通。八年辛巳。佛教大興。在耶穌紀元前一千年。周定王八年壬戌。古時盛行婆羅門教。至是始行佛教。在耶穌紀元前五百九十九年。

又按年表所載。於周景王二年。書釋迦牟尼佛卒。景王五年。又書或云釋迦牟尼佛生於是年。其說互異。而並存之。蓋雖印度本地人亦無確鑿之說。可備採也。攷中國之書。魏書釋老志。稱釋迦生時。當周莊王九年。魯莊公七年。至年三十成佛。導化羣生。四十九載而入涅槃。隋書經籍志說相同。而路史引古今論衡。謂佛生於周昭王二十四年甲寅。又攷得魯莊公七年。乃莊王十年。非九年。釋氏之學。荒遠無稽。外洋人著書。自歧其說。本不足怪。更不必據中國之書駁之也。

趙宋時為回部所侵割至由是五印度為蒙古別部　儒按四裔編年表。攻印度之回部。乃波斯王馬母得。兵事始於宋太宗至道三年。印度被伐者十次。歷二十五年。　按表又載宋高宗紹興十一年。耶穌一千一百四十一年。金主阿骨打來伐。宋理宗湻和十二年。耶穌一千二百五十二年。蒙古攻克西藏天竺等處。元攻印度。世所知也。金攻印度。無可攷。僅見於此

明嘉靖間至乂而陵夷　儒按四裔編年表。嘉靖五年。耶穌一千五百二十六年。蒙古巴巴為印度王。巴巴卒。子火馬能立。嘉靖十八年。印度人喜而奪其位。未幾復位。卒。蒙古人哲剌登巳。又名阿巴立。卒。子西令立。西令卒。其子為王。未幾。子阿倫九弒之自立。以後蒙古之世次表中敘之不甚明悉矣。大約乾隆年間而衰。咸豐年間而絕。即此志之蒙古別部之支派也

先是明宏治八年至迨英吉利東來驅除兩國而有其地　儒按四裔編年表。明孝宗宏治十一年。耶穌一千四百九十八年。歐洲人始至。宏治十七年。葡人立埠於陳可明年又立埠於

錫蘭武宗正德五年。葡人始立埠於印度之果。而嘉靖十三年。耶穌一千五百三十四年。英人始至萬歷二十八年。耶穌一千六百年。英人始來設東印度公司。英人於沿海立藩部三。至內地立藩部一。曰亞加拉。　儒按萬國史記。一千八百五十七年。我咸豐七年。五月。孟加拉民亂。安額河旁諸部悉應之。推莫卧爾從前之為印度皇帝者後裔彪色茵為印度皇帝。英以大兵征之。至次年六月乃平。於是巴力門議院中主議者之職建議置印度事務宰相專任總鎮及各鎮臺諸務。置參議官十五名。八名政府所任。七名使同僚選之。必取其嘗任印度職務者。　又按光緒二年十一月十七日。即西人一千八百七十七年正月元旦。印度人尊英國大君主為印度皇帝。此郭嵩燾使西紀程所言也。而英人慕維廉大英國志續刻則云一千八百五十八年十一月初一日。英主為印度皇帝。則我咸豐八年也。以英人紀英事當較確。宜以大英國志為據。而公法會通所載。乃與郭說同。不知何故。

余嘗見米利堅人所刊志圖。五印度共二十餘國　儒按光緒三年九月。寰瀛畫報曰。英國語凡皇長子稱為郛司鄂威司。今者英太子名亞而白凡物由英國倫敦都城出游印度。按印度人丁。計有二百五十兆。印度之城之最要者。曰加而加得。當即加爾各搭係印度之京都。坐落在胡克里河之上。人丁五十六萬。曰孟買。坐落在西邊海上。人丁八十萬。曰馬大司。當即麻打薩坐落在西南海邊。人丁四十五萬。此俱係大馬頭。在亞西亞洲之馬頭。以加而加特為最大。孟買次之。再次則中國之上海。此外別為大鎮者曰攀成難。人丁三十萬。曰勃難利司。人丁則十七萬三千。印度人謂之聖城。曰阿革拉。人丁七萬六千。曰得利。人丁十一萬。曰立嵩兜。人丁十萬。曰勃歺姓。人丁六萬。曰辣格拿。人丁三十萬。曰非良拔。人丁十萬。大約俱坐落印度之中央。其西邊者曰脩辣。人丁十三萬五千。曰阿繼他拔。人丁十三萬。曰蒲那。人丁八萬。據此。則不猷米人舊圖。於今不合。即徐氏新圖。亦多不合矣。畫報稱所舉各處。皆印度最古之邑。則未必皆英人所改地名也。於此知繙譯之難。　又攷地球說略。謂印度人燒香之高廈而稱聖城者。爲比拿力城。當即畫報之勃難利司。譯比拿力之音與八拿力相近。則即徐氏志之痾黎薩。所謂佛教最盛之地也。而據印度劄記。則佛教最盛者乃巴哈爾。而非痾黎薩。未知孰是。　又按地球說畧。又謂印度有極大之城六。曰比拿力。曰搭勃海。曰勒呵。曰馬搭喇。曰網買。曰伯他那。馬搭喇之即麻打拉薩。網買之即孟買。徐志已註明。伯他那城說略謂爲鴉片出產最多之處。則當即徐志孟買屬下之埔拿城。而馬剌他之舊都城也。

英人所立四藩部

孟加拉部 印度極東之地

孟加拉 或作旁葛剌又作網加拉又作孟加臘　儒按一名本告耳。出使日記印度總督所駐之都曾名噶爾格達一作加剌吉打又作甲谷他即孟加拉之省城

西南曰岡都亞那 即米圖之工窪納　儒按此處今隸孟加拉屬下腹內之省。

阿薩密 一作阿三又作亞桑又名徹地缸　儒按一名兌賽母。互詳緬甸國圖說。

會城曰若爾合德。其土宜茶。至每歲得二十餘萬觔。　儒按光緒六年十一月。印度架剌吉打

地加傳出信息云。自西歷本年正月至十月。茶葉由該處出口者。共四千三百餘萬磅。比之上年此月之數。多七百餘萬磅。

麻打拉薩部 南印度

麻打拉薩或作馬塔剌又作曼噠喇薩又作馬塔拉斯大 儒按一作麻德來斯。

部名曰加爾那的即米圖之嗜納的 儒按一作加爾那得。麻打拉薩城。在此部中。南印度之首部也。

迤北曰北西爾加耳一作西令牙巴坦 儒按印度剳記云。西令牙巴坦城。

迤西曰巴拉加一作北剌利 儒按即印度剳記之巴剌加。

再西曰馬拉巴爾一作骨他巴 儒按一作馬勒巴爾

再西濱海曰加那拉一作骨他羅利 儒按加那拉一作加拉那。洋語於虛字顛倒不拘也。

北西爾加耳 儒按即印度剳記之伯西爾加。

嘉慶三年再構兵。為英所滅。 儒按四裔編年表。謂麥拉榙之全屬於英。在嘉慶十年。

屬邑曰撒林 儒按一作薩林。

孟買部 西印度

孟買一作細買粵東稱為港腳 儒按平圓地球圖一名保母拜。 儒按寰瀛畫報曰。孟買之東南。約七百里。有秘加普城。城外有一千六百二十六年秘加普國王義白糸恒之墓。秘加普城。地本極大。人亦極衆。約有百萬云云。於徐氏志無可攷。

明初葡萄牙初開海港建設埔頭　儒按地輿圖攷謂事在明嘉靖八年。康熙初年為英人所奪　儒按印度劄記謂康熙二年葡以孟買讓於英部名曰旃隆加巴一作亞麥大巴　儒按印度劄記作凹隆加巴。故以孟買為會城轄三部東北曰根的士即米圖之甘勒士　儒按印度劄記作刊代施西北曰古塞拉德　儒按即印度劄記之古支拉德。南曰北日不爾　儒按即印度劄記之北日普爾又荷蘭有會城在海濱曰可陳一作固貞近為英人所取　儒按此處今名科青。隸麻打拉薩不屬孟買矣。

亞加拉部中印度

亞加拉米圖作亞爾各拉又名顛納特珂克在五印度東西適中之地至所謂中印度也　儒按此部隸於孟加拉為西北省。迤西曰亞日迷爾一作亞北得布　儒按此一處今歸入本若省。而上隸孟加拉。改名剌日布德撒馬兒罕蒙古別部即英卧爾取其地立國至足以養其宗族而已　儒按莫卧爾之族今亦減矣。詳前明嘉靖間至久而陵夷條下。按五印度別國埔頭尚有數處一節　儒按印度劄記載別國屬地之在印度者。葡萄牙屬地曰戕亞一作料𥢶東南界加那拉。按即徐氏所云加拉那隸麻打拉薩西界海。長二百五十里。廣一百二十里。所領三郡首城曰邦靖其北有新闢之地。長三百里。廣一百里。內分十郡。曰達蒙在開拜海灣之旁。開拜今隸孟買之古支拉得幅員四十里。曰的王在信地國今隸孟買內。地方狹小。然便於泊舟。法蘭西屬地。曰本得支黎在加爾那的部內。本得支黎即徐氏所云本地治理加爾那的隸麻打拉薩幅員三十里。曰加黎架爾亦在此部內。曰牙那安在百西爾加部內。此部隸麻打拉薩曰商得爾那哥。在孟加拉部內。曰馬黑一作馬哈在馬勒巴爾部內。即徐氏所云馬拉巴爾隸麻打拉薩不過一城一埠。寄屯貨物而已。　大尼國屬地。曰西棱晉爾。在孟加拉部內。貨格黎河之左。曰達郎給巴爾。在加爾那的部內。

錫蘭部在南印度之東南海中

錫蘭錫倫　西崙　僧伽剌　僂伽山　賓渚　則意蘭　則意拉　儒按一名西琅。　又按談瀛錄曰。由新嘉坡向北行五千七百里至錫蘭為第三碼頭云云。按自中國赴西洋各碼頭。西貢第一。新嘉坡第二。此第三。

前明中葉葡萄牙據錫蘭海口立埔頭。至全島遂為英有　儒按列國歲計政要曰。錫蘭自一千五百五年。明孝宗宏治十八年葡萄牙商船往來於其海峙之西南二處。建立埔頭。百年後荷蘭人爭得其地。一千七百九十五年。我乾隆六十年英國公司強盛。朝廷許其用兵。遂據東印度。兼取錫蘭。原注彼時犯閩粵等處皆英公司之兵也事具英吉利說一千七百九十八年。我嘉慶三年錫蘭不屬印度而為分治之地。一千八百十五年。我嘉慶二十年英人以兵力捦錫蘭王。遂全有其土。南北二百六十六英里。其極

濶處一百四十里有奇。共二萬四千四百五十四方英里。一千八百七十三年單。同治十二年之單也

民二百四十萬五千二百八十七人。又教民單。佛教一百五十二萬五百七十五人。印度古

教原註在佛教之前　四十六萬四千四百十四人。天主教十八萬二千六百十三人。回回教十七萬

一千五百四十二人。耶穌教二萬四千七百五十六人。

又錫蘭人之從佛教者從古印度教者較之他教皆數倍　又政要紀印度教民。基督教十

九萬七千八百八十人。印度古教九十七兆三十五萬一千四百四十二人。回回教三十五

兆九十六萬三千一百八十四人。佛教二兆三十一萬九千一百五十一人。其餘各教。九兆

十三萬五千七百六十五人。更有波斯拜日教。十八萬人。歐亞二洲人。及猶太種人。不在其

內。其英國所不統轄之地。基督教二十萬人。佛教三百萬人。回回教四千萬人。印度古教一

百十兆人。然則世俗所謂回教盛而佛教衰。天主耶穌教行而佛回二教絕者。乃中國人代

外國人張氣燄之詞。而不知外國人並不自張氣燄也。鄙哉。　又按使西紀程曰。抵錫蘭泊

船其南盡西處一海汊。地名高諾。錫蘭有佛寺二所。一在山阜稍盤而上。一在沙地屋宇皆

卑陋。中惟塑臥佛一尊。侍者二尊。僧拖黃布以帷其身。而偏袒右臂。索經觀之。皆貝葉文。以

緬甸書中。而用錦袱襲之。文皆作連。○式。令僧誦之。微近喇嘛梵音。而南無二字極明顯。殿

旁皆有白塔。前列石幢。樹旛其旁。西洋並以釋迦生長錫蘭。文殊普賢。皆謂別生一世界。或

此島文殊普賢所生。而釋迦自主東印度。今安竊河東南流出孟加拉。如來生長固當在東

印度錫蘭崇信佛教。自是佛門子弟。流傳如此。椰子徧地成林。僧破椰子以飲客。云椰以充飲饌頭樹結果充食。得此無憂飢渴。其沙地寺名瓦路喀拉馬。問其義。曰謂此沙地僧建寺耳。土司狄習拉瓦。指示一樓房曰。此故王宮也。近巳鬻之商人矣。問何爲。曰以貧故耳。何以與民居錯雜。曰英官管轄此地。其主無權。寄寓而已。問其王安在。曰不知所往。西洋之開闢藩部。意在坐收其利。一切以智力經營。囊括席卷。而不必覆人之宗。故無專以兵力取者。此實前古未有之局也。按政要。英人所著也。明言以兵力捡錫蘭王。而歷代爲諱之。謂不以兵力。且滅人之國而不絕其後。中國古常有之。成周之三恪杞宋無論矣。勾踐未嘗殺夫差。梁武未嘗滅齊後。隋文未嘗滅陳後。南唐亦尊崇楊氏。宋太宗且加恩降王。何以謂西洋前古未有之局。所以欽服洋人者。得無用心專壹。遂不暇檢點乎。

其部城在海濱名可倫破　儒按一作可倫坡。一作葛蘭巴一作噶來

納欵稱藩於英僅存故號諸國

德干又名尼桑一作尼散米圖作海特爾拉蠻乃其都城之名又名米圖之彌勒爾係其屬部　儒按印度剳記此處今隸麻打拉薩

那哥不爾一作納不邦　儒按一作那哥布爾。又作來格普耳印度剳記謂今隸孟加拉所屬腹內之省。

賣索爾一作買索又作邁蘇耳即米圖之買若爾　儒按此部今隸麻打拉薩

曰幾那巴登　儒按即剳記之色林甲丹。

曰幾德爾德拉克　儒按即剳記之幾德拉。

曰哥剌爾　儒按即剳記之故喇。

曰烏德（米圖作烏訥西藏稱為盆烏子）　儒按四裔年表。咸豐六年。西一千八百五十六年。英人取路德疑即烏德。又表中屢言烏德王之事。蓋烏路兩字。隨便用之。但取音之相近耳。此部今隸於孟加拉。

曰非薩巴爾　儒按即印度剳記之費薩巴城。

西林德在北印度隆德勒王河之左　儒按印度剳記。謂即本若隸於孟加拉。

邦德爾千波保爾曷爾加那皆中西印度小國　儒按邦部。印度剳記謂此處隸孟加拉屬下腹內之省。波部曷部亦然。

曰瓜爾又名古宜加瓦爾在西印度西南隅　儒按印度剳記。謂此部今隸於孟買。

都城曰巴羅達（一作巴羅他）　儒按即包來丹那。

達拉王哥爾亦英屬國在南印度極西南海角　儒按此部今印度謂之達來番科耳隸麻打拉薩之屬下。

哲孟雄（一作哲木雄者）在東印度北境至隆於英為屬國　儒按一名西金。印度剳記。曰。哲孟雄幅員百里。民戶五六千。南界獨吉嶺。（按即大吉嶺亦即平圖圖之荅濟凌今屬孟加拉部下東方之省）又按哲孟雄。為西藏印度間一小國。而英割其南面之大吉嶺一隅。設官治之。大吉嶺距印度省城。本需二十餘日程。既造鐵路。僅行三十二點鐘即到山下。無鐵路。登山再行兩日。可抵大吉嶺。聞英亦欲造鐵

路於此。不知已成否。　西藏之人。由此通商。其北境有白木戎。原注即朱爾巴 柞木朗諸小部落毘
連後藏。定結。定日二汎地。　按徐氏謂白木戎即朱爾巴。亦即廓爾喀。然廓爾喀在哲孟雄
之西。非北境也。然則別有約木戎又名朱爾巴者。而非廓爾喀乎。抑或廓爾喀有犬牙相錯
之地。伸入後藏迤南。哲孟雄迤北之間乎。　又按康輶紀行曰。前藏西南小部落名哲孟雄。
西南鄰廓爾喀。南接披楞。去後藏之帕里三日程。北至江孜三百餘里。又北一百餘里即札
什倫布。舊屬廓爾喀。乾隆五十七年。廓爾喀平後。脩好於唐古忒。貢服
王化。人強健而地小。素畏披楞。其通披楞之處。中隔大山。有道一綫。僅容羊行。天生險隘也。藏
人言近為披楞所覓此道。設卡其上。哲孟雄不敢較。蓋披楞欲窺西藏。為廓爾喀所阻。哲孟
雄路近而小弱。故取道於此。　又按光緒二年七月二十六日。李合肥與英便宜行事大臣
威。所議專條云。英國明年派員由中國京師啓行。前往徧歷甘肅青海一帶地方。或由內地
四川等處入藏。以抵印度。為探訪路程之意。所有應發護照。並知會各處地方大吏。暨駐藏
大臣。公文屆時當由總理衙門。察酌情形。妥為辦給。倘若所派之員。不由此路行走。另由西
藏與印度交界地方。派員前往。俟中國接准英國大臣知會後。即行文駐藏大臣。查度情形
派員妥為照料。並由總理衙門發護照。以免阻礙。
按此志謂哲孟雄降於英。而康輶紀行。則但云披楞所覓山道。設卡其上。哲孟雄不敢較。
則哲孟雄不過不能抗英。並未入英版圖也。此專條印度與西藏交界地方云云。則哲孟

雄頡宗併於印度而後可謂印度與西藏交界而近三十年間中外紀載諸書惟地輿圖攷有道光三十年哲孟雄為英所滅之語其他無攷也　又按光緒十六年五月印藏條約八欵約內第一欵藏哲之界以自布坦交界之支莫摯山起至廓爾喀邊界止分哲屬梯斯塔及近山南流諸小河藏莫竹近山北流諸小河分水流之一帶山頂為界第二欵哲孟雄由英國保護督理即為依認其內政外交均專由英國逕辦該部長暨官員等除由英國經理準行之事外槩不得與　據此則哲孟雄至近今方為英附庸道光末尚未也

布魯克巴部北印度

布魯克巴一作不丹在前藏之正南全節　儒按地理全志曰布魯克巴一名不丹緯線自赤道北二十六度起至二十八度止經綫自中華北京偏西二十四度起至二十八度止東至亞桑西界廓爾喀南接印度北連西藏長五百里濶三百里總計八萬方里地分三土北則嶄巖參差行路維艱河流如箭為雅魯藏布江支汊橋梁繩索奇異賴以攀援而行中則漫坡濶谷沃土勤種穀果皆宜南則削巖深狹樹林荒草瘴癘侵人時序不一北冷中和南熱通國分二省一曰德白拉乍首府名連西蘇敦乃京都也一曰比斯尼首府同名　又按西藏賦注藏西南行月餘其部名巴勒布俗名別蚌子又名白布本分三部一曰布延罕一曰業楞罕一曰庫庫木罕雍正十二年進表貢一次後為廓爾喀所并　又曰藏南行月餘其部名布魯克巴其長名諾彥林親乃紅帽教之傳與巴勒布天氣物產皆與中國同再南行月餘

即南天竺交界也。唐時賜冊印。文曰唐師國寶之印六字。又有噶畢一族。為諾彥林親所分者。日久勢大。後諾彥林親之呼畢勒罕楚克賴那木扎勒至噶畢地方。噶畢羈留不放。由是兩家仇殺。經駐藏大臣遣人和解。雍正十三年。噶畢東魯布喇嘛卒。於是土地人民仍歸諾彥林親管轄。呈進奏書貢物。乾隆元年。賜與額爾德尼第巴印信。今攷布魯克巴為紅教喇嘛之地。其掌教札爾薩立布魯克谷濟呼畢勒罕。與額爾德尼第巴諾彥林親類拉布薺俱住布魯克巴蚌湯德慶城內。百姓四萬餘戶。大小城五十處。寺廟一百二十座。共喇嘛二萬五千餘。正南至額納特可克國為界。計程十日。正北帕克里城為界。乃西藏屬地

又曰陽布乃廓爾喀所併巴勒布之舊城。其王名拉特納巴都爾。乾隆五十七年。大將軍福康安等進剿至其地。王震恐投誠。五年一貢　又按地輿圖攷曰。不丹東西相距約九百五十里。南北亦數百里。雍正以後百數十年。按時朝貢。我朝亦恩賜有加。詎咸豐年間頓懷叛志。朝貢中輟。朝廷亦大度包容。未加斧鉞　按以上各說。則布魯克巴與廓爾喀久已合為一國。徐氏所志侶欠酌

廓爾喀部北印度

廓爾喀一作庫爾卡本名尼泊爾一作尼巴爾又稱尼博拉又稱巴勒布一作巴爾布或稱白布儒案一作呢泊耳廓爾喀乃其別部城名至南北約四百里

儒按地理全志曰。廓爾喀在印度東北。緯線自赤道北二十

六度起。至三十一度止。經綫自中華北京偏西二十八度起。至三十六度止。長三百五十里。寬一千五百里。總計十五萬方里。河之大者曰根德曰庫西。田土肥沃。　又按地輿圖攷曰。東西一千二百餘里。南北數百里。　又按四川通志。西域廓爾喀。本巴勒布中之小部落也。其地正東自札格達至巴拉打拉罕。計程十日。正西至庫爾卞。計程六日。正南自巴爾布即巴勒布至尼諾忒克。計程七日。正北至西藏之濟隆城卞。二日。自濟隆城至藏。計程二十日。雍正十年內附。十一年奉表入貢。嗣為廓爾喀所併。乾隆五十三年。廓爾喀酋長剌納巴都爾。又兼并哲孟雄。作木朗洛敏湯諸部。　按巴勒布既并於廓爾喀。布魯克巴亦并於廓爾喀。則圖中不應復列為二國。且廓爾喀之為國名。更非浩罕稱安集延之比也。徐氏此志皆久酌。康輶紀行。謂巴勒布自唐時立國。千有餘年。而為廓爾喀所并是也。　又按康輶紀行。載廓爾喀疆界曰。東至綽囉烏魯克圖部落。計程八日。南至額納特克圖即中印度。計程十日。西至巴木鍾嶺。計程十日。正北至帕克哩城。乃西藏屬地。見西藏賦注。巴木鍾嶺。疑即哲孟雄與披楞隔界之大嶺也。

五年一貢由四川北上　儒按光緒三年。回疆漸就砥定。廓爾喀復入貢。其正副噶箕即使臣也由後藏之聶拉本城抵四川光緒五年閏三月十九日自成都北上

嘉慶二十年與英人交訌互有勝負　儒按地理全志曰。嘉慶時與英屢次搆兵。互有勝負。後尼伯爾以南極地歸英。乃平和。　又按印度劄記曰。聞廓爾喀前此有統兵大臣名藏克

巴都長於戰陣名震四隣
中朝嘗加封爵英國亦嘗寶星時有小部落曰拉克弄為英所逼乞援於廓爾喀於是藏克巴
都乘機遂併其地今柄國政者乃其弟儒按所謂今者乃光緒四五年間也
又按姚瑩康輶紀行曰後藏南為廓爾喀西渡小海港地名披楞即東印度披楞之南有地
濱海名孟加剌明史作榜葛臘本東印度地為英吉利所據以利誘披楞為其所屬中國不
知孟加剌為英所據之碼頭但相傳為第哩巴察而已英既據其地誘屬披楞復誘其旁地
皆屬之乾隆五十七年廓爾喀侵後藏求助於第哩察巴其酋果爾那爾謂其國人在廣東
貿易
天朝待之厚卻之廓爾喀既為大兵平服遂與第哩巴察及披楞有隙道光十九年請於西藏
求借兵餉擊披楞不許其時英吉利先已鴟張欲謀併廓爾喀以窺西藏矣廓爾喀王之正
妃與次妃各生一子皆幼次妃有寵正妃恐己子不得立因次妃子疾潛使人藥殺之大臣
有畢興者為大噶箕官名最貴當國王究藥殺狀詞連畢興王誅之其侄烏大巴興逃入披楞道
光二十年廓爾喀王遣使兩噶箕入貢未返烏大巴興因披楞之助回國廢其王立正妃之
子盡殺治畢興獄者二貢使在其黨中乃籍沒其家二使臣返至藏中聞變不敢歸國中道
亦逃入披楞先是披楞貽廓爾喀王木櫝鐍封甚固曰中皆珍寶須王自啟大臣疑有詐使
因於空地啓之砲發斃因益怨披楞廣東方有英吉利之事廓爾喀使告藏中曰聞第哩巴

眾莫斯黨。頭目之稱謂義律也與京屬打仗。願借兵餉助擊之。大臣不知所云茀哩巴察即英吉利京屬即廣東也。入告

上使查覆。乃徧詢得前駐藏大臣和泰菴西藏賦注。有茀哩巴察。乃西南徼外一大國。語覆奏事遂寢。廓爾喀乘孟加剌虛空。自以兵往襲之。大獲。此道光二十二年事也。英吉利方肆擾浙江江蘇。要求無厭。聞茀哩巴察敗。亟分兵回救。至孟加剌。厚賂廓爾喀。贖還所擄男婦十餘人。以和廓爾喀既得志。又以數請助藏中不許。懷怨。至是乃輕中國矣。

按茀哩巴察及徐氏志與海圖志所云底里。譯音之參差也。

塞哥部　北印度

塞哥一作悉國。又作西刻北印度大國。西域稱為克什米爾一作加治彌爾。又作加迷爾。又作夾氏米里乃其別部之名

儒按乾隆五十六年。廓爾喀再擾後藏。大將軍福康安征之。五十七年七月。廓爾喀降

上命福康安辦理藏中善後事宜。五十八年二月。軍機大臣議准福康安奏。赴藏貿易商民。係巴勒布克什米爾二種人。無廓爾喀本地人。廓爾喀乃巴勒布之一部應仍准唐古特與通市。除邊界番民就近與巴勒布易換鹽米。為數無多。無庸定限次數外。其貿易番回。均按名造冊。存駐藏大臣衙門。每年巴勒布准貿易三次。克什米爾准貿易一次。赴外番營販時。商民呈明駐藏大臣。給照。令駐紮江孜定日二汛備弁等驗放。自外番來藏商民。亦令該二汛備弁查稟駐藏大臣。到藏後按名註冊。布魯克巴哲孟雄宗木等部落來藏瞻禮者。均令一體稽查。

國舊分左右部以隆德勒至河為界河左之西林德部　儒按印度蒭記。謂西林德即本若。非兩地詳見後。

勞爾合(即剌)酋長林日星　儒按林日星一作倫亞昇。

道光十九年王卒宗孫嗣立圣侵割其疆土過半　儒按宗孫亦頗雄武。於道光二十二年。先戰勝英軍。旋為英所破。國始不支。

國分九部首曰本若　儒按本若一部之地。道光三十年已全歸於英。今隸於孟加拉屬下西北之省。又按萬國史記。一千八百四十五年。(我道光二十五年)英軍率兵攻本若塞哥償兵費和。英留兵一萬備之。一千八百四十八年。本若民叛英。全國應之。英將高弗擊破之。明年本若歸英管。英人解散塞哥兵。執首謀者。幽其酋長。於是印度全地無復抗英者。然則塞哥於道光二十九年。即為英所滅也。又按大英國志。維多利亞紀一千八百四十一年。(我道光二十一年)年英軍之在亞富罕者。警報踵至。往年冬。哈布爾土人起兵復仇。(英以阿富罕為藩部事在道光十九年詳見印度以西回部四國)天寒道險。英軍士四千五百人。襍從七千五百人。為土人所殺。得還印度者惟一將軍兵士數百。婦女三四人而已。後復遣兵至哈布爾。立英幟而歸。於中亞西亞(即亞細亞洲)各國。謂英無如我何。一千八百四十五年。印度西部曰信地者先叛。英駐印度之師那比爾率師滅之。為英屬地。俄而馬拉大亦叛。即新的亞。為中印度地。英將高弗率師克之。其都城曰瓜畧耳。英軍入其壘。令土人供穀焉。印度西北部曰本若。其軍士塞哥。主將亦歐洲人。兵恃槍砲為強。橫於拉何爾部城中，酋長憚其為亂於國中，令越界河入英部，據實伏英將高弗哈，是實大敗之。明年又大破之於所伯朗。塞哥向為印度勁旅，至是為英所敗，名曰塞哥之戰。一千八百四十九年，我道光二十九年。本若之國折而入於英。明年塞哥又叛，高弗等率兵連破之，其頭目見事不濟，率眾萬六千人投械於軍前請降，以本若國定為英之屬地。又按地理全志，謂塞哥又名本若，地分二部，北曰勞爾，為首都，城同名；南曰木耳丹，都城同名。北昔富庶，今蕭條然，財貨轉輸，技藝精巧，南次之。至道光三十年屬於孟加拉，蓋本若雖塞哥之一處地名，至塞哥全歸英，則總名之曰本若省。

曰克什米爾，首城同名。　儒按：克什米爾尚未歸英，印度劄記曰：克什米爾昔屬塞哥國，爲亞昇王。後本若割於英，僅餘克什米爾，幅員尚二千餘里。東界後藏、阿里，西界阿富汗國，南界本若省，北界葱嶺部。城曰色令那，建於谷內，形勢險要，高於海面六百丈，最高之峯一千七百丈。新頭河即印度河之上源，曲抱其三面。瀕河有部名達辣克，古之嚴邑也，懸渡在其境內。東南至阿里，東北至和闐，俱兩月餘程。人奉回教，服賈新疆南路八城及三藏之地，藏中人稱之曰纏頭回子。

新的亞部　中印度

新的亞一作新地亞　在中印度　儒按：印度劄記：今為孟加拉屬下腹內之省。而地理全志稱為自立之國。

曰亞加拉亞加拉舊都已爲拉屬此蓋其西南部落首城名厄利爾其王都也　儒按厄利爾一作加利耳
曰馬盧襪即米圖之馬爾羅一作馬剌他其都城已爲英屬此蓋其東北部落首城名阿日音　儒按馬盧襪今屬孟加拉腹內
之省。

信地部西印度

信地即米圖之阿布爾信在西印度極西南隅全節　儒按平圖地球圖信地作星得譯音之轉也
又按萬國史記謂道光二十五年信地爲英所滅印度劄記謂滅於道光二十三年地理全
志謂滅於道光二十八年未知孰是。　又按今此地屬於孟買。

鴉片有二種一爲公班皮色黑最上至出孟買及唧肛者則爲白皮　儒按防海紀畧曰鴉片
烟在康熙十年以前以藥材上稅乾隆三十年前每年不過二百箱嘉慶元年以嗜好日衆
始禁其入口每年私鬻者至三四千箱道光初至多不過四五千箱其突增至二萬箱者則
在道光六年兩廣總督李鴻賓設巡船之後巡船每月受規銀三萬六千兩私放入口道光
十二年總督盧坤裁巡船案水師積習不可挽道光十七年總督鄧廷楨復設巡船而水師
副將韓肇慶專以護私漁利遂戢至四五萬箱矣道光十九年兩湖總督林則徐以
欽差大臣抵廣東勒洋商繳出土二萬二百八十三箱二月於海灘焚之其土共四種最上曰
公班土白土次之金花土又次之每箱四十枚又有小公班土每箱一百數十枚更貴於公
班每箱一百二十觔共計二百三十七萬六千二百五十四觔且檢西印度夷埠發票每月

發至一萬二千餘箱。而入中國者居其大半每歲不下五六萬箱。在印度本地每箱價銀二百五十元。至廣東則五六百元。為利一倍。此次計共焚本銀五六百萬元。並利則千餘萬元。道光二十二年七月大學士耆英伊里布兩江總督牛鑑與英定和約於江甯償以二十一百萬元　又按列國歲計政要。近年（謂同治十二年相近時）印度鴉片出口多而稅愈旺。孟加拉一省任民種植罌粟。取其汁。由官府收買。運交拍得那城（即徐說之埔拿城地球說畧之伯他那城）及軋直波城各作內。製成圓土。運至廓爾喀搭都城（原註即孟加拉省會總督駐紥於此城　按即徐說之加爾各搭）拍賣商人行運出口至中國各海口埠頭售賣。此英國所種。若孟買鴉片。則非英所種。英國惟設關收稅。孟買內地曰麥爾滑曰古市拉。皆出鴉片。係土官撫治之地。每箱裝鴉片一百四十磅。值銀。六十磅輸英關稅。後云孟買海口運售。鴉片獸供中國。他國均不售。英人擅此利權。東南洋稅無有加於此者。　又按印度劄記曰。鴉片為印度大宗。公家之地。募民栽種。四時不斷。所收鴉片。概入公司。必隔年而後售之。其利涓滴歸公。無能走私。孟加拉所產者為公班大土。孟買等處所產者為白皮小土。印度之人名為波畢。其初但知生啖之。今時亦效華人吸烟。且多酷好之者。將來數十年後必漸盛行。夫鴉片一物。始自印度。而流入中國。吸烟之法。復由中華而傳至印度。此中循環之理。有非人力所能為者歟。

孟叭哩在麻倫呢北少西　儒按此即印度劄記之康肯。

五印度總按新增

印度有五。兩英人所立爲重鎮者。東印度之孟加拉也。南印度之麻打拉薩也。西印度之孟買也。三鎮之中。孟加拉爲最大。中印度之亞加拉。北印度之塞哥。以及緬甸西北之阿薩密。緬甸西之阿拉干。緬甸西南之秘古。暹羅西南舊柔佛之新嘉坡。吉德之檳榔嶼。（詳丑暹緬二國及南洋各島圖說）皆隸焉。於是孟加拉爲五印度總都會。立印度總督駐之。各鎮悉歸節制。

儒按列國歲計政要曰。印度自屬英國後。英朝部官內別置一印度部。一千八百五十八年。（我咸豐八年）頒行國例。英置總督以統轄之。而遇事必咨商英之印度部。候核准乃行。印度部長一人。部員十五人。其七人部長酌定。其八人英主簡派。務在印度十餘年。通曉風土人情語言文字。並由印度來久者。方得選入。期以十年爲限。惟英國議政院可以稽察印度部之是非而黜陟之。其選派時。或不足數。則於前交卸各員內擇而再任之。期限五年。總督之權能與印度議會計定政務章程。印度議會置六員。其五員掌內外戶兵工等務。其一員掌兵馬如將軍。至各部落監鎮大員。皆英君主簡派。巡道則由總督酌委。然必候英之印度部允准乃授職。英所征服置吏之地。有九十五萬九百十九方英里。此外藩服之地。共六十四萬一百四十七方英里。有土官自治其族。歲歲進金葉表文。方物銀欵云云。又按地理全志曰。英所屬地。分爲三焉。一曰孟加拉。在印度東北。（徐氏謂在極東。於方位未核。實東北也。）會城曰加爾各搭。（他書作卡呢格達。或作甲爾古巴。）建於恒河之濱。繁盛爲印度之最。英之總鎮駐此。統轄全土。東方曰勢他岡。（即徐氏所云勢他加。）山林深邃。中有野象。西南濱海曰苛黎薩。巒峻並淤。瘴氣侵人。（苛黎薩平圖圖作俄力薩。）西北曰已哈爾（平圖作拜哈圖）景物繁華，田土肥沃，郡城曰八的。又按印度劄記曰：以英吉利語譯出今印度地名（以下凡劄記所列印度地名倣此）。孟加拉部，即東印度，英語稱曰羅威兒博羅運司，譯曰東方之省也。廣袤一千五百里，所轄十八郡，平坦膏腴，汊港繁多。會城曰卡呢格達（原註甲兒古他。儒按即加爾格搭，一作甲谷他也），為印度大帥所駐。北四十餘里曰麻多普爾，為屯軍之所。東北四百餘里曰姑斯替城，臨安治士河，商賈繁盛，疑為明史古里瑣里國。又東三百里曰嗟喀，亦大埠也。俱有鉄路通行火車。會城之東曰勢他加，織工所萃。其南港口曰固支黎（原注即庵枝黎江口也），有製造廠。此外若磨耳士利得巴、若妙見塔、若布利亞、若地勒支普爾，皆名邑也。大吉嶺蝠幅百餘里，三垂高山，天氣涼爽。西界廓爾喀，北界哲孟雄，東界布魯克巴，為入藏孔道（按此可與西疆簡覽篇由藏至囬疆路參觀）。土酋降附於英，居民數百家，語言風俗與唐古忒相似（按大吉嶺之方位，當即平圖圖之答濟凌）。英人築碉堡，駐洋兵，設領事官一員，曰夕格里得拉。其孟加拉副帥每年夏秋二季亦移駐於此。富商大賈多建別墅以避暑。英人不惜重費，造鉄路，距印度省城本有二十餘日程，自有鉄路，僅行二十三點鐘。又令闔廣之人住居其地，無非垂涎於藏地通商耳（原注藏地稱英人曰披楞，披楞稱孟加拉曰甲噶爾）。

亞山部（一作阿賽密。此下所載亞山部地勢與緬甸圖說參觀）在孟加拉之東北境，四境多山，長一千五百里，廣三四百里不等。惟蒲蘭布達江（一作蒲蘭達江，詳下所引地輿圖考條下）兩岸平壤饒沃，居民由中國遷來者，皆老撾擺夷之族，性行樸實，勤力作，崇佛教。英人開闢其地，種茶栽桑，日臻富庶。首城曰若爾合得，商賈雲集，輪船往來。其南有路可通緬甸（按此南有路之南似當作東），孟拱、孟養而達於騰越廓徼外約二十日程。然崇岡疊巘。崎嶇難行。又東北有一路。歷怒夷㑳夷至江卡而達於四川徼外之巴塘。尤為險阻。人跡罕到。其里數無可攷。蓋東北二面皆貉貐野人。衛藏圖志所云戳猓㑩曾爾兔族是也。又名老卡止。唇割數缺。塗以五色。穴居巢處。生啖蛇蟲。英人以利誘之。亦漸馴服。亞山之西北有數小部。曰固只。必哈爾。曰箇押兒巴那。曰路亞。其幅幀一二百里不等。其南有數小部。有格路時。曰各土亞。曰的北亞。曰正得耳。曰孟柰普爾。界連緬甸。山林深邃。民俗勇悍。土酋分轄。附庸於英。羈縻而已。、拜哈部原註即巴哈爾東界孟加拉。西界厄納特。南界工窪納。北界呢泊耳。按即廓爾喀廓長一千里。廣八百餘里。所轄六郡。昔如來御世五十載。居此國最久。遺跡甚夥。城臨但涕河。阿諸世王所建舍新城是也。西北百餘里曰帕特那。原註即八旦拏東臨恒水。印度人所稱聖城。古巴連佛邑。法顯玄奘嘗住此寫經。所產鴉片多聚於此。按即歲計政要之拍得那城以上孟加拉東方之省痕都司丹。原註即溫都士坦忻都士丹古稱中印度厄納特國。為四方適中之地。東恒河五大源交匯於此。平衍沃壤。民物殷富。前明時大蒙古王建立國都。傳二百餘年。至嘉慶以後。乃併於英。戍以重兵。鎮以巨帥。稱為将威博羅連司。譯曰西北之省也。阿拉哈巴部。地理全志曰都城同名東界拜哈。西界亞加拉。南界馬爾窪工窪納兩部。馬爾窪徐氏所云孟買屬下根的士界內之埔拿城印度劄記則謂孟加拉屬下西北之省也一作麻爾哇平圓圖又作毛耳瓦工窪納即徐氏所云孟加拉屬下之岡都亞那北界烏得國。長千餘里。廣五百里。所轄六郡。首城曰阿拉哈巴。得一作厄納特珂克在閣那河安額河交會之處。有大軍局。其東三百里有丕那勒城。南盡恒水。即古之波羅柰。亦印度人所稱聖城也。地理全志謂阿拉哈巴屬下有城曰伯那利斯為印度文學薈萃之藪或即此城也東北亞心格爾歌鹿普爾兩郡。瀕於岡噶江。毘連鄜爾喀。亞加拉部東界阿拉哈巴。及烏德國西界亞日迷。南界馬爾窪北界德列。長九百里。廣六百里。所轄五郡。亞加拉城東北臨闍那河蒙古王所建。甚堅固尚有宮殿古迹。又西北百餘里有得希城。原註一名台里蒙古王之故都也。其後裔猶居於此英人給以歲祿。德列部東界烏德國。西界亞日迷。南界亞加拉。北界古爾瓦勒。廣袤六百里所轄六郡。其德列城及被勒眉城慕那得巴城。皆繁盛著名之區。東北屬境曰古摩雲。距後藏阿里甚近。山深林密。居民無多。東南有城曰巴勒里。嘉慶十九年為鄜爾喀所據後讓於英人古爾瓦勒部東北界後藏阿里。南界德列。西界新拉原。所轄三郡長五百里廣三百里首城名西里那都。土酋所治。其東三郡割隸於德列。新拉前云新拉原此無原字俟考在德列之西北四境高山風景幽雅。孟加拉大師建築行館。每值夏秋。移駐於此其他富紳豪賈亦置別墅消夏以上孟加拉西北之省

烏德國原註一名迎地烏納古揭摩羅國。舍衛城即波斯匿王所治也。東界拜哈西界德列。南界阿拉哈巴。北界鄜爾喀。長九百里。廣五百里。都城名盧角腦平圓圖作婁克淖建於幹得江岸。其烏得城北境臨須伽河。衰廢。南門外有祇洹精舍遺跡。西南五十里有貴薩巴城居民繁盛。此外若幾那巴。若畢索亞。若巴來支。若丹達等城。皆商賈薈萃之區。土君世襲英國遣兵帥鎮守。並遣大臣司其會計。以上烏德一國自為孟加拉屬下一大部

本若省。一名西德林昔屬塞哥國原註一作西剌後割隸於英。東界德列西界阿富汗國南界剌日布得。北界克什米爾。廣袤二千里。

首城曰勞爾〔原註一作那哈爾〕。塞哥王倫昇亞之故都也。〔按地理全志曰：道光三十年本若之地全歸於英〕臨拉維河之陽。附河兩岸，人煙稠密，市埠如林。西北隅有亞叨克城、俾石哇城，西南隅有慕兒丹〔當即徐氏所云木耳丹〕，皆脩建鉄路，通行火車。　剌日布德部，一名亞日迷爾，東界亞加拉，西界信地，南界古支拉德，北界本若，省長一千五百里，廣七百餘里。北境沙磧曠渺，南境地土腴饒。所轄九部，惟首部亞日迷爾劃隸於英，其餘諸部土酋分治。〔以上本若省〕　腹內諸部，英語稱為仙得剌博羅運司，譯曰腹內之省也。半置郡縣，半隸土酋。　新的亞部，一名哈那毆替，在印度之中央。其地形散裂不相聯屬，而與賀兒架爾、折那哇爾諸部犬牙相錯。　賀兒架爾部〔原註即噶爾加耳〕與新的亞、麻爾哇諸部參錯相間，土酋分轄。　麻爾哇部〔原註即盧爾穰〕在新的亞之南，幅幁五六百里，首城名英朵耳。　本的勒省部〔原註即邦德爾干〕在新的亞之東，長六百里，廣五百里，所轄五部，首城名札德普爾。　波保爾部在闍爾披達江之陰。〔按闍字未知有無舛誤，平圓圖有乃耳孟達江，當即此江也〕幅幁三百里，山溪林密，民俗剛勇。　來格普耳部〔原註即那哥布耳〕東界傜力薩，西界麻爾哇，南界伯西耳加，北界阿拉哈巴，長一千五百里，廣九百里，首城名來格普爾，為通商大埠。　岡都亞那部，一名工窪納，東界俄力薩，西界刋代施，南界尼桑，北界阿拉哈巴，長一千五百里，廣一千八百里。為英國兼攝者只東北二方，餘皆土酋分治，首城曰倭巴耳布。　俄力薩部東界孟加拉海灣，西界工窪納，南界斐薩乾，北界拜哈，廣袤一千三百餘里，所轄六郡，首城曰科塌克，亦大都會也。山內之民但服本宗約束，不服他人。〔以上孟加拉腹內之省〕　以上東方之省。西北之省，爲德國本若剳腹內之省。五大部落。皆歸孟加拉大帥統轄。自西北而東南長六千餘里。廣三千餘里。約得印度之大半。

曼打拉薩兵師所轄者。德干部。一名尼桑。東北界來格普耳。西界伯日普爾。南界加爾那德。長一千里。廣一千三百里。所屬凡五部。首城曰海德拉巴。原註一作布荅巴 英軍一萬二千屯之。其境多高原。產良麥。土酋世襲。朘削平民。嘉慶時。屢與英人搆難。後乃決計取之。雖鎮以重兵。尚時時反側不安。按地理全志乃咸豐年間之書猶存德干於英人藩國於此云嘉慶末即為英取去者未知孰是 加爾那得部。東南界海。西界達來番科耳。暨賁索爾。北界尼桑。長二千六百里。廣一千三百里。所領十郡。其會城曰麻打拉薩。南印度兵師駐紮於此。雖瀕於海。而無泊處。沙泥梗阻。船難到岸。天氣炎熱。文武員弁清晨治事。晚則各歸山莊水榭。其內地有旁牙羅城。英軍戍守。又有西令牙巴坦。昔為土君之都城。地形險要。嘉慶之初。與英人血戰連年。滅之。南方海濱有補落伽山。即釋氏所稱普陀岩也。高一千五百丈。谷內酷暑難堪。而山頂積雪未化。若由址至頂。覺四時之氣備於一山。

哥英巴都爾部。東界加爾那得。西界馬勒巴爾。南界馬都拉。北界薩林。長五百里。廣三百里。所領二郡。

馬勒巴爾部。按即馬拉巴爾地輿圖考曰馬拉巴爾嶺斷岡連亂為奇險係流徙罪人之所昔年諸礦皆備今惟存鐵礦數處而已 東界哥英巴都爾。西界海。南界科青。北界加那拉。長七百里。廣二百里。海濱有市埠曰卡里古得。曰丹那。曰邦那里。

達來番科耳部。平圓圖作特來番科耳 東界丁利肥里。北界科青。西南界海。長五百里。廣二百里。首城名特來番得郎。土酋所轄。其海濱通商之埠曰波爾架。曰魁瑯南方有地形斗入海中者所謂哥摩林角是也（平圖作考磨凌角）海船至此轉舵風濤甚猛內地有米瑣邑山川秀麗果木尤佳此部土酋前為荷蘭所逐居民亦多遷徙今隸於英

科青（一作固真又名可陳）幅幀百餘里在達來番科耳西北昔為荷蘭所據今隸於英

南加那拉部東界賁索爾西界海南界馬勒巴爾北界是摩加長五百里廣二百里所領五部首城曰峩加羅耳瀕於海岸又有北加那拉歸孟買所轄

賁索爾部東界加爾那得西界加那拉南界哥英巴都爾北界伯日普爾長八百里廣六百里所領十部有土王居賁索爾城其通商之埠曰邦加羅耳曰色林甲巴丹曰故刺曰幾得拉皆繁盛之區

巴剌加部東界加爾那得西界加那拉南界薩林北界尼桑長七百里廣五百里首城名北那里為火車鐵路四達通衢

伯西爾加部一名薩卡司東界孟加拉西南界加爾那得北界俄力薩南界海長一千五百里廣二三百里不等東有齋家湖西有詞林湖所領四郡曰慈沙曰諳展曰斐薩乾曰那吃面（按平圖圖有蒐喀斯當即薩卡司之轉音）以上諸部落為南印度境所謂地形如箕舌斗入南洋者也或有土君世傳其位或有部民公立酋長治之其山內之民尚仍其舊俗崇奉釋教而皆降附於英是打拉薩之兵帥統轄

孟買兵帥所轄者四隆加巴部東界德干西界海南界北日普爾北界刊代施廣袤六百餘里所領十部其會城曰孟買（原註即網買）三面瀕海初為葡萄牙所據後讓於英遂建大鎮駐重兵為輪船往来所必經居民殷富商販遠方粤東所謂脚港白頭回子也華人亦多至此貿

易爲英屬。達戰艦商艘。按地理全志曰府隆加巴舊屬回佰 佔日普爾部。東界德㗎。西界康肯。南界壽貢索羅。北界四隆加巴。長一千三百里。廣七百餘里。所轄五郡。康肯在孟買之南。一名康那乍里。即海錄之五几里也。東界高山。西瀕大海。長六百里。廣僅數十里。首城曰勒剌志里。其東南山後。有國那普耳、稽茫耳二部。爲葡萄牙所屬。　刋代施部原註即根地土東界百剌爾。西界訶支拉得。南界四隆加巴。北界麻爾哇。長六百五十里。廣五百里。所領三郡。首城曰高爾那。古支拉得部。東界麻爾哇。西界海港。南界刋代施。北界亞日迷。長一千四百里。廣六百里。所領四郡。首城曰蘇拉特。按疑即徐氏所云蘇辣城其港口通商之埠曰開拜。即科曼之轉音。自此以西。統謂之科曼海灣。按平圖圖謂埠名開母拜其海港名開母拜灣海港之西北。有亞米特巴部。按平圖圖作阿謀代巴得民多刼盜。英人征服之。設兵戍守。境內多佛氏遺跡。　日底爾部。一名佳得低哇。東北界亞米特巴。餘三面臨海。中央岡巒絡繹。廣袤五百餘里。首城名色來丹那。平圖圖作巴羅答即徐氏所云巴羅達　土君所轄。沿海市埠亦夥。按叩齒原註一名加支古治在日底爾之西北。信地之東南。四面海水環之。長四百里。廣百餘里。土磽民貧。往往地震。有英軍駐此。按叩齒平圖圖作叩齒其南面海濱市埠名邦止　信地國。東界沙漠。南界叩齒。北界阿富汗。西界俾路芝。及本若省。長一千里。廣六百里。所領六郡。其都會曰海得拉巴。此外通商之埠。若塔塔。若格那齋。若勞社那。若戒易坡。俱繁盛著名之區。其印度河。經流國中。分爲多派入海。藉資灌溉。五穀豐登。按地輿圖攷曰印度河貫其中發源自後藏繞雪山之背至印度西北始折而南會北印度諸河入海源遠流長有七千餘里而印度三大河當推第一全地因之得名　昔時土君饒富。貨賄山積。皆藏於塔塔城。道光二十三年。為英人所滅。印度諸軍。惟此部人號為勁勇。且可募為水手。狎習風濤。以上諸部落。歸孟買兵帥所統轄。

錫蘭島古獅子國也。東西六百餘里。南北千餘里。中央則層巒疊嶂。自八百尺至六千尺。最高者曰亞坦之峯。產獅子。本土庚低人居於山內。四圍海濱。皆由中印度遷來者。明初為天方回教所據。土君因與葡萄牙聯盟。盡逐回人。遂為葡人據之。崇正時。又招荷蘭以逐葡人。而荷蘭復奪其市埠。至嘉慶元年。英吉利襲而取之。全島悉歸於英。其會城曰可倫坡。在西方海濱。築礮台以護之。按地輿圖攷曰今另設總督一人駐葛蘭巴城即其都會也地理全志曰緯綫自赤道北六度起至十度止經線自中華北京偏西三十四度起至三十六度止長九百里廣五百里總計八萬餘方里居人崇釋教山下有寺昨釋迦遺蹟真貝及舍利子地分東西南北中五部各有英官劄駐京都曰噶蘭巴為西洋各國互市之地按平圓地球曰錫蘭一名西琅與印度相隔中間之海曰泡克峽西南隅曰噶來即可倫坡亦即噶蘭巴之轉音也其北境山谿內路徑不通。土酋嚙虐。乃由庚低即平圓圖之刊秋也開通一路。直達東北海隅。復由庚低脩建火車鐵路二百餘里。至可倫坡。每年所收賦稅二百萬。按此一島英另設總督不屬印度而皆以印度稱之蓋以其近對麻打拉薩且多印度人居之也

按印度孟加拉屬下所新闢及所割取地方。附近緬甸西北而至緬甸東南者。凡三部。曰阿薩密。部亞山曰阿拉干。曰德那塞靈。皆已摘錄各說。列於緬甸國圖說。印度劄記惟於阿薩密有所攷證。故錄之以備參考。阿拉干德那塞靈二部。劄記未置論。欲知其詳者。檢閱緬甸國可也。茲不復述。

瀛環新志卷三下

丹徒李恒儒鴻軒氏著　　江都夏霖夢蝬氏校

印度以西回部四國

阿富汗　阿富汗尼士丹　愛烏罕　阿付顏尼　儒按又作甲布

阿富汗回部大國也　儒按地球說畧曰亞加業坦國又名阿富汗其京城地名加布利按加音近喀布音近奔又阿富汗人大半回教小半釋教俾路芝人回釋兩教各半波斯由於從回教中參以太陽教純回教者阿剌伯一國耳

至是訌內　至講和而罷　儒按大英國志女王維多利亞紀一千八百三十九年我道光十九年英軍之駐印度者攻亞富罕克之其國在印度河北京都曰哈布爾其王蘇沙逼於強鄰出奔英恐俄羅斯結連波斯滅亞富汗由此道以通印度乃復立之使為藩衛而萬國史記謂道光二十年英攻阿富罕克之自是阿富罕屬英至光緒四年俄羅斯唆脅愛烏罕人使叛英又地理全志曰嘉慶時蠢賊內訌國王被逐求救於塞哥而反為其所竊乃至印度求英為外援英師伐之連年構戰阿富汗人詭詐百出強退英軍途中忽值嚴寒英軍斃者不可勝數明年英大興師復仇獲勝而歸邇來俄羅斯人欲圖印度慮波斯阿富汗之横亘其中也於是整旅於布拉欲約波斯同取阿富汗乘其亂以奪之假道以攻印度雖有是謀尚未行也儒按地理全志曰俄整旅於布拉印波斯國之布辣城　又地輿圖攷曰阿富汗初部甚多元世祖西征臣服其地與

瀛環新志　卷三下　印度以西回部四國　一

印度同為蒙古別部。元衰，諸酋各據一方。復前制。明正德初年，波斯來攻，裂其土地，僅存迤東三城。康熙中，波斯衰亂，阿富罕反侵之，奪其全地。越十七載，波斯復興，那的爾沙（原註：番語沙者言王也）盡滅阿富汗。那的爾沙死，阿王子亞美復故土，卒與波斯並立。乾隆二十四年，同巴達克山歸順

中朝。屢貢良馬。北印度克什米爾者，阿之東鄙也。當阿盛時，嘗渡印度河，取其邊隅。乾隆五十七年，阿境內訌，克國勞爾部酋長林日星乘隙進攻，血戰數年，收復故地，且割取河西數地以歸。道光十九年，克王昏庸，英人以兵敗之，奪其疆域過半，國勢頹衰，撤回駐阿之兵，於是阿恢復全地，稍自振拔。光緒四年秋，以事復叛（按即為俄人所唆使），與英連年搆兵，糜餉勞民，幾至不國。卒以易君服欵，和議始成，而國祚衰微矣。英印度總督派公使駐紮其都，俾旅居英人藉資保護，且與新君參酌機宜。又瀛海論曰：近英與俄立約，以阿富汗為度，俄不得逾此而南，俄未之許。又印度游歷紀曰：阿富罕與英搆難，前後數十年，或勝或負，時戰時和。大抵俄人從中慫恿也。去歲（按謂光緒五年）俄遣使臣駐紮甲布城（按即喀布爾城），而英國使臣至，則拒而不納。從此失和，復興兵。從始因天寒地險，英軍不利，既而大勝，直擣甲布，阿王挾其宮眷輜重，退避俄境，留其子阿古柏監國。不久阿王病死，古柏襲位，不得已降志求和，割地酧餉，業已立約罷兵。奈民志不服，忽於七月間倉猝戕害英之大員。阿古柏之弟復因民心起而爭位。古柏進退維谷，乃讓位於其弟。夫英人之加，非不足以滅阿富罕，特留之為屏蔽耳。蓋蔥嶺迤西回

部。如鄜罕布哈爾基棼等。盡為俄所踞。與印度僅隔興都哥士一山。其山在巴達克珊國。按珊字一作山字音相同也即元太祖避暑行宮所在也。俄人覬覦印度。常懷奪據之謀。遣人學習印度言語。煽惑民心。聯絡波斯阿富罕諸國。密約詭計。英人力為提防。重兵駐守隘口。不敢稍懈。頃聞俄軍游繳縛易河一帶。印度大帥傳諭克什米耳土酋。豫為設備。俄人甚怪其越俎代庖也。兩雄並峙。勢若秦楚。俄攻土魯基。則英扼之。即俄與土耳其交戰事英人於光緒三四年間助土俾得與俄和英征阿富汗。則俄扼之。外雖結好和親。而內實相猜忌也。據以上各說。俄之垂涎印度已久。英固深根之矣。乃光緒五六年間。俄以伊犁事。幾與中國為難。英以銀借與俄。又勸俄以伊犁還中國。一似與中國甚親睦。而與俄亦無嫌隙者何也。俄既有達爾給斯丹全土。東之新疆南北二路。南之印度。皆其所欲。使俄竟得志於東。彼之心加。將專注於南印度。恐更吃緊。故先借以銀。使銳意向東。後復勸和。使不得遂意於東。則俄之心力常分。而印度可息肩矣。泰西各國。陰謀巧算。無一事不自為利者。莫甚於英。顧或謂英之調停俄事。篤念邦交。為歷年來中國通商之殺。不幾為英所愚乎。噫。

阿富汗分九部　儒按地輿圖攷。曰。城之宏者。首推都城喀布爾。地處平原。烟戶稠密。次曰堪達哈爾。萬山環繞。為形勝之區。迤西有赫拉特城。與其統部。雖迭經沿革。近已專隸土酋統轄。不復受制於人。惟其地久為阿部。有臣主之義。故今之論職方者。皆目為與阿一國。而畛域無分也。赫拉特南大湖之濱。有阿屬城。曰日刺拉巴。地當衝要。自古著名。阿國土壤不一。

西南境多沙磧餘肥沃。

俾路芝寡羅既　北羅吉　忽魯謨斯　思布　儒按一作拜魯乞斯坦

俾路芝在阿富汗之南亦回部也一節　儒按地球說略曰。皮路直坦國又名俾路芝。其京城地名基拉。其民人有二種。一呼為皮路子。不耕不牧。又不買賣經營。每以刼掠為生。一呼為孥拉。阿在東北高山之間。以牧為業。　又按地理全志曰。俾路芝緯線自赤道北二十五度起。至三十度止。經線自中華北京偏西四十八度起。至五十八度止。東至印度。西接波斯。南臨阿剌伯海。按印度之西北岸即阿剌伯故徐氏云南臨印度海而此云南臨阿剌伯海　北距阿富汗。長二千里。廣一千里。總計之方六十萬里。其地東南岡巒重疊。餘則平坦。沙磧曠遠。時多暴風。犯之必致疫癘。氣候殊熱。冬時稍覺和煦。河流甚淺。夏日常涸。田土磽瘠。五穀不豐。林木鮮少。禽獸蕃殖。居民皆奉回教。不設君位。各歸酋長統轄。國小而強。習於戰鬭。通國分為六省。名與徐氏所載同不複錄　又按地輿圖攷曰。俾路芝東西約一千七百五十里。南北約一千里。部落有六。名與徐氏所載同亦不復錄　各有會城。曰哈拉。曰古達爾。曰干達瓦。曰俾拉。曰哈日。曰布拉。其哈拉城築於山頂最高處。建有部酋行宮。城頗堅固。商賈亦薈萃於斯。立國之始。史傳失載。無可攷。後以國小勢微。迭經強隣占據。首為蒙古外部。嗣為波斯東境。總為印度西藩。弃為阿富汗南屬。當時哈拉酋受封於阿王。統轄諸部。諸屬酋按時稅貢。彼受之轉貢於阿。阿既衰。諸酋崛起自王。故今哈拉酋雖仍號盟長。而權久旁落。惟遇疑難大事。關全境安危者。猶聽其召集會議。盟信立約。人民分二種，一宗波斯，一宗印度。衣服上衫下褲，中束大帶，男女皆然。冬時加棉袍一領，平民加羊皮袍以禦寒，別無常服。婦女出外，皆以細巾遮掩其容。民皆果勇，視死如歸。其地崗阜險阻，最高者都城。四周一望荒蕪，僅能牧牲畜。沿海一帶與迪北邊境，則又沙磧延亘，不毛赤土。惟加支千達瓦地方，較為肥沃，然又寒燠不齊，颶風時作，河道淤淺，夏日乾涸，是以五穀不豐，惟鳥獸充牣，駝馬牛尤為蕃孳。山中有金銀銅鐵鉛等礦，又產硫磺、玉石，以有易無，亦足自存。

國無王，分六部：曰薩拉彎，儒按：一作薩拉瓦思。

曰加支千達瓦，儒按：一作刊答哈。

曰盧斯，儒按：一作魯斯。

曰美加蘭，儒按：一作邁克蘭。

曰古義斯丹，儒按：一作布斯坦。

按俾路芝立國，不自所自始一節。儒按地球說略：此國與比耳西亞即波斯本為一國，後各自立王，則分為二國。又嘗與亞加業坦即阿富汗合為一國。中國嘉慶年間，兩不相睦，遂分析而各立王。按四裔年表，又載嘉慶十九年，俾路支與荷蘭合為一國。道光十八年，俾路支與荷蘭立約，則是亦嘗併於荷蘭，尋又自立國矣。

波斯 白西　包社　巴社　高奢　百爾設　法耳西　北耳西亞　巴爾齊亞　伯爾西亞　伊蘭儒按：一作義蘭　哈烈　黑鳥　塞克　儒按地球說略：比耳西亞國一名波斯

回部大國　儒按四裔編年表亞西里亞印度之閒皆古波斯之地漢時稱為安息今之波斯僅隅而已相傳閃之裔曰金希德始居於此（洪水後挪亞之子曰閃詳麥西國註中）（與土耳其國注語參看）又按年表波斯立國最古至夏帝不降十二年耶蘇前一千六百九十一年以後不能自立先屬於土蘭後屬於亞西里亞歷一千二十年乃漸起至周襄王十年耶穌前六百四十二年復為強國與徐氏志異

北抱裏海與峩羅斯接壤　儒按與俄之高加索部接壤也

其國地界遼濶三句　儒按地理全志曰波斯在亞西亞之中緯線自赤道北二十五度起至四十度止經綫自中華北西偏西五十四度起至七十二度止長二千里廣二千五百里總計之二百萬方里　又按地輿圖攷曰東西二千五百七十里南北二千三百四十里

後與歐羅巴之希臘諸部時時搆兵至國又大亂東境復為阿富汗所據　儒按四裔編年表波斯之大舉攻希臘在周敬王四十年耶穌前四百八十年波斯王名覺西耶即徐氏志希臘國所載之澤耳士至周顯王三十九年耶穌前三百三十年波斯國為馬基頓攻破取為屬地（此節與希臘國參看）遂無波斯國後西里亞屢與羅馬合兵攻馬基頓漢文帝前十二年耶穌以前一百六十八年馬基頓國亡地多半併入西里亞漢宣帝元康四年羅馬併西里亞之地而尚留其王位漢哀帝元壽元年並王位削之於是波斯故地又入羅馬至蜀漢後主建興四年西歷二百二十六年波斯故王之後裔安的色昔復立國徐氏志以為未入羅馬殊失

之矣。波斯復立國。至唐高宗永徽三年西歷六百五十二年。阿剌伯滅之而并其地。波斯又亡。（按徐氏志所謂唐初回教興於阿剌伯波斯與之鄰國為所尊由是為回回大部者即此事也）唐德宗貞元十七年西歷八百零一年。阿剌伯王哈倫阿剌希封次子阿母為波斯王。仍合於阿剌伯。至唐懿宗咸通九年西歷八百六十八年。始叛阿剌伯自立國。宋理宗湻和十一年。蒙古憲宗元年。封其弟火拉几於波斯。傳至孫名尼古達。始令蒙古人改從回教。改王號曰阿米得。明洪武二年。帖木兒（一作他末乃）建國於撒馬爾根。（即撒馬兒罕）連年破波斯兵。克其京城。他末乃卒。永樂八年。其弟四子削六加（一六作諾當即徐志之沙魯哈）又臨波斯京城。遂并波斯地三分之二。孝宗宏治十八年。土耳其之愛司白人來侵。他末乃之子孫遂廢。波斯別部愛司美而王沙非為波斯王。歷代漸拓疆宇。與土耳其屢戰屢和。至我康熙四五年間。國勢漸衰。雍正四年。土耳其與俄國立約。分波斯地之北境。波斯又與土屢戰屢和。以至咸豐十一年。始終未為土耳其所并也。又按列國歲計政要曰。波斯為亞細亞洲最古之國。今則衰矣。其國王名號。謂之哨因哨。（原注猶言王上王也古強盛時小亞細亞附屬屬國極眾故有此稱故英人稱國王曰京稱女主曰闍英若合各国統屬之稱曰安伯拉波斯之稱哨因哨猶秦西稱安伯拉之意按安伯拉一作息伯臘諱音之轉也）事權躳一己。庶皆聽命而行。國內財賦。悉輸入內府。哨因哨得其奇羨。而私蓄之。大率金鋼鑽為多。瀕一千七百九十四年。（我乾隆五十九年）禍亂削平。阿茄摩哈麥即哨因哨位。（年表作安葛馬罕米）是為克邪朝之首。一千七百九十七年。（我嘉慶二年）佛大利即位。（年表作福得安力）一千八百三十五年。（我道光十五年）墨海門即位。（年表作馬罕末得每）一千八百四十八年。（我道光二十八年）那塞愛定即位。（年表作那失力定）國例哨回哨之權。可變易國法。而國位隨其所喜傳之。其政事與土耳其相伯仲。壹是以戈蘭經為本。縱令莫予違。而不敢背回祖摩哈麥經。與摩哈麥注解。在哨回哨自以為無異事摩哈麥也。輔治者有兩宰相。近則彷彿歐洲官制。置有七部員。而兩宰相位秩仍崇。一掌外務軍政。兼可攝政。統軍。一掌度支。總司出納。國分二十省。每省置文武大員。若總督提督然。皆以哨因哨之宗戚充之。各省又分州郡。亦置郡守。可操全郡之權。以地方錢糧為孜成。其小土司由民舉。民間多半希阿教。其他如阿米尼亞教。納利多教。猶太教。拜日教。天主教。耶穌教合計僅七萬四千人。國以希阿教為宗。與土耳其之勝你教有異。原注回回教有兩種一勝你教一希阿教波斯與諸教皆優禮之。猶太拜日兩教人。則束縛之使不自由也。學校頗盛。上等人無不讀書者。國家設立書院甚多。學生讀阿剌伯書。格物書。波斯古書。亞細亞洲中讀書之盛。獨見中國與是耳。疆域北至南七百里。東至西九百里。共六十四萬八千方英里。大城有四。曰搭不里斯。平圓圖作搭不里司曰脫蘭。即徐氏說之德黑蘭平圓圖作麻散豆蘭曰噎矢不亨。平圓圖作乙斯柏罕曰治遲得。平圓圖作屋斯得、通商總滙在搭不里司城。歐洲通商。由土耳其都城黑海之脫勒爾藏口岸。裝駝馬陸行

又按波斯與阿富汗爭戰吞併。以萬國史記四裔年表參攷之。一千七百二十二年。時為我康熙六十一年阿富汗來寇。連兵七載。波斯王安西里夫敗死。達馬司伯一作他馬司伯安西里夫之子為王。未幾國人廢之。而立其子亞巴士。一作阿白司一千七百三十六年。我乾隆元年亞巴士卒。高梨汗為王、一作乃特可里當即徐志所云那的爾沙之轉音所謂大將那的爾沙本盜渠達馬斯倚以集事費不酬勞遂舉兵反弒達馬斯代其位高梨汗本盜魁。為人桀驁。即位

之三年。出兵攻阿富汗，並掠印度。一千七百四十七年（乾隆十二年）為賊刺死。國人立其姪安特里。阿富汗乘波斯內亂之際，復立國。

波斯地分十一部。　儒按地球說略曰：波斯百姓所居之處，西北最眾，東南次之。共分八部：在東曰哥喇森。其內有大曠土，一名曰大延曠，人民稀少，有草場，羊馬所孳息也。在南曰克爾曼。又曰法爾斯。其內有湖，一名鹽湖，國人所食之鹽皆從此出，且極美可口。在北曰亞達皮張。曰其蘭。曰馬散地蘭。在西曰古西斯丹。其內有沃土，有大江，足資灌溉，較他部為勝，國中美地也。又曰以辣。其內即京城，第希蘭所建之處。又有一大城，名義斯巴恒，為舊京城也。城內書院、田園、堂甚多，而所建屋宇亦極壯麗可觀。西方有高山一帶，名古第斯丹，即與土耳其國分界之處。初國中有大城數處，城內地廣人眾，房舍極美，今則僅存故址矣。　又按地理全志曰：波斯國其平坦地悉屬高原鹵砂之區。北與西南巒峰環繞，傍裡海溪流灌溉，耕牧咸宜。淤澤沮洳之間，時發瘴疫。西方山水清勝，甲於一境。西南沿灣（按即波斯海灣也）泉稀，曠野沙漠，草木鮮茁。河最疏小，為山水之支派。鹹湖眾多，大者曰烏魯米湖。居民奉回回教。其外別有一種言語風俗與土著者迥異。其俗崇事火教，當時被回人所害，多徙於印度孟買。通國分十一省：一曰以拉，首府名德黑蘭，其京都也，夏時炎熇，遷徙乘涼。古府曰以斯巴罕，建於沃谷之中，猶存古址。一曰義蘭。一曰馬散德蘭。一曰拉利斯丹。一曰亞塞比然。一曰古西斯丹。一曰給爾滿。一曰哥麻森。一曰亞爾美尼亞。一曰古爾利斯丹，與土耳其、俄羅斯緝壤相錯時被寇盜民恒苦飢。一曰法爾斯宮殿古跡甚多特有一祠高廣華麗。今已蕭條外海口曰亞不支爾為往來之衝要貿易之津梁海峽曰惡末嶼古時海船互市於此日久淩夷盡成瓦礫矣。人多泛海求珠每年可得數十萬金。明時葡萄牙據其地歐洲貨物薈萃於此。為西洋印度中國波斯轉輸之要道。今亦漸衰。

迤南曰古爾利斯丹　儒按此部。地輿圖攷謂名波斯古爾的斯丹。其地半屬土耳其半屬波斯故有此名。

南方二部曰法爾斯至其東曰給爾滿　儒按地輿圖攷曰南方濱海二省。曰法爾西斯丹東曰給爾曼沙漠荒寒。一望數百里。

東方二部北曰哥剌森至迤南曰古義斯丹　儒按哥剌森。一作哥剌桑地輿圖攷曰。迤東二省曰哥剌桑曰古義斯丹。皆斥鹵之區地上鋪鹽厚尺許

事火神者拜旭日至義起報本非邪神也　儒按波斯拜火之教。攷萬國史記云。教法之祖曰瑣羅斯的四裔年表作瑣羅阿司得紀年前五百五十一年周靈王之二十一年也著經書。稱波斯之聖其說謂有二神以統宇宙。一曰和爾摩為善神。一曰亞利曼為惡神。二神欲各行其志。爭鬥不止。至一萬二千歲之後。和爾摩大捷。而天下之惡皆消。又曰公道者。赴樂土之梯航也。雖暴惡者苟能悔過。淨刷塵心則亦得受無限幸福。日月星以和爾摩大力能造之。不可不崇敬。如地水火風。亦皆當加敬。故太陽以下諸神列於祀典者甚多。國人皆奉其教。至紀元七百年代始

信摩哈默敎。

事天神始於摩西當在有商之初至乃天主敎之所自出非即天主敎也　儒按職方外紀述天主之始云。有大聖人曰亞把剌杭。約當中國虞舜時有孫十二人天主分為十二區世代不絕據此則更在摩西之前矣第不知亞把剌杭者是否即係天主抑初奉天主之人。語未明晰以其上下文參之開闢天地肇生人類者乃天主而非亞把剌杭也。徐志作阿伯拉罕　又按魏源海國圖志各國敎門表曰。天主敎總名為克力斯揁敎。支派分為三一加特力敎乃意大里亞所行天主舊敎。一額利敎一波羅特士揁敎則諸國所後起大都有不供他神而尚供天主偶像畫像者有一切不供。惟敬天者有供十字者有不供十字者按日耳曼國人路得所立耶穌敎即後起者之敎也　又按波羅特士揁敎。揁字一作坦即耶穌敎其緣起詳見日耳曼說中

攷祆字从示从天即天神其敎起於拂箖國即猶太摩西初建此耶穌乃其裔孫　本大秦國之東境至即是耶穌敎之嚆矢也　儒按西洋人瑪吉士地理備攷曰。漢哀帝建平三年。耶穌乃誕降於如德亞國按時俗計算。係於漢元壽二年。今述建平三年者因昔人計算錯誤四載。各國雖均悉其誤並未更易。但仍其舊也。西洋各國皆書年號曰一千八百若干載。乃自耶穌誕降之時算起也　又按四裔編年表。耶穌生於漢哀帝建平三年丁巳。而以哀帝元壽二年庚申為紀年之第一年。所謂各國雖皆悉其誤并未更易。但仍其舊者也。耶穌之被釘於十字架。其時為漢光武帝建武六年庚寅。

貞觀十二年大秦國大德阿羅本至其為天主教無疑　儒按金石萃編載景教碑原文稱貞觀九年阿羅本至長安帝使房元齡迎入禁闈十二年詔立寺徐志引用小有參差又阿羅本之外更無阿羅德其人者則德字宜仍作本字

而其所謂景教者依傍於波斯之火神至末　儒按地球說略謂波斯初本以拜火為重爇柴向日而拜名曰太陽教後其國為回部所奪始改從回教於是回回教遂大重然今之拜火者尚有數萬餘人焉據此則波斯之舊教未盡泯也是尤近年泰西人紀載之可信者

阿剌伯　亞拉彼亞　天方　亞拉奧亞　天堂　阿爾拉密阿　阿棘波亞　阿黎米也　阿丹　阿蘭

阿剌伯　儒按明史天方古筠沖地一名天堂又名默伽明史於摩哈麥作謨罕驀又作馬哈麻　又默德那與天方乃一國也明史分為二國而馬哈麻之稱則曰別諳拔爾與徐氏所載派罕巴爾字亦異又別立阿丹國名則一國分為三國矣殆未深攷也　又按地球說略亞拉彼亞國又名亞拉伯

陳宣帝太建元年有摩哈麥者至復命摩哈麥立教以補其缺　儒按萬國史記摩哈麥父曰亞伯達母曰亞昧那家世稱哥來為國內望族摩哈麥幼喪父母為叔父彪達勒所養年二十五作賈西國事富家寡婦加雑慈得其歡心終配為夫不深留心於商事以熟察人情磨鍊精神為務不學而能著書年四十潛匿山窟之中默想道理數歲著教書曰可蘭其教曰伊斯蘭伊斯蘭從服之義言人宜從服神命也年四十五始倡其說曰上帝欲宏斯道降余

於人間。可蘭所載教誡。是天使迦布理授余者也。迦布理自天上至。謂余爲先知人。上帝所鍾愛。余與迦布理同駕驢馬昇天云云。餘與徐志所言大槩相同。卒時年六十二歲。年表作六十三。西歷六百三十二年。唐太宗貞觀二年。入其教者焚香禮拜念經禁食猪肉　儒按萬國史記。謂教中禁食猪肉。並禁食葡萄。　又按地輿圖攷。謂阿剌伯人菜飯皆調以駱駝乳。罕食肉。猪肉向干例禁。非謨罕蓦德創制也唐高祖武德四年逃難於麥地拿。至即以是年爲元紀　儒按四裔編年表。西歷五百年。齊明帝永元二年。始有阿剌伯。阿剌伯者。本阿非利加沙蘭生種。其世系久已失攷。至是有哈升一支。爲部長。　又於西歷五百六十九年。書回教之祖穆罕默德生於麥加。即阿剌伯之都城。時陳宣帝太建元年也。至次年又書或云穆罕默德生於是年。兩說並存。未加論定。萬國史記則謂生於五百七十一年。陳宣帝太建三年。　回教紀元之年。年表於西歷五百八十四年。陳後主至德二年。書穆罕默德去本國。回回歷以是年紀元。又於西六百二十二年。唐高祖武德五年。書穆罕默德以阿剌伯王欲殺之。奔於米地拏即麥地拿自立爲王。是年七月十六日。爲回教紀年之始。蓋先之紀元。乃改歷法。後之紀元。則即王位。爲後代所推之元年也。萬國史記亦云西歷六百二十二年爲元年。徐氏志謂在武德四年。則是西歷六百五十一年矣。誤也。　又年表謂摩哈麥爲王。其後世皆稱王。萬國史記謂世世稱大教師。

阿剌伯地分六部。首部曰黑德倭斯　儒按一作黑德斯。一作黑沙。　又按地輿圖攷曰。阿剌伯析分五部。首部曰黑德倭斯。會城曰默伽。彼教中稱為聖城。建於谷中。惟土壤磽瘠。水味鹹苦。養生為艱。幸海口埠頭近便。轉運貨物。尚不費力。城內有大殿一座。為上古遺迹。殿之四圍有大場。長二百五十步。濶二百步。廊柱五百餘。類皆白石砌成。上有圓形覆頂。共一百五十二。相為聯絡。頂下多挂鐙。每逢禮拜日。全行爇點。

次曰也門　儒按也門有海口名木甲

曰亞達拉毛　儒按一作黑達拉林

曰呵曼　儒按一作阿曼

曰內德惹　儒按一作納熱

其海口在西方者曰熱他　儒按一作熟他

在東方者曰木甲　儒按即也門之海口也

亞丁小島也　儒按亞丁非一島。詳前圖說

回教既興。乃有天方天堂等名。至其實本無此名　儒按杭岳駿景教續攷曰。習清真教者曰阿丹。傳施師。師傳努海。海傳易卜剌欣。欣傳易司馬儀。儀傳母撒。撒傳達五德。德傳爾撒。撒不得其傳。六百年而後穆罕默德生。（即麻哈麥）具見天方古史。（蓋阿丹為人名。而謂其受命真宰在麻哈麥之前二千餘年矣）又言國中有佛經三十藏。自阿丹至爾撒。凡得百十有四部。如討剌特。（降與母撒之經名）則逋爾。（降與達五德之經名）引支納。（降與爾撒之經名）皆經之最大者。自穆罕默德。按經六千六百六十六章。名曰甫爾加尼。此外又有古爾阿尼之寶命真經、特福西爾噶最之噶最真經、特福西爾哷吸堤之咱希德真經、特福西爾白索義爾之大觀真經、密爾索德之道行推原經、勒尼一合之昭微經、特卜繖爾之大觀經。凡此皆諸弟子所作以發明遺爾加尼經者　又按魏源海國圖志各國教門表曰：西域未有佛教以前。皆婆羅門教。天方回教。乃其支變。回教支派分爲三。一由斯教。即婆羅門舊教。一馬哈墨教。即穆罕默德所創行於阿丹者。一比阿釐教。則其兄子所傳行於巴社都魯机者。按比阿釐一作阿壓。摩哈麥之兄子。亦即其婿。天方爲婚。不以倫紀論也。其教之源雖云自乃叔。而別有會悟。小爲不同。流傳既久。遂各執一是。乃自李唐以後。其教漸行於西域。至竟無一非回教者　儒按甘肅內地回民所念之經。實與回疆諸回之經無異。特以流傳繙繹者。小有參差

國家既綏定回疆。安定回民。馬明心赴葉爾羌學習其經。歸遂創立新教名目。招集徒黨。與舊教回民相仇殺。乾隆四十六年三月。新教回民蘇四十三遂至蘭州省城作亂

上命阿桂爲欽差。帶兵進勦。於七月始平。至乾隆四十九年四月。新教之田五等又作亂

上命阿桂爲將軍。海蘭察爲參贊。福康安爲總督。又至七月始平。蓋各州縣之回民從新教者幾過半。官亦無如之何。故

純廟屢有辦理此事。止當分別從逆與否。不必論其教之新舊。又新教回民果能奉公守法。即爲善良。又何必官爲區別。扶舊教而除新教之諭。蓋一天方教分爲三派。後新舊教又其節

外生枝者也。同治三年以後，甘肅及新疆逆回亂者，亦皆新教人也。　又按地球說略曰：回回禮拜日期亦以七日為例，但與耶穌教不同。蓋回回教之禮拜在耶穌教禮拜後第五日也。夫回回教首本亞伯拉罕庶子以實馬耳之後裔云。按亞伯拉罕即職方外紀所言天主教祖之亞巴剌杭也。然則回教實源於天主教矣。天主耶穌兩教之禮拜在房虛星昂四宿值日之日，回教禮拜又在此日後之第五日。

至紅海之尾，而海盡陸行一百七十里（地名蘇爾士，麥西國地），至地中海之東南隅，再登舟而駛。　儒按蘇爾士陸路一百七十里，現已開通水道，詳阿非利加北土說。

西域各回部

統名之曰達爾給斯丹，又謂之韃韃里。　儒按印度割記番語及回回語，凡王所駐者皆謂斯丹。或作斯單，或作士旦，或作斯坦云云。然則達爾給即韃韃也，斯丹言韃韃諸王所駐也。又按地理全志曰：西域回部緯綫自赤道北三十四度起，至五十二度止；經綫自中華北京偏西三十五度起，至六十五度止。長四千五百里，濶四千里，總計一百四十萬方里。東南峯巒聳秀，冰雪凝積，餘平原曠野，荒郊半皆沙磧。

哈薩克回部之大者也。　儒按哈薩克，漢時之大宛國也。經

純廟攷核，始知其為漢之康居國。　又按近年俄羅斯勾結愛烏罕，令叛英吉利，又撫有塔什干，令其土爾吉斯坦總督駐紮。光緒七年與中國欽差崇厚新定和約，又欲與我分哈薩克

蓋我西徼外大小諸回部幾盡爲俄人屬地矣

布魯特　儒按即唐之敎律也。漢之休循國。

巴達克山葱嶺西南城郭回國也　儒按瀛海論曰。同治十三年。俄以重兵脅降回部之基發即機窪通道於巴達克山。至北印度之克什米爾。巴達克山有三路達印度。一越印度之庫施而至喀布爾。計一千六百餘里。一徑達印度之排紹嚈耳計一千五百里。一由庫施嵬崙兩山之間達克什米爾。計六百餘里。近英吉利立約以阿富汗爲度俄兵不得踰此南俄末之許

乾竺特或作退擺特別一種族在葉爾羌南　儒按此部今無攷。地理全志即錄徐氏志語。

巴勒提一作巴爾替又作哈拉替艮在博羅爾南重山複之中　儒按此部今無攷。地理全志即錄徐氏志語

浩罕一作敖罕又作豪罕又作霍罕俗稱安集延回部城郭之國也　儒按光緒四年。浩罕爲俄所攻。降爲附庸之國。今屬於俄

乾隆二十四年大軍追霍集占至故浩罕有孽酋遺孽云　儒按乾隆四十九年五月辛酉上諭曰。大和卓即大和卓木布拉尼敦即波羅尼都背叛伏誅。其子薩木薩克甫三四歲。伊乳母攜往潛逃安集延境外。見己年屆三旬云云　按薩木薩克有三子。其次子名張格爾　又按同治中逆回阿古柏據我喀什噶爾。以擾新疆者。亦安集延之酋也。

布哈爾回部大國也　儒按聖武記曰。道光二十二年。敖罕為布哈爾所滅。酋長頭目皆被虜布噶爾遣使告捷於卡倫。按徐氏志。則布噶爾並不強盛。而今西洋地圖。仍有霍罕在。聖武記之說殆訛傳也

帽員之恢淵諸回部殆無與比　儒按布哈爾在地球說略為大布加利亞國。長四千五百里濶四千里。其土地中有曠野。東方多山嶺。山逄斗絶。西南有大沙漠。地名紀法。京城外另有三大城。一沙喟艮二罷革三即紀法　又按此部亦屬俄矣。

鹹海又名宛海　至水鹹凝結成鹽不通大海故名宛海　儒按地球說略。謂宛海昔為瑣墳及阿摩拉兩大城地。因其民不信真理。謂天主教也致真神降怒。降火焰燒地。即沉陷為湖。其水味鹹且臭不可用。語極荒誕。然本陸地下陷。事或有之。姑記以備一說

總按新增

儒按地輿圖攷曰。西域回部。西人謂之達爾給斯丹。其地回部林立。東北有布魯特部。散居於特穆圖泊。與葱嶺以西。類皆逐水草游牧。風俗與蒙古同。人桀從回教。前此盜弄潢池。盤踞碣礫。乃其叛酋倡首為亂。即同治三年逆酋金相印攻陷喀什噶爾事互詳新疆簡覽絶論中即地理全志所謂昔游牧於特穆圖泊左右復還浩罕散處新疆回疆之外者也　浩罕俗稱安集延。因其大城得名。回散部也。元祖成吉思可汗盛時。恃此城為要害。昔者新疆之亂。彼實主謀。謂其酋阿古柏父子也　布魯特惟聽其驅使。為之先導耳。　東南有城名博羅爾。本葱嶺別名。城與部因是而著。乾隆二十四年。與巴達克山同內附。乾隆二十

九年。屢與巴達克山搆釁。遣使來朝。乞援於駐紮葉爾羌都統新柱。遣諭巴達克山恪遵約束。歸俘罷兵。　巴達克山。亦回部堅城。以下所言與徐志同按地理全志謂北鄙有城曰可汗當即罕汗譯音之轉浩罕之北境。為塔什干或作塔什罕亦回部之具城郭者也。漢為康居大宛交界之地。隋唐為安國石國地。由塔什干南行過納林河經浩罕地稍折而西南為撒馬兒罕城或作賽瑪爾堪古大宛地。元駙馬賽因帖木兒據此為都。其時百廢俱興。今闠四達。人民多至十五萬。然今已荒廢。其不成邱墟者幾希矣。　布哈爾古之大月氏。漢之挑離國。幅員恢濶。諸回部莫與抗衡。與浩罕動輒構兵。乾隆二十五年回部底定。遣使頒敕諭以示懷柔。二十九年。其酋因巴達克山請內附。議尋寢。　西北數百里有機窪城。按地理全志曰機窪多沙磧罕水草民俗粗猛喜劫掠恒與隣國戰爭鬻男女之市為西域最遠道光十九年俄羅斯欲攻之詭進印度忽值天寒人馬凍斃者甚多遂罷兵歸數十年來。俄國百計侵削。布魯特浩罕塔什干撒馬兒罕機窪已悉為所并。布哈爾一部。久隸藩封。危在旦夕。惟博羅爾一部。與巴達克山一部。僻處東南。鞭長莫及。未經吞滅。然亦若存若亡。危如纍卵。按其全地以裏海為西疆界畫。西人稱加斯比約。地屬下流。西北諸國水咸會注焉。雖巨浸汪洋。究與大海隔絕。故名裏海。其東五百里在機窪之北。有湖名鹹海。又名死海。西域稱達里岡阿泊。西人名亞拉爾。即古之雷翥海。水味鹹。凝結成鹽。不通大海。故名死海。為納林河與阿母河所歸宿。阿母河西名亞木達理亞。發源蔥嶺。會布哈爾境內諸水。北折入於鹹海之南。納林河西名西爾達里亞。亦發源於蔥嶺。會北方諸水。入於鹹海之北。

又按地理全志載各部方位曰哈薩克在北布魯特在中巴達克在南浩罕在東塔什干在中機窪在西　又按萬國史記曰俄羅斯人志存遠略一千八百二十八年與波斯戰勝之得其地數百方里一千八百五十九年我咸豐九年得黑龍江之地與喀什噶爾約益擴西伯利部疆土欲取達爾給斯丹以通亞細亞中心築城於烏拉即徐氏志裁圖之烏拉嶺等地備兵船於裏海以至鹹海又征浩罕及機窪諸國機窪最為要地屢次往攻至一千八百五十四年克之以其國為附庸遣欽差築砦據焉一千八百六十三年我同治二年擊浩罕擒其可汗以其地為附庸明年遂征服達爾給斯丹全土一千八百六十六年我同治五年破布喀爾當即布哈爾聽其誓約奉命明年又大破之割地附入版圖一千八百六十八年我同治七年攻阿富汗明年又割機窪地入版圖　又按西報光緒四年至七年俄使阿富汗叛英英屢伐之不能定　又按光緒五年俄與中國使臣崇厚立約欲分哈薩克疆界統觀之則自印度以東以北新疆回疆西藏以西幾無非俄地矣距徐氏志刻成時迄今三十年格局為之大變　又按光緒七年俄羅斯交還伊犁地方與我中國重脩和約之第五條云兩國特派大臣一面交還伊犁一面接收伊犁並遵照約内關係交收各事宜在伊犁城會齊辦理施行該大臣遵照督辦交收伊犁事宜之陝甘總督與土爾吉斯坦總督商定次序開辦陝甘總督奉到大清國

大皇帝批准條約將通行之事派委妥員前往塔什干城知照土爾吉斯坦總督第九條云俟國所屬之費爾干省與中國喀什噶爾西邊交界地方亦由兩國特派大員前往查勘安設界牌所謂土爾吉斯坦者即達爾給斯丹也塔什干為總督所駐紮費爾干為總督屬部

丹徒李慎儒鴻軒氏著　江都夏　霖夢蛟氏校

歐羅巴洲總說新增

泰西人有歐羅巴列國版圖說　儒案光緒七年十一月初四日萬國公報載胡禮垣續萬國電報後序考德國（即普魯士日耳曼合一）為地廣不過五十三萬里有奇澳大利三十萬里有奇鄂嘉利（疑即新嘉坡）六萬里有奇埃及（即麥西）最廣一百二萬里有奇中多沙漠不可居也日斯巴尼亞（即西班牙）五十萬里有奇法國五十二萬里有奇英國十二萬里有奇希臘五萬里有奇意大利二十九萬六千里有奇那威三十一萬里有奇荷蘭三萬里有奇勞文泥（南洋島國）十六萬里有奇瑞典四十四萬里有奇瑞士四萬里有奇合衆國七百八十三萬八千里有奇統計一千二百六十餘萬里德國民籍四千二百七十餘萬澳大利二千一百九十餘萬亨嘉利一千五百四十餘萬比利時五百三十餘萬北嘉利　一百七十餘萬丹麥（即嗹國）一百九十餘萬埃及五百五十餘萬日斯巴尼亞一千六百八十餘萬法國三千六百九十餘萬英國二千九百三十餘萬希臘一百六十餘萬意大利二千八百二十餘萬那威一百八十餘萬勞文泥五百有四萬瑞典四百五十餘萬瑞士二百六十餘萬合衆國三千八百八十餘萬中國幅幀一千七百五十萬里戶口四萬一千五百餘萬云云按中國以天文一度為地上二百里西洋以一度為六十里則西洋三里合中國十里其里法比中國較大而此所述

中國里數浮於中國所有之數。則其里似較中國小矣。該不知其如何折算也。
七椿園西域聞見錄　儒案七氏之說固非。徐氏以控噶爾為土耳其之君士但丁。又彊合千
年以前之意大利為大國之譜。亦屬勉强。如西班牙法郎西皆嘗幾於一統。而時俗已幾忘
之。何獨盛誇世代悠遠之羅馬乎。考益聞錄謂奧地利亞所兼之匈牙利國為控噶爾。予考
七氏所記。乃我乾隆二十二年。西歷一千七百五十七年以前事。其時奧地利國王世世為
日耳曼列邦皇帝。匈牙利亦所統轄。則控噶爾者。必係合匈奧及日耳曼列邦言之。大小城
之多者。合列邦則多也。且正在俄之西。而極西一隅微迤北。地形亦相合。若土耳其則在俄
之南。全不合矣。又四裔編年表。乾隆十三年。西一千七百四十八年。俄奧連盟。相約為助。則
兩國本有交涉事。或時人傳聞失實。遂訛為俄屬。於奧耳更不必引土與俄交兵事也。況土
常為俄所敗。引之亦不足為證乎。（控字音近匈噶字音近牙爾字音近利則控噶爾之即匈牙利更無疑議矣）康輶紀行曰。西域
聞見錄言鄂羅斯之外。有控噶爾國。更大於鄂羅斯。余以歐羅巴人四洲志考之。所云控噶
爾國在鄂羅斯之西北。即普魯社。（即普魯士）其北即冰海。其西為綏林國。（即瑞典）那威國。嗹國。瑞丁
國。（亦即瑞典）大尼國。（亦即嗹國）其南為波蘭國。即波羅尼。為歐色特里阿國。一作莫爾大未亞。（波蘭已併於俄
羅斯歐塞特里亞即莫爾大未亞皆俄羅斯之別名）其西南即地中海。據此言之。控噶爾並不甚大。何至如聞見錄之
所云云云。今考普魯社一作普魯士。一作圖理雅斯科。今作布路斯。又改名德意志。本係
日耳曼列邦中之大者。與奧地利相伯仲。普魯社之南為匈牙利。匈牙利之南為奧地利。奧

地利之西南為黑海。康輶紀行謂普魯社之西南即黑海者。蓋以普與奧皆日耳曼列邦之雄長。按既言普即不必再言奧。而自可知其為日耳曼也。其時匈牙利併於奧之局尚未定。以普國賅之。猶之以日耳曼賅之也。

又按圖理琛異域錄。現在(謂康熙五十二年)俄羅斯國主察罕汗之名曰票多爾厄里克謝耶費赤。(按當即彼德羅)年四十一歲。歷事二十八載。(按彼得初攝政在康熙二十一年即位在康熙二十八年歷事皆非二十八年此誤)因遣使索取歸於西費耶斯科國之那爾瓦城。(按西費耶斯科即瑞典國那爾瓦即徐氏此志瑞國所兼之那耳瓦地今所稱那威國也據異域錄謂俄借瑞兵時以那威與瑞至是索還則那威本俄地矣然編考諸書皆云那威本嗹國地後歸瑞不云本屬俄異域錄殆誤矣)而西費耶斯科不許。遂成仇敵。已十五年。西費耶斯科國王名曰喀魯祿什。(按即加爾祿斯之轉音)初戰敗俄之兵。後再戰為俄所敗。失城數處。逃往圖里耶斯科拱喀爾汗所屬郡車科付之小城居住。已經八年。徐氏此志謂瑞國王加爾祿斯親赴土耳其求援。五年不得請乃歸。四裔年表謂康熙四十八年。西一千七百十三年。瑞王至自土耳其。(按瑞王之名年表作指而上即加爾祿斯譯音之轉)蓋瑞王之當至土耳其亦當有其事。而住居八年之拱喀爾則自是控噶爾。決非土耳其。按普魯士國。一作圖理雅國。一作普魯社國。一作普理社國。異域錄所云圖里耶。即圖理雅也。斯科部落也。即普魯士國也。據列國歲計政要。普魯士在前明中葉。為日耳曼合衆國中最大。七王之一。後稍衰。至康熙四十年。富得力第一為王。(富得力一作佛得力一作佛達利)復強盛。在日耳曼列邦盟會中。雖不及奧地利亞之稱皇帝。而聲威實亦甚大。匈牙利之與奧。蓋屢分屢合。始合於明嘉靖十三年。定合於同治六年（詳見輿國）當康熙五十年左右。匈牙利王號因在也（按至今亦稱輿王兼匈王不沒匈王之名詳見輿國說引萬國公法云云與中國立約則云奧斯馬加國馬加即匈牙利猶是兩國並列也）玩異域錄文義。逃往圖里耶斯科。拱喀爾汗所屬鄂車科付之小城。猶云往日耳曼列邦匈牙利王所屬之某地方耳。瑞之南。普之北。夾波羅的海。相望無異接壤。逾普而南即匈牙利。瑞王蓋渡海由普到匈也。魏源知圖里耶之即普魯士。而謂拱喀爾汗為普王名空科爾者。考普王初無此名。說仍似是而非。何秋濤朔方備乘因欲堅執拉噶爾即土耳其之說。謂圖里耶必是土耳其。更嫌武斷。

又按西域葱嶺西。天山北。今新疆一帶。古為蒙古四衛拉游牧地。分四大部。曰準噶爾綽羅斯部。牧地在阿爾台。曰和碩特部。牧地在烏魯木齊。曰杜爾伯特部。牧地在額爾齊斯。曰土耳扈特部。牧地在雅爾。所屬之額什爾努拉地。雅爾即今塔爾巴哈台所屬。乾隆中本駐兵雅爾。後以其地太寒。始改駐塔爾巴哈台。四部皆以伊犂為會宗。準部最强。與土部為難。明崇禎間。土耳扈特部長和鄂爾勒克遂徙其族衆西行。越哈薩克抵阿羅斯境之額濟勒河屯牧。所居地名瑪努托海。土部奉佛教。而俄奉天主教。土部在俄邊地游牧。而俄竟視為屬下。常徵其兵。故土部恒心向中國。順治康熙年間。屢通貢。迨準部長策妄阿拉布坦叛亂。貢道不通。則假道於俄以達中國。康熙五十一年五月。命内閣侍讀圖理琛往報之。亦假道於俄。北行至五十四年三月回京。撰異域錄進呈。其行途出張家口。西北逾外蒙古喀爾喀車臣汗之庫倫。過昭莫多至汗山。渡土拉河。北出土謝圖汗北界。入俄境。經柏海兒湖（即西人圖之拜

（闊耳湖也）西北行至厄爾口城。（按即西圖之歐車資克一作歐車斯克）浮昂噶拉河。（按元史吉利思有謙河西北流注於昂可剌河即昂噶拉河也）（即西圖之恩噶拉河）西北順水行至伊鼎謝柏興（按本錄謂此地去北大洋一月程夏至後夜不暝不數刻日出）改陸行。西北至廟科斯科。（按即西圖之麻科發）又西北至揭的河。舟行出揭的河。入鄂布河。（按以方位求之當即西圖之鄂比江）又西北至那里穆柏興。又西北至蘇爾呼忒柏興。折向西南至薩馬爾斯科。復折西北至狄穆演斯科又折西南。至托波兒城。（按即西圖之拖保耳斯克一作德波斯克康熙年間俄之噶噶林所駐噶噶林蓋即今日西悉畢爾總督也以此為省會）又西南至圖敏。又轉西北至鴉班沁改行陸。西北至費耶爾和土爾斯科城折西南至索里喀穆斯科沿途皆山。（按此當即烏拉嶺之山尾）又微向西北至改郭羅多。復西南至黑林諾付（按至此西北利之西界盡矣）又西南至西穆必爾斯科。又西南至薩拉托付。（按即西圖之薩拉叨夫）入土耳扈特游牧界。其游牧之地則偏在薩拉托付之東南。愚按以地勢考之。土耳扈特在裏海之直北。黑海之東北。由此而至土耳其國。須穿波斯國西邊。沿黑海南行方得到。道路遙遠。不下三四千里。而異域錄又曰土耳扈特阿玉奇汗所駐馬驚托海地方。西南一帶。皆興安山嶺。（按即烏拉山之山尾也又按蒙古語大嶺皆稱為興安）過此向西行百餘里。俱係圖里耶斯科國王拱噶爾汗所屬。則何秋濤執拴噶爾為土耳其之說。謂圖里雅即土耳其之別名。其誤不待辨矣。（何氏引一統志為證殊不知一統志乃據異域錄為藍本未可借證）而魏源指此圖里耶為普魯士。則亦未確。蓋普國地方。不獨在土耳其之南。且在奧地利亞之南。方位尤不合也。以予揣之。必是土爾扈特之西鄰。康熙時亦有部落名圖里耶者。而又適有瑞國王逃入普魯士。往往匈牙利之事。圖理琛遂以傳聞之兩事合併紀之。致轇轕不清耳

托波爾即徐氏所云德波爾斯科。薩拉托付即徐氏所云薩拉德夫
又按萬國公報續萬國電報通例後序。（胡禮垣著）電線於一千八百二十年。（我嘉慶二十五年）為丹麥（嚏國）
也博士華士德徵悟精微。而一千八百四十四年。（我道光二十四年）美國畫工莫爾斯創成機器。是
年美國始設電線。明年法國荷蘭效之。一千八百四十六年。比利時效之。四十八年。德國效
之。五十一年。意大利效之。五十二年。瑞士效之。五十三年。俄國丹麥效之。五十四年。瑞典那
威西班牙效之。至今環地球矣。
又按大英志若爾日第二紀時。巴力門修歷法。定歲首。俾英之天時。合於歐洲文物之邦。自
來教會國政所行之歷。以三月二十五日春分節為歲首。百姓所用之歷。即今西歷正月一
日也。國中歷算。甚不便於用。向用如力安歷法。不用教王革勒革力（即格勒革理）歷法。如是則英
歷較他國以日行為準。遲十有一日。欲合於日行及他國歷法。必於歲中除去十一日。故有
二歷。一行於英之本地。及歐羅巴亞細亞亞非利加亞墨利加諸屬地。以耶穌降世後三月
二十五日為歲首。此法於一千七百五十一年（我乾隆十六年）十二月終。日後不用正月一日。為一
千七百五十二年歲首。永以為例。一自一千七百五十二年九月二日。其明日即為九月十
四日。中間除去十一日不用。此正歷法也。民間譁然。謂之盜竊時日。俄而天文長伯拉德力
死。謂遭天譴。按此一段文理。有不甚明晰處。如一千七百五十一年十二月終日後不用正
月一日為一千七百五十二年歲首數語殊欠了了。又既云除去十一日為正歷。而復紀天

文長遵天議。則亦不可解矣。至英人畢竟仍二歷並用。抑或遂專用歐洲通行之正歷亦未標明。始照厚夫錄之偽者。據四裔年表。似是專用通行之歷也。

又按以萬國史記海國圖志諸書參之。嘉靖三十九年。彼一千五百六十年也。羅馬教皇格勒革理第十三會星學之人。改歷法。從西里約之言。以三百六十五日五時四十九分十二秒為一年。名曰格勒革理歷。歐洲各國。至今皆用之。其法以中國冬至後十日為元旦。蓋取太陽過宮最卑。行最疾之日。為嬴緒起算之端。且最卑有行度。約六十年行一度。即差一日。光緒六年十二月初二日。為泰西人元旦。則冬至後十二日矣。十一月小建連冬至日算之為十二日 此後再三十年。則須在第十三日。

又按明史稿曰。西洋人以所見星。合之中國恒星。更去星紀等名。別為十二次。一曰白羊。二曰金牛。三曰陰陽。四曰巨蟹。五曰獅子。六曰雙女。七曰天秤。八曰天蝎。九曰人馬。十曰磨蝎。十一曰寶瓶。十二曰雙魚。

又按近人繙譯英吉利語曰。外國之用英語。如中國之用官音也人人皆尚之 閘玉愛來正月也。弗勒羅愛來二月也。理去三月也。愛潑而四月也。煤五月也。巨護呸六月也。巨護拉哀七月也。亞河厄田脫八月也。央潑退姆白九月也。惡克土白十月也。拿佛姆白十一月也。提失姆白十二月也。

又按俄國元旦。較各國又遲十二日。又中國咸豐八年五月初三日和約。為俄一千八百五十八年伊云月初三日。咸豐十年十月初二日。為彼一千八百六十年諾雅卜爾月初二日。

月名亦與他國不同。

又按列國歲計政要曰。一千八百七十二年三月。至七十三年三月。我同治十一十二年為十二年其回教墨哈密歷一千二百八十八年。又曰七十三年九月。至次年九月。即埃及歷一千五百九十年。按埃及為土屬國。且同奉回教。而紀年不同。殊不可解。俟考。

又按萬國公法卷二第三章第五節曰。諸國本有平行之權。與他國共議時。俱用己之語言文字。儘可從此例者。不無其國也。但剌丁古文。在歐羅巴係通行。而諸國用以共議。前以為便。三百年前歐羅巴各國。莫大於西班牙。遂合該管屬國甚多。故文移事件。概從西班牙文字。二百年來。諸國文移公論。幾盡用法國語言文字。若議約通問。用本國言語文字。則附以譯本。概為各國相待之禮。日耳曼西班牙意大里大小諸國從此例。至數國言語文字相同者。其交通往來。概用之。如日耳曼合盟各邦。皆用日耳曼語。意大里諸國。皆用意大里語。英美兩國皆用英語。

又按自同治年間以後。各國語言文字。以英吉利佛蘭西兩國為宗。談瀛錄曰。中土人以為英語如中土官話。無人不知。故皆學英語。乃航海數萬里。除新嘉坡外各口岸。及義大利瑞士德意志荷蘭比利時。皆不曉英語。法國解者亦寥寥。惟法語則各國皆善操之。遇他國使臣入見國君者。必先問通法語否。如不能。乃操英語。故但學英語。殊非所宜。出洋自香港至亞丁。英語尚可通問荅。過此則法語為便。去法入英。以達美國金山等處。英語乃大宜焉。

又按英國以二十一字爲母。五字爲韻。共二十六字。字母曰皮　西　提　愛甫(此字兩音合)　其　愛去(亦兩音合)　及哀(亦兩音合)　愛而(亦兩音合)　愛姆(兩音合)　愛痕(兩音合)　披　開　口育(兩音合)　挨　愛司(兩音合)　梯　惟　特勃而雨乎(此字五音合)　愛恪司(三音合)　褪哀(兩音合)　蘩脱(兩音合)　韻五字愛　衣　挨哀(兩音合)　娃　雨何(兩音合)

又按美國丹國同英。秘魯國與中國立約。凡稿有三分。以一分用英字寫。以一分用日斯巴尼亞國(即西班牙即大呂宋)字寫。

又按法國文字自爲一體。比利時同法　布國與中國立約稿三分。以一分用法字寫

又按俄國文字。自爲一體。以二十字爲字頭。阿　巴　瓦　噶　達　耶　熱　皆　伊　亦　喀　拉　瑪　那　倭　怕　啦　薩　土　烏

又按日斯巴尼亞國(即西班牙即大呂宋)文字。自爲一體。秘魯和約稿三分。以一分用日字寫　布路斯及德意志國文字(即普魯士及日耳曼二國)與斯馬加國文字(即奧地利亞)同日耳曼　和國(即荷蘭)義國(即意大利亞)均有文字。以上各國某國同某。說者不一。闕以俟考。

又按日本文字與中國同。而以本國之土字夾入其中。顛倒讀之。遂致難解。與西洋各國等日本人自撰其國史。稱天武天皇(按約在中國唐太宗高宗時)造新字四十四卷。今考其字。不過四十八蓋繙行而爲四十四卷耳。四十八字曰イ以　ロ洛　ハ哈　ニ泥　ホ化　ヘ海　ト訖　チ氣　リ利　ヌ奴　ル路　ヲ啞　ワ滑　カ卡　ヨ搖　タ他　レ立　ソ沙　ツ之　子內　ナ那　ラ辣　ム磨　ウ烏　井伊　ノ諾　オ啞　ク

苦乜耶ㄇ麥ケ開フ夫コ誇卫賢テ鐵刀㛘廿殺乇克乂工油乂美三米　三希　工賢　匕希　モ木

乜息入司　二痕

又按各國輕重長短之權度。和約皆言照粵海關部頒定式。係專指在中國各海口納稅也。其自用之權度。參合諸說。撮其大畧於左。

英國一百三十三磅又三分磅之一。合中國一担。即一百斤。一磅十六兩合中國十二兩每磅一噸噸一作墩中國十六担八十斤。或云合一千八百斤或云合一千七百斤皆誤也美國同英。與中國算。以中國方停四十官尺合為一噸。　又英國又以三兩三錢為一磅。蓋磅有大小之分也。普法戰紀謂金錢一磅。值二十五佛狼。佛狼者。法國常用之五開小洋銀錢。當鷹洋四元又八。即此小磅也。蓋金銀之磅如是。秤他物則一磅合中國十二兩。

英國一百四十一因制。合中國一丈。十四因制又十分因制之一。合中國一尺。十二因制為一幅地。三幅地為一碼。四碼欠三因制。即合中國一丈。

英國量米麥之具曰婆式爾。合中國三十二升。

英國以天上一度。合地上六十里。中國以一度為二百里。是英之三十里。即中國一百里。英之三里。即中國十里。英之一里。合中國三里又三分三釐有奇。英里名買耳。見下奧國里今亦作買爾。又名洋里。其行船日記所稱海里。則六十海里。為洋里六十九又半。每一洋里。合五千二百八十英尺。即一千七百六十碼。每一碼計英尺三尺。　又按英人慕維廉所著地理全志云。昔西地理之士。至中國。以一百九十二里半為一度。後至以二百五十里為一度。今特之士。以二百三十里為一度。他書皆無此說。不可解

奧斯馬加國稱物之秤曰勝得南。一勝得南計一百二十三磅半。即英秤十六兩。合奧之一百福衡。得成一勝得南。

奧國量酒之具曰愛滿。一愛滿為十四加隆又九分四。

奧國量地之碼曰約。以英碼計。為英之一畝四分三。

奧國量米麥之具曰碼蚩。合英為一石七

奧國量長濶厚三面之尺曰扣拉夫德。即立方尺。照英尺每尺六十七尺。

奧國計里之名曰買耳。計長二萬四千奧尺。為英四買耳四分三。合英里四里七分半。即中國十四里二分半。　又有所謂結羅米特者。每一結羅米特。約半英里有奇。合中國一里六分有奇。

比利時國稱物之秤曰結羅格蘭。又曰黎佛耳。每一結羅格蘭。照英秤二磅零二十分。　噸曰吞拏。計二千二百磅。較英噸少四十磅。

比利時國量地之碼曰赫得。照英二畝零四十七分。　量油酒之具。亦曰赫得來特。照英官加隆有二十二加隆之數。量長短之尺曰米特。照英尺三分八。　計里之名曰結羅米特。一結羅米特。為英一千九十三步。每步三尺。約半英里有奇。合中國一里半有奇

丹國稱物之秤曰磅。每一磅合英一磅。又千分磅之百零二分。又裝載之噸位曰雪布來斯得。與中國所立之和約作拉四噠每一雪布來斯得。合英兩噸。又量之桶曰呑特。每一呑特。合英王斛三斛又十分斛之八。並合英煤斛四斛又十分斛之七。又尺曰福得。每一福得。合英一尺又百分尺之三。　又量油酒之具曰呑得利。每一呑得利。合英一加隆。又十分加隆之七。

又丹國屬地之桑蒴島桑多羅美島聖還島三處。皆在中亞美利加海中。量酒之具曰斛侖。每一斛侖。約百磅至十磅之數。

法國量長短之尺曰米特。英人以法國三尺謂之一雅合中國三尺一寸。加十倍曰特喀米特。加百倍曰合特咪特。加千倍曰結羅米特。則中國三千一百尺也。減小米特十倍曰特斯米特。合中國三寸一分。再減十倍曰生特米特。合中國三分一厘。再減十倍曰謀勒米特。合中國三厘一毫。又按法與中國和約。中國一丈即十尺者。以法國三邁當。零五十五桑的邁當為準。中國一尺。即法國三百五十八密理邁當。邁當米特之轉音也。桑的邁當。即生特米特之轉音密理邁當。即謀勒米特之轉音也。出使日記則云。每一邁當。合中國二尺七寸九分三釐二毫九絲六忽。說又不同。然和約載中國一丈。合三邁當有零。自當以和約為準。　又量地之度曰阿爾。計三畝零八分四四。加十倍曰合搭兒。合三百八十四畝四分。減十倍曰生搭爾。計三分八厘四毫四絲。中國一畝。法國謂之一機路芟得。　又稱物之秤曰喀羅格郎。合英二磅二分五毫。中國二十四兩二五。大者曰浸篤。合英二百二十磅。中國二千六百四十兩。

又按法與中國和約云。中國一担即一百斤者，以法國六十吉羅葛棱㕯零四百五十三葛棱㕯為準。吉羅葛棱即喀羅郎之轉音，或又作基洛梅忒，謂合中國三十兩。　擔曰色納，即生得那，每一約一百一十磅。日耳曼合衆國（即德意志布路斯及公會之各國）稱物之秤曰鐵勒葛孿，每一約二磅二分五。與中國立和約云，中國一担即一百斤者，以布國即德意志公會各國一百二十唪吣二十七嗤吣。一咕嚦吣八咜吣。即法國六十吉羅葛棱㕯。是為中國一百斤。　又裝載之噸，每一重二千二百磅。　量物之尺曰米特，每一約三十九寸三分七。和約云，中國一丈即十尺者，以布國暨德意志公會各國十一吠嘶二咋哩零九分，即法國三邁當零五十五桑的邁當，是為中國一丈。中國一尺，即布國十三因制零七分，即法國三百五十八密理邁當。　又計里之稱謂曰結羅米特，每一合英里八分之五。又曰買耳，每一合英里四里零三千一百六十八尺。　又日耳曼一里，計布國之四買耳八分五，為中國十三里有奇。　又德國一磅，合中國十二兩。一百一十磅為生得那。

意國計里之稱謂曰結羅米特，每一有一千九十三撲，每撲合英三尺，即英里八分之五。　輕重之秤、長短之尺，和約所載與法國和約同。

荷蘭一切與法國同。

俄國量木植之尺曰藍納斯，一百藍納斯合英國一百零三尺。此專以量木植。其量他物者自一千八百三十一年，我道光十一年以來，皆用英尺。　稱物之具曰波特，六十三波特為一噸一波特為俄四十磅。即英三十六磅。合中國四百三十二兩。俄之一噸。合中國二萬七千二百一十六兩。即一千七百零一斤。　計里之謂曰阜斯得。一阜斯得。合英尺三千五百尺以英里計之。約半里餘。合中國一里半有奇。

西班牙一切與法國同。

瑞典挪威國。每一里合英國六里六四。合中國二十二里有奇。一切權度與法國同。

瑞士國一切與法國同。

土耳其稱物之具曰瓦格。合英磅八三零二六。　其大者曰進得。即四十四瓦格之數。計一百二十五磅。即土國一擔。首肥亞三十九瓦格四分四為一擔。　稱物最大之秤曰嗅格。為一百八十瓦格。計五百十一磅又三八。　量物之尺曰杭達實。長二十七英寸。　量地之具曰阿根。長三十英寸。其大者曰轟能。計四十見方步。每步三英尺。　量麥之具曰格羅較英量具得九分一二。

阿根廷合眾國即南亞墨利加之拉巴拉他　稱物之具曰根得。每根得為一百零一磅又四分。　又有阿羅拔。每阿羅拔為二十五磅又三五。　量麥之具曰法逆茄。每法逆茄為英一婆式爾半。

玻利非亞國稱物之具曰賴孛拉。每一賴孛拉合英國十六兩磅之一磅又零一四。　又曰進德。合英磅一百零一磅又四四。　又曰阿羅拔。合英磅二十五磅又三六　量油酒之具曰軋倫。比英軋倫止及七四之數。　量地之具曰法而拉。合英碼止及九二七之數。

巴西一切與法國同。

喀納塔國（即北亞美利加英國屬地）稱物之秤同於英。每擔重一百磅。每噸重二千磅。量物之具即英婆式爾。量小麥山薯蘿蔔等。一婆式爾重六十磅。細蔴子等重五十磅。胡蔴子重四十四磅。草蔴子重四十磅。鹽重五十六磅。乾蘋果重二十二磅。

智利國一切與法國同。

可侖比亞國稱量用法制。量地用英碼。

唵蒯道國（即厄瓜爾多）一切與法國同。

墨西哥一與法國同。

日本國與輕重亦論斤。於尺度亦如英。有因制名目。惟改若干碼曰若干野兒都。日本量地以坪計。每坪合中國六方尺。

各國錢幣

儒按英國以四八色金為錢。重中國市平二錢二分者。曰色伍倫。名之為鎊。每鎊兌二小金錢重一錢二分者。曰哈分色伍倫。兌銀錢二十。銀錢曰先令。（一作喜林）重一錢四分。每一先令兌二小銀錢重七分。曰西本士。一西本士兌銅錢名本士（一作辨士）十二枚。本士平價。每枚約值中國錢二十四文。又有半本士。約值十二文。花丁約值六文。中國與之交涉。以銀易鎊。必高擡鎊價。每百萬輭虧二三十萬。又兌中國十成足金。或九八驃金。每百萬輭虧十四萬。或十六萬。

儒按印度銀錢曰路畀（即海國圖志之魯畀）重三錢二分。小者四分之一。或八分之一。上鑄英國女主像。前本科頭。近歲（謂光緒年間）乃加之冠。蓋印度之黃冕。各部酋長加奉尊號之意也。西藏通行路畀。至打箭爐而止。然多係一千八百六十二年（我同治元年）以前之舊製。新者未有也。銅錢有二種。大者曰哈夫安那。每三十二枚值一路畀。小者曰拜士。每六十四枚值一路畀。四拜士為一安。另有公班衙銀票。交易通用。自十路畀起。至數十數百數千不等。（拜士即辨士之轉音）

儒按奧斯馬加（即奧地利亞）國銀錢。通用四等。其最小者曰紐扣而哲。其大者曰福鹿林。有金錢曰金喀郎。一喀郎約十五喜林之值。可易福鹿林八枚。一福鹿林可易一百紐扣而哲。此平價也。間有時價上下。　又銀行開銀票。自一千福鹿林至一枚皆可。

儒按比利時國通用銀錢曰福蘭格。（一作佛郎一作扶朗一作佛狼一作扶令士）一福蘭格有大小之分。大者即銀錢一元。小者自對開至五開為度。五開者五枚。即合一大福蘭格之數。按公法便覽注曰每一扶郎。合銀一錢三分。蓋指小者言之。大者則每元合銀六錢五分矣。　又比之銀行匯票定章。以二十五福蘭格可換銀一磅。是為平價。

儒按丹麥國通用之銀錢曰列斯大拉。每一枚兌換九十六吉林。合九列斯大拉為英銀一磅。是一列斯大拉合中國一兩三錢三分三厘三毫三絲又三三也。一吉林合中國一錢二分五厘也。

儒按法國通用之銀錢曰福蘭格。每一枚計洋銀一角九分之數。可分為一百勝丁。以洋銀每元重七錢三分計之。是一福蘭格合中國一錢三分八厘七毫也。福蘭格一作弗狼一作佛郎。每五枚合現用鷹洋一圓。此又一說。金錢一枚可易佛郎二十枚。如易英國先令則十六枚。蓋法之金錢，其分量較英輕也。

儒按：日耳曼合衆國通用之銀錢曰大拉，每一大拉約英銀三喜林。伯雷門一國銀行所發用大拉，合三喜林四本士。又福鹿林，每一枚約四角之數，合英一喜林八本士。又碼克，每一碼克，一喜林三本士。罕倍克一國所發用碼克，合一喜林六本士。以上皆老銀錢。又新定通行之碼克，議定條欵，須行打造。第一欵用赤金打成，約金錢一百三十九塊半，合得細金一磅。第二欵取十分内之一分，名曰碼克，分之可為一百佛甯。第三欵議定十碼克之外，更打造二十碼，約六十九魄七分五，合得細金一磅。第四欵頒定每九百分赤金，攙赤銅一百分，照十碼計之，一百二十五塊五分五，合得細金一磅，照二十碼計之，六十二塊七分七，合得細金一磅。第五欵金錢式正面德國名號印圖，註明若干碼，何年打造，反面可用開造本國名號及面印。七十三年（我同治十二年）五月，又議定新造金銀錢只重二碼，以後或金或銀，可加至五碼。　又布國有錢名曰本納（一作奔內），每一枚約銀錢二分之數。

儒按：俄國通用之錢曰銀羅般（般音鉢，一作勞卑，一作魯卑，一作羅卜，一作羅布，一作羅泊，一作盧布，一作盧卜，一作魯辟，一作羅籌，一作魯祕），合現行之鷹洋半元，合英國兩喜林七本士，銀羅般七枚為英銀一磅（按此當係小磅，非十二兩之磅），每一銀羅般可分為一百銀夸般。俄國雖以銀羅般為本，而民間便用率多紙羅般，如鈔票然。一百紙羅般只易銀羅般八十及九十，蓋百分中扣有十分至二十分者。然紙羅般太多，雖屢經整頓，而市價長落不一，民貧而國亦不得不疲。觀於俄與日本，而益知鈔票之果非善策。

儒按意大利亞國通用之銀錢曰賴兜。一賴兒分之為一百勝丁合二十五賴兒為英銀一磅。賴兒又名利而

儒按荷蘭國通用之銀錢。曰結利特又名福鹿林與日耳曼之福鹿林同合十二結利特為英銀一磅

儒按葡萄牙國通用之銀錢曰密勒。每一密勒分為一千鏤合四密勒半為英銀一磅

儒按西班牙國通用之銀錢曰秘西笪。即洋銀一元之數。此本洋也。合二十五秘西笪為一磅。曰愛斯固度。合十愛斯固度為一磅　曰而列啊。即四開洋銀每枚二角五分也。合百而列啊為一磅。

儒按瑞典國通用之銀錢曰列斯大拉。合十八列斯大拉為一磅

儒按挪威國通用之銀錢曰大拉。約四喜林六本士之數。與現在通用之鷹洋相彷。

儒按瑞士國錢法與法國同。

儒按土而其國通用之錢曰賴而拉。以金為之。每一枚合十八喜林餘。　曰畢阿斯得。以銀為之。有兩種。一種合一百枚為一賴而拉。一種一百零五枚為一賴而拉。　曰銅畢阿斯得。一百枚換一賴而拉。

儒按阿廷根即拉巴拉他通用之銀錢曰伯的工。合一百伯的工為鷹洋一元之數。　曰秘瑣。合一百二十二枚半為英銀一磅。一秘瑣約二本士之數。

儒按玻波一作非利亞通用之銀錢曰秘瑣。值三喜林。向來玻國秘瑣。十二分中攙一分銅。值

四喜林二本士。今攙銅四分之一。故所值較少。

儒按巴西國通用之銀錢曰密勒。值英洋二喜林三本士。今金銀錢不甚行。所行者無非庫票。名曰塞具乎拉。又民間行用銅錢。

儒按喀納塔國（即北美利加英屬國）通用之銀錢曰秘瑣。值四喜林二本士。合四秘瑣八角五分以為英銀一磅。

儒按智利國通用之銀錢曰秘瑣。即今現通行之鷹洋銀。每元合英四喜林。

儒按科侖比亞國（即可侖亞）通用之銀錢。亦即秘瑣。貿易則用法國福蘭格。每五枚為一秘瑣。其錢皆非本國打造。　又考斯搭里噶（即危地馬拉所分五國之一）告提抹辣（上同）山薩佛道（上同）杭度辣（上同）呢加拉乖（上同）五國通用之銀錢。亦皆秘瑣。出自墨西哥。今通行之鷹洋也。山薩佛道又用大拉。出自西班牙。即本洋。本洋亦有出美利堅國者。　又按墨西哥所造之鷹洋。美國人以八二折買之。販於中土。

儒按唵蒯道國（即可侖比亞所分）用銀錢。亦即大拉。又有披阿斯得。大都用英法美銀錢居多。

儒按委內瑞辣國（即可侖比亞所分）用銀錢。亦即秘瑣。

儒按海帶國（即亞墨利加海灣之海地島）通行之銀錢曰哥而特。每一哥而特值英三本士。

儒按墨西哥國通用之銀錢。即今現行之鷹洋。名曰秘瑣。每元值英四喜林有奇。

儒按秘魯國通用之銀錢曰秘瑣。值英四喜林。蓋亦鷹洋也。　又曰沙而勒。值英三喜林九本士。

儒按巴來蒯國即巴拉圭通用之銀錢亦即祕瑣。

儒按烏拉乖國通用之銀錢。值英四喜林。蓋亦祕瑣。

儒按美利堅國銀錢用祕瑣。值四喜林。近有自造金銀錢通用者。祕瑣一名大拉。

儒按埃及即麥西國通用之銀錢曰塞京。每一合英五喜林四本士。又曰批阿斯得。每一合英二本士。又曰記斯。每一值五百批阿斯得。約英五磅之數。更用西班牙銀錢。即本洋。

墨西哥銀錢。即鷹洋。

儒按里比利亞國通用之銀錢。即美國之大拉。此國在阿非利加西土幾內亞之西地甚小

儒按摩洛哥國通用之銀錢曰孛蘭脫。合五十四孛蘭脫為銀錢五元。又用金錢。每一值銀三磅四喜林。又用半開金錢。又四開金錢。值二銀錢之金錢。又有銀錢及半開銀錢。

儒按錫蘭島通用之銀錢曰魯祕。即半開銀錢。按魯祕當即俄所用之羅般

儒按噶留巴用荷蘭結特利銀錢。

儒按波斯用西班牙錢。即中國本洋。

儒按日本國當天武天皇二年。唐高宗上元元年時日本尚無年號對馬島始貢銀鑄銀錢。十二年周武后垂拱元年有廢銀錢用銅錢之令。持統八年。此據日本雜事詩按編年表周武后天授元年女主持統天王嗣立在位七年禪位於先王女孫文武天王則不應

有持統八年也始復設鑄錢司元明天皇和銅元年（唐中宗景龍二年）武藏獻銅又廢銀錢鑄銅錢（元明天皇亦稱女主）銅錢始有文曰和銅（一作和同）開珎（亦錢文也）之聖武天平感寶元年（此據日本雜事詩天平感寶似聖武天皇四字年號按紀元編及編年表唐玄宗開元十二年為聖武天皇神龜元年開元十七年改為天平元年至唐玄宗天寶七年聖武卒明年聖武之女孝謙天皇嗣立改元天平勝寶為四字年號皆無感寶之稱與此異）陸奥貢黃金四年始鑄金錢近世寬永復鑄鐵錢（按寬永乃後水尾天皇年號朱竹垞吾妻鏡跋謂當明萬曆中凡言日本事者多從之考近時日本人石村貞一所撰史畧明崇禎元年為彼寬永五年則寬永元乃明天啟四年也竹垞誤矣）日本錢有圓有楕圓有渾圓有方有長方多無孔無輪廓重或數兩縱橫六七寸小則輕數銖大一二分而已今所用者尚有寬永錢文久錢（我咸豐十一年為彼孝明天皇文久元年）又有天保錢（我道光十年為彼仁孝天皇天保元年）以一當百至彼明治四年（即今在位之主為我同治十年）金銅銀三貨並鑄式皆精美（大小銀錢皆有明治某年漢字及洋字）六年復造紙幣當墨西哥銀錢一枚者（即中國所用之洋）曰金一圓又半圓二十錢十錢描畫龍鳳有明治通寶字書於其中本欲以便民濟國也今轉以病民而並無益於國東游筆記云當鈔票初行之際百姓稱便多願使用鈔價一圓者貴至一圓二角故民財大半歸公迨後公用不足又勒富家出銀易鈔今之所謂富戶者紙鈔而已

各國錢法

儒按光緒七年十二月萬國公報有西國錢法一條所紀國名地名譯音難於全行考核而錢法頗詳錄之以備參閱

儒按英國鑄錢局於一千八百五十五年置（我咸豐五年）印度加納若塔城鑄錢局較國大兩倍

餘。為各國最大之局。英屬博名韓城新設大局。除鑄英錢外。並代數國鑄錢。英國金錢每十二兩攙銅一兩。英國銀錢每值銀百兩用銀本八十八兩至九十兩不等。隨行市漲落。英國銅錢。每一千文用銅本二百五十文。所差雖多。不碍行使。如官票然。英法兩國銅錢每百兩內淨銅九十五兩。攙白鐵四兩。鉛一兩。此錢最高。那威國用比倫錢。內銀一倍攙銅三倍。德國亦用比倫錢。內銀一倍。攙銅三四倍。不甚美觀。比利堅 美國 瑞士亞美加四國用金類。名尼客。似銀較銀賤四倍。潔淨美觀。其質堅輕。難化私鑄。一千八百六十九年。我同治八年英人鑄尼客錢於亞美加行使。今以尼客價昂。暫停鑄。

儒按德國金銀錢。每千兩內淨金淨銀九百兩。法國銀錢。每千兩內淨銀八百三十五兩。英國銀錢。每千兩內淨銀九百二十五兩。瑞士用銀銅錫三項攙和鑄造。

儒按英國 普國 埃及 土耳其 智利 巴西 德國 瑞典那威 丹國 日本 以上諸國。皆論金數若干。銀錢貴賤統合金數算計。銅錢為零。不足關係。

儒按 印度 暹羅 墨西哥 俄羅斯 奧地利亞 以上諸國皆論銀數若干。金銅二項統合銀數計算。

儒按 法國 比利堅 以大利 西班牙 希臘 路滿牙 秘魯 以上諸國金銀並有定例。每金一兩值銀十六兩。

瀛環新志卷四中

丹徒李慎儒鴻軒氏著　江都夏霖夢蝯氏校

俄羅斯圖說新增

出使四國日記曰俄羅斯人語音稱其國曰嚕西牙稱其人曰路斯格其崛起之萌曰祿利格中國之言俄羅斯皆自荷蘭英吉利人遙譯難免訛舛嘉慶十一年兩廣總督吳熊光奏查明路咟國來廣貿易即俄羅斯也禮部則例亦有路咟此皆就其本國語音譯之蓋路斯格三字急呼之即路咟也

儒按唐書骨利幹傳曰其地北距海又北度海則晝長夜短日入烹羊胛熟東方已明蓋近日入處也云云按骨利幹今俄國西伯利部之北境其與瑞典國雖東西相去甚遠而以南北測之則兩相平本志瑞典圖說稱其謄巴蘭部那蘭斯部肥引墨部三處稍南夏日長九時以理推之唐書所云骨利幹晝長夜短似非虛語第以為近日入處則大非且有時晝長夜短亦必有時晝短夜長故瑞典之三部冬夜長九時與夏相反骨利幹何獨不然則史家考核之疏也　又按康熙五十四年兵部郎中圖理琛進呈所著異域錄言俄國北距海僅一月程其海濱夏至前後不夜圖理琛係身歷俄地者夏至不夜則冬至不日異域錄所言實則唐書應亦不虛而其漏言夜長之失可見

儒按俄國於興安嶺南黑龍江北雅克薩尼布楚兩地建木城我大清初次毀之在崇德四年兵退俄人尋復城之順治十一年十五年兩遣兵驅逐至康熙二十八年始議定疆界以雅克薩城歸我以尼布楚與俄而通市於喀爾喀東部之庫倫至雍正七年乃定市於恰

克圖。此志所載。稍嫌疏畧。

儒按外興安嶺國初人紀載多作興堪山在黑龍江直北二三十里。嶺北發源各水。北流入北海。嶺南者皆南入黑龍江。康熙二十九年。畫此嶺與俄人分界。其地荒寒險阻。不生草木。我不能以兵往。彼亦不能以兵來。故向不設防。乾隆三十年八月。黑龍江將軍富僧阿奏稱並無俄人偷越情事。只定三年由將軍派副總管巡查一次之例。其附近黑龍江北岸雅克薩尼布楚由北迤西一帶。向設卡座。地亦險阻。以格爾畢齊河為界。故乾隆五十八年四月。將軍明亮奏無庸另增卡座兵丁。康熙二十八年十二月所判界碑。即立於此。其黑龍江南岸迤西呼倫貝爾一帶。以額爾古訥河為界。卡座林立。最為緊要。亦有康熙二十八年界碑。設兵隨宜防守。黑龍江者。元朝之斡難河也。上流在俄人地界內。東流至三姓。與混同江合。東趨大海。三姓之直南。混同江通瑚爾哈河。直達甯古塔。三姓西南。混同江通松花江。穿伯都訥可斜達吉林。伯都訥地極富庶為東三省精華之地 故黑龍江斷無可聽俄人駕舟來往之理。乾隆二十二年八月。俄國請由黑龍江挽運本國口糧。 純廟責以違約。不許。良有以也。

儒按乾隆二十二年平定新疆準噶爾逆酋阿睦爾撒納逃入俄羅斯。 上命理藩院行文俄國。責以彼此不納叛人定約。廷臣恐啓邊釁。咸力言不可。 上不納。會阿睦爾撒納死。俄獻出其屍。次年正月諭曰。駕馭外藩之道。示之以謙則愈驕。怵之以威則自畏。此二言若子孫世世能守。實大清國億萬年無疆之庥也。即如漢唐宋明和親稱姪。歲幣屢增。是亦

謙遜之極矣而於邊患甯稍救耶

僞按癸巳類稿俄羅斯事輯篇曰康熙二十五年額勒克舍靡汗羅費卒無子有一女曰栗多額勒克舍雅費持嗣察罕汗位是為察罕散丕特里普爾汗亦曰叩肯汗其國言男曰叩女曰叩肯也乃議和康熙二十八年十二月丙子定邊界以額爾古訥河為界歸我雅克薩尼布楚定市於哲卜尊丹巴胡圖克圖之庫倫而磨崖刻會議七條滿漢拉提諾（拉提諾一作捷提諾）西洋字也蒙古俄羅斯五體字於黑龍江之吉爾巴齊河東岸其漢字則行書也康熙三十三年俄使臣自土魯番哈密東嘉峪關互市為立館於京城中玉河橋西定三年一互市來者不得過二百人以八十日為期五十年土爾扈特使由俄至五十一年五月 聖祖使圖理琛等往報之五十四年三月歸繪其所經俄國西畢爾喀山兩斯科地圖及著異域錄呈

御覽既而汗卒亦立其女至是國皆傳女雍正五年復與我議喀爾喀以北自楚庫河以西沿布爾穀特山至博穆沙畢鼐嶺為界而定市於恰克圖乾隆二十二年我師定西域凡俄逃人在伊犁者悉送還而阿睦爾撒納逃入俄 高宗命理藩院行文與俄撒納特衙門索之會阿逆出痘死次年正月俄送出其尸四月厄魯特舍楞害我副都統唐喀祿逃入俄察罕汗受之以屬土耳扈特我使索又不與 高宗怒絕恰克圖市三十六年舍楞誘我屬下之土耳扈特全部趨伊犁廷臣皆以為恐開中俄兵端不可受 高宗命理藩院移文告以伊犁本我地舍楞乃我叛人遂受之俄亦不問乾隆四十四年復開市五十四年又

以納我逃人閉關嚴大黃之禁五十六年俄復求開市許之時叩肯第七傳矣或以叩肯汗有男侍遂謂我使侍衛碩託按聖武記康熙二十八年定議我大臣乃索額圖並無侍衛碩託赴俄國都之事也與汗定議十八條於枕席之上其說俄謬且亦安得有十八條議哉

儒按康熙二十八年界碑所刻會議七條張鵬翮使俄羅斯行程錄載之其文曰大清國遣大臣與俄羅斯議定邊界之碑一將北流入黑龍江之綽爾納即烏倫穆河相近格爾畢齊河為界循此河上流不毛之地有石大興安以至於海凡山南一帶流入黑龍江之溪河盡屬中國山北一帶之溪河盡屬俄羅斯一將流入黑龍江之額爾呼納河為界河之南岸屬於中國河之北岸屬於俄羅斯其南岸之局勒爾喀河口所有俄羅斯房舍遷移北岸一將雅薩克地方俄羅斯所修之城盡行毀除雅薩克所居俄羅斯人民及諸物用盡行撤往察罕汗之地一凡獵戶人等斷不許越界如有一二人擅自越界捕獵偷盗者即行擒拏送各地方該管官照所犯輕重懲處或十人或十五人相聚持械捕獵殺人搶掠者必奏聞即正法不以小故阻壞大事仍與中國和好毋起爭論一從前一切舊事不議外中國所有俄羅斯國之人及俄羅斯所有中國之人仍留不必遣還一今既永遠和好以後一切行旅有准令往來文票者許其貿易不禁一和好會盟之後有逃亡者不許收留即行送還　按

皇朝經世文編載徐元文所撰碑文於此條約字句稍異外又將第五第六兩條併為一條與各書所紀七條之數不相符合按　皇朝通志金石畧載俄國定界碑云係　御製碑

文亦作六條則諸書所謂七條者或誤也

儒按東華續錄乾隆三十三年八月丁卯諭瑚圖靈阿等奏恰克圖通商一事業將理藩院議定十三條行知俄羅斯廓密薩爾廓密薩爾一一欽遵辦理等語俄羅斯既知遵照章程着准其通商其由內地前往貿易人等交理藩院辦理遣往

俄羅斯東境圖說

儒按同治以來外國人地球全圖琉球國臺灣之間謂之東海自日本迤北至朝鮮又北至吉林黑龍江其東面之海皆太平洋日本朝鮮西面與我江蘇山東直隸奉天相對中間之海統名曰日本海與太平洋相通之水道在日本國境內名楚家爾窄處不足四十里為咽喉要隘俄國船隻若由東洋入中國與朝鮮當出波羅的海涉大西洋繞大浪山過印度海穿巽他峽而後抵東海計程八萬餘里否則入地中海由新河出紅海勞費不貲得不償失故向來中國洋面從無俄船至者迨俄於吉林黑龍江東邊外立阿穆爾東海濱兩省船隻有聚積之處始與我海疆爭利然其來也必從太平洋入楚家爾幸日本會其利耳否則於此扼之彼將片帆不返太平洋楚家爾並詳東洋二國圖說中俄東北地接亞墨利加與美國同在一洲其到中國皆須從太平洋入楚家爾數年前美國以兵船赴朝鮮議通商朝鮮不行幾動干戈美無可奈何而退光緒六年十二月上海接美國紐約電報係美水師副提督沙斐路以兵船駛往高麗遂定通商之議大抵日本從中暗助者居多云云夫能助人而使之有益者即能

制人而使之有害者也。籌邊事者。其首在日本哉。　又按光緒二年。江甯李圭赴美國所著環游地球新錄。由上海至日本長崎神戸橫濱入太平洋。

儒按西洋各國通商章程。及出進口税。皆事同一律。惟俄另議。蓋彼之所貪本不在水而在陸。即至今日海道暢通。而彼所注意。究在新疆回疆壤地相連處也。

儒按光緒六年。日本岡本監輔所注萬國史記。日本屢代常有征服蝦夷之事。至其國孝格天皇時。（在我嘉慶年間）俄羅斯抵蝦夷乞互市。未幾。俄主又命水師提督田布廷至長崎乞蝦夷疆界。至現在日本之主明治二年。（我同治八年也）乃改蝦夷為北海道。　又按日本和約載其國通商口岸橫濱一口。為出太平洋碼頭。屬東海道。箱館一口。屬北海道。東海道為俄人入內之要道。北海道則與俄國相近處也。俄不經日本之東海道。則道路阻隔。不能抵我海疆。俄不暫駐日本之北海道。則太平洋茫茫數萬里無一島嶼。不能轉運粮餉。俄與日本結好。固為中國患矣。日本詎無開門揖盜之慮乎。光緒七年正月。上海譯出日本報曰。日本管理外務大臣向俄水師提督沙司鴿索還蝦夷島。（此島當是蝦夷屬地）緣俄駐兵此島。凡日本製造局。皆可窺見。故欲索還。俄不允。蓋俄與中國搆釁。則該島最有用。故不肯輕棄云云。然則日本亦漸有悔心矣。倘有蘇張游說之士。此固可乘之機也。

俄羅斯西境圖說

儒按光緒七年中俄新約有云。陝甘總督奉到　大清國　大皇帝批准條約。將通行之事派委妥員前往塔什干城知照土爾吉斯坦總督自該員到塔什干城之日起於三个月內應將交伊犁之事辦竣按新疆天山北路準部之西之北為哈薩克左部之直西為哈薩克右二部天山南路回疆之喀什噶爾城之西為浩罕塔什干城則介乎哈薩克右部及浩罕之間者也由喀什噶爾踰葱嶺赴浩罕以葱嶺之脊地名阿賴者為咽喉要道俄人已有塔什干城則我之極北新疆南至西藏處處可通矣然俄之窺我疆宇也甫一二十年而垂涎於五印度者已百餘歲今既脅服諸回部南臨印度有高屋建瓴之勢俄英搆難之日不遠矣我其得息肩乎　又按阿賴之上有龍池即佛書所謂阿耨達之轉音亦即今回回語所謂哈喇淖爾李申耆所繪輿地圖之哈喇庫爾泊乃黃河極西極高之上源於漢為盤陀國今為布魯特奈曼（音與盤陀相近）游牧之地乾隆二十四年回逆霍集占奔巴達克山未至官軍追及之於此道光七年楊芳追勦張格爾亦屯於此

儒按哈薩克西南接浩罕布魯特布魯特距伊犁僅一千四百里浩罕距喀什噶爾亦僅五百里去伊犁亦不過千餘里耳今俄與我重定哈薩克分界（見廢約第八條乃崇厚所許者）是欲撤我屏藩也可勿慮哉（松筠奏疏謂浩罕距葉爾羌二十餘驛則距喀城應十驛不過五百餘里也）俄所脅之各回部詳見各回部總圖批茲不複錄

我羅斯國　俄羅斯　鄂羅斯　厄羅斯　阿羅斯　斡魯思　莫哥斯未亞　魯西亞　汉壽盱
兀魯思　羅刹　羅車　葛勒斯　縛羅答　儒按一作歐羅特黑

我羅斯國　儒按咸豐八年五月初三日。即一千八百五十八年伊云月初一日所定和約。稱大俄羅斯國。自專主依木至業拉托尔。咸豐十年以後各約皆稱大皇帝。俄稱皇帝之說詳普魯士圖說

唐懿宗咸通年間　儒按四裔編年表唐宣宗大中四年庚午。丹國主伊功為王。其國之北地人魯烈斯始立俄羅斯國。傳宗中和二年壬寅。啞力計取基輔。執其酋。遂遷都基輔。按魯烈音近祿利。啞力計音近尉羅斯。與此志所載大致相同。惟本為丹麦屬地。則此志所未載。且在唐宣宗傳宗時。亦與此志稍異。自當以年表之說為是。

宋理宗年間元太祖　儒按年表宋理宗嘉熙元年。西一千三百三十七年。元人大舉來伐。初諸侯吞併。各不相顧。至是皆降於元。而元仍留俄國王位。特皆由元立之。俄國不得自主。元順帝至正十九年。西一千三百五十九年。始叛元。尋仍降元。又按海國圖志辨元太祖封子朮赤之地。乃今俄國東境。疆域不大。言之甚悉。余考萬國史記。則云達尔給斯坦之北。西自裡海至北高海。授長子朮赤。則已兼有波羅的海東部。並高加索新藩部地矣。外國之事。自當以外國史為正也。朔方備乘說與史記同。又按元太祖親征。歲戊寅年征服俄之東境。時宋甯宗嘉定十一年也。己卯征俄西境。為嘉定十二年。至甲申旋師。為嘉定十七年。次年始為理宗寶慶元年。則元之西伐。實在宋甯宗時。非理宗時也。

明嘉靖初借瑞典兵　儒按明英宗天順八年。西一千四百六十三年。王約羋第三敗蒙古人

於閑山盡復故地號為中興王娶羅馬王姪女自稱該撒國號雙鷹自是蒙古人之在俄者日漸衰明世宗嘉靖三十二年西一千五百五十三年王約罕第四征服裏海鄰部蒙古患悉除無借瑞典兵復國事萬國史記與年表同惟約罕第三第四作宜萬第三第四該撒作加撒即皇帝也此皆譯音之轉地理全志地理備考並與年表史記同皆不言借瑞兵復國

又考地輿圖考謂元太祖長子朮赤率兵西向渡窩瓦河長驅直入立國南部元世祖北征又奪其究弗京城於是波蘭俄羅斯諸王皆投款為藩凡百五十餘年當是時惟墨斯科小國之君未肯臣服屢遭困至明成化十八年王宜萬第三借外援之力敗元人四鄰悉歸附至伯多羅第一國大治（墨斯科即此志之大俄所書伯多羅即彼得羅）

康熙四十年　儒按癸巳類稿謂俄國女主叩肯汗（詳見後文）與此志不符按萬國史記曰俄主亞歷細斯（按一作阿來西）娶貴紳女馬利生二男一女男曰帖阿多尔曰宜萬女曰索細亞（按一作蘇非）後妃那答利生男曰彼得及亞歷細斯卒帖阿多尔（按一作飛俄安第三）嗣位未幾又卒宜萬孱弱大族議立彼得（按一作貝德）使其母攝政索希亞以為不利已陰嗾親兵拒之大族不得已立宜萬為王一千六百八十二年索希亞彼得並攝政一千六百八十九年彼得闢索希亞謀圖己乃掩擊其黨殲之廢錮索希亞於寺觀宜萬遂禪位於彼得然則叩肯汗者乃索希亞攝政非真立為主宜其與此志所載世代不符也按一千六百八十二年乃康熙二十一年彼得與姊同代宜萬攝政之年也一千六百八十九年康熙二十八年彼得受宜萬禪位之年也皆

非康熙四十年事。宜爲音近約罕。又轉爲察罕也
愛妊名走荷蘭投舟師爲弟子　儒按大英國志謂是入英船廠學習一切。四裔年表謂康熙三十六年。王潛游荷蘭英吉利諸國以習其工藝
乾隆二十年王后加他鄰嗣位　儒按以諸書所紀。並近今俄國和約所署年歲例推之。彼得羅即位在一千六百八十九年。我康熙二十八年也。卒於一千七百二十五年。我雍正三年也。王后加他鄰嗣位。當在此時。此云乾隆二十年。誤矣。注謂即他書所云叩肯汗史誤。蓋牽合加他鄰及加他鄰第二爲一人也。按加他鄰一作開得令。一作充得令。又按列國歲計政要。溯一千六百十三年。羅麥囊加勒一派。（明神宗萬歷十一年也即乃蠻也編年表作羅曼諾朝譯音之轉也）世及相傳至一千七百二十五年。貝德第一卒。（我雍正三年）其繼娶之妃開德令臨朝一千七百二十七年。（我雍正五年）女主卒。貝德第一之從孫立。（按實係貝德第一之孫而非從孫編年表亦謂是其孫此似誤）是爲貝德第二。一千七百三十年。（我雍正八年）安納之女依麗所伯。入纘大統。即易爲日耳曼好斯登格到伯朝。而羅麥囊之系絕。（依書稱貝德第一之女安納嫁好斯登格到伯公加羅富得立安納生女名依麗所伯即貝德第一之外孫女也按他書皆爲貝德第二凡宜萬之女安那宜萬立一千七百四十年卒女凡子宜萬第三立明年國人廢之更立貝德第一幼女依利薩伯爲王年表所記大略亦同惟安那宜萬作王約罕女受恩宜萬第三作俟凡第三依利薩伯作以里所伯字音之小異而已皆與政要不符似政要誤也好斯登格到伯即日耳曼屬國之與倫倍克）於是進盟歐國。修好頻仍。與日耳曼各邦世爲姻媾。泰西人謂俄爲國黨。國黨者。舊時日耳曼總名。言今俄猶是日耳曼種也。一千七百六十二年。（我乾隆三十七年）貝德第三嗣立。此好斯登朝男主第一世。娶布國親王安好入白斯得

之女開德令。次年貝德第三被弒。妃開德令第二臨朝一千七百九十六年（我嘉慶元年）傳位於其子保羅（一作波羅）。保羅有三子。長曰葛埒散勤第一。（即亞歷山德第一。按諸書謂一千七百六十九年女主卒子波羅立不云傳位且六十九年乃乾隆三十四年與政要年分不符一千八百零一年波羅又被殺子亞力山德嗣而政要無保羅被弒事年表不載女主卒年又不載保羅之一代但於一千八百零一年云白林弒王子愛力克山打嗣所弒之主為誰不得而知年分事迹又與政要全不符未知孰誤愛力克山打即亞歷山德也）中曰康世單丁。季曰納葛拉。（即尼哥勞）援兄終弟及之例。以次相傳。至納葛拉復傳子葛埒散勤第二。

按此志刻於道光末年。於咸豐以來俄主世次未及載。且自彼得羅之后加他鄰嗣位以後世次。亦欠詳悉。今參考各說。述畧如左。

儒按加他鄰卒。故廢太子亞歷細斯（此又一亞歷細斯非彼得羅之父也）之子彼得第二立。一千七百三十年卒。（我雍正年）兄宜萬之女安那宜萬立。一千七百四十年卒。女兄子宜萬第三立。年方周歲。國中不服。明年幽之。更立彼得第一幼女依利薩伯為主。一千七百六十二年卒。（乾隆十七年）從子彼得第三立。王后與姦夫殺之。后自立。號曰加他鄰第二。雄才大畧。且有君德。一千七百六十九年卒。子波羅立。一千八百一年。（嘉慶六年）為兇徒所絞殺。子亞歷山德立。一千八百二十五年卒。弟孔士但丁當嗣立。而自不願立。讓其次弟尼哥勞第一即位。一千八百五十五年。（咸豐五年）子亞歷山德第二立。（一云以姪嗣叔非子繼父未知孰是其名或作阿里善豆為二譯音之小異也）一千八百八十一年。為叛民以砲轟死。（光緒七年二月十四日）子阿里善豆第三立。

波羅的海東部

彼得羅堡　儒按彼得羅一作彼德。魏源聖武記之散至特里普。姚瑩康輶紀行之比特格皆即彼得羅也。

再西南曰里窩尼亞部　儒按地里全志曰：波羅的海省分五部，曰彼得堡，曰斯多尼，曰里窩尼，曰孤蘭，曰芬蘭。本瑞典東北境，為俄所割取。玩文義只言芬蘭本瑞地，不謂里窩尼亦本瑞地也。何氏頗方隅來以全志為可信，而於里窩尼則謂本屬瑞，為俄所取，以實其俄始借瑞兵復國，以此地與瑞，後又索回之說。且謂里窩尼即那耳尼，不知那耳尼乃瑞國兼治之國，與此無涉。則錯中又錯，蓋何氏好糾人之繆，而不覺自蹈於繆也。徐氏此志得之

儒按考中國地理者，必上溯古制，不知古人畫疆行兵之迹，不足証今日之治也。於外國則否。彼之古制與我無涉，但能粗具梗概，知其源流足矣。其可為我備禦防守之資者，則為目前之形勢，故不貴古而貴今。康熙五十三年，圖理琛異域錄所附圖、一統志所據也。嘉慶末，美國人雅稗理所繪圖，徐氏此志所據也。道光初，葡萄人瑪吉士所著地理備考，及美國人林顛所繪圖，姚瑩康輶紀行、魏源海國圖志所據也。咸豐三年，英國人慕維廉所著地理全志，何秋濤朔方備乘所據也。部落之或分或合，地名之或因或創，加以譯西字為漢字，語音各異，言人人殊，轇轕紛紜，參觀益誤，而要皆古也，非今也。茲據光緒九年龔氏地輿圖考，並參以近時上海所譯洋人平圓地球圖，別錄為篇，而以徐氏之說參考異同，列於注。

儒按省之瀕波羅的海者四。平圖地球圖作保耳剔克海曰彼得羅堡。即京畿也。俞正燮俄羅斯事輯作散丕特里普尔道光二十五年俄羅斯所進呈書作丕葉忒尔布尔喀朔方備乘作三皮提里普尔斯科平圖圖作散丕透斯林克曰尼斯多尼。平圖圖作愛斯佐尼阿即徐氏此志之斯多尼亞曰里窩尼。平圖圖作里佛尼唵即徐氏此志之里窩尼亞曰孤蘭地。平圖圖作科耳關得徐氏此志孤尔蘭的亞此徐氏所云東俄也。徐氏以為分五部此但有四部盖徐氏附芬蘭于東俄此別標芬蘭為一路也

儒按俄羅斯之中原。俗稱大俄者。為省十有六。曰諾弗哥羅。徐氏此志同平圖圖作淖夫果老得曰日羅斯拉。平圖圖作亞羅斯拉夫徐氏此志亦作日羅斯拉曰的威尔。徐氏此志同平圖圖作特維耳曰墨斯科。徐氏同所謂大俄之首省也平圖圖作毛斯科曰瓦的迷尔。平圖圖作乏來氏米耳即徐氏所云瓦拉的迷尔曰哥斯德羅馬。徐氏作哥斯德羅罵謂在墨斯科之北按平圖圖作考斯德羅麻在墨斯科之東非北也徐氏誤曰奔薩。平圖圖作排恩徐薩徐氏亦有此部隸于加匽曰當波弗。平圖圖作當考熱克斯徐氏亦作當波弗曰窩羅尼日。徐氏此志同平圖圖作佛羅乃止曰古尔斯克。徐氏同平圖圖作庫耳斯克曰痾勒尔。徐氏同平圖圖作奧老夫曰都拉。徐氏同平圖圖作吐拉曰里亞三。平圖圖作里阿薩恩即徐氏所云赫阿匽曰加羅牙。平圖圖作喀嚕噶即徐氏所云加婁牙曰斯摩稜斯科。平圖圖作斯毛淩斯克即徐氏所云斯摩稜斯科曰比斯哥弗。平圖圖作餽斯考夫徐氏所云北斯哥弗即此徐氏所云大俄也。徐氏以為十九部此但有十六部割徐氏所載痾勒內部亞尔干日尔部窩羅痾達部隸于北俄割尼內諾烏痾羅部隸于東俄而取加匽之奔薩部來屬共成十六部

儒按俄之西北境為芬蘭地。古為臘巴尼人所居。後南蠻與之爭奪。臘巴尼人棄地北遷。南宋初瑞典征服之。隸為直省。歷五百載。乃為俄漸次吞併。更其地為八省。徐氏附芬蘭於東俄。此于八省之名未載

儒按芬蘭之東為北俄三省。曰亞耳干日。平圖圖作阿干基耳即徐氏所云大俄之亞尔干日尔部曰痾勒內。當即平圖圖之俄羅乃資

即徐氏所云大峩之疴勒內部曰疴羅克大平圖圖作佛老格答即徐氏所云大峩之窩羅疴達部徐氏以此北俄附載於大峩

儒按俄之東南為小俄四省曰究佛平圖圖作啟愛夫即徐氏所云小峩之究部曰占尔尼疴弗平圖圖作敘耳尼告夫即徐氏所云小峩之者尔尼疴弗部按此部之北接大峩之斯摩稜斯科之南境曰波尔大瓦平圖圖作泡尔塔發徐氏無此部名曰加尔哥弗平圖圖作喀考夫徐氏無此地名此即徐氏所云小峩也徐氏謂分三部此云四部割徐氏所載厄加德黎諾斯拉部隸於南俄增入波尔大瓦部加尔哥弗部共成四部

儒按波羅的海迤南之東大俄之西為西俄羅斯八省曰哥疴諾平圖圖作考夫奴徐氏所載各部俱無此名曰威德北斯科平圖圖作斐台白斯科即徐氏所云波蘭部白峩之威德比斯科曰維尔那平圖圖作斐尔那即徐氏所云波蘭部白峩之維里約曰明斯克平圖圖作明盧即徐氏所云波蘭部白峩之明斯克曰摩意勒弗平圖圖作摩栖來夫即徐氏所云波蘭部白峩之摩勒威曰窩黎尼又作里窩尼平圖圖作里佛尼喃即徐氏所云波蘭部白峩之窩黎尼亞曰波多里平圖圖作坡朶里喃即徐氏所云波蘭部白峩之波多亞部曰哥羅諾平圖圖作格老得奴即徐氏所云波蘭部白峩之哥羅德諾此徐氏所云波蘭部白峩也徐氏云七部此云八部增入哥疴諾一部成八部也按哥疴諾地方在波羅的海濱四省孤蘭省之南本部維尔那之北當是新析之省非由他部屬下之地而割之來屬者按此各部之中西俄大半與究弗等省久隸於波蘭究弗今屬小俄

又按斯摩稜斯科見前大俄及摩意勒弗與威德北斯科三省亦稱白俄明斯克與哥羅諾又稱黑俄

儒按道光十年波蘭叛俄人征服之廢其國名隸為直省同治二年又叛戰敗後將本國體制一併革除其革除波蘭治體考之列國歲計政要在同治七年析分其地為十省悉眇小如縣邑多置官守以密鈐束而波蘭之困於俄政莫有如今日之甚矣此徐氏所云波蘭也徐氏云分八省此云分十省又不載省名大約皆非舊時制度以平圖圖參之有魯白稜當即徐氏所云魯伯林有白羅狄當即徐氏所云波羅咯其餘難以通曉

又按地輿圖考云輿地利亞所

取於波蘭之加里細等地。則稱為紅俄。按加里細。音近加利斯。徐氏所云波蘭八部之一也。而曰與所取之地。考之平圖。圖與東境鄰俄國波蘭部處。有該里希喃。西語喃字與阿字通用。皆助語詞。可有可無者。該里希音亦近加利斯。殆是加利斯一部。曾經屬俄。故稱紅俄。而又屬於奧。不復隸俄歟。

儒按南方五省。曰厄加黎諾拉。平圖圖作愛喀台里奴斯辣夫即徐氏所載小俄之厄加德黎諾斯拉曰頓河哈薩克境。平圖圖作富考無克斯未知是否徐氏所載之加的勻巴尓的哥曰檮里達。徐氏同平圖圖作叨里達曰給尓孫。徐氏同平圖圖作釵耳松曰貝薩拉比。徐氏作比薩拉比亞平圖圖作拜薩來比阿此徐氏所云南峩也。徐氏云分五部此云五省割徐氏所謂小峩之厄加德黎諾斯拉來屬而移徐氏南峩之薩拉德夫改隸東俄故其數仍五

儒按東俄十省。曰白尓摩。徐氏同平圖圖作剖母曰維亞德加。徐氏同平圖圖作斐阿特喀曰尼內諾疴俄羅。平圖圖作逆止尼湋夫果老徐氏亦作尼內諾疴俄羅而為大俄屬下之部曰加三。平圖圖作喀散徐氏作加墨為此部之首曰疴倫蒲尓。平圖圖作與倫杯克徐氏無此部名曰窩法。平圖圖作與法徐氏無此部名按加三之東南為疴倫蒲尓直東為與法此兩部之北為白尓摩加三之西為新比耳斯克然則疴倫蒲尓與窩法乃分加三白尓摩新比耳斯克之地所立非由他部割之來屬者曰新比耳斯克。徐氏同平圖圖作星杯斯克曰薩馬拉。平圖圖作薩麻拉徐氏無此部名曰薩拉德弗。平圖圖作薩拉叨夫徐氏屬之南峩曰阿斯德拉干。平圖圖同徐氏作阿斯拉干為高加索新藩部之都會此徐氏所云加匽峩也。徐氏云五部此云十省割徐氏所載大峩之尼內諾疴俄羅南峩之薩拉德弗高加索斯蕃之阿斯德拉干來屬增疴倫蒲尓及窩法兩省共成十省

儒按遵黑海之濱。而盤高加索山之麓者。有五省。曰黑海省。曰古邦。平圖圖作庫班曰斯達弗羅堡。平圖圖作斯塔夫羅泡曰德勒克。曰達斯丹。此徐氏所云高加索新藩部也。徐氏云五部此亦云五部除徐氏所載阿斯達

黑海省考　新增

拉干一部，此改隸東俄外，徐氏之四部名與此五部名無一相合者，平圖亦多不相合。按圖除庫班即古邦斯塔夫羅泡即斯達弗羅堡外，有蒐剌希唅在庫班東南，又東南有考喀蒐斯，又東南有巴庫，皆在高加索山一名考喀蒐斯山之陰，西北傍黑海而東南抵裏海，山之陽有昭濟阿，未知與此所載有無暗合者，誌之俟考。

又按《地理全志》謂高加索部長二千三百里，廣一千五百里，分為九部。北與中曰日尒曰省城，曰得非勒，內有靈泉，可療疾病，俄之大臣駐此統轄。西曰義米勒多，曰明哥里，民庶而貧，專以販鬻男女為利。東曰是尒灣，內有巴苦大田，因石醬滿溢，地氣焦灼，波斯之敬火者昔來此朝拜焉。南曰亞尒美尼，有高山名阿拉辣，聖經云洪水時挪亞遵上帝命造方舟避患，及水消，其舟至於阿拉辣而泊焉。曰伹其達，俗尚鷙悍，俄軍往收捕，往往反為所挫，故僅羈縻以安邊隅，不能使之馴擾也。曰古里利，曰西尒加西，曰高加索，其都會也。此皆道光末咸豐初制度，故附載之。

儒按：大俄之省墨斯科會城，仍其名為俄故都，在彼德羅堡新都之東南，至今凡新王登極，尚於是城行冠冕禮，遵舊制也。

儒按：墨斯科之東，尼內諾痾俄羅（徐氏載之大俄部，作尼內諾烏痾羅，此載之東俄所屬各省中），俄國倚為外府，城建窩瓦大河之濱，地當衝要，貿易殊隆，每當六七月之交，商賈蜂屯，輒至二十餘萬，每市出入可得四百兆銀。是城之南有薩拉德弗城（徐氏載之南俄部，此載之東俄所屬各省中），亦稱衝要。若西南之給尒孫城與痾德散城（給尒孫，此與徐氏皆載之南俄。給尒孫城臨黑海北岸，給尒孫城之右為痾德散城），則為黑海通腹地之口岸，商船之絡繹於黑海而覓利於地中海者，多以此二埠為依歸。自給尒孫泝地尼伯河而上，有究弗城（徐氏

（作究部與此者隸於小俄）亦俄之故都尤先於墨斯科元人讓南證嘗於是城立通都宣威烈

儒按波蘭之舊會曰瓦爾索維（瓦即徐氏所載波蘭之馬索維亞部）為波蘭王故都宏麗整潔名噪當時自被俄人屢以炸藥攻破從賊平多為廢棄東北有維耳那城（徐氏作維里納隸波蘭部之白俄今改隸西俄所屬各省中）亦昔波蘭勝處今尚與波羅的海濱之利牙城（在彼德羅堡之東北一作利多牙城）生息往來顯形熱鬧至亞耳干日之贄會亞耳干日埃（徐氏所載隸於大俄今改隸北俄所屬各省中）則以地處朔方凜寒裂膚故市廛蕭索不可與南方饒腴之區同日語也

波蘭部（一作破蘭又作波蘭尼亞又作蒼鹿惹也）

我羅斯與奧地利亞普魯士瓜分其國　儒按初分波蘭事在乾隆三十七年西一千七百七十二年俄女主加他鄰第二時（加他鄰一作開得令一作克得令）乾隆五十九年西一千七百九十四年波蘭叛討平之明年加他鄰第二再與奧普分其地至嘉慶二十年西一千八百十五年王愛力克山打時波蘭乃合於俄愛力克山打（一作亞歷山德）又至道光十年西一千八百三十年俄王尼格拉（一作哥尼勞）第一時波蘭又叛明年討平之盡徒其人於西皮里阿同治二年又叛戰敗後將本國治體一併裁革於同治七年全用俄法（西皮里阿即西伯利）

加拉哥維亞　儒按瑪吉士地理備考曰加拉哥維亞國原波羅尼亞國之地當波羅尼亞叛國入峨羅斯時峨羅斯及奧斯的里亞皆欲據之耶穌一千八百十五載（即嘉慶二十年）各國公使會議兩不歸併另立一國且以峨羅斯奧斯的里亞（即奧地利亞）不魯西亞（即普魯士）三鄰近之邦互

相覆砥其國地約六百二十里云云。則是並未併入俄國也。瑪吉士此書亦成於道光末年與此志異。　又咸豐末年何秋濤朔方備乘引此志而加批曰。加拉哥維亞國。袁延百餘里乃波蘭遺民所立。自推鄉長理事。不立君長。地在鐵屬波蘭部之西南。地輿圖考曰。法王拏破侖東征時。奪普國俄國所佔波蘭數省。創瓦爾索維小國。賜其主上公之爵。拿破侖既敗。各大國會於維也納。議將上公爵地歸於俄王。惟須留其國名。聽其按本國法紀自資治理則所謂自為小國者。有名無實。宜徐氏云裏為一部之名也。第不知同治七年將波蘭本國治體。一併革除時。此部治體亦在革除之列否。

西伯利部一作西卑里亞又作悉比蘆又作西皮里阿　儒按現稱悉畢爾

前明中葉我羅斯既興　儒按編年表。明穆宗隆慶六年。西一千五百七十二年。王約罕第四。始攻西皮里阿地。神宗萬歷九年。西一千五百八十一年。西皮里阿來降。萬歷十五年。西一千五百八十七年。王非我安第一。建西皮里阿之吐保斯克城。崇禎十一年。西一千六百三十九年。王密加里阿乃盡有西皮里阿之地。

至加他鄰后時　儒按此加他鄰。乃彼得之妃。非加他鄰第二也。彼得卒於我雍正三年。西一千七百二十五年。加他鄰嗣立。雍正五年。加他鄰卒。在位止兩年耳。尋墨領峽。此兩年中事。墨領一作白令。一作拜凌。墨領本其遺臣之名。因尋得此峽。遂以人名名之。

南境抵外興安嶺與烏梁海各部接壤　儒按四裔編年表。我道光三年。西一千八百二十三年。俄王亞歷山德一作愛力克山打時。蒙古吉士及開立麦等七部落。叛中國而屬於俄。按蒙古七部之叛中國當有案可稽誌之俟考以方位擬度應與此疴慕斯科等斯科接界者與喀爾喀蒙古土謝圖汗車臣汗兩部接壤　儒按由京出張家口向西北走軍臺三十站轉北行十四站至庫倫距京約四千餘里庫倫蒙古語城圈也地有喇嘛木柵如城故名城南十里有汗山森秀如畫無漢外白草黃沙氣象自庫倫北行十一站約八百餘里至恰克圖恰克圖迤東二十八卡倫土謝圖汗車臣汗兩部各設十四迤西十九卡倫三音諾彥汗設十二又西之七座札薩克圖汗分設外蒙古四部共四十九座卡倫恰克圖為適中通衢又恰克圖以西山川險阻難行故俄人於恰克圖通市乾隆二十七年始設辦事大臣駐庫倫專理中俄交涉事中國於恰克圖設市圈於其北一里許亦設一市圈即甲他城此志語似欠分曉

與黑龍江接壤　儒按四裔編年表道光二十五年西一千八百四十五年俄王尼格拉（即尼哥勞）第一侵占黑龍江之上遊地

議定疆界立有界碑　儒按光緒七年改定和約第十條俄國照舊約在伊犁塔尔巴哈台喀什噶尔庫倫設立領事官外亦准在肅州即嘉峪關及土魯番兩城設立領事其餘烏里雅蘇台哈密烏魯木齊古城科布多五處俟商務興旺始由兩國陸續商議添設

疴哥德斯科　儒按即海道圖說之阿可次克平圖圖之俄考斯克

岡札德加　儒按朔方備乘作甘查甲黃氏俄國圖作岡札加平圓圖作喀毋熱特喀其極北

處平圓圖與黃氏圖。皆謂之楚克栖。
注即東省所謂魚皮韃子　儒按此地於雍正七八年間歸於俄。
監札加　儒按即平圓地圖之阿拉斯喀。又按此地於同治六年賣與美國。得英金一百四
十七萬磅。

庫頁島（新增）

儒按光緒六年春。某氏所著東游筆記曰。日本北海道有一島。蝦夷與日本人雜居。去俄羅斯較近。本為日人有之。名曰樺太。此島早年無主。有謂係中國者。誠不然也。俄欲得此島。而以附近之千島。與日本換易樺太。此五年前事也云云。按混同江外之海島。南通日本。北接俄羅斯者。無有大於庫頁島。則其即樺太無疑。否則庫頁島何在。庫頁島雖隸我版圖。不過國初曾經渡海征服一次。而不編八旗。不納貢賦。賣以置之化外。日本因而有之。固無足怪。光緒六年黃遵憲著日本雜事詩自註曰。樺太洲一名庫頁島。西鄰俄屬。南與日本之北海道天鹽犬牙相錯。曾雅喀俄羅斯日本蝦夷人雜居其中。初亦不知屬何國地。俄使初來。即議蝦夷疆界。至明治八年十一月。（我光緒元年）乃定歸於俄。而舉千島屬日本。樺太居民皆漁獵自給。山多椴松。海多鮭鱒。掘炭捕鯨之利尤厚。聞白主太洞歲出昆布。（藥名即海帶）蓋不知幾千萬石云。夫所云不知屬何國者。以中國總未治之也。所云俄使初來即議疆界者。日本孝明天皇弘化六年。（約在我道光咸豐間）俄水師提督布田廷至長崎。請正蝦夷疆界也。黃君在日

本數年較之著東游筆記一人僅在日本數月者易於詳悉樺太庫頁之為一島明矣　又按聖武記稱島之大等於臺灣俄人得之與彼新設之阿穆尔東海濱二省水陸相輔實為我國籌邊者所當留意若曰本之自撤藩籬將來受害十倍於我然彼自貽伊戚之大事甚多此特其小焉者耳　又按光緒七年三月日本報曰俄屬琿春近來所開煤礦甚旺其質甚佳俄屬地之煤以此為最索希倫海島亦稱庫頁島日本屬地也俄以蝦夷海島授日日以此島酬之俄亦擇開煤礦煤質與琿春相仿價亦相同然則不獨樺太之即庫頁且又名索希倫也（樺太或作唐太譯言塞頁倫又轉為索希倫日本人或名之曰柯太島今俄人則稱之曰薩加連島）　又按瀛海論曰俄國東得日薩莫蝦夷之地以科尓立十八島易之薩莫蓋即薩加連科尓立十八島蓋即千島　又按林文忠公俄國總記曰康熙三十九年俄人取得甘查甲（自注原云一千七百年）其地斗出東海（即此志之岡札德加）其東之少南即日本所屬之薩牙蓮島薩牙蓮即薩加連也然則庫頁之歸日本我　朝初年時事　又按大清一統志稱庫頁島南北長二千餘里東西寬數百里屬吉林在寧古塔城東北三千餘里當混同江口與黑龍江城東西相直黑龍江城之東近海處　國初有薩哈連部薩哈連音與薩牙蓮薩加連相近庫頁之名薩牙蓮又名薩加連蓋以其當混同江口與此部近因蒙其名又轉音為索希倫

儒按俄國西伯利部以與中國有接界處昔人記載較多考核愈益不易今擇近時各家之說別錄為篇

新增

岡札德加○在極東北隅○地之荒寒○今昔無異○不待參考○監札加俄人以賣於美○故茲所錄東起於俄考斯克○西迄烏拉○

阿穆爾省○東海濱省○係於咸豐八年西一千八百五十二年○俄佔我黑龍江北岸○迤東至混同江口地○又佔我烏蘇里江以東至海○以南至土們江口地○所設已詳東北疆簡覽篇○故不複述○特標舉其名目於此○

儒按西伯利極東之部曰俄考斯克○斯克即斯科後仿此地形伸入混同江口外海中○此一帶海名俄考斯克海○海道圖說作阿可次克海西人又名之曰大拉該海○即徐氏志畧之痾哥德斯科○海道圖說作阿可次克黃編修國瑋俄國圖作朴哥斯克地理全志作阿哥斯科地輿圖考謂西伯利極東之省曰濱海曰黑龍江○再西則亞古斯科○按濱海省咸豐十年新設之東海濱省也○黑龍江省咸豐十年新設之阿穆爾省也○圖考載此兩省○而不載痾哥德斯科○豈其將此一斯科地勻隸新設兩省中○故載此斯科之名歟○

儒按痾哥德迤西曰雅固資克○其南界黑龍江北岸○尼布楚城屬焉○康熙二十八年於額爾古納河格爾畢齊河立界牌○界牌外地○皆此部所轄○東南與中國黑龍江省所屬呼倫貝爾城接界○

即徐氏志畧之亞古德斯科○地理全志作亞古斯科地輿圖考與全志同黃劃作雅古斯克

儒按雅固迤西曰義爾古斯科○朔方備乘作額爾口城○城在柏海爾湖之西北一百五十餘

里。西臨昂噶拉河。平圖圖作昂噶拉河有額爾口河。自西南來入之。故以水名名。城南境抵外興安嶺
與中國所屬外蒙古土謝圖汗車臣汗兩部接壤。地理全志曰。尼古斯科都城亦以此名。亦
有將軍駐劄。統轄東方政事。土地甚廣。金銀之礦。聲名夙著。南界有甲他城。中華與俄互市之
地。按甲他城俄所立市圈也其南一里許即中國恰克圖市圈甲他字音與恰克圖相近故外國往往不言甲他而渾稱之為恰克圖其實市圈自分兩處中俄總不相混也
即徐氏志畧之義爾古德斯科。全志作尼古斯科備乘作額爾口城
儒按地輿圖考於義爾古德之南增一部曰貝加爾右。謂西伯利境內湖之著名者有三其
一曰貝加爾。即巴哈爾。按備乘作柏海爾平圖圖作拜開耳在恰克圖城北。廣二百里。長一千餘里。則朔方備
乘之額爾口城。全志之尼古斯科。徐氏志畧之義爾古德斯科也。蓋此部地方遼廓。故近年
割其南半。別立貝加爾右部。平圖圖作特蘭斯拜開耳。而無義爾古德斯科之名。黃氏圖有
特蘭斯拜開耳。亦有義斯克。義字之下無爾古德等字平圖圖拜湖耳之右有歐庫資克武即額爾口之轉音
儒按義爾古及貝加爾右之西。曰厓尼塞斯克。朔方備乘曰伊聶謝柏興。元為昂可剌部。明
時曰加大閭鍊。即昂可剌之音轉。有中國發源之色楞格河。北流瀦為柏海爾湖。即貝加爾湖又
北流為昂噶拉河。即昂可剌河自額爾口城西北流至伊聶謝柏興。東南又有中國發源之大克
穆河。北流為伊聶謝河。亦至柏興。東南與昂噶拉河合。而北流注於北海。蒙古語民屋謂之拜牲明史記為柏
升元人破俄遂去俄人沿其土語又轉為柏興每一斯科或數十柏興或百餘柏興皆設官管理之南界抵中國各卡倫。西南抵中國烏梁海
蒙古各部。地理全志曰。也尼斯科與哈薩克綺壤相錯。當是哈薩克左部地駐兵四千。以防邊釁。地輿

圖考曰。西伯利有大河三。其一曰也尼塞。一作伊聶謝。發源自唐努山。入於北海。元史所稱昂可剌者。伊聶謝之別源。

即徐氏志畧之也尼塞斯科。全志作也尼斯科。備乘作伊聶謝。伯興圖考作也尼塞斯科。黃氏圖作也尼塞斯克塞。

儒按。厓尼塞之西曰科慕斯克。此據黃氏圖。朔方備乘曰。托穆斯科。在金山即阿爾泰山之北。古黠戛斯地。後為吉利吉斯部地。元太祖取之。後為北邊諸王海都等據以叛。諸王既降。命將屯田於此。地頗豐饒。俗善釀酒。南界中國唐努山烏梁海蒙古。西南界阿爾泰淖爾烏梁海蒙古。及哈薩克各部。地理全志曰。府慕斯科有書院甚大。專學亞細亞語言文字。

即徐氏志畧之府慕斯科。全志與徐氏同。備乘作托穆斯科。黃氏圖作科慕斯克。

儒按。也尼塞在東。府慕在西。徐氏以府慕為在東。也尼塞為在西。方位互易。大誤。

又按。平圓圖及地輿圖考皆作也尼塞之西。即多木斯科。無府慕斯科之名。豈近今有哉併歟。然黃氏圖光緒七年所繪。亦當無誤。仍錄之。期無遺漏。

儒按。科慕之西曰叨母斯克。朔方備乘謂多木斯科。南與東南界皆抵北哈薩克。以今考之。已抵齊桑淖爾之北。

即徐氏志畧之多木斯科。備乘全志黃氏圖同。

儒按。叨母之西北曰拖保耳斯克。朔方備乘曰。托波爾斯科。本唐都播國地。新唐書引賈耽所記云。中受降城北行五百八十里。至回鶻之鸊鵜泉。又一千五百一十里。至回鶻衙帳。又六七百里至仙娥河。又一千五百里至骨利幹。又西行十三日至都播部落。又云骨利幹都播二部落北有小海。冰堅時馬行八日可度。海北多大山。骨利幹晝短夜長。診察方隅。都播在骨利幹之西。小海之南。正與托波尔疆域符合。

即徐氏志畧之德波尔斯科。（傳東作托波尔斯科。全志圖考皆作德波斯科。黄氏目作德波斯克。）

儒按地輿圖考。於德波尔之南。多木之西。有亞克木林斯科。亞克木林之南。有塞米巴拉登斯科。此兩斯科。於諸書諸圖皆不見。惟平圜圖於叨母（木即多木）之西南有塞密坡拉廷斯克。當即塞米巴拉登斯科之轉音。按其方位。在伊犂之西北。布魯特諸遊牧之直北。此兩斯科之西。曰多尔加義。諸書諸圖亦不見。又西曰烏拉。在烏拉大山之東麓。據萬國史記謂俄於一千八百五十九年後。（我咸豐九年後）於烏拉等地。築城屯田。則亦新立之重鎮也。又按於光緒七年還我伊犂時。（詳見後注）佔我科布多西北千餘里地。伊犂西數千里地。已詳見東北疆及西疆簡覽等篇。不複述。此萬國史記所謂益擴西伯利疆土也。

按地輿圖考謂西伯利部東西相距六千里有奇。南北五千四百里。語殊失實。蓋就其與中國交界者計之。已不止六千里也。也理全志謂緯線自赤道北四十五度起。至七十八度止。經線自中華北京偏東七十四度起。至偏西五十六度止。長一萬四千里。廣六千五百里。較為可信。

俄國總按　新增

儒按圖理琛異域錄謂俄國每一斯科。設總管官一員。官名喀喀林。而托波兒斯科（即德波爾斯科）之喀喀林則又總管西畢爾（即西伯利）全部。按今日中外來往公牘。凡西伯利皆書作悉畢爾。四裔編年表謂於咸豐元年分悉畢爾為東西兩部。（考和約有西悉畢爾總督與中國庫倫辦事大臣伊犁將軍公文來往東悉畢爾總督與吉林黑龍江將軍公文來往則是自義爾古德斯科以東為東悉畢爾自也尼塞斯科以西為西悉畢爾也）各設總督一員。蓋即總管全部之喀喀林也。理藩院則例曰俄羅斯行中國之公文。用俄國薩那特衙門及托博勒（即德波爾城守）尉印信。咸豐八年中俄和約第二條。從前使臣進京之例。酌要更正。嗣後兩國不必由薩那特衙門及理藩院行文。由俄國總理各國事務大臣。或逕行 大清之軍機處。或 特派之大學士。往來照會。俱用平等。則薩那特之職分。猶中國理藩院也。（薩那特一作薩納忒）咸豐十年續約第九條。向僅止庫倫辦事大臣與恰克圖固畢爾那托爾（中國以前公文一作固畢納托爾）及西悉畢爾總督及伊犁將軍往來行文。辦理邊界事件。與黑龍江吉林將軍往來行文。或云固畢爾那托爾如中國副都統。地輿考云西伯利設巡撫十四員。副都統巡撫品級相等。則固畢爾那托爾之職分。猶中國巡撫也。續約又云恰克圖之事。由恰克圖邊界廓米薩爾與恰克圖部員往來行文。則廓爾職分猶中國部員也。

儒按西人稱疆之西。五印度之北。裏海之東。方五六千里。曰達爾給斯丹。回回語韃靼為達爾給。王者所居為斯丹。（一作斯單一作斯坦一作蘇爾旦一作蘇阜坦）以其曾為元諸王所駐。故有此名。光緒七年。俄還我伊犁。續立和約第五條曰。督辦交收伊犁之陝甘總督。與土耳吉斯坦總督。商定次

序開辦。陝甘總督　大清國

大皇帝批准。派委妥員前往塔什干城。知照土耳吉斯坦總督。按土耳吉斯坦即達尔給斯丹。今地圖於伊犁之直西。約二千餘里。有地名吐耳啟斯坦。當即土耳吉斯坦總督駐處塔什干。（一作塔什罕）浩罕回部（一作霍罕一作敖罕一作科堪）北境城名。在哈薩克右部之南。從中國回疆喀什噶尔城西行。五百里為安集延。（浩罕大酋駐處在全部之東）又一百八十里為瑪尔噶朗城。又八十里為納木干城（一作奈曼城）又西八十里為浩罕城（亦酋駐處）折北約百數十里為塔什干城（據徐松新疆志塔什干距回疆之葉尔羌二十七八站則亦不足三千里也）是土耳吉斯坦總督。又當駐於塔什干。較其地勢。哈薩克左右部。布魯特東西部。浩罕全部俱所統馭。環中國之北之西矣。又續約第九條云。俄國所屬之貴尔干者。與中國喀什噶爾西邊交界地方。亦由兩國特派大員前往查勘。安設界牌。考今地圖貴尔干在喀什噶尔之西南。布魯特西部之南。浩罕全部之東南。而中國新疆天山南路之屏蔽。亦為所有。

儒按聖武記。俄羅斯盟聘記曰。俄崇天主教。其南境近哈薩克者崇回教。其東境近蒙古者崇佛教。故嘗遣人至中國學剌麻經典。以綏東方之眾。並遣子弟入國子監習滿漢語言文字。居於舊會同館。十年更代為例。（按俄之遣子弟來學始於順治康熙年間至康熙二十八年定界通市俄人以此事申請遂著為例）朔方備乘。俄羅斯進呈書籍記曰。初蒙古土尔扈特部與準噶尔構釁。北依俄。俄以額濟勒河地方處之。乃明季事也。至乾隆三十六年。土尔扈特汗渥巴錫率其河東戶口十餘萬人。至伊犁歸附。其河西戶口尚居俄。皆習佛教。道光二十五年。俄王奉表言丹珠尔經乃佛教所重。而本國無之。奏求頒賜。　上命發雍和宮藏本八百餘册賜之。越數月國王因肄業換班學生進京。繕所有書籍來獻。凡三百五十七號。每號為一帙。有書有圖。收存理藩院軍機處存注檔册。據俄國字僅譯出書名備來但照登其目而已　按俄南界之近蒙古者。義尔古德斯科。也尼塞斯科。托穆斯科。與地理全志托穆斯科書院。學亞細亞語言文字之說正相合。咸豐八年和約。致為習學華文之學生。不拘年分。

儒按順治十二年十七年。俄遣使來京。皆附商人。在京互市。後以搆兵絕其市。康熙二十八年定界後。許其三年來京貿易一次。四十四年四十八年五十一年皆有俄商至京。雍正五年。再定西北界。是年亦來京互市。並定恰克圖為常互市之所。而仍間來京至乾隆二年始停止京師貿易全歸於恰克圖。咸豐末俄有大臣駐京。准常通市。　又按康熙二十八年定界後。每年五六月間。俄人至邊境互市。黑龍江將軍。墨尔根城都統。愛琿城都統。派兵巡察。僅以土物交易。無多貴貨。貿易甚微。乾隆二十二年八月。俄國請由黑龍江輓運本國口糧。純廟責其違約。不許。光緒七年。續立和約第十八條云。照咸豐八年在愛琿所定約。應准兩國人民在黑龍江松花江烏蘇里河行船。並與沿江一帶居民貿易。

又按康熙五十九年。通商於庫倫。雍正五年。遷於卡倫外之恰克圖。乾隆中停市三次。一次二十九年。以俄私增稅額。及報失馬之數。以少報多。三十三年開市。二次四十四年。以吏有犯法者。俄頭目瑪玉耳不即時與庫倫辦事大臣會辦。四十五年閉市。三次四十九年。以中國商人在烏梁海游牧被俄劫掠。俄之頭目革•了案未將正犯交出正法。五十六年閉市

咸豐以來。歷次和約。皆有陸路通商章程。進張家口。赴京。及通州天津並內地各處售貨。

又按嘉慶二年。理藩院奏准俄羅斯除在恰克圖貿易外。其霍尼邁拉虎卡倫（此卡倫屬科布多在額爾齊斯河東岸河西岸卡倫名輝邁拉虎屬塔爾巴哈台）俱不准通商。咸豐八年。於和尼邁拉虎設市。光緒七年。續立和約第十二條。俄民准在中國蒙古地方貿易。照舊不納稅。其蒙古各處及各盟設官與未設官之處。均准貿易。亦照舊不納稅。蓋准在伊犁塔爾巴哈台喀什噶爾烏魯木齊及關外天山南北兩路各城貿易。暫不納稅。俟將來商務興旺。由兩國議定稅則。

儒按游歷印度記曰。（按此書成於光緒六年）自咸豐以後。俄羅斯兼併裏海鹹海一帶游牧部落。及葱嶺迤西機窪布哈爾塔什干（按即塔什干）敖汗（按即浩罕一作霍罕一作敖罕）其東西布魯特左右哈薩克。昔本中國藩屬。今為俄人誘降。又乘回疆之亂。竊據伊犁。將附近城堡全行隳廢。而取其磚石木料。移於大城（按即伊犁將軍所駐之惠遠城）東南九十里之金頂寺。構造洋樓幾二十里。闤闠稠密。賦歛煩苛。得尺得寸。狡焉思逞。查西北各處與俄境交涉者。自伊犁大城西行。經霍爾果斯（按霍爾果斯營住拱宸城在惠遠城西北一百二十里）至塔勒根（按即圖爾根河）渡河。折西南。經虎思窩魯朵句吹河（伊犁西南卡倫外百餘里為善塔斯達巴罕又西三百餘里為特穆爾圖淖爾吹河從陣爾流出西北入哈薩克境）千泉句塔剌速河句歐梨分路。一西通陀爾奇司丹。（按即土耳給斯丹一作達爾給斯丹一作吐耳啟司坦西洋稱俄西伯利部之南中國新疆之西五印度之北裏海之東方五六千里古為蒙古地後為西域諸回部地）

之總名一南通賽馬尔罕。按即撒馬尔罕在浩罕境内其伊犁西北卡倫外。至巴勒哈什泊。按黃氏中俄交界圖作猓耳開施湖即巴勒哈什泊為色密尔志遷司科地多沙鹵。小邏甚多。塔尔巴哈台西南有阿拉圖勒泊。向設卡倫八處。每遇大雪。則哈薩克暫移入卡倫以内。放牧牲畜自綏靖城按在伊犁大城北二十里地名烏哈尔里克西行經沙吉呵波來。折北至色密巴那丁司科。即平圖圖之賽密坡拉廷斯克斯克即斯科商賈往來之孔道。塔尔巴哈台之東北。有額尔齊斯河。與科布多交界。其源出阿尔泰山。西滙於宰桑泊按即齋桑淖尔又從泊西北曲曲流出俄境加孟羅各司科。左右納小水。至色密巴那丁司科。即西圖之賽坡廷斯克水勢漸大。可通楫。西北流二千里。經阿木司科。按即徐氏所云之疴慕斯科托波兒司科。按即徐氏之德波尔斯科下流又會合阿比河。而注於北海。俄人於港口建築礮臺。以控東方諸藩。自科布多西北逾阿尔泰山。與多木司科接壤。按即阿木司科古之堅丁零骨利幹等國。元為海都篤哇昔里吉諸王封地。後為謙州益蘭州。隸於嶺北行省。海都之叛。往往逾金山。按即阿尔泰山而窺和林。按古之燕然山今名杭海山亦作杭愛山元秘史作康孩山隸今外蒙古三音諾顏部在陝西寧夏直北二千餘里本阿尔泰山山脉東南一支也山峯連綿不斷而和林近傍杭海為西北之門户元代肇基于此蒙古語行宮謂之窩里朶轉為和林蓋其地土沃兵強。非他部之曠野戈壁可比。俄鎮以巨酋。戍以重兵。東藩四大斯科。以此為首。

儒按萬國史記曰。書成于光緒五年俄羅斯人志存遠畧。一千八百二十八年。與波斯戰勝之。得其地數百方里。一千八百五十九年。即咸豐九年得黑龍江之地。與喀什噶尔立約。按此係統括中國新疆逆回叛亂時事溯自同治三年布魯特叛酋肇亂逆回金相印攻陷喀什噶尔蠶食南路八城于是吐魯番烏魯木齊等處亦相繼淪陷圍伊犁一年有餘同治五年正月十九城破將軍明緒死之回人得志遂侵俄界俄屢敗之又入回境取其牲畜同人誓欲索償至同治九年議未決俄將考甫曼謂滅之甚易何用議為時喀

（什噶尔城逆回酋本安集延酋阿古柏率兵往伊犁俄聞之命大將考而派可夫斯開統兵於同治十年五月起程六月直逼伊犁逆回求和不許遂入伊犁城俄國將緣由照會中國言恐回人肆　在伊犁之華人故俄暫代管理　候中國調兵芟盡亂萌俄即退還伊犁意以為中國必不能滅逆回也光緒三年十二月　欽差劉公錦棠將逆回勦盡天山南北各城一律收復俄出不意又不欲踐前言乃挾制我往俄通聘　欽差左都御史崇厚於光緒五年在俄京議約十八條大旨謂償俄兵費羅卜五百萬再中國讓地與俄某處至某處而俄乃以伊犁還中國查我西北邊以天山南路路什噶尔等　大城為精華之地由伊犁南赴南八城以全頂寺及跨接天山之萼蘇河為要道而皆在俄所議索地之界內則還一伊犁而失八城伊犁亦終不能守也　朝議崇厚所議不可用改命曾襲侯紀澤往於光緒七年重立約收回伊犁給俄兵費羅卜九百萬分二年交清）益擴西伯利部疆土。欲取達尔給斯丹全部以通亞細亞中心築城屯田於烏拉等處。（按即烏拉嶺一帶）備兵船於裏海以至鹹海又征浩罕及機窪諸國機窪最為要地屢次往攻至一千八百五十四年克之。（我咸豐四年）以其國為附庸遣欽差築寨據之。一千八百六十三年。（我同治二年）擊浩罕。擒其可汗。以其地為附庸明年遂征服達尔給丹全土。一千八百六十六年。（我同治五年）破布哈尔。（按即布哈尔）聽俄約誓奉命。明年又大破之割地附入版圖。一千八百六十八年（我同治七年）攻阿富罕。明年又割機窪地入版圖。

儒按西報曰（上海申報及新報等）光緒四年至七年。俄使阿富罕叛英。英屢伐之。不能定。又曰光緒五年俄與中國使臣崇厚所議立之約有一條俄欲與中國分哈薩克疆界。（按此約雖廢而咸已覺誘哈薩克附己矣蓋其心終未已也）光緒七年重訂和約第八條。有云應由兩國特派大臣。將兩國所屬之哈薩克分別清楚。（俄之脅服哈薩克於此可見彼國不諱言之也）

儒按俄國都彼羅得羅堡。在波羅的海東北隅。船之赴印度海者。須西行出瑞典南。丹麦北。

（即曉國）加的牙海峽至大西洋繞阿非利加而東水道極為紆遠俄都直南為黑海黑海西南他大尼里峽通地中海出地中海東南隅蘇尔士新開河則達紅海出紅海即印度海船由此行省却水道五六萬里惟他大尼里峽近在土耳其都城君士但丁旁且歐洲各國皆係環繞地中海而居俄本强大而不得逞者以水道不便之故若得出黑海則水道便而受害者衆矣故以土耳其之奉回教歐洲各國之奉天主耶穌教素不相洽者亦皆同心合力禁俄人不得出黑海至道光七年西一千八百二十七年英法與俄令攻土耳其而俄兵船遂出入黑海俄從此益横英法皆甚悔至咸豐四年西一千八百五十四年英法助土耳其攻俄連兵三載俄大困請布國（即普魯士）關說求和會盟於法國巴黎斯都城禁俄國兵船出入黑海所謂黑海之盟也（事在咸豐八年西一千八百五十八年）同治九年西一千八百七十年布國王威廉第一為德意志（即日耳曼）皇帝伐法幾滅之俄欲渝黑海盟請於布布恐俄之助法思借以媚俄陰許諾而陽為不知俾請於英英女主維多利亞年老不喜生事亦即含糊許俄自此兵船復得出入黑海各國皆處英英亦自悔而已莫可挽回是為歐洲形勢大關鍵處異日俄與各國為難肇於此矣

俄國政要（新增）

（俄之政體與歐洲各國不同詳見英國圖說）

儒接列國歲計政要曰俄為自主之國累葉傳遞法度禁令出納征伐皆王自主之百官秉命而行不設公議堂傳位以世及為常永著為例迨一千七百二十二年（我康熙六十一年）貝德第

一政廢前章不傳子而擇賢為嗣一千七百九十七年（我嘉慶二年）保羅乃復傳子舊制仍以立長為令而女不得嗣統　又按朝有四大會一曰國會置主會一人餘亦由王簡派一千八百六十九年（我同治八年）單開國會四十二員其會分三班一議法律一議文事一議度支二曰政會主行政定案獻可替否為刑名之總匯三曰聖會總理教會事務凡教中諸事秉王命而行主此會者名教督駐紮諾弗哥羅地方教內三等大員俱屬隸焉四曰部官部分十一首部稽王家事件外部兵部海部內部文部戶部義部王產部工部報銷部按俄之行政施令各路不同由其幅幀遼闊風土互殊新得屬地各仍其舊制如有與俄政扞格者畧加修改以期推行盡利如芬蘭一部屬俄而官府仍由土說附近各地向屬瑞典挪威貝德第一所征服今仍行瑞法波蘭一部法令小易與俄已合為一俄之藩部凡十四省凡五十一郡凡三百二十其餘荒寒不毛之地未分部落每藩部置總督一人統屬文武每省置巡撫一人均有僚屬每郡分州與縣鎮各有差邑宰戴尹由百姓公舉新俸無多有地方錢糧以為考成焉一千八百九年（我嘉慶十四年）瑞成頓（原法郎瑞與挪威）與俄立約將芬蘭部落劃歸俄轄王許其自立章程並設議院其議院之長駐俄都波蘭一部於一千八百十五年（我嘉慶二十年）亦自立章程後常擾亂梗化至六十八年（我同治七年）遂滅其部歸俄統轄行俄法焉

儒樓俄國刑章罪人則放之邊遠充當苦差即至西伯利部開礦挖五金及煤水銀礦口以鐵為柱柵入其中者惟冬至春分兩日得見天日光餘皆晝夜工作地氣蔚悶無不病者水

銀之毒更甚筋骨拘攣痛不可忍凡開挖稍惰官吏任意鞭笞死乃曳出波蘭地并於俄民情不服俄羡其名曰移之新疆為自主之民實則皆充此差倍凌虐之入礦穴者雖遇恩赦放出亦必令之終歲修砌石道不致死不已外國之殘酷不仁殆無如俄者

儒按列國歲計政要俄國國計條曰俄之錢粮出於捐稅居三分之二國用之糜於水陸各軍及債利者亦三分之二一千八百六十六年至七十年無年銀數不缺溯一千八百三十二年以來（我道光十二年）歲借外國及本國民債以彌縫其缺約每歲百萬之數七十二年（我同治十一年）預定銀粮入欵一丁口捐一關稅一鹽課一王產樹林租一雜捐一縞（一作高）加索山外各捐一全礦餘銀一額外借欵共收六十八兆十萬九千二百八十五磅除工費六兆二十萬九千七百九十三磅淨得銀六十一兆八十九萬九千四百九十二磅國用出欵一債利銀一公費一教費一內務費一外部費一兵部費一海部費一戶部費一王產收租各費一內部費一文學部費一工部費一義部費一報銷部費一廐馬費一波蘭部費一縞加索費一籌補費一蹶費額外築臺造鐵路等費共用六十八兆五萬六千五百九磅（按淨缺六兆）總之丁口捐酒捐鹽課烟稅俄之利賴所在而歲需之繁水陸兵費以外如債利亦不支耳一千八百七十二年預定債息既有十一兆有奇其不足仍借銀以補之計借本國民債及外國債自一千八百二十二年起至七十三年止（道光二年至同治十二年）共十三次二十二年借銀六兆四十萬磅扣息以九十二磅為百磅利歲四釐五五十九年（我咸豐九年）借銀十二兆磅扣息以六十八磅

為百磅。利歲三釐。六十年(我咸豐十年)借銀六兆磅。扣息以九十二磅為百磅利歲四釐五。六十二年(我同治元年)借銀十五兆磅。扣息以九十四磅為百磅。利歲五釐六十四年(我同治三年)借銀六兆磅。扣息以八十五磅為百磅利歲五釐六十六年(我同治五年)借銀六兆磅扣息以八十六磅為百磅。利歲五釐六十七年(我同治六年)借銀六兆磅扣息以六十一磅為百磅利歲四釐六十九年(我同治八年)借銀十一兆十一萬磅扣息以六十三磅為百磅利歲四釐七十年(我同治九年)借銀十二兆磅。扣息以八十磅為百磅利歲五釐七十一年(我同治十年)借銀十二兆磅扣息以八十一磅為百磅利歲五釐。七十二年(我同治十一年)借銀十五兆磅扣息以八十九磅為百磅利歲五釐。七十三年借銀十五兆磅扣息以九十磅為百磅利歲五釐按以上各債或償訖或歸其半。照一千八百七十年算。其出利之債共存一千二百三十三兆二十萬三千六十四銀羅般。(考本書載俄國通行銀錢名羅般一合七羅般為英銀一磅般音鉢按英一磅乃中國三兩三錢則一羅般計重四錢七分一釐有零矣羅般一作羅卜一作盧卜一作羅泊一作盧布一作羅布一作魯卑普法戰紀謂兩羅卜合鷹洋銀一餅輕重與此懸殊豈俄與普法名同而制異耶俟考)其不出利之債共存五百六十八兆四十六萬七千二十九銀羅般。波蘭之債共三十九兆四十五萬七千五百二十四銀羅般總計債銀。一千八百四十一兆二萬七千六百十七銀羅般是年計已還之債本銀如還荷蘭結利特(原注每一枚合三角三分)一兆四十五萬八千還英國磅銀五十三萬九千二百三十。還本國紙羅般(原注如鈔票以紙為之)八兆六十六萬八千零零一又還本國銀羅般一兆二十五萬二千五百六十。七十一年算(我同治十年)各債未還銀數如荷蘭有九十兆七十二萬五千結利特英

國有三十五兆十四萬八千二百磅本國有五百十五兆十八萬四千零零一紙羅般更有
一百四十兆八十四萬一千七百九十銀羅般餘有七百五十兆舊紙羅般不計在內當其
初借之時有本國各銀行互結認保銀行均領於戶部合各銀行貲本銀不過十三兆七十
四萬八千六百二磅俄用紙羅般過多而銀愈昂貴至有以銀羅般一易紙羅般十近年價
漸平紙羅般一百一十弍一百十五可易銀羅般一百惟紙倍蓰於銀數設或盡易真銀則
銀行必無以應之此銀款之弊由來已久初作於開德令第二時欲以紙羅般補銀款之不足
（按編年表一千七百八十六年我乾隆五十一年俄女主克得令第二設官銀肆以貸民當即此事也）及其卒也積有二百兆紙羅般後與法
蘭西土耳其構兵（俄土耳其在開得令第二時自一千七百八十三年我乾隆四十八年起至七百九十年乾隆五十五年土割地請和止伐法蘭西則亞力山德時
事我乾隆末至嘉慶初迨一千八百十二十三年閒我嘉慶十七年至十八年俄為法王拏破侖第一攻破都城已而俄又敗法軍）又出紙羅般甚多一千八
百十五年（我嘉慶二十年）一銀羅般可易四紙羅般一八嗣以積弊太甚設法收回十年之後猶計
有六百兆紙羅般於時三紙可換一銀一千八百四十三年（我道光二十三年）將紙羅般舊者盡行
收回重發新者強民通用近銀價漸平凡紙百可得銀九十弍八十五顧日增月累二十餘
年來紙羅般又數十倍於前矣芬蘭銀粮國用歲計銀四十二萬九千磅債有六兆四十三
萬五千磅係土官自理俄不置詢波蘭歲計於一千八百六十七年（我同治六年）始歸俄總理
儒按俄之土地較他國為最大本不易治帑藏則較他國為最窘復橫征暴斂以虐其民好
大喜功以侮與國將來內變必自西伯利始外患必自英吉利始不出百年土崩瓦解矣異

日必有親見之者　又按光緒六年俄設銀號兑換紙銀盧布二紙盧布或一紙盧布半易一銀盧布今民間仍有六萬萬之多語見四述奇則俄之貧可想矣

儒按政要又曰俄以荒漠邊徼地盡北海冰疆跨越三大洲壤地聯屬四履之遠於天下無比其兼併小部落西距瑞丹南阻德奥土印度東薄中國朝鮮北漠冰海以海與地合計得地球二十六分之一以土地計得七分之一俄之中土諸大省則生齒蕃庶務農工作工商大半日耳曼人初客居後即土著亦見本書中其北土之戶口稀少者以終歲天寒多冰雪也其南土之戶口稀少者以沙漠無樹林水澤間有草地為游牧所蹂躪故也民種分三類一曰大峩又名佛利哥注各省城一曰小峩又名馬陸分住各城一曰白峩又名白羅哦亦分住各城此外如各國客民種類內芬蘭種立推尼阿種猶太種韃種斯勒附尼亞種原注即波蘭苗裔本書云有七百萬人　按阿米尼亞種一千八百六十三年以前我同治三年以前鄉間百姓大半奴才繫身於王家及地戶主爵子家原注外國爵子如中國宗室一千八百六十一年時曾經編查有二十二兆人皆傭工於十萬九千三百四十爵子家計男十兆五十八萬三千六百三十八人女十一兆六十四萬一千四百三十七人又在王家充奴才者二十二萬五千七十五人是年三月國王議令贖為平民六十三年三月曉諭頒行其法視平日工作賺數而定譬如賺六十金者當值千金一百二十金者當值二千金如債利百金六分之數當贖之始也先繳身價十分之二餘八分俄王為帑代償盡復其身其代償之銀盧無以歸欵即以王產私田分給耕作按泰西各國通例王俸俱有額數富者皆由自

置之私產分四十九年以租償之如齊民頭捐之數原注即戶口捐如是者凡二百萬人四十九年後帑銀繳足其土田即為其人自有而不復出租按據此則俄民所謂俗尚奴僕者今已改矣

儒按政要又曰俄第一類留兵平時守城十萬二百八十五人出征應調十二萬七千九百二十五人第二類留兵平時守城二十萬七千八百十二人出征應調二十七萬六百六十四人總各項兵平時得七十六萬五千八百七十二人出征得一百二十一萬三千二百五十九人俄制民年二十一以上身無疾病即隸名於册禁出錢雇代兵役以十五年為期六年充戰兵退而為留兵九年有事仍當調發民間有強壯適行者平時不在水陸營內如有事則悉發之為兵水師以九年為期七年為戰兵二年為留兵芬蘭營兵皆仍舊制俄特命其每處增添兵額俸餉由芬蘭自備若槍礮彈藥軍裝食物則俄國給發之喀什諸部按此當即中國回疆喀什噶尔城邊境以西回部地方之歸俄者如所謂費尔干省者在俄之東南皆自主游牧近頗附俄其民凡八十七萬五千人充兵役十二萬九千人馬兵五十四隊每隊一千四十四人共馬兵五萬六千三百七十六人喀什之地莫為畛域荒漠草地不事耕鑿俄亦不征其錢粮而第征其徒役民年十六以上為壯丁充兵二十五年又五年候征年四十七即罷歸其軍裝馬匹鍋帳槍刀悉令自備遇調則俄給軍餉及食粮馬料礮兵則給礮並器械至水師兵船分駐兩處一在波羅的海兵船分三羣以白旗藍旗紅旗別之一在黑海分二羣以紅旗白旗別之餘有兵船分駐阿拉按即平圓地球之喀拉海乃西伯利部之極西北有喀拉海灣裏海黑龍江海口等處俱有小輪隨之

儒按政要又曰商船來往之最多者莫如德與英俄出口至英之貨五穀居其大宗蓋小麥

之類。以一百十二磅為一擔。二十擔為一噸。希臘國船多懸俄國旗者。
儒按地輿圖考曰。俄國貿易入者為絲綿茶酒。出者為麻麥織皮。每年出數約三千八百兆銀。入數僅二十五千九百餘兆銀。出數遠浮於入數。亦可見土壤雖廣。瘠薄居多。欲將未富之民加以政教而盡為馴良也。不亦戛戛乎其難哉。
儒按英國人富路瑪著測地繪圖一書有云。測天之事。常以各分數為等分。但一年不能分為若干日。而必有奇零。因此各西國所計之一年。比太陽行之一年稍少。略為一百二十九年差一日。至西一千七百五十二年（我乾隆十七年）。已差十一日。所以各大國同時減去此十一日。（即教皇格勒哥里歷）積至三千八百六十六年。始差一日。則歷年之差。為數極小。等於微之紀年。亦以耶穌降生之年為元年。而歷法與泰西各國小異。如光緒六年十二月初二日。為泰西各國一千八百八十一年元旦。俄則至十三日乃為元旦。計相去十二日。除十二日即元旦不計外。則實遲十一日也。

瀛環新志卷四下

丹徒李慎儒鴻軒氏著　江都夏霖夢蠖氏校

瑞國瑞典蘇以天瑞丁瑞西亞綏林綏亦占西費耶斯科里都亞尼亞匪馬爾如波的亞藍旗

舊分瑞典挪耳民二國　儒按今通商者有哪喊國。即訥為之轉音。地球說畧則謂之挪耳回。　又按道光二十七年三月初四日。兩廣總督耆　與瑞典哪喊國欽差嚅嗾男李利華等公定和約三十三條。和約發端曰。茲中華　大清國。大瑞典國。哪喊國等。欲堅定三國誠實永遠友睦之條約。太平和好。貿易之章程云云。則是瑞之與哪。事同一體。而國自區。　又按道光年間。外國方強。猶恐中國刻待之也。故瑞國條約。每以不出規費為言。咸豐以後。各國條約。無此言矣。

挪耳瓦在瑞國大山之背　儒按瑞之西邊大山。地球說畧謂名曰朶非非山。　又按列國歲計政要曰。一千八百十四年。我嘉慶十九年歐洲各國合攻法逐拿破侖第一時正月十四日。王措西曆第十三年表作措而止十三時瑞與丹初和在難助地方。與丹國王立約。丹將挪威之地歸瑞。而挪威民不服。五月十七。挪民大會於愛嚨楣地方。公舉丹國親王夫德立為王。年表作府得以瑞王發兵禁其事。而各國亦不認之。八月。挪民不得已與瑞合。十一月乃崇奉瑞王為挪威王。次年定合國條例。願兩國永合不復分。聖教會及國會。悉仍其舊。遇大故。瑞挪兩國議院。公舉民所屬望者為王。如所舉不合。兩國議院各擇數人。會集於措而羅斯德都城。公派議員。再推擇可者立之。凡兩國交涉大事。亦須兩國派員聚一大會，計議行之。如嗣王中幼，不能親政，兩國聚國會公議一大員暫時攝政。

瑞典瑯威世系疆域 新增

儒按：瑞國本屬於丹國。即嗹國 一千五百二十二年明嘉靖元年 叛丹。立格司一作士 大付為瑞王。格司大付一作格斯道夫，第一即古斯達卧之轉音，亦即徐氏所云撒瓦 一千五百四十四年。明嘉靖二十三年 格司大付分瑞國為四以封四子。伊力治都城，約罕治非闌句，實得奴治東果得闌句，指而止治蘇豆美。一千五百六十年。格司大付卒，子伊力十四嗣立。明嘉靖三十九年 一千五百六十八年。伊力十四之弟約罕第三逐伊力十四自立。至一千五百七十七年明萬歷五年伊力中毒死 一千五百九十二年明萬歷二十年 約罕卒，子西其門第二嗣立。先是約罕以子西其門為波蘭王，至是為瑞王。瑞與波蘭遂合為一。未幾西其門回波蘭。瑞大臣議傳位於指而止。自此瑞典波蘭爭位，搆兵六十年。指而止一作甲列一作查理一作加祿一作指而羅，皆即加爾祿斯之音轉也。外國君代不嫌同名，惟以第幾綴于名下為別 一千六百十一年。明萬歷三十九年 西其門第二卒，子格四度付第二嗣立。當即徐氏所云錢答世 一千六百三十一年。明崇禎四年 格四度付約法起兵助日耳曼教民，攻日耳曼王。按瑞國本奉耶穌教，中間又曾禁耶穌教，而日耳曼則耶穌教所從起，民之習耶穌者多，習天主者少。瑞王此次所助之教民，未審是何教，以理揣之，當是助耶穌教而非助天主教，特諸書無明文，未敢如徐氏之武斷 明年戰死。女王克士丁乃一作克斯低奴 嗣立，方六歲，以大臣輔政。即徐氏所云基利斯的那 於時瑞國強盛，霸于北方。女王好學，博通書史。年二十親政，四方學者歸之如市。一千六百五十四年。我順治十一年 禪於表兄。一作從兄 是為指而止第十。一千六百六十年。我順治十七年 指而止第十卒，子指而止第十一嗣立，方五歲，其母聽政。一千六百九十七年（我康熙三十六年）。指而止第十二為瑞王，年十五歲，伐波蘭，割其國之半，伐丹國，敗之。一千七百有三年（我康熙四十二年）。始築必的斯白都城（一作斯德哥摩，一作斯德哥爾摩，以上兩說見地輿國考及地理全志；乘槎筆記作斯大克阿剛摑；地球說畧作士篤恆；列國歲計政要作指而羅斯德，又名斯振公，皆徐氏所云斯德哥爾摩）。尋攻俄羅斯，初屢勝，遂驕甚，未幾全軍覆沒，身走土耳其（康熙四十九年往，至五十二年歸）。凡四年，始改裝回國。自此遂不能復霸，心甚悔之，重修政事，卒難補救。一千七百十八年（我康熙五十七年）。再征挪威，卒於軍。指而止第十三之妹歐力加伊奴嗣立，在位未滿三年，禪位於其夫佛得力（歐力加伊奴一作安立茹伊奴，佛得力一作佛得立）。一千七百五十一年（我乾隆十六年）。佛得力卒，哈斯坦公嗣立（哈斯坦公似是爵名，非人名。按歲計政要作四到富佛得立嗣立）。一千七百七十一年（我乾隆三十七年）。格斯刀付第三嗣立。一千七百九十二年（我乾隆五十七年）。被人謀殺，子格司刀付第四嗣立。一千八百有九年（我嘉慶十四年）。國人立蘇力美尼公為瑞王，名指而止第十三，國政更新。一千八百十四年，瑞人叛，至十八年（我嘉慶二十三年）。議院公舉指而止第十四即位，本法國將軍也，原名佛捺達的（一作伯那鐸多，一作伯拿多，一作伯爾那多得，即徐氏所云伯爾拿多的。考佛捺達的即指而止第十四，於一千八百十八年代指而止第十三為瑞王，地理全志、地輿圖考、歲記政要、四裔編年表所紀皆同。惟萬國史記云一千八百十八年甲列第十四卒，伯斯鐸多代之。甲列係加祿之轉音，亦即指而止之轉音。據史記之說，則佛捺達的繼指而止第十四為王，非繼第十三為王，而本人非即指而止第十四矣，蓋史記之誤也），指而止第十三之養子，至是即位，是為湧得高和朝（一朝之名也）。一千八百四十四（一作五）年（我道光二十五年）。指而止第十四卒，子阿斯加嗣立（一作四斯高第一）。一千八百五十九年（我咸豐九年）。卒，子指而止第十五立。一千八百七十二年（我同治十二年）。卒，弟阿斯加第二立。儒按：地理全志曰：瑞顛即瑞典處於歐羅巴北隅。緯線自赤道北五十五度起。至七十七度止。經線自中華北京偏西九十二度起。至百有八度止。長四千里。廣一千五百里。總計之九十七萬方里。中間岡巒脊起。聯緜不絶。瑞顛建國。在山之左。右則那威。北方之山。形極岧嶤。砂磧之地。卑下窪溼。悉屬不毛。南方多瀦澤。田稍肥饒。西瀕海。急流迅湍。舟遇之必危。河道衆多。率皆急流而不長。湖之大者曰威那湖。（平圖圖作外耨湖）維蓬湖。（平圖圖作雖遠湖）美拉湖。氣候凝寒。春則風雨交作。時有冰雪。夏甚涼。晝永如小年。長七十六刻。秋則天氣朗霽。冬苦嚴寒。晷短漏長。極北為歐洲最寒之區。夏則有晝無夜。冬則有夜無晝。（按西人地圖瑞典中央之大山名道發陵山又名楚命山地球說畧謂名朶非非山）儒按地輿圖考曰考瑞典今分三省。曰那爾蘭。居於北方。曰瑞典。在中央。曰莪特。在南。其世祖開基之地也。統二十五府。北十二。中八。南五。儒按地理全志曰。瑞顛分三部。中曰綏蘭（說同與徐氏不復錄）南曰局蘭。城以同名。為大埔頭。北曰那蘭。城曰比的亞。（按平圖作辟提俄）又分二十四部。儒按地理全志曰。那威分五部。南曰幾斯底安。（按平圖作格力斯提阿尼阿）都城亦以此名。中曰幾斯底散。（按平圖作格力斯提安設得即徐氏所云幾力斯底安山）中曰白然。為大埔頭。曰特倫林。（當即平圖圖之特埌狄母）北曰那蘭。又分十七部。儒按徐氏所云瑞典之臘巴蘭。挪耳瓦之那蘭斯。肥引墨。攷平圓圖臘巴蘭作辣魄麻克。那威境內不載那蘭斯及肥引墨兩地名。其極北曰麻肯。稍西曰特老母蘇愛。又稍西曰淖特蘭克。蓋即此兩地也。所云冬夏夜晝各長九時。與全志九十六刻之說相合。圖攷謂瑞國南境最長之日。僅十八下鐘。最短之日。僅五下半。中央長日二十一下鐘。短日僅一二下。愈北

則日之長短愈有差池。極至最北無居人。則一歲惟二晝夜。悉六足月。又謂臘巴尼即臘巴蘭地方
氣候。五月盡冰雪銷。六月初草發青。適七八日蜒麥樹木皆芽蘖。又七八日花開。又七八日
而果熟子實。一月之間。播種收成。一律告竣。迅速靡倫。為天下絕無而僅有。比至七月。又見雨雪。
儒按地輿圖考曰。瑞典那威南北相距計數共有二千五百餘里。東西寬窄不等。進南寬處
得一千一百餘里。北方窄處得四百零五里。中有大山。自北至南縱貫全地。名道發陵。其嶺
積雪酷暑不融。河港甚多。皆源於山內。自西徂東入波羅的海。湖之大者曰維內按一作威那一作外
轄縱約二百三十五里。橫約一百二十餘里。曰美拉爾。都城建其濱。曰維得。縱約一百六十
餘里。橫約四十里。平圓圖作繼遺湖都城名斯德哥爾摩。建於八沙洛上。宮闕樓臺大有意國威內
薩景象。威內薩本意國地。徐氏此志意國為奧國所征服。割取意之米蘭及威內薩兩部。按編年表載乾隆十三年西一千七百四十八年意國與奧國和議成。以馬蘭歸奧。馬蘭
即米蘭之轉音。年表未言威內薩歸奧與否。歲記政要謂一千八百五十九、六十六兩年與奧數戰被侵伐所得意國地悉以歸還。時為咸豐九年、同治五年。在徐氏勒成此志之後。故徐氏未如。而圖考則稱之為意國屬地也。故有北方威內薩之稱。為合國最大埠頭。惟海口艱險。近泊甚難。京師之
北有斗城。名烏布薩拉。按平圓圖作歐晚薩拉昔曾為王都。又有城名荷德波耳者。在西南境。為商賈
薈集之區。兵將鎮守之要。又其南為馬爾摩城。平圓圖作麻摩與丹馬即嗹國都城相望。中僅一葦之
杭。因之商賈繁盛。人烟稠密。按丹國都城名徐氏云卑哥納給一作可品哈音乘槎筆記云阿奔黑根地輿圖考與徐氏同平圓圖作科嗹海根
儒按地輿圖考曰。那威都城曰基利斯的亞納。按即徐氏所云幾力底斯安山築於大河盡處。氣象與瑞典都
城相頡頏。卑爾仁城平圓圖作杯爾根在都城之西北。建於大西洋海口。為大埠頭。遵海濱轉東北。

為德倫的音城。平圖圖作特𤞣狀母在昔為那威王舊都。儒按又曰瑞典所屬島嶼數處。其較廣者曰厄蘭。曰鄂蘭。按平圖圖作羣島告特蘭島阿蘭厄蘭迫近海岸。按波羅的海岸也中隔僅海峽。縱約二百四十餘里。橫約二十里有奇。鄂蘭在厄蘭東北。縱約一百八十餘里。橫約百餘里。為前瑞王發迹之地。土地尚稱膏腴。菜果饒裕。居民捕魚為業者居多。儒按又曰那威所屬島嶼。在其西境。星羅棋布。更難悉數。人或分之為三羣島。最南曰卑爾仁羣島。稍北曰德倫的音羣島。最北曰羅福定羣島。總名之曰那威亞爾居伯亞爾居伯者島嶼縈迴之所也。亦概以捕魚為生。

儒按列國歲計政要曰。瑞典疆域。有十六萬八千四十二方英里。濱北冰海歐洲極西北之國也。國中務農畜牧。有兩大城頗繁盛。一斯振公都城。一擱華得婆獲。瑞國停船海口最大。有礮臺礮輪船駐防者。曰克羅那。在波羅的海內。挪威疆域。有十二萬七百二十九方英里。

儒按又曰瑞國新疆山巴刀羅吾米。至大西洋西印度。按此西印度在南北亞美利加之間非亞細亞之西印度也計三十五方英里。此島係一千七百八十四年。我乾隆四十九年法國讓歸印度統轄。置巡撫一員。派兵二萬五千人。其地出菸葉蔗糖棉花科啣茶。儒按又曰。瑞典亦係君民參治之國。君王以下。例設議院。其議政大員皆以國中貴顯教師為之。而紳襟平民亦得按額與選。其遵議辦事者。內有宰臣二。一總理本國事。一總理外國事。軍機大臣十員。大抵以宰臣與部院兼充。部院衙門六。曰吏。曰水師。曰戶。曰教務。曰陸軍。曰刑。外官有如知府者二十四。儒按又曰那威雖由瑞王總攬。亦自立議院。與瑞典議院無涉。議政大員皆本國人。於羣中自選。非選於現居官職者。每届三年一大會。以三月為限。在限内議律例。瑞王可簡總督一人。惟須一本親王。始克任職。其餘官員。均須生長那威。瑞人不得濫充。亦有宰輔二軍機大臣九。以二宰輔二軍機駐瑞王所在。以便有事之時。可以面商。親奏。部院衙門七。曰戶曰吏曰水師曰教諭。曰陸軍曰刑政曰參政。外官二十缺。即稽知府事者也。由是以觀。那威之屬瑞典。若離若合。迹近藩封。非直省可比。

嗹國（嗹馬　領墨　杏田　丁抹　大尼　丹麻爾　大馬爾齊　雪際亞　蘇尼祭　盈黎馬稼加　低納馬爾加　黃旗）

儒按嗹國今稱丹麥國。亦曰丹國。本為新巴里種人所居。（即徐氏所云土番　地理全志之番邦）宋孝武帝（南朝劉宋也）大明八年西四百六十四年為義特所奪。傳至名高毋（高毋即徐氏所云哥爾摩之轉音）者為之王。時唐明皇開元二年。西七百十四年。自此以後。强盛剽掠號同盜賊。唐宣宗大中四年。西八百五十年。丹北方人魯烈叛。始自立俄羅斯國。而丹之强仍不減。於舊傳至名四回（四回一作瑞尼　即徐氏所云篤奴時）者為王。於宋真宗大中祥符六年。西一千有十三年。克英吉利而兼王之。宋真宗天禧三年。西一千有十九年。又征服挪威。命其子王之。兼收瑞典。入版圖。宋仁宗慶歷三年。西一千四十三年。英叛自立國。逐丹人。宋仁宗嘉祐元年。西一千有五十六年。那威叛自立國。瑞典亦時時有變亂。與丹或離或合不受節制。

明太祖洪武二十年。西一千三百八十七年。丹王西剌付卒。其母兼為丹那二國之王。（即徐氏所云女主馬里加爾達一作馬加勒達一作馬加爾達本前丹王之女為那王后丹國舊例王位不世及故立其子為丹王自是女主兼君兩國）明年減瑞典。遂兼為三國之王。傳兩王。明英宗正統四年。以可奔海根為三國總都城。（即徐氏所云哥卑納給）明世宗嘉靖元年。西一千五百二十二年。丹王基利斯安第二（即嵗計政要之嘀里士强第二）為瑞所敗。瑞自是自立國。不再屬丹。又按列國嵗計政要曰。自昔丹國王無世及之例。愛斯舉真朝。季世之王無子。一千四百四十八年。（明正統十三年）公議選舉與命孛侯爵嘀里士强第一為王。其時無傳位定章。四百八十一年。（明成化十七年）罕施立。五百十三年。（明正德八年）嘀里士强第二立。五百二十三年。（明嘉靖八年）夫得立第一立。五百三十三年。（明嘉靖十二年）嘀里士强第三立。五百五十九年。（嘉靖三十八年）夫得立第二立。五百八十八年。（明萬曆十六年）噶里士强第四立。六百四十八年（我順治七年）夫德立第三立。六百六十年（我順治十七年）始改定國位世及之議。六百七十年（我康熙九年）噶里士强第五立。六百九十九年（我康熙三十八年）夫德立第四立。七百三十年。（我雍正八年）噶里士强第六立。七百四十六年。（我乾隆十一年）夫德立第五立。七百六十六年。（我乾隆三十一年）噶里士强第七立。八百八年。（我嘉慶十三年）夫德立第六立。八百三十九年。（我道光十九年）噶里士强第八立。八百四十八年。（我道光二十八年）夫德立第七立。（夫德立一作非得列）以上十六王。是為與鼐李朝。計共四百十五年。先是夫德立第七無子。八百五十二年（我咸豐二年）五月。在英倫敦定傳位之約。次年七月。公議院始定議易姓承統。八百六十三年。（我同治二年）十一月。夫德立第七薨。即以所議噶里士强第九即位。今即丹國王也。是為斯來瑞好斯懸雙德倍克格騣此倍克朝。

儒按地球說畧曰。埭尼國分列六部。北曰熱得蘭（即人德蘭）中曰斯拉斯活依克。南曰苛拉斯天。其餘三部。皆係大海島之地。一名數南。一名德蘭。即建京城處。三名拉蘭。於西大海中有大島。一名愛撒倫（當即義斯蘭地亞）島中有大火山。曰黑格拉。山之旁又常有火燄噴流。有時約高十五丈。呼曰基色。又有小海島數處。總名法羅。又歐洲之北有一屬國。名青藍地。近北極。常半年無日而全夜。半年無夜而全日。

儒按地理全志曰。通國分四省。曰低納馬。又名入德蘭（即徐氏所云低納馬爾加。又名日倫者。全志於此句下又言及日倫數島。按入德蘭與日倫音相近。蓋日倫乃總名。分擧之則曰低納馬。又轉曰入德蘭也。平圖圖但稱為西爾得島。西音近低爾。得即倒讀日倫之轉音）及日倫數島。都城曰哥卑合給（即徐氏所云哥卑納給。平圖圖之科嚏海根。萬國史記之可奔海根。乘槎筆記之可奔墨根）為商旅麕至之地。又有城曰亞西諾。諸國貨艘出入波蘭的海。必經此港。故名加的牙長廣不過數里。嗹國建關征稅。南曰痾斯丁城名幾力。痾斯丁即徐氏所云痾爾斯德音平圜圖之斯台廷萬國史記之痾斯丁今已劃歸布國詳見下中曰斯勒稅即徐氏所云石勒蘇益克萬國史記之斯勒瑞克洋報之斯林士偉地球說畧之斯拉斯活東南曰勞英不即徐氏所云勞英不爾厄城皆同名。又按地理全志曰。島之大者曰安合。上建樓光采輝煌。海船夜行望之以辨里程。東回日倫夫尼句拉蘭句痾蘭。西南曰希里。痾蘭屬於大英。又有冰州在大西洋北。總計之方十三萬里。氣候嚴寒。中有火山名挨哥拉。其東南曰發羅。土產五穀牲畜。儒按地輿圖考曰。丹國島嶼紛紜。不止數十。極東大島曰西蘭按即低[illegible]馬都城建焉。曰哥卑納給。島東海港名來德即加的牙廣東語呼來字爲龍遮切音近加德音近的洋譯凡哥亞阿等皆語助詞可有可無之虛字也。嗹人設關権稅。至咸豐十一年。列國嫌不便。斜集巨款。購買稅項。自是嗹國不得復徵。而要盟遂置之無用矣。西蘭東南有島。孫懸波羅的海中。曰波爾痾摩。地近瑞典而屬於嗹。仍作一省。產寶石灰煤等物。兼收魚利。居民約二萬五千人。性皆勇悍而忠於嗹。瑞典雖屢被侵奪。而卒不能勝者。職此之故。西蘭之西有大島。名辣蘭德。與四圍小島合成一省。是為第三省。地形低窪。屢遭水患。而土壤之肥沃。則甲於通國。再西北為非倫尼島。亦與四圍小島别成一省。其北境寂寞。東南之境村落稠密。土亦膏腴。其在西北。地形如人之握拳伸臂海中。是為第五省。名人德蘭。地廣漠多沙磧。中有大湖。沙產僅能自給。再在西大洋海中有大島。曰義斯蘭地亞。久屬丹。無貳志。氣候寒冽。然較瑞典北境稍減。居人不盈一萬。類皆捕魚為生。挖銅鐵鉛礦等礦以資用。中有火山多座。按是島逼近北亞墨利加東北隅。地名克勤蘭德。廣漠無垠。遠連北冰洋。或又謂此係別成大島。與亞墨利加離而不連。然尚無人追溯源頭。故至今猶未探悉也。前有斯義蘭地人飄游至其地。因收之屬於丹。丹人之旅居此者寥寥無幾。且在海濱捕鯨魚海馬。外運資生耳。又有非樂厄群島。共二十二處。在義斯蘭地亞東南。將近英吉利北境。内僅十七島有人居。餘皆獸蹄鳥迹。此二者一歸歐洲。一歸亞墨利加。

按諸書所載連國地形地名。頗多歧異。按之各地圖。亦難貫串。蓋沿革更變隨乎時。記載詳略隨乎人。繙譯之一彼一此。則又隨乎中國之閩人粵人之土音。各國之書皆然。而連國尤甚也。今並錄之。于其所可通者稍加詮釋。所不可通者。姑闕疑焉。以俟知者。

儒按萬國史記曰。一千八百六十三年（我同治二年）。斯勒瑞克兼荷斯丁侯基利斯底安第九入繼國王位。明年奥人普人發大軍侵之。城堡皆陷。遂割斯勒瑞克荷斯丁二部與普人求和。按洋報列二部之名曰斯林士偉。曰浩爾斯坦。實皆此志荷爾斯德音及石勒蘇益克也。又按普法戰紀曰。普與顛麥（即丹麥）戰。大捷。割其疆土。隸入版圖。如所割扶冷佛。（冷字或是洽字。原書刊印未清。誌之備考）乃其京師也。顛麥至遷都以畀之。歧盧海口。顛麥之要地也。普得之。而波羅的海所據益大。（此二處俟考）

儒按歲計政要曰。一千八百七十年（我同治九年）。單開丹國五省。計地一萬四千五百五十三見方英里。又屬地曰愛斯蘭。三萬見方英里。阜魯羣島。計二十二島。内十七島有人居。計地四百九十五見方英里。格零蘭（原註即青地）。其地頗遼濶。在北冰洋迤南海邊。惟二萬五千見方英里有人烟。按即義斯蘭地亞。地球說畧之愛撒倫也。蘭字與倫字同。毋亞字乃虛字。西人謂地為蘭。字或作藍。青地青藍其義一也。儒按西報載光緒五六年間丹國大西洋海中所屬之三島一曰聖克魯斯一曰聖叨墨斯一曰聖約翰賣與美國得洋銀六百萬圓未知是此志中所序之島否考歲計政要曰阜魯羣島愛斯蘭格零蘭歐洲人皆目為丹國蓋以為丹國望内之山川也惟西印度（原註在中亞美利加海中）有三屬地曰桑削曰桑多羅美曰聖還桑削地較大云云當即所賣之三島也聖克魯斯音近桑多羅美平圖地球圖作聖克魯斯。儒按萬國公法第二卷第四章第九節曰丹國欲專管波羅的狹海其國公師以常住為主係歷來舊例諸國屢有立約認之且自丹國管此狹海派設兵船廵捕海盜使各國通商無阻建塔立標燃燈其上導海船出入免危是於諸國不無公益也其狹海兩岸數百年來俱屬丹國管轄於一千六百五十八年（我順治十五年）丹國讓北岸於瑞威敦（即瑞典）但立約云瑞威敦不得共分其進口稅惟其所建塔標丹國當償其費日耳曼數邦於一千三百六十八年（明太祖洪武元年）立約認丹國得專此權英國於一千四百九十年（明孝宗弘治三年）日耳曼之皇查里第五於一千五百四十四年（明世宗嘉靖二十二年）亦續次立約認之荷蘭於一千六百四十五年（我順治三年）與丹國立約重定稅規其曾經立約之國亦照此約定為章程而無約之國仍照舊章納稅較為稍重沿海之國惟以波羅的為閉海蓋謂沿海諸國和好無事他國若有戰爭不得近波羅的海按從而我沿海之國得享昇平惟英國不視之為閉海也。儒按公法便覽第一卷第二章第六節曰歐洲西北丹瑞之間有海峽入波羅的海者丹國久守之而徵出入船稅一千三百一十九年丹與荷蘭立約而定稅則。後因增稅。荷人不服。遂與兵攻之。嗣於一千六百四十五年。丹與瑞典議免征稅。重定荷人稅則。英法輸稅。與荷人同。二百年後。美與丹議。廢弛此項稅則。丹云若各國之通商波海者。公同納銀若干。贖免此項稅則。方可。於是各國公使會議。定以洋銀一千七百餘萬圓。分輸之後。始得出入自由。愚按丹國地勢。獨據形勝。縱力不能抗各國。而減輕稅則則可。永裁稅則則不可。奈何貪一時之利。棄萬世之利哉。（按丹賣加的乃稅則在一千六百四十五年之後二百年。是一千八百四十五年也。時為我道光二十五年。地輿圖考曰咸豐十一年列國糾集鉅款購買稅項。自是嗹國不得復徵。而賣隘隨之無用云云。咸豐十一年。西一千八百六十一年也。蓋始議於道光二十五年。而成議於咸豐十一年。）加以割地與布。賣地與美。衰弱極矣。而與中國立約通商。猶䩄居大國之列。殊可恥也。

瀛環新志卷五上

丹徒李慎儒鴻軒氏著
江都夏霖蕘峻氏校

奧地利亞國

阿士未亞　得覺亞　東國　奧斯的里亞　雙鷹國　阿士氏拉　歐塞特里阿　莫爾大　儒業海錄曰白旗上畫一鳥双頭

旗畫雙鷹遂訛稱為雙鷹國　儒按同治八年七月二十六日即一千八百六十九年九月十二日和約稱為奧斯馬加國又地球說畧稱為阿士氏拉國又公法會通曰奧斯之君兼治馬加列國歲計政要曰奧斯馬加乃奧斯地利亞與匈牙利兩國合一之稱然則馬加即匈牙利之別名也

其弟嗣位明於法律簡任廉能國大治　儒按地輿圖考曰奧地利亞歐洲一大國也古時部落數分羅馬降為藩屬旋戎狄來侵得其地據之凡四百載唐貞元間法蘭西王加祿曼東征收其部邑立為別部命名奧地利亞猶言東方國按法王加祿曼一作甲盧曼的一作加爾祿斯馬哥奴一作查理曼即徐氏法國志所云甲利泰甫也四裔年表又作夏力門亦即甲利泰甫之轉音一謂夏力門於唐憲宗元和元年西八百十七年以法蘭西日耳曼意大利分王其三子之時奧未號立國在日耳曼中言日耳曼自有奧國也輿圖考所云唐德宗貞元年間稱為東國者不合與徐氏所云元初方稱為東國者尤不合徐氏蓋據地理全志而言亦非無本孰是孰非未敢臆斷並存諸說俟考元初日耳曼王封庶子於其地爵如上公按年表宋度宗咸淳九年西一千二百七十三年日耳曼國人舉澳國人哈白四巴麿力府為曼王宋帝昺祥興元年西一千二百七十八年取澳地元世祖至元二十一年西一千二百八十四年日耳曼王立其子阿立白於澳哈白四巴麿力府即徐氏所云羅爾德福之轉音子孫相傳疆土日闢明正德年間西班牙王加祿第五兼王奧地利亞日耳曼諸部奏上日耳曼總王號加祿第五之弟裴爾第囊第一封為奧地利亞上公娶控噶爾王之女為夫人控噶爾王卒乏男嗣因將控噶爾全國歸并於奧旋王又得波厄迷亞摩拉維等地迨兄

王退讓弟裴爾第囊第一為王又襲日耳曼總王位於是幅幁之大遂於西土列壇坫長會盟矣　按加祿第五一作甲列第五一作揩而止第五即徐氏西班牙志之查理第五其母乃西班牙王佛得南一作佛得蘭一作匪地難多之女嫁於奥王佛力一作腓力名曰約安那嗣為西班牙王與夫佛力同治國事生子即加祿第五以奥地利亞西班牙兩國合為一國於明正德十四年西一千五百十九年為日耳曼總王其弟裴爾第囊第一一作佛得南一作匪地難多第一於明世宗嘉靖十四年西一千五百五十五年加祿第五以奥王及日耳曼總王位讓之次年又以西班牙王位禪於其子非力第二退閒以終徐氏此志之匈牙利即控噶爾也而謂配匈牙利女主者為阿爾麥且序於加祿第五之前大誤地理全志不載人名而云事在明季亦誤

從此東國稱奥地利亞不復稱日耳曼　儒按四裔編年表謂一千八百零四年澳與日耳曼分自立為國我嘉慶九年也萬國史記謂一千八百零六年法蘭西帝拿破崙迫佛郎士斯第二脫日耳曼皇帝衣冠遂專稱奥斯地亞皇帝云云其時則我嘉慶十一年也與此志年分不符蓋先之分也特不與日合為一邦而猶為日皇至為法所迫乃去皇號而猶强大可為盟長自敗於普乃並盟長失之也　一千八百四十八年我道光二十八年也匪地難多第六傳位於其姪佛朗斯士約瑟福第一戰敗於普不得為日耳曼列邦盟長及並不得列於會內詳見普魯士說按佛朗士斯約瑟福第一一作佛蘭士約瑟第一又作佛來司約瑟一作方濟各若瑟第一乃佛朗士斯第二之子佛朗士司第二一作佛立蘭士第四

日耳曼列國之主時來朝議國事　儒按萬國史記一千八百四十八年三月法蘭西革命（我道光二十八年也。所謂革命者，國人逐其王路易非立而立拿破侖第三，改為民主之國也。）報到維也納。維也納民人欲彷之，爭起為亂。先是首相墨的爾尼久尊權，至是為亂民所逼，奔英國。主匪地難多第六與國約立新法，民更不服，都下再譟變。國主出居印斯不盧（音疑即不羅斯各也）。又移居松不侖。匈牙利人推為首，與維也納人名為拒戰而陰通謀。國主又出走阿里木。命大將殷士日格辣將兵攻破維也納，渠魁皆處以極刑。遂許匈人立自主政治。　又萬國公法卷一第二章第十七節相合而不失其在內之權條曰：奥地利數國之相合也，其與君之故國並匈牙里、波希米、威內薩等國皆合奉一君，而不得擅自相分，然猶各存其國法政治也。是奥國之以國相合，與他國之以君相合有別也。數邦如此而合者，即所謂拼國也。

按以上兩書所述揣之，則匈牙利止可謂之為奥國藩屬，而不可謂之為奥國郡縣明矣。此志所述與地理備考同，蓋猶記一千八百四十八年以前情形也。惟匈牙利之並入奥，此志序之於元明之間，而地理備考則繫於我康熙五十一年，又小異。考列國歲計政要曰：奥之先為哈處孛朝，一千五百六十四年（明嘉靖十三年），麥昔米亮為王，兼王匈牙利。此朝共傳十五王，至一千七百四十年（我乾隆五年），女主摩利亞特立薩為奥王，是為哈處孛綠林朝之始。約瑟第二、雷霸第二、佛立蘭士第一（即佛朗士之轉），計三王（按此朝不止三王，特舉其著名者）。兩朝共十八王，俱為日耳曼王。（此志云世為日耳曼皇帝者，此之謂也。）佛立蘭士第一後兼為匈牙利王。（其即奥王位在一千七百九十二年。）

（我乾隆五十二年）以一王王兩國。在奧稱皇帝。在匈稱王。至一千八百四十八年。（我道光二十八年）佛蘭士約瑟第一即奧皇位。（即萬國史記之佛朗士約瑟稱第六）一千八百六十七年。（我同治六年）又兼王匈牙利。據此則奧與匈益屢分屢合。故編年表於道光年間奧國表中。猶屢見匈牙利王字樣。可為匈非奧郡縣之證。並可訂此志及地理備考兩書中年歲之訛。　又按米蘭部與下威內薩

米蘭在的羅爾之南　儒按米蘭乃東晉安帝時西羅馬之都城。部已於我咸豐九年。同治五年。還於意大利。不屬奧矣。詳見後。

奧地利之匈牙利地　儒按益聞錄謂匈牙利一名控噶爾。按此志注云。一名翁給里亞。翁音近控。噶音近給。爾音近里。亞則語助詞也。說詳歐洲總論。　又按控噶爾一作空噶爾。一作拱。喀爾其實控空拱。皆即匈也。噶喀皆即牙也。爾字洋語與利字一音也。控噶爾之即匈牙利。直捷了當。無可疑議。不必以土耳其都城名君士但丁一作康思坦胎諾格爾。輾轉傅會。而以控噶爾為土耳其也。

奧地利之波蘭地　儒按奧與俄普兩國之瓜分波蘭。在一千七百七十二年。及九十三年。九十五年。計分三次。為麻里得里司（即摩利亞特立薩）約瑟第二。劉頗第二。（即雷覇第二）佛朗士第二四王所為之事。皆以奧王為日耳曼皇帝者也。時為我乾隆三十七年。五十八年。六十年。

總按新增

儒按地輿圖考曰。奧以尺土之封。東取西收。創成大業。其人民雜而不純。凡三等。曰日耳曼

人曰匈牙利人曰波蘭人三者自分莫能渾一奉天主教者約五分之四全地分奥地利與匈牙利兩方奥本地分十四省其處中故土曰上奥地利亞其省會名靈斯為通國大閒津曰下奥地利亞京師在省之東南隅多惱河浜周圍廓大可比於法京巴黎斯古城處其中窄隘不宏而宮室高大且鞏固絶倫京師人民謹飭風俗敦美或謂彼方女子淫佚無閨教者皆詆毀誣言不足憑也上下奥地利亞兩省與迤西撤耳斯蒲爾省為奥王發迹之區畿輔之地土壤隆高不甚肥沃惟蔬果富有畜牧蕃孳由下奥地利亞轉西南曰撤耳斯蒲耳（按此一省諸書皆不載或係兩奥地利亞新分立者）又西南曰的羅爾（一作的羅耳一作地羅利）會城曰音斯不羅各為文墨萃蔚之地氣候寒冽土頗瘠薄山中有銀鐵鉛等礦又土人善養黃鳥馴服而教之鳴售得美價每年出運之數甚繁竟得厚利轉東曰加靈的會城曰克蘭甫爾又東曰斯的里（即徐氏所云義）斯的里亞（斯的里亞）會城曰加拉斯此兩省皆以製銅鉄器聞於時斯的里省巖岫重複洞穴玲瓏中有一洞自口步行半時許方至底復掘一二尺便有古獸骨殖博考者每入視之轉西南曰加爾尼阿爾在亞德亞海隅者曰意斯德里（即徐氏所云一黎里亞按地理全志謂一黎里亞之省會名未八海口名的里斯德與此不同）省會曰的里斯迆德（一作的利亞的德）按加靈的及加爾尼阿爾與意斯德里三省皆古之意黎里國地山峻而密皆亞耳伯山分枝山中多湖澤魚族蕃生亦有洞穴幽黑難測廢垣坍屋直柱橫楹時列於前莫知其為何代物意利德里省會在亞德亞海一隅與威內薩勝城東西相望久與之爭執利權卒奪之由是威內薩曰形蕭條而的里迆斯德為國中通商要埠自意

斯德里跨海而東。南遵海濱為城邑者曰達爾馬西（即徐氏所云達爾馬西亞而屬之匈牙利）其僻在奧地利亞者曰波厄迷亞（即徐氏所云不威迷亞）四面環山。説者謂昔騰焰飛沙流漿為患。今之地形凹凸多出沸泉。為其陳迹。至五金之礦與歐洲富產之區差堪比倫。山中氣候凜冽。平陸和煖。惜耕耘之事未精。田產僅能自給。紡績苧麻製造琉璃。為細民沿習之業。會城名伯拉加（即徐氏所云巴拉加）昔為本國京師。轉東漸小之省曰西勒細。其迤東毘連大省曰加里細。此兩省古屬波蘭加里細本名紅俄羅斯。後為奧有。乃易今名（按乾隆三十七年西一千七百七十二年俄布奧三國紛分波蘭之地奧得羅度米尼及客利西兩地羅度米尼即西勒細客利西即加利西譯音或合音讀之或轉音讀之也）加里細省。地頗平坦。惟東境岡陵疊見。南以加爾巴德山為界。是山多鹽井。深者可百餘丈。寬者不止千尺。全地氣候甚寒。會城名稜卑爾克地當孔道。凡行商自黑海至日耳曼等腹地者。必由是過。是以財貨屯積。其加爾巴德山内人。與鄰居之民水火難和。甚至干戈相向。命案疊生。再有一種人雜居其地。曰雅德尼。半野半蠻。與他族人民格格不通。其人不特加里細省有之。即於匈牙利省亦復不少。遷其南曰摩拉維（即徐氏所云摩拉維亞）會城名伯倫納（即徐氏所云阿里木）中有敵壘甚古。今雖半已頹廢。而陳迹尚留。全土利富於礦。東南邊省曰布哥維納（徐氏指此部為土耳其地奧以之附屬波蘭與此說異地理全志亦曰奧之波蘭地舊分二部一曰加里細會城名稜卑爾一日布哥維納本土耳其地奧割得之會城名達奴波因波蘭故附之蓋昔日奧嘗以布哥維納隸於波蘭總部名之下至奧所分得波蘭土地自是西勒細加里細兩處）此奧地利十四省之名目也。

儒按又曰匈牙利即控噶爾國。分為三省。按多惱河。自西北巴威也拉（此日耳曼列拜之一又名拜馬）入奧境內東流數百里折而南又五百餘里又折東作境邊陲卒出奧國全境東南流匯於黑海湍急非常艱於涉濟德意斯河流水緩慢發源加爾巴德山虹貫一千六百餘里之長入於多惱河卒匯於黑海匈牙利三省首省即名匈牙利一省之中又分四大府各因形勢而名曰多惱河左多惱河右。德意斯河左德意斯河右肥田廣漠物產富饒惜地方潮溼瘴癘頗仍。都會曰補地亦名阿芬建在多惱河之左。河右有城名伯息雉堞相望中通以浮橋故兩城遥可渾稱為一城。名之曰補地伯息匈牙利省東有達郎西爾瓦尼省會城名格勞森滿爾南有哥羅瓦西省。及斯加拉窩尼省。此兩省以地處邊陲易起鋒火故其南境定為邊境衛所。派武職大員控制之而兩省作為一省此匈牙利地三省之名目也

儒按奧十四省。匈三省。共十七省。在西南為亞耳伯山。綿亘廣遠直至達爾馬西中央地在東為加爾巴德山。曲折作弓弦形。在西北為厄波迷亞四方山處東南者曰摩拉維山以其界地而取名。處東北者曰大人山。處西北者曰五金山處西南者曰大林山圍環周密地形勢同仰釜　再奧境外有光石國。即徐氏所記日耳曼之列支敦士敦邦普法戰記之勒天士田邦也褊小不及中邦下邑而未列於日耳曼。主君常駐奧京。又於奧國中襲食邑數處藉以致富因於奧十七省之後附存其名。

儒按地輿圖考又曰。近年又新收波斯尼與日厄高味納兩省。按波斯尼即徐氏此志西土耳其之波斯尼亞也日厄高味納即徐氏此志西土耳其之日薩益爾也光緒初年俄土搆兵奧為說和於光緒四年奧遂取此兩地

瀛環新志　卷五上　奧地利亞國總按新增　四

儒按列國歲計政要曰。奥國有渟泊兵輪砲船大海口二。一曰帕辣港。內寬濶如大湖。四圍皆築砲臺。一曰取也斯得。製造局軍械廠皆在焉。按奥國祇西南一面臨亞得亞海，此外各面皆陸地。二大海口皆亞得亞海也

儒按又曰。奥於一千八百六十九年我同治八年單開。謂所開之單也奥地方里。共有一萬七百八十奥里。合英里二十二萬六千四百六里。原注英四里七分為奥一里。按英三里為中國十里，以此照推奥屬十四省。曰下奥斯地利亞。曰上奥斯地利亞。曰少斯倍克。即圖考撒耳斯蒲耳曰斯地里亞。即斯的里曰格零地亞。即加靈的曰加里瓦拉。即加爾尼阿爾曰科斯闌。即波厄迷亞曰秦羅爾伏臘倍克。即的羅爾曰博基靡亞。即波厄迷亞曰摩拉維亞。曰賓里濶。原注即賓里西亞。按即西勒細曰加里濶。即加里細原注即里西亞曰布哥委納。即布哥維納曰達而美濶。即達尔馬西匈屬四省。曰匈牙利。曰克羅濶。原注即克羅西亞。即圖考之哥羅瓦西。按曰斯辣富尼亞。即斯加拉窩尼曰特蘭昔阜尼亞。即達郎西尔瓦尼按奥於一千八百五十九、六十六兩年。國被侵伐。舊屬意大利地。悉行歸還。以地比較五十七年清單。削地一萬六千四百九十三方英里。時為咸豐九年、同治五年

普魯士國

（普魯社　蒲魯士　部魯西亞　不魯西亞　埔魯寫　破魯斯　破魯西
圖理雅比阿尔稱亞　單鷹國　儒按海錄曰白旗畫一鷹　又按今和約
稱布路斯即普魯士也與德意志共立約又近年以普與日共奉一帝
或亦稱之為德國而俗又稱普日茄門國地球說畧又為波路西亞國）

康熙三十九年乃自王其國　儒按星軺指掌一千七百一年。伯郎丁西侯政稱王號。改國名曰布路斯。

舉國尚耶穌教　儒按國雖尚耶穌教。而不容教士主政。詳意大利說教皇條

都城曰百爾靈　儒按今與中國和約。作比耳令。乘槎筆記曰更有西都地名可輪

薩克索尼亞　儒按日耳曼列邦中有薩克索尼亞。會城名德勒斯達。當即此部。徐氏於普魯士國。及日耳曼列國。兩載之。致薩克索尼亞國本强大。其馬得不爾厄城。蓋亦大市廛。與普鄰近。或亦嘗隸於普。而以今形勢攷之。但當列之日耳曼。不當屬於普矣

上萊尼沿河傍山。會城曰哥羅尼亞　儒按即乘槎筆記所謂西都名可輪者也。

新增普魯士國說

儒按萬國公法卷二第三章第六節。各國自主者可隨意自立尊號。但無權令他國認之也。如菲哩特第一。（按一作富得力第一又作裴里特第一）前為班丁堡（按即政要之博蘭登）侯。於一千七百零一年。（我康熙四十年）初稱普魯士王號。日耳曼皇先認之。後歐羅巴諸國亦認之。至其末認之。而衆口一詞。相距九十餘年。彼得第一於一千七百零一年。初稱諸俄之皇號。普魯士荷蘭先認之。而他國後

認之。至其未認之兩衆口一詞相距六十餘年。及法國認之時與俄國特立約據以存法國前時之尊位。云不因更易名號。致變兩國相待之禮數。及俄羅斯皇后加他鄰第二登位不願復立此條。惟行國書。許不因皇號致易二國相待之禮法國覆書仍認其皇號。惟云俄國若變相待之禮。法國將復用已之尊稱。而不認俄之皇號。

儒按又曰前者君王之稱。莫尊於皇號。蓋以為嗣續羅馬之古皇故也。但日耳曼皇之外。他國之君立此號者即以為較諸國君王更有尊位未之有也

儒按列國歲計政要曰。布之先為御立美之將軍侯爵達西挐。即花恒召一作兆侖族子富得立第一。襲侯爵九百八十年。宋太宗太平興國五年造一大堡城於駝怒江。原注又名搭牛泊屯紮合族之兵。是為花恒召侖堡。一千二百七十二年。宋度宗咸淳九年傳至富得力第三。為日耳曼親王得牛侖堡克采邑。傳至富得力第六。封博蘭登倍克侯。按即星軺指掌之伯郎丁布侯特音一千四百十五年。明永樂十三年有王布其捫地。編年表作西其門第四為日耳曼合衆國中最大七王之一。一千五百一十年。明正德五年有都董人民原注普魯士一大省保而的海邊種類按保而的海當即波羅的海之轉音公舉花恒召侖可其孛為其主。嗣位為王卒無子。普魯士省歸博蘭登倍克侯兼轄。一千七百一年。富得立第一。即布國王位。是即為布王之始。編年表康熙四十年佛得力有兵二萬四千始自立為國嗣是威廉富得立第一。年表作威令購拓王。地得伯麥拉尼亞地。傳子富得立第二。年表作佛得利國有四萬七千七百七十方里。得加色里濕地。增一萬四千二百方里。後俄奧布三國分割波蘭國地。布又得七萬四千三百四十方里。按時在乾隆三十七年

嗣又得兩地。一曰杭斯伯。一曰背羅德。（乾隆五十八年）又分波蘭餘地共有十萬方里（乾隆六十年）傳至富得立第三。與法王拏破侖戰大敗。失地過半。（年表作威令第三時一千八百六年我嘉慶十一年法人破布都城明年與法和獻地十之五銀九萬億又明年獻銀二十萬）迨拏破侖敗。歐洲各國王在奧京議立和約。舊失之地盡行復還。（即所謂維也納之會也時一千八百十五年我嘉慶二十年）又新增薩遜呢。句蘭尼侖。句並瑞典所屬伯麥拉尼亞三地有十萬七千三百方里。一千八百六十六年。起兵攻奧。（我同治五年即布不許奧為日耳曼列邦盟主時也）得地十三萬七千六十方里。於是南北壤地接連。無他國間隔之患。自博蘭登倍克大侯爵富得立第一即王位起。至今共七世。當一千七百九十七年。威廉富得立第三即位。一千八百四十年。威廉富得立第四即位。（原注又名佛勒匿侖第四）即今布王之兄也。一千八百七十一年。威稜第一即位　按威廉富得立。即西報之啡哩特威廉。西人語但對音。本無定字。亦常將字顛倒讀之。威廉即維廉。即威稜。四裔年表之威令姆。西報之惠良姆。亦皆維廉之轉音。

儒按近西報稱啡哩特威廉第三。或作弗勒得力維廉第三。於一千八百四十年卒。（我道光二十年）子弗勒得力維廉第四立。一千八百六十一年卒。（我咸豐十一年）先是其弟布倫士維廉攝政第四既卒。遂即位。布倫士維廉一作威廉顛斯。一作惠良姆第一。至一千八百七十一年。（我同治十年）德國人亦願奉以為主。因是普德兩合為一。迄今光緒十八年。惠良姆尚在。壽九十餘矣。

又按當一千八百零六年。（我嘉慶十一年）日耳曼為法蘭西所迫。帝統遂絕。各部分為列國。普國常護庇之。故皆入普公會。咸豐十一年。布國德國共一和約。

儒按普法戰紀威（即維之轉音）廉第一既即王位。於一千八百六十六年。攻奧國克之。與奧割地求和。往者日耳曼列邦。以奧為主盟。自是改歸普。時同治五年也。一千八百七十年。（我同治九年）西班牙內亂。倡共和政體。於前兩年逐其王。至是議院復議立王。致書威廉第一。請普國世襲浩軒疏倫王爵。加蘆安郡王之第二子理烏佛為西班牙王。法國聞之。恐普西相親。不利於己。固強威廉第一。無庸令子往。威廉第一許諾。王子亦自辭謝。法人又要以此後普國凡係王子。永不得為西班牙王。威廉第一怒。不禮法使。法王拿破侖第三亦怒。將伐普。普乃聯日耳曼二十六同盟之邦。合兵擊法。每戰皆克。法國諸城皆陷。直薄法巴黎斯都城。聲威大振。二十六邦。合詞請稱尊號。一千八百七十一年正月元日。在華西路大營中。即普國皇帝位。華西路有法王行宮。普王攻法京居於此也。至二月二十六日。法人償兵費。割兩省地以和。計困巴黎斯都城一百四十二日乃罷兵。詳佛蘭西說。按維廉第一人固賢。而國之強大。則皆其大臣俾思麥之謀。論者至比之齊桓公之得管仲。（俾思麥一作畢打非路光緒十年十月卒年八十八）

儒按列國歲計政要。布之幅員。十三萬七千六十六英里。分十一郡。所屬有三十五城。其大城有十。都城曰伯林。曰伯拉斯落。曰克隆。曰扣內斯孛。曰富蘭福奧邁。曰旦捷。曰赫奴佛。曰邁登倍克。曰斯特訂。曰伯阿門。通商大口一在保得海。一在北海。北海商貨不多。由罕倍（句）伯雷門（句）二處分散內地。（此二處詳日耳曼說）

儒按地輿圖考曰。普國分十三省。三十六府。伯靈其都城。屬邑堡斯丹築於兩湖之間。多建別宮向為普王臨幸之所。東南境有城名北勒斯勞（堡斯丹當即此志之班丁堡北勒斯勞此志同名即政要之伯拉斷落），百工畢集，萬貨流通，久為日耳曼與波蘭互市之處。國之極東北境臨波羅的海，有城名哥尼斯北耳（即此志普魯士部之哥尼斯北爾），普國故都城也。屬城曰但澤（此志同政要則作旦捷），海濱一大埠頭，亦為北境衝要。在西境來因河濱，有古城名哥羅尼亞（此志云是上萊尼之會城），民善織紬布，製香水，城內宮殿甚多。轉東北，普有盟國曰亞諾威爾，都會同名，久已隸入普魯士。

按：徐氏將亞諾威爾紀於日耳曼列國中，蓋猶未知已改為普之屬郡也。

瀛環新志卷五下

丹徒李慎儒鴻軒氏著
江都夏霖夢蝯氏校

日耳曼列國前圖補說

儒按亞爾敦不爾厄地圖與攷謂為狗尓敦蒲爾在北海濱北海即大西洋也其薩撒亞爾敦不爾厄圖攷謂為薩克亞爾丁蒲爾乃薩克索所分在日耳曼全境之中土徐氏圖未誤而係說疑兩國是一國非也

日耳曼（阿勒曼阿里曼亞里曼占曼尼耶馬尼熱爾馬尼亞勒墨尼亞國　儒按日耳曼洋語稱為醫文在和約稱德意志而西人紀載及日本人所撰萬國史記仍稱之為日耳曼地球說畧則又稱為亞利曼又萬國史記著於光緒五年其論日耳曼曰諸侯自立者今止二十五邦皆聽命於普魯士云云然則兩國共一和約者布能制德之故也）

奧地利亞酋長羅爾德福為王　儒按羅爾德福一作哈白四巴廣刀府事在宋咸淳九年西一千二百七十三年

以奧地利為盟長　儒按奧今已不得為盟主徐氏著此志時未知之也事在同治五年為普所敗之後

前明時撒有名人曰路得能譯解耶穌意志別立耶穌教名以別異於天主教　儒按天主教名加特立教羅馬舊教也耶穌教名波羅特士坦教（坦一作頓）撒遜新教也路得一作路惕按萬國史記一千五百十七年（明正德十二年）羅馬教皇勒阿第十欲營禮拜堂鬻赦罪書以集金幣迨後愚民皆謂所犯罪過可出金贖之甚至欲逞惡先行買赦罪書教皇不之矯貪婪日甚多

米干教士的涉爾承其旨。至撒遜大販赦書。取所得金百之一自給。路帖者撒遜貧民也。向於耶爾佛書院見拉丁語教書。潛心討究。一千五百八年。為威典堡教師。以事至羅馬。始知教官識淺。不足與語。及的涉爾來鬻赦罪票。路帖乃書己之意見九十五條揭之威典堡教院。見者駭異。乃刷印公之世。教皇怒。捕之不能得。一千五百二十年。路帖著一書曰改正羅馬教法一項。與基督教徒書。後又著一書曰巴比倫囚繫。教皇極論羅馬教大乖耶穌本意。遂取教皇敕書。與羅馬教律火之。翻拉丁語為日耳曼語。講新約書。路帖娶妻。教徒仿之。亦多娶者。斯時有挑馬閔塞爾創亞拿巴普的教。非毀羅馬教。兼及國政。勢最盛。又有瑞典人烏爾利東盈黎。亦創新教。所說與路帖粗同。惟以晚餐用酒餅為異。皆不久即撲滅。路帖獨存。新舊兩教相爭。各國因之戰鬥者屢年。路帖不稍屈。遂稱新教曰波羅特士坦。蓋抵抗辨論之義也。至一千五百四十六年。路帖卒。明嘉靖二十五年 由此以後。天主耶穌兩教互為勝負。而皆不廢。又按七百十七年。唐元宗開元五年 東羅馬國王勒阿第三立。深惡偶像教徒。以為回教人侵畧諸邦。寔由天主教徒拜祀偶像之風不已所致。將盡滅之。命禁拜祀。廢毀偶像。自此後。屢代國王皆禁之。至八百四十二年。唐武宗會昌二年 密給爾第三立。多行不度。師父益那周絕之教門。密給爾之叔巴爾達勸之廢益那周。立何修為師父。何修乃排羅馬教皇為邪教。而別立一教。一千五十三年。宋仁宗皇祐五年 密給爾該爾拉留為師父。繼何修志。力排羅馬教。亞歷山德耶路撒冷。各地師父盡助之。尊密給爾為教門大首領。俄羅斯人亦多入其教者。由是君士但丁東羅馬都城教門。離羅馬教自立為希臘教。亦至今不廢。

儒按宋甯宗嘉泰四年。羅馬國主亞歷修第四。令希臘教與羅馬教合。模素弗路弒之。以十字軍攻破君士但丁。於是發蘭德侯巴多尹為希臘皇帝。建國號曰臘丁。然則路惕之耶穌教。寔由希臘教出也。計天主一教。肇於西漢。盛於東漢。至唐而分為希臘。至明而分為耶穌。要不過名目規條小異耳。何嘗別標宗旨。而各國動以爭教之故。兵連禍結。伏屍千萬。殊為無謂。或者運會所至。假手於此。以了殺劫乎。天主教皇之衰。則日耳曼意大里亞兩國致之。詳意大里亞說。

亞諾威爾　儒按此國久已入於普魯士為屬地。不復在同盟列邦之數矣。故近時諸書紀日耳曼二十六邦。內無亞諾威爾邦。

日耳曼列邦　今統稱為德國　新增

儒按萬國公法卷一第二章第十三節曰。日耳曼國。前為多邦相合。然各邦雖有內治。猶服日耳曼皇定法斷法之權。故不得為全然自主也。今則日耳曼並無總統之皇。與前國法不同。惟有數國相聯以為治。其半主小國。多被自主之國所兼并。獨濱北海之諸侯國一處。尚率由舊章。聽命於俄定堡。公所謂半主之國焉。　又曰日耳曼現為衆盟邦。即係自主之國。各邦平行會盟。永合者也。其會內則以奧國為盟主。　按公法刻於同治三年。至同治五年。始改為以普主盟。

儒按日耳曼今稱德意志。與布國合一和約。作各國之領袖。咸豐十一年七月二十八日。即耶穌一千八百六十一年九月初二日。在天津所立和約云。大布國大君主。為本國暨德意志通商稅務各國。 拜晏 撒遜 漢諾威 威而顛白而額 巴敦 黑辛加習利 黑星達而未斯大 布倫師額 阿爾敦布爾額 魯生布而額 撒孫外抹艾生納 撒孫麥甯恩 撒孫阿理廷部而額 撒孫各部而額大 挐掃 宦得克比而孟地 安阿而得疊樠郭定 安阿而得比爾你布而額 立貝 實宦字部而魯德司荅 實宦字部而孫德而士好遜 大支派之各洛以斯 小支派之各洛以斯 法郎格缶而德 昂布而士 並模令布而額水林 模令布而額錫特利子二邦。以及律百克 伯磊門 昂布爾 三漢謝城。切願與中國及前開各國。立定友睦之誼云云。與此志所載國名部名。不盡符合。案出使日記拜晏國今稱巴華里國

按各國方位。未易稽考。惟某氏所著括地略粗載之。今特照錄於左。按括地畧亦云以奥同為盟主

布奥以西。為日耳曼列邦。一名德意志。為歐羅巴中土。其稱王之邦。布奥而外。東南拜晏邦。一名巴威也拉。都城曰門犢。一名慕尼克。其西南為威而顛白而額。一名味耳典白。其北為撒遜。一名薩克索尼亞。其都城曰法勒士達。北境曰漢諾威。其公爵之邦。如威而顛白之巴敦。迤北之黑辛達而未斯大。魯生布而額。一名碌生巴克。東北境之模令布而額水林。迤西

之模令布而額錫特利子。其侯爵之邦。如黑幸西之筆掃一作擾漢諾威東之布倫師額一名不倫瑞克。漢諾威西之安阿而得比爾尼布而額安阿而得疊掃郭定。又有西境之撒遜阿理廷部而額。撒遜各部而額大。撒遜麥甯恩。撒遜外抹艾生納其親王之邦。如安阿而西之宜得克比而孟地。一名勒必海摩耳。又有大支派各洛斯小支派各洛斯布國境內之寔瓦士部而魯得司達。寔瓦士部而孫德而士好遜。及西北境之阿爾敦布爾額東境之黑幸昂布而。其民主之邦。為黑辛加習利。一名加塞爾。其無例禁之邦。為西北之伯磊門一名不來梅。北境之律百克。一名盧卑各及昂布而士西境之佛郎法

又按光緒六年二月二十一日德國使臣伯郎充在京都與總理各國事務衙門。新修和約十款。大抵與咸豐十一年布國暨德國公會各國所定之約。詞意相同。但每欵俱提明德國字樣而已。如第一欵湖北之宜昌武穴陸溪口郝穴。安徽之蕪湖大通安慶浙江之溫州廣東之北海江西之湖口。各口既經通商至江蘇之吳淞德國貨船亦准在彼停擠裝卸貨物。由上海道出示條規以便周知。中國之所以待德者。亦當與待他國無異云云而發端則曰大德國大皇帝。兼大布國大君主。蓋自稱皇以後。向之以普國冠日國者。改為以日國冠普國矣。故近年於普國伯靈都城皆稱曰德京。

又按普法戰紀曰。一千八百六十六年普與奧地理戰克之。奧人行成。盟於哥士北地曰嗣此後南北日耳曼自為聯邦。無預奧事。奧惟謹守一隅而已。北以普為長。南以巴

華利亞為長。悉聽其便。或南附於北。亦無不可云云。此同治五年事也。日耳曼之不受制於奧而受制於普。寔始於此。及普王稱帝。北盟亦合於普

和約所載列邦。雖括地畧粗指其方位。而他書所述邦名。復多不合。蓋以中國文字繙譯外國音語。本屬假借以傳。自無一定之字。同治十二年。吳縣王韜所作普法戰紀。似應較為近是。王君以通儒游歷四方。又廔居英國三年。時與法國文人酬酢。語音正。文理通。事情確。自不同於尋常繙譯者。茲撮其大概於左

其初與普相聯。共三十五邦。自普奧分後。其稱王之邦。亞諾威別自為國。稱大公爵之邦。碌森伯屬於荷蘭比利時。稱公爵之邦。荷耳石登屬於嗹國。晏和曼卜與得稍哥淩合為一邦。拿撥又復他屬。稱侯爵之邦。黑西罕伯。亦不在其列。民主之邦。佛郎法亦他有所歸。於是僅得二十有六邦。

北日耳曼凡二十邦。

一曰普魯士。其君王爵。　二曰塞慎尼。其君王爵。一名薩索尼又名塞備　三曰麥遵畢斯乖零。一名梅格棱堡不圖厄斯乖零又曰墨林堡　其君大公爵。　四曰荷殿畢。一名戈添畢內有一小邦尼浮生為之附庸　其君大公爵。　五曰布倫士克。一名本倫瑞克　其君公爵。　六曰塞士威麻。一名色西威麻　其君公爵。　七曰麥遵畢士特勒士。一名梅格棱斯德勒利斯又曰脉幾領麥斯特里司　其君上公爵。　八曰塞士迷煎甯。又名塞西敏領士又曰埃塞美寨內英　其君公爵。　九曰晏和。一名安合又曰庵治爾　本係三國。一晏和卜曼二晏和德稍三晏和哥淩　合為一國。其君公爵。　十曰塞士哥畢哥。

（一名石西哥卜哥地）其君公爵。十一曰塞士亞北典北（一名石西阿爾典卜）其君公爵。十二曰窩德（一名法爾特）其君之爵同於公。十三曰勒迭模（一名德的摩爾又曰立比利擇爾）其君之爵同於公。十四曰斯瓜曾多士達（一名以斯堡又曰盧德斯達）其君之爵同於公。十五曰斯瓜孫德砂森（一名斯瓜斯堡孫德耳沙性）其君之爵同於公。十六曰魯士色力司（一名留斯士給利斯又名給拉）其君之爵同於公。十七曰桑必勒（一名梵勒畢唔）其君之爵同於公。十八曰含卜（一名漢堡又曰旱堡又曰爾厄言獨昂不爾厄披昂即邦名不部落也）不立侯王，由民推殷戶為統領。向有四邦（曰魯北曰孛厘棉曰佛郎法其一則曰含卜即為總名），今為一邦。西人稱之為罕西部落，以列入罕西阿德會也。其船多至中國貿易，或謂之勝波利國。通商處亦設領事官。十九曰魯北（一名盧甲各又曰北律克國）不設君位，庶民自立官長治理。二十曰孛厘棉（一名不來梅又名北門）向時設有官員，事悉專斷，近日雖亦由殷戶推舉，而政事必公會議定而後行。其商船亦時來中國。

南日耳曼凡六邦。一曰巴華厘亞（一名巴威也拉又名拜馬）其君本公爵，今升王爵。二曰戈滲畢（一曰瓦爾敦巴爾又名哇騾麥又名威山丁又名味典白）其君王爵。三曰巴顛（一名巴敦又名蘇領）其君大公爵。四曰希士歒士德（一名布西加司又名塞加塞爾）其君大公爵。五曰魯士格厘士（一名留喀士勒斯又名孫司領力司）其君之爵同於公。六曰勒天士田（一名利治丁斯鼎有名列支敦士又名光石）其君之爵同於公。按此一邦今不願入日耳曼列邦，而附於奧地利亞，故戰紀謂二十六邦，合此一邦數之也。歲計政要謂二十五邦，除此一邦數之也。地輿圖攷又謂二十六邦者，將近年普取去國之亞爾德勒利斯省作為一邦數之也。

儒按：地球說畧曰：日耳曼列國其南方地煖，產葡萄與各種果實。其自南至中央有高山一

長鬈名亞力伯北方地寒多平坦而頗低濕然出五穀尚夥
儒按列國歲計政要曰北德意今存二十五國向例德共主在衆國王中公舉近日頗有鄰
於世及之意十四週（原注一千三百至一千四百年蓋泰西各国以百年為一週也　按在中國元明時）衆大臣定議公舉共主之法
擇合衆國中最大者七王以次推舉後又增其二共九王遇應立共主即於此九王中擇之
千八百六年（我嘉慶十一年）法國拏破侖崛興兵焰横行日耳曼國蹂躪幾徧公舉之法遂亡由是
九國虛推其名而無其實至一千八百六十六年（我同治五年）公舉之名亦無所附矣先是日耳
曼有總國會分定公舉自八年起（漢孺子嬰初始元年）迄今計五十五世加羅孟朝八百年（唐德宗貞元十六年）
加羅第一即位九百十一年（後梁太祖乾化元年）易姓為佛蘭固呢朝（加羅孟朝編年表作指羅弗匡朝佛蘭固呢朝年表失載但
云自此王位不世及）康德蘭第一即位（編表年作康拉德）九百十九年（後梁末帝貞明五年）又易姓為若生呢朝杭勘第
一即位（編年表作薩生公罕利為王建薩生朝）一千二十四年（宋仁宗天聖二年）又易佛蘭固呢朝羅搭第二即位一
千一百二十五年（宋徽宗宣和七年）又易若生呢朝羅搭第二即位（編年表是年佛蘭古尼朝亡國人迎薩生公留台為
王）一千一百三十八年（宋高宗紹興八年）易姓為嗅斯塔分朝伽蘭第三即位（編年表作四華皮公剛拉特為王是
為四華皮朝）一千二百五十四年（宋理宗寶祐二年）荷蘭國惠力攝共主位（編年表作荷蘭王維林為晏王爭位者紛起歷二十年國
中無主）一千二百五十六年（宋理宗寶祐四年）高旺立卸德攝位（編年表作維林卒國人舉康花而侯里開得又舉開司地爾阿方所教王不許於是
所舉皆不得立）一千二百七十三年（宋度宗咸淳九年）又易為哈處亨而朝魯道夫第一即位（編年表作国人與奧國人
哈白四巴擄刀府為曼王教王封之）一千二百九十二年（元世祖至元二十九年）又易為納少朝奧道夫即位（編年表擄刀府

卒國人不肯立其子乃張對阿爲受王一千二百九十八年元成宗大德二年哈處孛而朝受離伯德第一即位編年表會議擧從人向里伯爲曼王一千三百八年元武宗至大元年又易姓爲羅生孛伯常剌亞朝亨烈第七即位編年表作阿里白邊普國人墨鋤理第又一千三百七十八年。明太祖洪武十一年北希米亞王溫士拉攝位編年表作白海米王處吉拉爲王一千四百年明建文二年魯伯特攝位。一千四百十年明永樂八年北蘭敦培克西斯門攝位編年表作[illegible]丹列克西其門一千四百三十八年明英宗正統三年哈處孛而朝阿里孛德第二即位編年表作阿里白第二一千七百九十年我乾隆五十五年哈處孛祿林朝佛蘭士第一即位一千八百六年我嘉慶十一年蘭泥江合衆國代理編年表作以薩先公爲王一千八百十五年。我嘉慶二十年日耳曼朋特攝位一千八百六十六年我同治五年北日耳曼合衆國代辦一千八百七十一年我同治十年始易姓爲花恒召命朝威稜第一以布國王而兼爲共主者也。詳見布國

儒按德意志合衆國凡二十有五。第一曰布魯斯國。第二曰玻非利亞國原注即伯佛利亞一千五百年後。明孝宗宏治十三年以後各國爭戰幾三十年。玻非利亞侯有大功。得列日耳曼七大國中。一千八百五年。我嘉慶十年法國拏破侖命麥昔米亮的瑟爲玻國王。八百十五年我嘉慶二十年法敗後。歐洲各國重復舊物。衆爲立約。玻王遂仍其號。一千八百六十七年。單開玻之疆域。二萬九千三百四十七方英里。國中有大城三。都城曰摩烈曰僳命倍克曰奧斯培克

按此國即徐氏所云巴威也。拉普法戰紀之巴華厘亞。和約之拜晏。

第三曰會敦倍克國初為小侯國八百六年（即一千八百六年我嘉慶十一年）法王拏破侖第一略地至日耳曼時增其鄰邑俾立為王法敗後布奥俄英各國會立盟約許其自立遂仍其號會應第一設立程式以取悅百姓凡民間有不便之處悉予更定因不復更置王位會國疆域有七千六百七十五方英里分為四道曰約克斯德曰納甲曰黑林（原注又名賓氐斯華）曰丹伯牛（原注又名慶羅）其都城曰斯得脫斷脫

按此即徐氏所云氐爾敦巴爾和約之威而顛白而顛戰紀之戈添畢

第四曰薩遜呢國本為歐洲最老之國十週內（原注九百年至一千年按自唐昭宗光化三年至宋真宗咸平三年）曾有一王為日耳曼共主其統系有大小宗大宗歐納斯丁至今尚存小宗阿立孛丁即今國王派也歐納斯丁一宗公爵存四人曰奥敦倍公曰撒斯庫白固搭公曰撒斯美甯恩公曰撒斯威瑪公阿立孛丁朝自今王始王名阿立孛第一一千八百七十三年（我光緒元年）即位薩公轄境共六千七百七十七方英里分四道曰特雷斯敦曰而來別昔克曰保貞曰瑞以告而來別昔克為商賈輻輳之處每年四月聚會最盛歲貨值有九百萬磅之數日耳曼暨歐洲各國書籍皆聚集於此

按此國即徐氏所云薩克索亞和約之撒遜戰紀之塞愼尼

第五曰巴敦（原注即排騰）在德國雖次於布玻會薩諸國而實一著名大部落也一千八百六年（我嘉慶十一年）法拏破侖第一封加羅富得立第一大公由是巴敦為公爵之國歐洲悉謂之大公

轄境有五十八百五十一方英里，分十一道：曰剛斯等斯，曰阜林恩，曰華得蘇，曰福來孛，曰而埒拉，曰奥分倍克，曰排騰（原注：即巴敦），曰加斯羅，曰慢很，曰海得白，曰慕斯白。

按此國即徐氏亦名巴敦，和約所載同，即戰紀之巴顛。

第六曰邁格楞倍綫林（原注：即邁楞坏綫林），德國之一部落也，其主儗於公，故名大公，國家規模照侯國體制。轄地四千八百三十四方英里。

按此國當即徐氏所云梅格稜不爾厄，和約之模令布而額水林，戰紀之麥蓮畢斯飛零。

第七曰海斯（原注：即黑辛），亦德國之一部落也，國主稱大公。八百六年（我嘉慶十一年），法王拏破第一所封，增地加土，遂成為國。轄地二千八百六十六方英里。

按此即徐氏所云挨塞。

第八曰奥侖倍克，亦德國一部落也，宗派甚盛且遠，丹麥、瑞典、挪威、俄羅斯諸國代有人主持王政。十五週內（原注：一千四百至一千五百年。按明建文二年至孝宗宏治十三年之間），僕爵克立斯張第八眾推為丹麥、瑞典、挪威之王。一千六百六十七年（我康熙六年），王之長世子艮德卒，無嗣，地遂屬丹王管轄。俄國大公保羅以奥侖倍克劃歸俄，俄將斯勒綫好斯登劃歸丹，後保羅將奥侖倍克傳於從兄富得力奥國斯得。迄一千八百十年（我嘉慶十五年），法國拏破侖第一將奥侖倍克與會斯阜利亞合為一國。當維也納會盟，舊地悉還奥主，又增益地四百方英里，民五萬人。俄王過力散特（即愛力克山打之轉音）第一許其稱公，而國以立焉。轄地二千四百十七方英里。

第九曰布侖斯威。（原注：即布侖帥額）亦德國之一部落也。大公威侖第一一千八百三十一年（我道光十一年）即位。布侖一族在日耳曼部為最著。十二週時（即一千二百年，在宋寧宗時）玻非利亞王與薩遜呢王皆出自布侖斯威。當時日耳曼王巴伯陸瑟伐敎王時，布侖斯威不引兵與會，眾議罰之，削其地。後昌納斯德將羅侖倍布侖斯威給還其子，相傳至今。其羅侖倍一支在英國王家，已盡沒矣。大公威侖第一無嗣，又無期功强近之親。一千八百七十三年（我同治十二年）議遵德國傳位新章，公如無後，即歸奧登倍公代辦，公意亦允。萬一彼與登奧倍公有事故，不能接統其衆，則由德各國公舉攝理德國部官，開具攝理之姓氏，送布侖議院選立，此公法也。此國轄境一千五百二十六方英里。

按和約亦作布侖帥額，徐氏所云不侖瑞克戰紀之布侖士克。

第十曰薩斯威瑪。亦德國一部落也。十六週內（一千五百年至一千六百年，明宏治十三年萬曆十八年間。按）薩遜呢王雅罕惠列有二子，長曰福勒惠稜，分得撒斯奧登倍地；次曰學亨，分得薩斯威瑪地。迨奧都維也納會盟時（一千八百十五年，我嘉慶二十年）各國議多與薩國地，封為大公，轄地一千四百二十一方英里。

按此當即徐氏所云威馬尔戰紀之塞斯威麻。

第十一曰謀格楞倍緞而利子（原注：即謨令布額錫特利子）德國之小部落也。一千七百一年（我康熙四十年）始立國。其時阿道夫富得立公即謀格楞倍緞而利子公之次子也。歐洲諸國例無舍長立幼其時謀格楞倍赤有定章。雖議院末由執簡爭迫。至維也納會盟時。謂其壤地褊小。猶可以國。亘仍其舊號。由是日耳曼諸邦。許其自治為與國焉。國分兩道。一曰斯大茄。一曰拉子孛。即其國都。轄九百九十七方英里。內有五百二十方里。乃大公私產。餘屬世爵以及城中紳富。

按和約亦作模令布而額錫特利子。戰紀作麥蓮畢士特勒士。徐氏之梅稜咯不爾厄之斯德勒利也斯。

第十二曰撒斯美甯恩。德之小部落也。大公喬而此第二。一千八百六十六年（我同治五年）即位。本薩遜呢王恩賜德第一之季子采邑。一千八百二十六年（我道光六年）增廓其疆土三分之二。以薩斯固搭老家無後。得其屬地。海而孛致薩遜而皐兒計國。轄境共九百三十三方英里。

按此即徐氏所云薩克撒梅凝認。和約之撒孫麥甯恩。

第十三曰杭好德（原注即安腦滑）。德之小部落也。其先在一千二百十一年（宋寧宗嘉定四年）有孛乃德者支庶所傳甚繁。今僅存其一支。一千八百十五年（我嘉慶二十年）日耳曼各國合眾為一。彼時杭好德有三公。一曰杭好戈登。一曰杭好本孛。一曰杭好得索。一千八百四十七年（我道光十七年）戈登亡。一千八百六十三年（我同治二年）本孛亡。二公所屬地均歸得索統轄。公有地在薩遜呢國東邊克里米亞納二百方里。計共轄境八百六十九方英里。

按此即戰紀之晏和。徐氏所云之安拿爾。

第十四曰撒斯庫白哥搭（原注即撒孫庫拜周搭）。大公恩斯德第二。一千八百四十四年（我道光二十四年）即位。

公無嗣。以姪為後。姪即英國君主二世子。今英國君主即公之女弟也。（公之父名薩軟佛庫白恩斯第一）轄地八百十六方英里。撒斯庫白二百三十里。撒斯哥搭五百八十六里。

第十五曰撒斯奧登倍。（原注即撒遜奧登堡）德之小部落也。大公安斯德。於一千八百五十三年（我咸豐三年）即位。公無嗣。循兄終弟及之義。以弟慕列嵩為後。先世撒斯吼不高斯。於一千四百八十二年間（明憲宗成化十八年）開創。傳至一千八百二十六年。（我道光六年）撒斯奧登倍與薩斯固搭合為一國。所有土田盡歸吼不高斯一派。相傳至今。轄地共五百有九方英里。其富民較多。家產無傳少子。四鄉之百姓。逐年減少。

第十六曰華特。（原注即荷登）小部。幾於不成子爵。其主曰曹士佛島。（父曹士富得力。母杭好畔畔公主過謳）一千八百四十五年。（我道光二十五年）曹士佛島祇十五歲。毋即命主國事。其先世歐洲各國合從併力攻法國時。（一千八百十五年我嘉慶二十年）有任大將軍之職者曰曹治。頗立戰功。衆為封於華特。許其自立為國。一千八百六十六年。（我同治五年）奧與布鬩。曹士佛島願讓位於布。而布不許。嗣復計議此事。明年布王威稜第一。嘉其退。許將交涉征調之事。令出自布。其國都內諸務。則仍由曹士佛島自理。由是曹士佛島虛擁其位。而大權旁移。轄境四百六十六方英里。

按此或即戰紀之窩德

第十七曰立波得穆。（原注即力魄代摩）德之小邦。轄地四百四十五方英里。

按此當即徐氏所云里卑戰紀之勒迭模和約之立貝

第十八曰實瓦字部陸駝斯搭亦小部落轄地三百四十方英里

按此即和約之實瓦字部而魯德司沓戰紀之斯瓜魯多士達徐氏所云斯瓜爾斯不爾

第十九曰寔瓦字部生特好勝亦彈丸小部也國於十四週內即一千二百年至一千四百年間自元成宗大德四年至明建文三年曾有為日耳曼共主餘烈未衰故各國許其自立轄地三百一十方里

按此即徐氏所云瓜斯爾斯不爾國之孫德耳砂森戰紀之斯瓜孫德砂森和約之寔瓦字部而孫德而士好遜

第二十曰羅斯庶賴斯原注即羅斯斯埏宋子亦一小部落轄地二百九十七方英里

按此或即徐氏所云留斯國之意士給利斯紀戰之魯士色力司

第二十一曰桑坏力魄亦叢尔小邦十六週內一千五百年至一千六百年間自明孝宗治宏十三年至神宗萬歷十八年也有一侯爵封其地是為立國之始至一千八百七年我嘉慶十二年桑坏力魄與力魄德模皆自立為王以從拿破侖征伐有功故也轄境二百十二方英里

按此或即戰紀之桑畢勒

第二十二曰羅斯格來斯原注即羅斯格搭斯亦彈丸小部落先世日耳曼王亨烈第一即其始祖十一週內自立其國相傳至今皆名亨烈如羅斯庶來斯國皇以號數編世代自第一至第百數周而復始是為一週按羅斯庶賴斯國原注稱該部落歷代以亨烈為號其號數視年數為定一年至百年為一週亨烈第六十七係十八週內號數亨烈第十四係十九週內號數云云據此則羅斯庶賴斯以一年為一號此國則以一代為一號蓋以亨烈為名則同而編號之法不同轄地一百四十八方英里

瀛環新志　卷五下　日耳曼列國　新增

按此當即戰紀之魯士格釐士。徐氏所云留斯內之路勒士

第二十三曰罕倍克德屬之小城邑。無國主地方事宜。一决之於議院。一千八百六十年我咸豐十年議定章程。上院議員十八人。內諳練國法者九人。曉暢商務者九人。皆由下院公舉。終身於任。不復更代。或有限滿六年。力行乞退亦可。其主議首座。亦由下院保薦。以一年為期。或留辦一年二年。後不能再留。下院一百九十二人。內八十四人有田產出捐者舉之。一百八人有房屋及別出捐項者舉之。下院議員。六年為一任。逐時挑取以備交替。其錢糧大半出於民捐。轄境一百四十八方英里。德國之海口。以罕倍克愛立白江為最大。常年疏濬經費亦多。德之合衆國土著之民。遷徙至美國墾荒受廛者。絡繹不絕。往往由此口出海者居多。一千八百六十九年我同治八年上船赴美者。計四萬七千二百九十四人。七十一年。計四萬二千二百二十四人。英與德通商。亦以罕倍克為倍盛。出進口商船。英德居四分之三。瑞典挪威丹麥美利堅居四分之一。

按此即徐氏所云昂不爾厄和約之昂布尔戰紀之含卜　又按平圓地圖此國名罕奴仆愛立白江作愛耳白江。

第二十四曰呂倍克亦德屬之小城邑。無國主。地方事務。悉循定章施行。其章程頒始於一千八百五十一年。我咸豐元年議事設上下兩院。主議事。上院十四人。皆終身於任。主議首坐由下院公舉。二年滿任。下院一百二十人。內有一人主事。亦係公舉。任二年。審辦案件有法司

街門。罕倍克呂倍克伯雷門三處每年輪流派人公鞫轄地一百二十七方英里往來貿易俄瑞挪丹英等商居多。

按此即徐氏所云盧卑喀和約之律百克戰紀之魯北

第二十五曰伯雷門。亦無國主。德屬之小城邑也。地方章程。定於一千八百四十九年我道光二十九年上院十八人。下院一百五十人。大書院舉十六人。大商舉四十八人。賈戶舉二十四人餘皆由地方大戶公舉。主上院有正副二人。正任六年半。副任四年。行事分八司。皆上院所派。其大江曰韋瑟江按即徐氏所云威悉河轉音為韋瑟也其海口曰百勒漫海門。本屬布國。罕奴威一千八百二十七年我道光七年購其地以通海道。商船麕聚於此。德英兩國居四分之三。德國通商海口。罕倍克為最大。次即伯雷門。

按此即徐氏所云不來梅和約之伯磊門戰紀之孛厘棉

又按一千八百七十一年二月二十六日。法與德論和我同治十年德王威廉第一破法國時事法人即以與而寔斯法蘭西志作亞路西士鹿林法蘭西志作羅連二城讓與德國。七十三年。定章頒行。自茲以往。其地永隸德國。地方事宜。悉從德國議院計議。須德主用印。德相署名。然後施行。置總督一員。屬德相名下。又置巡撫三員。屬總督名下。現任督臣名摩勒。總理二城事務。年終彙報德國議院。地有五千五百八十方英里。

按各書之國名。多不相同。今备錄於前。而撮地輿圖考之說於後。以為依據。可以互通者

詳注句下。庶閱者得以了然。其不可通者闕之俟攷

日耳曼列國。今日之制。厎分二十有六。稱王者四。曰普魯士詳見普國屬下有亞爾撒斯羅勒內一省。即前年所取於法蘭西者。按本書所繪圖亞爾撒斯一地也羅勒內又一地也蓋兩地合而為一省其割歸布國時為我同治十年西一千八百七十一年亞爾撒斯法蘭西志作亞路西士歲計政要作奧而塞斯羅勒內志作羅連政要作麼林土地遼闊。比於列國。因列入二十六國之數。無列國之體制。

巴威也拉立國已遠。沿革繁多。初爵僅上公。於嘉慶十一年始稱王。分列於日耳曼盟會。然驛傳電報事務。與人民出入國境之所係。權獨秉於國王。盟主不得干涉。且日耳曼行軍。巴國別成營伍。國王自專調遣。盟主惟存元帥之名而已。此二者於盟會條約中。逾格之章程。非他列國所可比也。國王之下。亦設上下議院。國分八府。慕尼克其都會也。一年國費約得銀餅四十四兆有千餘枚。徐氏所志與此同普法戰紀作巴華壓亞非利亞地理全志作巴威里亞和約作拜晏和約為中外交涉公牘曾為南方列邦盟長列國歲計政要作瑰惟初次之約詳載列邦之名以後換約皆未復載閱者所當留心也

薩克索尼亞在巴威也拉之北。稍偏向東。北界普魯士。土壤沃肥。礦利旺生。古本疆域綿蔓。鄰封不及。今則僅存尺土。勢遂衰微。君王以下。例設上下議政院。都城名德勒斯達。人民所通言語。竟日耳曼地稱為最精最古。他方皆宗之。一年國費約得十三兆四十三萬六千餘銀。每行軍作日耳曼第十二軍。與列國軍民同心戮力。不得別立隊伍。徐氏同戰紀作塞慎尼政要作撒遜遜呢全志作薩索尼和約作撒遜

味爾敦巴爾疆域稍窄於巴威也拉。地分四大府。都會曰斯都德开爾。君王外例亦設上下議政院。凡遇日耳曼行軍。該國兵當併成第十三營。徐氏作瓦爾敦巴爾紀戰作戈滌畢政要作會敦倍克全志作瓦敦堡和約作

威而顛白而類稱上公者六。曰巴敦東界味爾敦巴爾西與南悉界來因河為日耳曼極西南境按所取法國之亞爾撒斯及羅勒內二地皆在此國之西境外普劉得之而去普國伯靈都城甚遠故二地雖無列国体制而亦得列於二十六邦數中也讓地之褊小土脈之膏腴立國之体制與味爾敦巴耳不相上下地分十一州縣都城名加爾斯盧合其兵民為日耳曼第十四營在味爾敦巴耳及巴敦之間有山嶺橫亘名曰黑林盛產材木兩國藉資器用徐氏及政要并同戰紀作巴顛全志作巴丁和約作巴敦埃塞在巴敦之北。地小不及巴敦亦設上下議政院徐氏有挨塞邦有挨塞加塞爾邦戰紀有希士馱士德邦政要有海斯邦和約有黑辛加習利邦又有黑星達而朱斯大邦皆即埃塞邦蓋一邦之中分為兩區或偏舉其一或又並舉其兩也梅棱甫爾斯乖零。梅棱甫爾斯德勒利斯梅棱蒲爾在波羅的海之濱海之南岸也處東南者曰斯德勒利斯。迆西者曰斯乖零斯乖零地渾在一處不分兩處斯德勒利斯於東南本國之地外。尚有撮土懸在斯乖零之西北。蓋同一根宗。因子孫析分故有區別也。論者謂立國之始。歐洲諸國。梅棱甫爾。當推第一。其君主下亦設上下議政院國中土壤沙磧瀦澤甚多。故物產寥寥。民不饒富。且以浜海地形低下。每有泛濫之患。徐氏作梅嗒棱不爾厄內分二國一名斯乖零一名斯德勒利也斯與此畧同戰紀作麥蓮畢斯乖零及麥連畢士特勒士政要作謀格楞倍絲而利子內分二道一曰斯大茄一曰拉子孛全志作梅格楞堡有二部曰斯乖零曰斯德勒和約作昂布而士并模令布而額水林模令布而額錫特剌子二邦痾爾敦蒲爾在北海之浜三面界普魯士屬省地甚磽瘠土人精制絨襪為貿易大宗。再有屬地二。一在盧卑克城之北。盧卑克即盧卑克不隸王侯三城中之一城也多蘊藏寶石。土人初琢最精運售得善價徐氏於梅喀棱不爾厄所屬之斯德勒利也斯其都城名痾尔敦不爾然地在波羅的海濱方位於此所云不合決非此

邦徐氏所画地圖有亞爾敦不爾厄在大西洋南岸與北海之濱方位合宾圖說有薩克撒亞
爾敦不尓厄系薩克索尼亞國所分按薩克索尼亞在日耳曼中段之東所分出各小國皆
在腹心地不得在北蓋亞尓敦不尓厄即圖考之狗尓敦蒲爾自是一国其薩克索尼亞所分
出之薩克撒亞爾敦不尓厄即圖攷之薩克撒亞爾丁蒲爾自在腹心地徐氏未能詳核遂
疑兩国是一國致不能剖別誤矣　戰紀作寫德政
要作華特全志作狗敦堡和約作阿尓敦布尓額

薩克撒威馬爾 徐氏作威馬尓戰紀作塞士威麻玫要作

撒斯威瑪全志作薩斯威宻
和約作撒孫外脉艾生納

小國稱公者五曰薩克撒梅凝 徐氏與此同戰紀作塞土梅煎寗政要作撒斯美寗恩全志作梅凝認和約作撒孫麥甯恩

薩克撒亞爾丁蒲爾 徐氏作薩克撒亞尓敦不爾厄戰紀作塞士亞北典
北政要作撒斯奧登倍和納作撒孫阿里廷部而額

薩克撒各蒲爾厄達 徐氏

作薩克撒各不爾額達戰紀作塞士哥畢哥全志作各堡
額達政要作撒斯庫白哥搭和納作撒孫各部而額大

安拿爾 徐氏謂安拿尓分為三國一名德騷其二

名伯尓尼不爾其三名咯敦戰紀作晏和本三國一名晏和卜曼即伯爾尼不爾也二名晏
和德稍即騷德也三名晏和哥淩即咯敦也政要作杭好德有三公國一名杭好戈登即咯
敦也二名杭好本孛即伯爾尼不尓也三名杭好德索即德騷也又曰戈登及本孛國皆亡
地歸得索統轄全志作安合有三國一名德騷二名伯尼堡三名咯敦而未言某國已亡按
伯爾尼不爾之亡在道光二十七年咯敦之亡則至同治二年和納立於豐十一年故伯爾
尼不爾不在列邦數內而咯敦猶在數內所云安阿而得疊掃郭定國即德騷也安阿而得
比爾你布而額国即
伯爾尼不尓也

不倫瑞克 徐氏與全志並與此同戰紀作布侖士克政要作布侖斯威和約作布侖帥額

稱親王者七曰斯瓦爾斯蒲爾羅德耳斯德 徐氏作斯瓦爾斯不爾分為二邦之一邦名盧德爾斯達戰紀作斯瓦魯多士達全志作斯瓦斯

堡二邦之一邦名盧德斯達政要作實瓦字
部陸馳斯達和約作寔瓦字部而魯德司苔

斯瓦爾斯蒲爾孫德耳斯荷森 徐氏作斯瓦爾斯不

爾分為二邦之一邦名孫德耳砂森全志作斯瓦斯堡二邦之一名孫德砂森戰紀作斯瓦
孫思砂森政要作寔瓦字部生特好勝和納作寔瓦字部而孫德而士好遜

瓦蘭德克 徐氏作穠爾德咯全志作穠爾德戰紀作
政要作和約作瓦得克比而孟地

長留斯

仲留斯 徐氏作留

斯分為三邦一名咯勒斯二名意士給利斯三名羅侖斯的音本與意士給利斯為一國後
析為二按今不復存此國名則仍與意士給利斯合為一而留斯但二邦矣全志作留士分為

（二邦大名咯勒斯小名給拉戰紀作魯士色力司即咯勒斯也又名給拉即意士給利斯也和約亦作二邦曰大支派之各洛以斯曰小支派之各洛以斯）里卑

里卑圖蒲爾（徐氏謂里卑分為二國一名德的摩爾一名燒問不爾厄全志作里卑有二國一名德靡的一名燒問堡戰紀作勒迭模又曰立比利摩爾其君之爵同於公則是兩邦共一君也故政要作為一邦曰立波得穆和約亦作為一邦曰立貝）

不隸王侯之城三。曰盧卑克（徐氏作盧卑略全志作律北克戰紀作魯北政要作呂倍克和約作律百克）不來梅（徐氏與全志并同戰紀作孛厘棉政要作伯雷和約作伯磊門）昂蒲爾（徐氏作昂不爾厄全志作旱堡戰紀作倉卜政要作罕倍克和約作昂布爾）

按徐氏謂不隸侯王者有小國五。曰昂不爾厄（圖考之昂蒲爾）曰不來梅（圖考同）曰佛克佛爾（約和之法郎格缶而德）曰盧卑咯（圖攷之盧卑克）曰尼發深和約立於咸豐十一年。已無尼發深國名。又列法郎格缶而德於諸有侯王之邦。但以律百克伯磊門昂布爾三處稱三漢謝城（三漢謝者蓋洋語大城市之稱如美國之舊金山李圭環遊地球錄謂洋人呼為三蒲謝司戈城蒲字漢字音相近譯者之轉音也）普法戰紀成於同治十二年。則并法郎格缶而德之國名亦不載。蓋亦亡矣。其不隸侯王者僅含卜（即昂布爾）魯北（即盧卑克）孛厘棉（即不來梅）三國。政要成書。亦在同治十二年。與戰紀同。地輿圖攷成於光緒九年。書最晚出。亦三國則真今日之情形也

儒按光緒二年。江甯人李圭環遊地球新錄。德國以克虜伯鋼炮為第一。長二十七尺。每發能致遠五十三里。聞英國亦鑄有巨礮。尚堪與敵。他國無聞也。克虜伯德人也。其制造廠即以已名名之。在哀森地方。

瑞士國瑞子東色楞綏沙蘭蘇益薩儒按地理備考稱之為蘇益薩古名哩嘴哦啞萬國史記謂本名黒爾查以一千三百十五年元仁宗延祐二年與日耳曼戰大捷瑞士人功居多遂以瑞士爲合邦總名

東西約五六百里南北約三四百里　儒按地理全志謂緯度自四十六度起至四十八度止經度自中華北京偏西一百十六度起至一百十一度止長五百里廣七百里總計之方五萬里

萬山疊峙中峰高接霄漢常積冰雪歐羅巴大河多由此發源　儒按地輿圖考曰西土大河若日之來因法之羅內意之波河皆自此發源　又按地理全志曰河曰莱尼支派約數千曰羅尼湖曰日内瓦曰官斯丹曰牛砂德曰盧撒拿曰蘇黎

元大德年間日耳曼王亞里伯爾多　儒按大德元成宗年號也是時日王政要作愛離伯德第一年表作阿里伯瑞士之叛日立國年表紀於元成宗大德十一年政要謂在元武宗至大元年地輿圖攷謂在至大初各說不一未知孰是

初分三部後分為十三部皆推擇鄉官理事不立王侯如是者五百餘年　儒按萬國公法卷一第二章第二十五節瑞士合邦於一千八百十五年間我嘉慶二十一年改其國法有二十二邦相合上國有公軍公庫國會聚集每年一次互在三大邦國會之人共二十二人乃各邦所派一名國會未聚則三大邦之一代理國事三邦每二年互換國會既聚遇有急事可以全權授代理之邦三邦當即政要所云初起三削發　又曰致盟邦共數視有二十五云云蓋三大邦本不在二

十二邦之內。

又按在明正德年間。瑞士同盟之邦九十三。至我嘉慶三年。瑞士為法國所據。改其政治將一國改為十九小國。至嘉慶二十年逐法人。明年公會則有二十二邦。公會之立為禦外侮耳。其內政則固各自為國也。當循日耳曼意大利亞之例。稱為瑞士列邦。公法亦云屢有公議。欲其合盟。使其統權可及各邦內務。但此議未成。其不可謂為部也明矣。

伯爾尼　儒按此部為三大衙門所駐。三衙門者曰盟會。曰盟議。曰折獄。皆在伯爾尼城中。故其城無都城之名。而人皆以都目之。政要有盤呧地名。或即其城名也。

蘇黎世　儒按蘇黎世音轉為蘇益撒。亦轉為瑞士。政要所謂起初三剛登之一也。又蘇黎世一作蘇黎。耶穌之徒以英字傳福音書先印於此。

翁德爾瓦里的　儒按一作翁德瓦丁。首邑名斯丹。即政要所云起初三剛登之恩德華而特。

總按新增

儒按列國歲計政要曰。瑞士為真民主國。其先皆小邦分治。如日耳曼然。有事則舉行國會議辦。而不立邦主。蓋國以民為主。民以國為重。自昔列國紛爭。獨瑞士得民全者。以眾志成城也。一千八百四十八年（我道光二十八年）。眾小邦乃合為一。是為合眾民主國。其會議有二。一曰邦會。各邦自行聚議。一曰國會。各邦各聚合成一會。每邦派二人入國會議員。三年為期。合眾大會即合邦會國會而成者。全權所在。行政派七人。亦以三年為期。皆會內公舉者。其主議大員。與副主議之權無異國主。然期以一年為限例不能留辦。若果孚衆望越一年後始行再舉。此外更有十一員循行各邦稽察調處。十一員分三班地有訴狀由首班三人核轉次班三人主訊鞫。如按察然。又次三班帮同審訊。餘二人為正副主事。又武職七人。均由合衆會舉派。合衆會聚集之地曰盤呅。即為都會。

儒按又曰瑞士建國之初在一千三百八年（元武宗至大元年）僅有三剛登（猶言小邦）合成小國。一曰烏理。一曰瑞士。一曰思德華。而特至一千三百五十三年。（元順帝至正十三年）轄境漸拓。合有八剛登。一千五百十三年（明武宗正德八年）合有十三剛登。其邊境屬地亦包在內。一千七百九十八年。（我嘉慶三年）合衆剛登為民主國曰赫皮西亞（按與前所云一千八百四十八年為合衆民主国之年分不符不知何故）後四年法王拿破侖第一雄長歐洲。又附以六剛登。為合衆民主國。一千八百十五年。（我嘉慶二十年）後附益三剛登。共二十二剛登。計地一萬五千二百三十三方英里。民有三種。一日耳曼有十六剛登。一法蘭西有四剛登。一意大利有二剛登。

瀛環新志卷六上

丹徒李慎儒鴻軒氏著　江都夏霖夢蛟氏校

土耳其國 土耳機土耳基亞都耳基多耳其都魯機特爾濟杜耳格控噶爾痾多馬諾阿多曼儒按一作都爾基亞

元成宗五年頭人阿多曼至即名其國曰阿多曼 儒按土耳其以阿多曼為始祖稱國王曰蘇爾旦譯言皇帝也一作索爾坦一作蘇丹

明景泰三年滅東羅馬取君士但丁城為國都 儒按君士但丁一作康斯坦剔奴睨爾一作公斯當丁是羅馬總王所建即以總王之名名之事在東晉孝武帝太元二十一年西三百九十六年東羅馬立國之始也年表謂土耳其建都於此為景泰五年與徐氏此志異 又按君士但丁海道一綫名君士但丁峽一名博斯佛河 又按歐洲各國之君往往累代同號以第一第二等字別之徐氏志但紀號而不紀第幾遂致各事年代每多先後顛倒以無關目前得失故不詳為致核但紀其近年之主一千八百六十一年馬毛多第二卒弟伯登亞西士嗣立我咸豐十一年一千八百八十七年我光緒十三年因被俄兵全國震動群臣叛逼使禪位於洛都士此本萬國史記瀛海論則曰同治十三年國主以荒淫被廢其從子紐來嗣立光緒二年紐來有心疾大臣立其弟哈米

又與英佛諸大國合縱 儒按萬國史記一年四百八十一年明成化十八年土國始與俄通一千五百七十四年明萬歷二年始與英通

北部之俄羅斯大國也至俄兵乃罷 儒按某氏括地畧自道光六年土敗於俄英法諸國為

之議和不許俄兵屯於黑海。藉以得保其東土。又按萬國公法卷二第四章第九節管小海之權條。前時黑海四圍皆屬土耳其。名為閉海。土耳其禁他國航其通連之港。蓋緣其港兩岸亦屬土耳其也。但後黑海之岸多歸俄羅斯。即不為閉海。而他國有權航其通連之港。於一千八百二十九年。我道光十年土耳其已立約認此例矣。然土耳其內港。他國之兵船不得過。土耳其古來設有此例。以禦患而自護。於一千八百四十一年。我道光二十二年英法與普俄五大國亦與之立約而認其例焉。　按光緒七年春。傳聞有俄集兵艦於黑海之說。未知是但航其相通之港。而未犯土耳其內港。抑或因頻年俄土交戰。已不守舊例也。又按光緒二年。郭嵩燾使西紀程曰。土耳其與所屬之塞也維構兵。俄人意在挑釁。而坐收其利。英法德各國不利俄人之通海峽也。力謀所以保護之。蓋特君士但丁扼黑海之衝。足以抵禦俄人。英人尤所屬心。調擬鐵甲兵船至馬海者二十餘。俄人心懾英人之助。亦不敢求逞。亦定議共平土耳其之亂。當不致使各國交兵云云。則舊例似不應遽變。竊謂俄之能出黑海與否。關係甚大。蓋越他大尼里峽至地中海。直西則出大西洋。折而東則由蘇爾士新河出紅海。英法等國所恃為利者。俄皆共之。且入中國之海道。比英法等國為更近。三十年來。俄人窺我北方。不甚措意南方者。以陸路便而水路不便也。使水路亦便。豈獸五印度膺其害哉。俄之復出黑海。特參攷諸書。得其梗槩。括地志之說全錯。使西紀程則合。前此定約及俄敗盟後之情形。渾而言之。未能明晰首尾。公法則舉一定例而不錄變約也。茲撮其大要於左。

俄於一千八百五十四年（我咸豐四年）。英法土合兵伐之。俄屢敗。俄帝哥勞第一（即之哥勞于一也）憂憤卒。子亞拉山德第二嗣父之。始各退兵。明年法英土撒丁合兵深入。自五月至十一月。俄地蹂躪幾半。又明年英法復議大舉。俄以力困財窮。請普爾代為居間議和。議定後於一千八百五十八年（我咸豐八年）。會於法國巴黎斯都城。盟詞有曰限俄國疆界。不得專太腦河商權。黑海諸國所共有。許諸國商船行其中。但兵艦不許入。更不許俄設武庫於黑海。濱毀俄所築西巴士多卜城砦。不得再行備造。於是各國稱此盟為黑海之盟。至一千八百七十年（我同治九年）。普王威廉第一。約日耳曼列邦。大舉攻法。俄聞法已敗。又知普國無暇議及居間黑海之監事。遂乘此際渝盟法普之外。所畏惟英。乃請命於英。英女王亞勒山德那維多利許之。俄國得複云黑海。　又按公法便覽第一卷第二章第七節曰。黑海四面。昔屬土國。則海口應歸土國專轄。惟海岸多為俄國陸續佔踞。自不得阻其出入通商他國。故一千八百二十九年和約。土國許俄國暨他國。皆得由該口往來通商。惟禁止兵船之出入者。一千八百五十六年。諸國於巴黎議約。將黑海作為局外之地。（原注言各國在此不得交戰）（按一千八百五十六年年分與他書所云五十八年不符者一舉初議時一據議成時也）惟許土俄兩國各設水師船十隻。以靖海面。而（原注迫法敗於德後俄遂廢此約）（於黑海大興水師）又按同治末署上海道馮焌所輯西國近事彙編曰。瑞典新報云。布虎狼之國也。八年前與奧國助布國取丹麥國之地。布已取地即舉兵攻之。今奧國無權。聽布之命矣。六年前布攻奧之時。法國不助與國。所以布得勝而強二年前布國攻法國亦取其地。而英國與俄國未嘗助法國也。後俄國駛兵船於黑海英國惡之。然俄國之有兵船於黑海布實許之。是俄受布之恵也。布日強矣。不數年後布俄必有爭戰之事俄國敗而布更強矣據此則俄兵船之得出黑海。咎不在英而在布孰是孰非。未敢臆斷。 又案俄羅斯於一千八百五十八年。（我咸豐八年）與法蘭西英吉利議定。與土耳其和好。兵船不准出黑海立黑海之盟。久之。俄欲渝盟至一千八百七十年。（我同治九年）乘法為普破之時。又知英女主喜安靜惡用兵。乃更立新章。請命於英英許之。迨各國聞之。皆咎英女主失計。而已悔不可追。會土耳其大牛江（當即多瑙河）南岸布加利亞（當即徐氏國之西里斯的黎亞一作不牙之地不牙與布加音相近西語利亞等字乃虛字可有可無者也布加與俄人同教徐志之說亦合）地方。其本地之民。將俄人之來此者三千餘口。殺害凌虐。不留餘地。俄國怒（按光緒四年八月英國倫敦報謂布加利之殺俄人實俄人暗唆之以便借此起兵嘗以之問俄國其回文但言此事與英無干不勞動問） 遂於一千八百七十七年。伐兵攻土（我光緒三年）。俄國兵額有一百五十萬。土國止三十萬。俄君臣皆以為必滅土也。而土之水師則大過於俄有火輪戰船七十二隻。鐵甲戰船二十二隻。合之風帆兵船共一百六十隻。大將米果麥亞利。又愛司曼巴沙。又素利曼巴沙。三人皆有武略。且土之民人。素為強勇。一人負戴可勝一馬之力。方俄兵之初到土。土人不甚以為意。俄乃直入土之腹地。逕攻其所普克峽而據其峽外民哥拉司職台之天險以為固。土知事急。以傾國之力爭之。卒被奪回。土國都城名甘巴但提挪白但（即君士丁）。形勢為歐洲第一要險。築在海嶠之上。具三角形。為拔斯弗勒司海峽（拔斯弗勒司即勒西之轉音黑海也南邊口之西岸有港名苦而登很即他大里峽為天下緊要之港都城基地從海邊蜒蜿而高周圍三十六里俄欲出黑海赴地中海必由海峽則必先破土都城而都城外所恃為保障之要險名勃而士拿俄進攻之不能得俄皇親臨督戰又命太子及諸將分三路畧地而皆為土所敗土求助於英英守兩不帮助之義但令馬打拉子封爵之稱那必耳領兵駐地中海馬耳大島以保護本國貿易於是俄土鏖兵一周寒暑互有勝負而俄負為多至一千八百七十八年春我光緒四年俄以不得利思罷兵土亦財力告乏乃各退還所佔之地議和擇於山士的凡那各命大員於此會齋各代其君畫押而土國畫押官巳下於畫押後痛哭流涕時一千八百七十八年七月十五日也此次俄土立約外國稱之爲伯靈之約以各國公使先會議於德國伯靈都城也

以上摭寰瀛畫報中語聯綴錄之萬國史記及使西紀程皆謂此次交兵由於俄助塞爾維叛土或布加利亞即塞爾維地方然啓釁之由則總非一說畫報乃西洋人原書新譯出者似應較中國人及日本國人得之傳聞為碻也大率俄之人民五倍於土土即每戰必勝亦終非其敵勢不得不抑志求和而當和約既定之時猶有知其可恥痛哭流涕之大臣嗚呼其亦可敬也哉　又按大英國志若爾日第四紀一千八百二十七年我道光七年英大將哥德林登將英法俄三國之師征土耳其埃及戰於那法林苛海灣大敗之先是希臘人服於土耳其欲自立國日尋干戈英法俄三國助之立國以雅典為都城於今觀之未嘗不追咎此

舉巴力門中有人亦言其失策當舉事時英之執政非計及必戰為將者不善奉行故詿誤至此土弱俄強生此厲階至今為梗云云俄之橫英益之俄之得出黑海又英許之令雖各國同心保護土國而俄已強阿富罕一帶英已受其害矣謀國者所以貴籌全局也

總論新增

儒案列國歲計政要土耳其疆界連屬地有一百八十一萬二千四百四十八方英里其在歐洲一邊有二十萬七千四百三十八方英里亞細亞一邊有六十六萬八百七十方英里阿非河一邊有九十四萬三千七百四十方英里　按又曰土耳其開國之初阿多曼朝迄今已三十三世其第一國王即阿多曼一千二百九十九年即位編年表元成宗大德三年土耳其建亞安纛朝於亞細亞亞安纛為第一王以必羅沙為都城國例世世立長為王即伯叔兄弟亦得繼統不拘拘於傳子也王不娶與國公主為妃與國相交之各邦乃民間女子自行投宮亦有給值者直加西亞人居多原注在黑海東边王選七人為妃餘留宮給使其生子無嫡庶之異宮闈中有一老宮人管事中常侍居閒以通內外中常侍之權與宰相埒宰相為閣部之首又兼內部長部官分八部一兵部二戶部三海部四通商部五工部六巡部七義部八文部總督統轄之地曰佛立侯佛立侯者猶華言藩鎮也每佛立侯置一總督有僚屬佐理巡撫所轄之地曰克勞文猶華言省會也其府曰派而脫們官員云身不論門第高下惟有才能者能得預選舉凡國例以回教戈蘭即可蘭經書為宗更有回教之祖摩哈麥詳見阿剌伯國以來歷世案卷即墨叄鈌迦條例並為典要國王總攬大

權。莫敢誰何。惟不敢違戈蘭經書之要旨。而墨鉄迦條例。王亦重違其意焉。更有沙立曼第二輯前王諭旨。合為一書。世世貴重之。惟以沙立曼書云於人意。戈蘭經書墨鉄迦條例出於天理耳。前王阿孛美極。即馬毛多第二一作瑪摩特第二之長子伯登亞西士之兄伯登亞西士一作阿孛特阿西政要謂阿孛特美極立於一千八百三十九年我道光十九年卒於六十一年我咸豐十一年編年表與政要同惟人名作阿伯美止小不同耳萬國史記漏載此一代今並存之以備參考治民寬大。悉弛民從他教之禁。他國人民。受廛市產。一視同仁。無分輕重。議政行權有二人焉。一宰相。一教主。宰相治國內政務。教主專辦教務。歸教之民。惟教主是從。教主必烏里麥會中人。顧各路教職。不能駕文官而上。以故行教人等犯不韙者。各督撫等俱可以法繩之。教中行事。地方官亦得代辦。蓋國事無大小。悉循戈蘭經墨鉄迦條例而行。以故傳道行教與地方法律合出一孔。此之謂烏里麥會也。會分二類。一曰麥拉。專主傳教。一曰麥膚的。專主講道。又別有傳道者。流頭戴綠巾。乃國王所賞戴以為榮者。士農工商均有之。係前王摩哈麥公主發的瑪之後裔。曰烏里墨而阿。又名遏墨。戈蘭經墨鉄迦條例。以培植讀書為根本。是以各處皆設義塾。大教堂內置大書院。　按又曰一千八百七十二年三月至一千八百七十三年三月。我同治十一年至十二年回教墨哈密歷。為一千二百八十八年。　按又曰土國國計入不敷出。一千八百五十年起我道光三十年無歲不借民債。至五十三年我咸豐三年與俄構兵。始公然借外國債。於是歲歲借之。利遂不支。合內外債利計之。抵歲收錢糧之半。

土耳其西土各部補注

註春秋時波斯王澤耳士伐希臘嘗造浮橋以渡軍　儒按四裔編年表周敬王四十年耶穌前四百八十年波斯王愛西司率四十六國人合攻希臘過黑海峽七日而渡畢戰敗而回

建都之部曰羅美里亞　儒按一作必羅沙

更名曰士但丁　儒按此羅馬舊名非更名也

奉希臘教　儒按公法便覽曰其本國人名多奉希臘教而俄國使臣雖同教亦得另立教堂也注曰希臘教即東天主教據此則土國都中即不但奉回教非徒此一部為然也

波斯尼亞至不堪土之苛政揭竿而起者屢矣　儒按波斯尼亞一作勃爾其尼亞一作勃尔忌尼亞一作蒲爾加　又按此部於光緒四年割歸奧地利亞其民不服屢動干戈近已自立為國

黑坐義全部　儒按此部近年不服土耳其自立為國盖恃俄羅斯之援故敢與土為難也光緒八年西一千八百八十二年各國會盟於德國伯靈都城黑山國亦入會泰西通例凡新立之國得入會者則國事定矣

塞爾維亞　儒按公法會通稱此部曰塞費國一作塞也維公法便覽作色耳費亞即使西記程所云之塞也維

襪拉幾亞　儒按一作瓦拉該

摩爾達維亞　儒按一作末拉達　又按此部於光緒四年俄人欲割屬於俄不果成光緒七年乃許其自立

儒按萬國公法卷一第二章第十三節。歐羅巴洲更有半主數國爲公法所認者。即如摩爾達維拉幾塞爾維三邦。憑俄國保護而聽命於土耳其。此土俄歷歷有約而定爲章程者也。地理備攷曰。三國雖自立爲國。不受土耳其統轄。但每歲仍須納貢以存舊屬之誼。據此則土國境内僅有此三小國也。而光緒六年十一月。上海譯西英京電報曰。四國兵近與阿而拔尼亞土司大戰獲勝。已直入其特而昔拿城。此城爲土國屬地。中有部落由土司治理。土俄戰後。經各大國轉囑土國。將是城劃給門的内哥國。當即與國中有阿而拔尼亞部之土司不受命。土國派員往諭之。竟爲所殺。故進勦之。國名地名於徐志及萬國公法地理備攷皆不合。

又光緒七年夏。譯西西報曰。俄土罷兵後。所有前屬土之羅馬尼亞國。許其自立君主。於西三月二十六日。各國公使俾之與會盟之列。　又俄與土罷兵議和。英國電報述其和議中三事。一爲土耳之達德紐爾海口。各國兵船一律不得入口。一爲土屬之孛德姍埠。以後任俄人在彼開港通商。一爲土國相連之格里斯地方。任由改劃界限。至土之塞倫比亞克來麥斯兩河爲止。　又電報稱土人與英立約。願將所屬之伯拉昔海島。撥歸英國。倘有他國與土相爭。英必須出力相助。伯拉昔島在地中海極東。長五百里。廣一百六十里。與蘇爾士水道相隔六百里。俄欲有事於蘇爾士。無論水陸。必從此道經過。

按達得紐爾。當是君士但丁之海港。格里斯音近格里士。當是地以河得名。而今又稱底格里斯河。爲克來麥斯河也。所云塞倫比亞河。當即徐氏志之阿付臘底斯河。此河近於巴庇倫巴疕倫一作巴必鸞尼亞音與塞倫比亞相近則河又因地而得名也此兩河間之地在徐氏志即美索不達迷亞之東南之巴索拉部為土國東土赴紅海要地伯拉昔島疑即徐氏志之居伯羅島蓋俄人虎狼之心終不肯息既不能由黑海以侵土之北便割土東邊自北至南之地思由紅海入地中海以攻土之南故土不惜以大島與英以塞俄赴地中海之咽喉英亦素不欲俄行地中海故雖與俄通好亦徑收受土國之島允為有事相助也此形勢之了然可見者伯拉昔一作西卜諸斯音與居伯羅尤為相近其即一島可知或云土人但請英於此屯兵土國供其費用人民財賦仍土國管轄未知確否地輿圖攷曰光緒四年土拱手讓與英是也

又土耳其既與俄和俄取土屬地三處一曰巴都晴一曰嘉士一曰鵝打軒與國取兩處一為坡士尼亞一為蝦渣哥威拿英國取一處為施巴剌士

按輿所取之巴士尼亞一作波森利牙即徐氏志土耳其西土之波斯尼亞蝦渣哥威拿一作赫次戈偉納當即徐氏志之日薩壹爾部會城名葯翰尼拿者英國所取之施巴剌士乃地中海之一島古屬意大利亞後為土國所佔及茲歸於英版圖意國欲爭之經羅馬敎皇力勸始罷然則此島當與意國相近也或即伯拉昔之轉音又按西人日報云俄與英三國所取土耳其地皆傍地中海巴都晴即徐氏志之巴索拉也即兩河間地也然此地已別立羅馬尼國不屬於俄或俄欲之而諸大國未許乎攷徐氏志土耳其西土有摩爾達維亞部會城名鞾西一作牙西者外洋語西與士同音而牙與嘉又本同韻則嘉士即牙西矣

又俄既與英奥各取土耳其之地及立和約復又取其兩河間地英奥急欲蔵事不與計較故歐洲各邦論及伯靈之約無不以俄為過甚者且以為此約不過暫時息兵不久必仍有事

千地歐洲在海中　儒按公法會通曰一千八百六十九年（我同治九年）諸國會議於法京以定葛理底之變竟未請布臘與議實有違定例也葛理底地中海大島民為布臘人而地屬土耳其即干地亞也一作堪狄阿島

土耳其西土新增

儒按地輿圖攷謂羅馬尼國本襪拉基與摩爾達維地東距黑海俄國境北亦與俄鄰西界奥國與塞爾維南絶蒲加利國古時有羅馬人遷居後為北狄所佔兩族之人漸合為一前明天順間（西一千四百五十七年至六十四年間）土耳其奪而有之隸為直省若合若離迹近藩屬國朝嘉道間（嘉慶二十五年西一千八百二十年）俄與土屢戰屢和漸將此地牢籠名為保護寔欲吞併各大國知俄之將不利於羅人更不利於己也故咸豐六年（西一千八百五十八年）巴黎之會議定同相保護奪俄獨保之權仍其朝貢土王舊制前年土俄之役（光緒四年）土師敗乃於德京伯靈會議成羅人自立之議光緒七年（西一千八百八十一年）三月羅君上國王尊號始廁於列邦之數地分三十府有多惱大河界其南自西徂東利數於是聚焉迤將入海又折而北會伯羅德河自境外加爾巴德山發源東南流作羅國迤東要塹與俄羅斯分疆而同歸於黑海國中大都會曰蒲加勒斯德（即徐志所云襪拉幾亞之不加勒斯手政要作布加雷）周圍潤寬而屋宇卑陋不足觀摩爾達維之故都曰邪

西貿易甚盛。又有加拉斯城，建於多惱河濱。商賈絡繹，輪船帆艘不知凡幾。蓋內地達黑海之大埠頭也。歐洲諸大國在此城中設督辦多惱河水利總局，局中之事，各國督辦使臣自任，羅馬尼不得與聞。　又按列國歲計政要曰：與土接壤在俄奧間曰羅瑪尼亞。其先本二地，一曰滑拉基即徐志之襪拉基亞，平圖地球圖作瓦拉支　一曰毛利達即徐氏志之摩爾達維亞。一千八百六十一年，土王令合為一，乃改今名。時為我咸豐十一年　會城曰布加雷。滑拉基地二萬七千五百方英里，毛達利地一萬八千一百四十方英里。予按萬國公法譯為華文在同治三年，原書自當成於咸豐末年以前。地理備攷刻於道光末年，更在前。故不知襪拉幾亞、摩爾達維亞兩部合為羅瑪尼亞一國，而仍稱為兩部。歲計政要輯於同治十二年，故不知光緒四年摩尔達維亞一部已併入俄國，而但云兩地合為羅瑪尼亞一國也。泰西通例，凡伐國而取其地者，大率仍留地少許，存其宗祀名號，而不致其滅絕。故光緒七年西報有各國公使許羅馬尼亞自立國之說也。參合觀之，可以了然矣。　又西報稱俄土議和，奧國取兩處，一為坡士尼亞即徐志波斯尼亞　一為蝦渣哥威拿即徐志日薩一爾　予按盍闍錄奧地利攷有出土俄議和，和約有土西北境波斯尼及爾日各味納兩省當歸入奧國一條。和譯出之字雖殊，而音相近，可為証據。歲計政要謂土屬地有首肥亞在意、奧之間，為土國征服之地。後屢叛。一千八百二十九年，土許其自主我道光十九年　一千八百五十九年，我咸豐九年　各國與土立約，首肥亞為眾大國保護之地，不任土國凌轢。惟任土耳其為主國，其推擇為主之人，須土國王認允，方定。地有一萬二千六百方英里。亭而犄畾掘城爲會垣云云。徐氏志有波斯尼亞。而無首肥亞。平圖地球圖。則別有蒐肥唵。疑首肥亞蒐肥唵皆即波斯尼亞也光緒六年英電報所云四國兵攻阿而拔尼亞。疑亦即波斯尼亞。拔音近波斯乃可有可無之虛字

土耳其中土諸部補注

土耳其中土曰買諾　儒按今之諸書。土耳其分東西兩地。無中土之名。中土亦併於東也。東土耳其橫約三千一百七十里。縱約二千一百六十里。

買諾附近有數島曰居伯羅島　儒按居伯羅島。今已歸英矣。

曰羅得島　儒按南懷仁所云。銅人高十一丈。右手持燈以照海船者。即在此島海口。造成後三十六年。以地震傾斜。

土耳其東土諸部補注

都城曰耶路撒冷　儒按撒冷或作白稜肄音之轉也　又按地球新說曰。土耳其國不利斯底尼部。其內有昔時猶太京城曰耶路撒冷。部內耶穌降生之地名伯利恒。長養之地名拿撒勒至耶穌撒冷城之外有橄欖山。昔耶穌自城內宣教歸。常在此山棲宿。

美索不達迷亞　儒按此一部東半邊之南。兩河間地。於光緒四年割歸俄

又巴庇倫者　儒按此一帶地方。土國立爲一部。曰義拉亞拉伯

阿臈山在其境內　儒按公法會通曰。今土耳其之屬藩。有奉基督教者。如賽費孟德內格等

國是也。孟德內格譯言即黑山。予按賽費當即西土之塞爾維亞一名息味者。孟德內格之之黑山。或即阿臘山。

回回之性多殘暴不仁。至國無紀綱　儒按土耳其素稱強大。自前明以來。即與俄人搆兵。互有勝負。雖光緒三年。又敗於俄。而至今仍為俄人所畏。使全無綱紀。安能致此。大抵外國習氣。最重教門。入主出奴。是其常態。土國回回教也。固宜為泰西人所詆毀。據以為說。則過矣。不然。俄國一百餘年。五弒其君。其無綱紀甚於土國。何反無譏之者哉。

七椿園不知其國之本名。訛稱為控噶爾　儒按控噶爾乃奧地利亞之匈牙利。非土國也。詳歐洲說。

泰西人紀巴庇倫西里亞古事　儒按四裔編年表。挪亞避水。詳麥西補注。於阿米尼阿。譯言高地在小亞細亞東境。今土耳其之東也。地高氣燥。滋生日眾。析居西土。漸開諸國。　又洪水後閃之子但。居亞西里亞。其地北為阿米尼阿。東為亞西里亞。南為阿剌伯。西為西里亞。西里亞一名密所頗退米阿。即美索不達迷亞之轉音。譯言兩江中。一名倍打乃郎。譯言高平原。在大格里司江由弗拉的江之間。近大格里司江者為亞西里亞。近由弗拉的江者為巴庇倫。皆今東土耳其地。　又巴勒士登。乃古大國。舊史無攷。相傳挪亞之孫。開倫始造開倫城。徙居於此。漢之拂箖。即其地也。今為土耳其國之猶太。

西土有至人曰亞伯拉罕　儒案亞伯拉罕。即職方外紀所載亞把剌杭。

注泰西人相傳天神降於西奈山。至後來耶穌教即本於此　儒按職方外紀有大山名西奈山也。古時天主垂訓下民。召一聖人美瑟即摩西之轉音於山。賜以十誡著於石板。左板三誡右板七誡
從軍者縫十字於衣　儒按即所謂十字軍也。詳見法國說

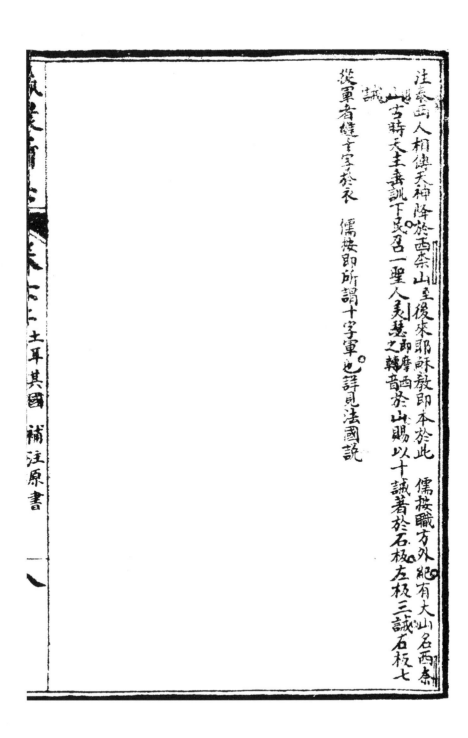

希臘國　額里士　額力西　厄勒祭　厄勒西亞

後希臘有馬基頓王亞勒散得者至部將分其所得之土各自王　儒按古時馬基頓國在西土耳其羅美里亞部亞勒散得一作亞拉山德　又按四裔編年表滅波斯在耶穌前三百三十年周顯王之三十九年也顯王四十二年攻印度四十六年王卒於巴比侖諸將乃分王各屬國非發於征印度軍中也

後羅馬分東西希臘故地屬東王　儒按耶穌四百年間約在劉宋文帝孝武帝時希臘屬東羅馬東羅馬都城曰君士但丁其主亦稱希臘皇帝後又稱臘丁國希臘教出於東羅馬而名以希臘者因此詳見日耳曼

土耳其既興至地屬土耳其者四百年　儒按土取希臘時在明景帝景泰元年西一千四百五十年也

近年土政苛虐至嘉慶二十五年遂去土番　儒按希臘叛土政要謂自道光元年至九年血戰得立國地理全志謂自道光三年血戰七年得立國萬國史記謂一千八百二十一年舉兵亦道光元年也徐云嘉慶二十五年誤也

國王名阿多本日耳曼列侯世子　儒按萬國史記阿多巴威略王子道光九年立至同治元年西一千八百六十二年因國人作亂王發兵討滅之國人不服去位還巴威略國人將迎立英國女主維多利第二子亞弗勒俄國不悅亞弗勒遂辭不受乃迎丹國王基利斯底安之子即位

號若耳第一　又按列國歲記政要曰曹而士第一今丹國王之子（地輿圖攷作日附尔日第一）當一千八百六十三年時年十九布臘知其賢議院迎立之是年十二月即希臘王位（我同治二年也曹而士第一即萬國史記若耳第一）議定歲供銀四萬一百七十八磅英法俄歲各津貼四千磅共五萬二千一百七十八磅布臘之先一千五百年間（明正德嘉靖之間）地屬土耳其一千八百二十一年至二十九年（我道光元年至九年）背叛土國兵爭九載得以自立三十年二月英俄法三國與立保約許為與國初迎薩斯科白雷博為王辭弗許乃迎波非利亞親王阿督（即萬國史記之巴威界詳見日耳曼國阿督即徐志所云史阿多哲其多音相近也）臨民二十九年為國人所逐（在位始於我道光十三年終於咸豐十一年）國政聽英法俄三國約束至是始議立曹而士第一英法俄仍護持如故一千八百六十四年（我同治三年）議定章程內第四十九條云王世子年十八即為成人可嗣王位當即政之初集部官教會各大員於廷曰誓先民後己一是悉循國法而行然後受傳視事即位兩月內須命開院議事凡遇王沒世子或遠出未歸議院於十日內定一權攝之人候世子回國乃歸政國教宗希臘會今曹而士本丹國耶穌路德會此是一時權宜之計自是以後子孫必從希臘教乃得受傳　又按希臘轄地一萬九千九百四十一方英里民務農者眾云口進口商貨英居三分之二一千八百六十八年以後（我同治七年以後）英貨漸稀俄國通商以米麥為大宗均在黑海通國生業俱在海面黑海地中海商船惟希臘為最多

按英俄法之保護希臘者以希臘杜土耳其也近來英法又力助土耳其者以土耳其杜

俄也相係之名甚公而所以相係之故則皆各爲其私其亦戰國縱横之術歟

又按光緒六七年閒布臘與土耳其又以爭論地界致生嫌隙土國約麥西助戰

布臘新分十部首部曰雅典　儒按一作愛典此部總名地理全志作亞的加

都城在海灣曰亞德納斯　儒按地理全志一作亞的加

亞爾哥黎大　儒按地理全志一作亞哥黎

曰臘比里亞通商之大埔頭也　儒按地理全志一作臘比里城在海口又有布達島斯必西島均大埔頭

曰巴達辣斯　儒按地理全志作巴答

美塞尼亞　儒按地理全志作亞加拏尼勾羅格里其通商埠頭墨龍義

亞爾加的亞首邑曰的黎波里薩　儒按地理全志作亞加地內有德破勒撒布之堅城

夏卑亞布界一洲　儒按地理全志作尼罵舞多島地形狹長與東布臘一綫相聯

總名曰以阿尼島　儒按一名阿愛俄尼安群島

造長橋於他大尼里海峽長二千丈　儒按四裔編年表係此事於周敬王四十年

已而馬基頓興　儒按四裔編年表馬基頓立國於周平王四十二年耶穌前七百二十九年

第一王曰樸的開第二曰阿其卑第三曰非力第一第四曰衣魯布第五曰阿及西斗第六曰唵明得第一唵明得第一屬於波斯第七曰愛立克山打背波斯第八曰白的開第二第

九曰阿格来孚及阿格来孚被弒之後曰阿来西的曰愛加布曰四伯先曰阿明大曰愛力克山打第二曰伯的加第三曰弗列第二相繼為王弗列第二卒子阿力山德嗣為王周顯王三十年滅波斯取為屬地時耶穌前三百三十年也阿立山德時國甚強以後數世國多內亂置君不定然諸將雖分王各地而馬基頓國名仍在至漢文帝前十二年國亡地併入於西里亞西里亞本馬基頓屬國也其地在東土耳其

希臘國疆域新增

儒撰地理全志謂希臘緯綫在赤道三十六度半起至三十九度止經綫自中華北京偏西九十二度起至九十六度止長百里廣五百四十里地形似太小未可為據今錄地輿圖攷之說曰縱約五百四十里橫約九百二十五里折其洋面僅以陸地計之約得十三萬六千五百方里分十三府五十九縣首府曰亞的架國之都會在焉曰亞德納斯又作雅典昔為敎明文物之地今雖市井蕭條而故迹猶存境內出白石貴重絕倫（按徐志云雅典一作亞的架為今之國都亞德納斯乃雅典屬邑昔為声明文物之地此云亞的架自為一府亞德納斯即雅典別為一府彼此互奇）其次曰福的阿的曰亞架爾拿尼（即徐志所云美塞尼亞）此三府（按除首府而言故曰三府）處國之北境與西土耳其毗連迤南五府曰哥林的（即徐志所云亞爾哥尼大）會城曰腦比里亞在海灣深處初創國時曾為京都今為通商埔頭曰亞加亞會城曰巴替拉斯在西北海岸海口穩固曰亞爾加的（即徐志所云亞爾加的亞）在上兩府之間山嶺重叠就近川河皆發源於此居人諳於音律再南一府曰拉哥尼亞土地瘠薄民困於貧極南一府曰

美塞尼（即徐志所云美塞尼亞）土壤膏腴。為希臘之最。國之迤東有群島焉。蟠峙於亞爾居伯海中（地中海之海灣其東北通他大尼里峽入馬海及君士但丁峽而入黑海）其形侶長舌。而最近平陸者曰夏卑亞島府名仍之。其別府則聚眾小島以成。統名曰西加拉大群島（即徐志所云昔加拉大）會城在西拉島上。人名里爾摩傑城（即徐志所云黑爾摩波利斯）地頗饒富。產蜂蜜甚佳。初島人僅五千。十六國後。四方蝟集。貿易日隆。今已四五萬人。將來未可限量也。

希臘迤西有島。總名要尼霤島。又作以阿尼群島（按一作阿愛俄尼安摩島）久為英人所據。同治二年。因諸大國之請。英人讓與希臘。希臘因置三府治之。一曰各府。會城仍名。古時為泰西東征屯兵處。栽麥無多。而富有阿里伐油。兼擅漁獵之利。一名占花羅尼（即徐志所云客花羅尼）氣候和平。壤地肥沃。土人種植不勤。半成曠土。而所釀酒美。有因以致富者。一曰薩精德（當即徐志所云散地）原隰尤腴。於占花羅尼。

瀛環新志卷六下

丹徒李愼儒鴻軒氏著　　江都夏　霖夢蝬氏校

意大里亞列國圖說補

儒按使西計程云。馬爾他島北界意大里之西治里島。其南與的黎波里都城正相值。地形如卵中出一山。四周環拱之。長四十五里。縱三十里。横出枝脚。泊船灣曲四五。列炮台十一所。英國地中海第一重鎭也。初屬法國。英人距而有之。各口兵船並於此脩治。設有總督。按徐氏志意國說有馬里他島與使西紀程所言相合。而圖遺之。　又按那不勒斯與西治里島南北相對。其間海道。曾侯日記謂爲米新卞納爾峽。

意大里亞列國補注以他里以他利伊達利羅問羅紋那嗎儒按同治五年九月十八日即一千八百六十六年十月二十六日所定和約稱大義國大君主

嘉慶十年佛即西王拿破侖略定其地至分其地爲九　儒案萬國史記一千八百四十八年我道光二十八年以後意大利各國爲奧地利亞所鈐制無能抗者撒丁即薩尔的尼亞一作安巴薩多爾甲列亞伯多讓位於其子維多利以馬努利第二既立盡心政事有賢相加弗爾大將夏利巴底乘國人猒奧約法國兵破奧軍已而法帝拿破侖第三與奧帝佛朗士斯約翰一作佛朗士斯約瑟福第六講和夏利巴底復大破奧收復疆宇一千八百六十一年我咸豐十一年撒丁王維多利以馬努利第二始稱意大里王分全國爲六十州又數年逐法兵之據羅馬者

大國四曰馬羅曰多斯加納曰薩爾的尼亞曰那不勒斯　儒按薩爾的尼亞一作薩爾定又令四大國併於薩爾的尼亞爲一國又按星軺指掌卷二第六章一千八百五十九六十一等年薩國君主改稱義大利君主時該國駐劄多斯干當即徐志之多斯加納及那伯里當即徐志之那不勒斯公使設法暗謀以致二邦易於吞併焉又案列國歲計政要曰撒地尼亞國王阿爾勒脫即薩尔的尼亞之主甲列亞伯之子伊曼奴核即維多利以馬努利於一千八百四十九年受父讓為王一千八百六十九年我同治八年意國議院迎立為意王

小國五曰巴爾馬曰摩德拿曰盧加曰摩納哥曰勝馬里　儒案公法便覽曰瑪納古賴義大利保護瑪納古似即摩納哥

薩爾鈞尼亞　儒按一作安巴薩多爾一作薩爾定一作沙第尼亞尋得阿墨利加之可侖生
於此部之治那亞城詳見地球說略。治那亞當即徐氏志所云熱那亞也今此國王升為意
國王。
那不勒斯至意大里之南境也。　儒按曾侯日記謂義大利之陪都。其繁盛同於法之巴黎斯
英之倫敦兩都城。
別有火峯至忽土人。振云垣堞依然傳為異事　儒案噴火之山。名維蘇威灰埋者黑九賴恒
邦貝斯達底三邑。事在國王第度時。耶穌紀元七十九年。
西治里島至埔頭白墨西拿　儒按那不勒斯環游地球錄作柰波里。曾侯日記作拿波利
又按曾侯日記曰。過米新卞納爾峽。中北為意大利。南為昔昔利。舊有大船埠。名莫西拿至
蘇爾士開新河。乃改至拿波利。按昔昔利音與西基利及西西里相近。即徐氏志之西治里
也。莫西拿即墨西拿也。
子努馬（一作又馬）嗣位至立公會以治事　儒按或曰羅慕路被其下所弒。撒伯尹人努馬本比留
由眾薦為王。非羅慕路子也。　又努馬本比留卒。子都路荷斯地留立為王。此後為王者曰
安固瑪爾周。曰達爾癸組普利斯恪（亦名路古摩）曰塞爾彪都爾留。曰盧首士。皆以屬國人入承
統。非父子相繼也。盧首士淫虐無人理。羅馬人呼之為蘇比爾伯。暴慢之義也。在位二十餘
年。為下所逐。自是遂不立王。事在耶穌紀元前五百九年。

大將愷撒一作人略塞薩爾方西征　儒按大英國志作大將該撒。事在耶穌前五十四年。中國漢宣帝神爵元二年。西征者攻英吉利。遂破英而受其降也。志稱該撒在羅馬號英武。然盜賊行耳。

愷撒猶子唯大屋一作塞薩尔額達維約起兵攻之　儒按愷撒猶子唯大屋。一作愷撒之妹之孫屋大維。未知孰是。其起兵則漢成帝建始二年也。

梁武帝二十五年東王如地尼安嗣位　儒按一作尼亞。一作入斯底尼安第二。得蠶種於中國。在梁簡文帝大寶二年。西歷五百五十一年。徐氏志誤。

又漢順帝十二年王安敦嗣位號為中興　儒按大英國志謂安敦卒於耶穌二百十一年。漢獻帝建安十年。

有保羅者初與耶穌之徒為仇至所著之書亦最多　儒按羅馬國王。屢誅耶穌之徒。至哈的鍊為王。乃有禁人不得妄捕之約。在漢順帝初年也。迨君士但丁篤信之。教乃大行。　布臘教亦西於東羅馬。詳見日耳曼說中。

意大里亞列國新增

儒按地輿圖攷大畧曰。意大里亞。羅馬故國也。後為諸侯割據。因革不勝枚舉。地勢如巨人鞾。形橫窄而直長。北境最闊之處約八百九十里。而南方之極狹者僅三百五十里。東西南三面皆海。東北界與地利亞。北連瑞士。西北枕法蘭西。綜計南北相距約二千里。地理全志謂縱自赤道北三十七度起至四十七度止經綫中自華北京編西九十八度起至一百有一度止長二千五百里北廣千餘里南廣數十里連海島綿計共四十萬里北以亞耳北山為咽喉中有亞弃嫩山為筋絡兩山歐洲著名者也峯巒起伏土人各據一邱一壑以名故稱謂不止千萬惟中央拿破里城之東南十三四里有火山一座名威蘇維高二里周八十四里近山古有二城於東漢章帝四年時慘遭淹浸歷一千數百年於康熙末土人掘土得其蹤迹即徐志所云那不勒斯部之火山古城云云境內大川巨澤不槩見其北境有波河為最大之河又有馬巢與嘉德兩湖皆在北境馬巢長可九十餘里闊約十里深二百四十丈嘉德長可七十一里有奇其闊南北不等迤北僅六里南可二十六里素稱名勝在他方巨浸之上在馬巢東南僅數十里有昔輿國都會名寄良人民稠密城中有大敎堂創始於明太祖洪武二十七年積四百餘年工未告竣至法國前王拿破侖第一給帑四百萬改小制度草草落成第規模究甚宏廓至今歲脩費動以萬計又亞得亞海西北隅天下古今第一繁盛大都名威內薩建於七十沙帶之上中道汊港飛橋橫跨凡三百二十九孔古為歐洲絕大埠頭獨攬洋面利權凡八百餘年今日形衰敗殆將不起此即徐氏輿地利亞國總名倫巴尔多威尼西亞奴而分為兩部者也寄良徐志作米蘭音之轉也平圓圖作寄闌字之筆畫小異也威內薩圖考全志與徐志皆同平圓圖作緋羅那亦音之轉也此兩部先本輿地故徐志及全志皆記在輿地於咸豐九年同治五年陸續歸於意

儒按意大利亞本合眾國之總名自我咸豐十一年西一千八百六十一年薩爾的尼亞國王并為意國王陸續併吞各國遂成一統無復合眾制度矣茲就咸豐十一年以前疆域參合各說彙載於左以備攷核

羅馬溯其始上古希臘民族。有亞加地者。伯拉斯日之裔也即徐志希臘國圖耶字斐率此說之伯辣斯日族遷居意大利之拉畫。一作拉厄稱拉丁王。為羅馬之始。拉丁一作臘丁其文字在泰西各國為最古後諸得拉耶酥教即據臘丁文字尋繹耶酥傳教本旨以斥時俗所傳天主教之非耶罕多乃秃累城王之太子城陷後太子遁至拉畫為拉畫王之女壻遂継其王位歷代累有争奪至周平王十八年西歷紀元前七百五十三年。羅慕路一作六母路一作羅慕祿建羅馬城。稱羅馬王。疆土日闢。剖為大國。在位十三年而死。撒伯尹地名人努馬本比留一作得路好司留由眾公舉為王。國益盛。其子都路荷斯地留嗣為王。滅巴庇倫詳見土爾其說周惠王十五年也又易三主。達爾癸紐晉利斯恪為王。暴橫無道。被弑。大乱百年。於是不立王位。共推總統二人主政。一年一易。按自開國以来其王多由篡立鮮有世及者至是而除王位推總統實後世美國伯理璽天德之先聲羅馬立總統時周敬王十一年西歷前五百有九年歷三百餘年。國日強大。而國中群雄相爭。勢漸就衰。大將責撒助一作屋大唯一作該撒阿台非并名書所記不同未知孰是盡削平之。於漢成帝建始四年。西歷前二十九年。稱亞古司朵。一作奧古士都譯言帝也。於是羅馬復立為國。歷二十九年。漢哀帝元壽二年。耶穌生。按蔔萄牙國人馬吉士地理備攷曰漢哀帝建平三年耶穌誕於如德亞國時俗計算則係於哀帝元壽二年云云然則今西歷紀元實自耶穌四歲算起誤矣此後繼為羅馬帝者。曰提庇留。一作該撒地必留釘死耶穌於十字架。時漢光武建武四年西歷紀元後二十九年。曰加俞。一作該撒克力古耳曰革老丟斯。一作該撒克老撥弗司排山曰尼羅。一作該撒克老撥尼魯曰駕拔。一作加里巴曰屋多。一作我朵曰成的路。一作非特留曰菲士巴山。一作弗司能山曰地度。一作地朵曰多米山。一作弗拉非我大米山曰涅爾華。一作桒法曰大剌壤。一作特米昌時羅馬極盛。大拓疆土。曰哈的練。一作亞特郎此帝於漢安帝建光元年。西歷一百二十一年。興工築長城。自來尼河至大羅勃河。綿亘萬里。包土耳其西土。

普魯士日耳曼英吉利之地（七椿園所云大城當即此）自稱為神父始聽耶穌之徒傳教曰安敦（一作安頓奴尼丕我）又稱彪斯彪斯者厚德之義也為羅馬最賢之主（後漢書謂為大秦王安敦者也）曰馬古奧里流據此主以前多以僭竊得位鮮有世及者此後各屬地多叛而自立諸將紛爭廢立靡常歷一百餘載晉武帝太康三年西二百八十二年改拉斯（一作改慶）為羅馬東帝改拉斯為雷擊死地克里生（一作地我格里斯）嗣立抹夕米爾輔之尋即立抹夕米爾為羅馬西帝（抹夕米尔一作馬西密憐）未幾國分為四並立四帝又分為六並立大帝西帝君士坦周之子曰君士坦丁（坦一作但）盡滅五帝於東晉明帝太甯元年西三百二十三年獨為羅馬總王其疆域東至波斯西距海南及阿非利加北境北抵比利象遷都庇参脩（一作白山地恩）建君士但丁城以控制東方號曰新羅馬通國分為四道每道十三州一百十六郡酷信耶穌嘗見空中現十字架形乃定以基督（猶言神靈也即天主）為全國教法天主教始大行主教者其体制尊貴過於帝王開後來教長挾制各國之端識者病之君士坦丁多用北狄人為兵（義時之人也）後世亡國實源於此東晉成帝咸康三年西三百三十九年君士坦丁卒三子三分其國為三王既而併一存兩又八年康司但地俄復合為一（即三子中之一也）及卒其姪入黎俺（一作祖利恩）嗣征波斯敗死諸將立祖文（一作菲安）為帝立七月又卒立法連知尼安（一作弗倫佛尼）為帝己而自稱西帝使弟法連斯（一作弗倫司）為東帝是為羅馬初分東西時東晉哀帝興甯二年西三百六十四年也又三十年東帝體我朵西（一作帖疴多鄜）併西帝之地為總王未幾卒命其長子亞開地俄（一作亞加丟）為東王季子阿那里俄（一作和那丟）為西王東

王疆土有小亞細亞句西里亞句馬基頓以上名地今皆土耳其地小亞細亞其中土西里亞其西土馬基頓即君士但丁所在之部也地利司句地西利句東意里利根句埃及即阿非利加之麥西國諸地東邊直接波斯統稱之曰希利尼國以康司但丁奴不爾即君士但丁城也為都西王疆土有意大利句阿非利加句西班牙句白里登即英吉利之古名西意利里根句諸地統稱之為羅馬國以米郎即先屬奧今歸意之米蘭為都至此羅馬分東西之局定不再合矣一說東國稱希臘羅馬又名東羅馬西國稱拉丁羅馬又名西羅馬西羅馬屢為俄特所攻日形衰弱內亂迭起劉宋廢帝元徽四年西四百七十六年日耳曼西地酋長我朵阿賽攻奪其地自立國號曰意大利亞自羅慕路建國至此一千二百二十四年而西羅馬亡西羅馬亡後東羅馬凡更數姓歷二十一主至勒阿第三一作列第三即位唐玄宗開元十三年西七百二十五年勒阿第三惡回教以為回部屢叛由天主教拜偶像所致回教不設像故疑其叛以天主設教遂盡除偶像教皇格勒革理第三非之民情渙散失意大利疆土大半羅馬希臘二教分裂寔是始於此按此亦即後世天主與耶穌二教分裂之先声教皇乃叛羅馬自立教皇國權勢日大七百五十六年法蘭西王利奴不奴一作泊斌即白賓詳見後歲計政要條取意大利之地以奉教皇至唐德宗貞元十六年西八百年教皇命法王夏力門為西帝以抗羅馬東地唐懿宗咸通八年西八百六十七年教皇殑羅馬王蠻給爾第三一作密加利第三而立巴西利為王宋神宗元豐四年西一千有八十一年東羅馬累世叛亂之際國日衰土耳其日強割取其亞細亞各地以後東羅馬無數年不亂統緒紛更至宋甯宗嘉泰四年西一千二百有四年王亞歷修第四一作安昔利第四欲抑希臘教使

合於羅馬教。都人不服，逐之，亞歷犄第五（一作以撒卒第五）篡立。歐洲各國皆奉羅馬教者，合兵來攻，改立荷蘭國之法蘭德公爵臈丁人色得溫（一作巴）為王，改國號曰臈丁國，聽命於教皇。共六主，五十七年而臈丁朝亡。時宋理宗景定二年，西一千二百六十一年也。巴晤羅俄（一作俾來羅古）自立為東羅馬王，疆日蹙，屢為土耳其所侵奪。明景帝景泰四年，西一千四百五十三年，土耳其滅之，併其地。自君士坦丁至此，一千二百三十年，而東羅馬亡（西羅馬開國之主名羅慕路，亡國之主亦名羅慕路；東羅馬開國之主名君士坦丁，亡國之主亦名君士坦丁。東羅馬之亡約在西羅馬亡後一千年）。

教皇之國，其先雖有疆土（始於南北朝時），而治權仍揔之羅馬帝。自唐玄宗時得法蘭西所獻地，乃自專主，立為國。壤地褊小，南北相距約六百六十里，皆界意國；東西相距約三百五十里，迤枕大海。其京城西北百三十八里，有味普德城；京城北二百六十里，有伯魯士城；京城東北三百二十四里，有安高納城，在亞德亞海濱，為往來衝要之道；再遵海濱而上約二百里，有利米尼城；再西北有婆羅尼城。羅馬而外，此為首要。又北為費德爾城，建立砲台，舊為北境屏藩。教皇之任有三：一為天主教宗，掌天下教務，不問各國政事（按：雖云不問政事，而每廢一國王，必先絕之教門；每立一國王，必先洗受加冕，則寔把持政事也）；二為羅馬本城教主，其職位與牧伯等；三為本國之王，管理國務，內設各部，外六府十四州。其歐洲、美洲均由教皇遣員傳教。

列國歲計政要曰：羅馬天主教王初有轄地，至一千八百七十年十月，意國王將教王所轄地收為意地，教王並不得預國政，第令專教務。初公舉教王之法，必羅馬神甫（即神父也，西人以之稱教師百姓推戴，無異議乃定。一千五十年後（宋仁宗皇祐二年以後）有教王紐格拉第二，命君務司公舉，尚須羅馬神甫等僉允而後可。一千二百二十七年（宋理宗寶慶二年）格勒葛拉第九定議，嗣後神甫百姓不得預公舉之權。君務司定議之法，以名紙投櫃，視其可之數多者定之。若秘華第九則由大衆推戴。是為二百五十七世。（按政要一書成於同治十二年，而與萬國史記所述教王世數多少懸殊，不知何故，俟詳攷之）

按教王之有轄地也，始於七百五十五年（唐玄宗天寶十四年）。法國王泊斌被白獻拉佛搽地，後法國王瀉立艇（按法王甲利太甫一作查里曼，又轉為夏力門，此云瀉立艇，是夏立門轉音。編年表作夏力明，明又門轉音也。編年表西八百年唐德宗貞元十六年，教王尊夏力明為羅馬西帝，當即此獻地之旹矣）復獻兩省，曰畢曾茄，曰斯比埒篤。一千五十三年（宋仁宗皇祐五年）日耳曼王杭列（編年表是旹日王名刪剌德）又獻地百納喬篤。一千一百二年（宋徽宗崇寧元年）有侯爵婦特斯搆納獻生培德田產。一千二百二十七年（宋理宗寶慶三年）得魯曼搽地。一千三百六十四年（元順帝至正二十四年）得婆羅那地。十四週內（原注一千三百年至四百年，按元成宗大德四年至明建文二年之間）得羅馬都城。教王之擁有土地，自九十五世斯地法孳第三始，至秘華第九止，凡一百六十三王。

以上教王權兼國主，莫敢誰何。其極盛之時，在一百五十七世格勒葛立第七（一作格勒葛里），智略出衆，勢力益橫，泰西各國王材力皆出其下，比權量力，實不可同年語也。俛首降心，受其約束，伊古以來，莫之或比。（此教王名幾瓦伐義第十八，於一千二十四年即教王位，宋仁宗天聖二年也）嗣是而後，餘烈未衰，其君務司各國議院無異，共七十員，凡立教王，必君務司為之推擇。今教勢少衰，君務司員亦漸減，僅有十五人，以左右王云。

耶穌紀元自一百年至二百年，教統傳三十代，而被殺者一十九人。三百四十三年（晉康帝建元元年）各國教會始皆聽命。六百七年（隋煬帝大業三年）威權大震，自此後各稱帝稱王稱君主者廢興皆教皇主之，謁見時舌舐足指以表信心，或在馬前為之執鐙。至一千二百四十五年（宋理宗淳祐五年）日耳曼因死教皇而始衰。至一千五百十八年（明武宗正德十三年）耶穌教起而益衰。至一千七百八十七年（我乾隆五十一年）各國公議，不許教皇再管理事務，而權盡失。至一千八百七十年（我同治九年）意大利盡收其土地人民，仍隆其礼數，歲給銀米，俾存教統，而教皇僅有虛名矣。計由耶穌死後其弟子彼得主教，至此共一百六十五代，事詳萬國史記。一千五百六十年（明世宗嘉靖三十八年）教皇格勒革理第十三作新歷，以三百六十五日五時四十九分十二秒為一年，名格勒革理歷，歐洲各國至今用之。按西域歷法傳入中國者，唐有九執歷，元有萬年歷、回回歷。九執歷即天竺歷也。格勒革理歷則與天竺異，而與回回略同。明史意大利亞傳曰：其國人利瑪竇，萬歷九年汎海九萬里，抵廣州之香山澳，其教遂沾染中土（天主教也）。二十九年入京師，中官馬堂以其方物進獻。三十八年卒於京，賜葬西郭外。光緒六年在位之教皇號哈指而潑乾第十三（或作彪斯第九），名和利，為羅馬教頭，兼理耶穌教事。教皇之威權既替，則爭教之心亦息，向之兩相水火者，今則合為一氣矣。瀛海論曰：天主教歷數百年，有俫羅者，別立希臘教；有路易者，別立耶穌教（路易即路得，俫羅即何倚，詳見日耳曼說中，須參看）。三教鼎峙，而皆宗天主。今俄羅斯、額里士（即希臘國）行希臘教，英吉利、瑞典、嗹嘓、大尼即嗹國即丹麥國荷蘭行耶穌教法蘭西與斯馬加意大利亞比利時西班牙葡萄牙行天主教惟天主教有教皇各國皆尊礼之法蘭西為尤甚教皇嘗劫制各國君后莫敢誰何獨德國大臣畢士麻克即俾思麻惡之盡奪其權繩之以官法故教至德而窮德之強盛畢士麻克之功居多亦泰西之管夷吾也同時意大利亞之宰相蘭渣塞勒亦以奪教皇之權致其君為列邦之主有大勛乃以籍教堂七十二所入官為敎人所齮齕引疾而去則畢士麻克之得行其志亦視德國王韮里特威廉即維廉第一之能任賢勿貳耳

光緒五年曾襲侯紀澤使法日記曰昔法皇拿破侖之后最重教士當時教案最為棘手自更民主之後詳見法國說中教士之權遂漸衰詆毀之者漸不乏人余在馬松舟有法國水師副將白某詆堂中無一正人又法國下議院首領剛必達之言曰中國與法國交涉他無艱難有時斷斷相持意見不睦但因教士無理取鬧故耳本首領素不以教士橫恣為然此後遇有民教交涉之事定當主持公道斷不偏袒教士神父務使中法之好日益親睦

按教皇雖為各國所尊崇而教党之禍莫甚於法國因教而與他國構衅者亦莫甚於法國在古之十字軍詳法國說在今則西林天津兩案見卷一附記皆法國也今各國皆抑教士並法亦然是殆有氣運焉非人力所能強也泰西大儒雅理各也來中國譯孔林而歸主阿斯福書院講席譯五經四子之書教授國人尤譪譪以販烟傳教為非義事見瀛海論光緒六年英麥來修總督亨乃西自製鎏金花樽一座函請曾侯紀澤轉寄北洋大臣李合肥咨送衍聖公敬送

至聖先師孔子神座前（事見西使日紀）則孔子之道已西行矣嗚呼外國以財利兵力脅中國奉天主教而不能中國不動教色而外國自知尊孔子此吾道之所以為大歟按雅理各乃英國之牧師事見香港華字報及蘇州人王韜送雅牧師回國序

同治光緒間海監人陳其昌以孝廉攝上海縣事著庸閒齋筆記曰總憲崇厚使法國曾見洋官家供奉一泥塑之土地神云是孔子相俄羅斯國之代理領事官聶鼎春自言到中國十五年未嘗歸去喜讀中國論語孟子略皆上口覺甚有意味等語則又皆吾道大行之徵矣

萬國地理全圖集曰以他里即意大里亞所有話音達於西國如今日葡萄亞是班亞佛蘭西英吉利等之音皆原於羅馬國

森馬林彈丸小國地僅百餘里相傳唐時有石匠至此闢地此居人慕其德從之成村後遂國在教皇腹中意大利併教皇國而未滅森馬林蓋以其弱小不足為患故姑存之也（按此即徐志之勝馬里盧）

薩爾的尼亞一作撒丁在意國北方之西本地中海島名嗣其王得亞耳伯山石之地因以名國會城曰都靈一作多靈築於波河之岸（或云撒丁國分五部撒丁國都之外曰辟門其民奉耶穌教屢為教王所虐曰尼西風景美麗氣候清和曰撒歪山岡環繞中皆沃野曰熱那曰撒丁島與徐志畧同）會城之東南隅有城名熱那亞背後萬山拱抱形勢絕佳以與威內薩爭地中海之利連戰皆敗乃輪次臣服於鄰邦屬法蘭西者四屬西班牙者

「屬奧地利亞者」至我嘉慶十九年西一千八百十四年歐洲各國遣使臣大會於奧都維也納法蘭西以其地讓歸薩爾的尼亞此後無復異議

摩納哥亦意國北方之國在薩爾的尼亞西南地中海濱一小山山在法國東南境中方袛二十四里會城亦名摩納哥

巴爾馬在薩爾的尼亞之東南北抵波河縱橫方百四十里都城亦名巴爾馬貿易頗盛以磁器烟草絲呢為大宗一云此一國遵維也納會之議附盧加統攝其君公爵

摩德拿在巴爾馬之東南北相距百四十六里東西九十里地土肥沃兼有蠶絲蜂蜜之利產鐵及硫磺又產寶石出於加拉勒者為上品會城亦名摩德拿加拉勒亦城名在西北境亞奔嫩山中其君公爵

盧加在摩德拿之西南其地先屬多斯加納後為薩爾的尼亞所併其君公爵

多斯加納在盧加之東南縱約三百二十餘里橫約二百六十里地較列國為廣土壤膏腴物產豐厚人稱為意大里亞花園濱海一帶昔多瘴癘我道光二十八年西一千八百四十八年國王大興工役將汙地汙泥一槩填塞遂成樂土都城名法羅稜薩即徐志所云佛羅稜薩一作佛稜為一大都會是城之西有比撒城昔著繁華今已凋敝城中有七層圓塔一座高十四丈五尺六寸斜倚若傾勢甚危岌然六百餘年依然堅固格致家謂凡物各有重心倚此則穩出此則仆欲知重心所在由上至下垂一直綫中間物身雖彎而綫不出底內乃知塔所以能鎮定不搖也離塔不遠有大墓道一所相傳為御葬處中分二十四環廊並有人物古像四

十一。皆精妙絕倫。墓門計六百。槩以花紋寶石砌成。光華至今未滅。比撒城之西南。於地中海口有城。名里窩那。市舶所萃。貿易甚繁。又有西尼那城（一作西納）昔時繁盛。今已凋落矣。拿破利（即徐志所云那不勒斯一作那不勒）又稱兩西治里（一作兩西治里亞）都城亦名拿破利。為天下第一大都會。自蘇彝士新河既開。商船由紅海入地中海。此處市埠遂漸衰。

列國歲計政要曰。意之幅員。有十一萬二千六百七十七方英里。戶口較英略少。而較德法實多。國內土田耕熟者居三分之二。餘尚荒蕪未墾。種植五穀為多。民間大半務農。四鄉民人。較眾於城居。其大城之繁盛者。曰伯內里（當即那不勒斯轉為拿破利之又轉音）曰密蘭（即米蘭）曰羅馬。曰伯柳木。曰杜林（即薩尔的尼亞之都城）曰福鹿林（當即多尔加納之沸羅稜薩）曰生努阿（疑即薩尔的尼亞之熱那亞）曰阜內斯（即威內薩）曰婆羅那（即教王國之婆羅尼）曰雨雷根。曰格敦你阿。

以上皆舊時意大利列邦。今為薩爾的尼亞所吞併。薩王為意大利總王。無復列邦之制矣。

威內薩。倫巴爾多。（即徐氏奧地利亞國志畧所云總名倫巴爾多威尼西亞奴而分兩部者也地理全志云奧國於此地總名威尼斯倫巴多分為二部一名米蘭一名威尼斯按徐志之威尼西亞奴全志之威尼斯皆即威內薩也薩字西字斯字音皆相近）本意大利屬地。不知何時歸於亞地利亞。自薩爾的尼亞王併吞列邦。於我咸豐九年。至同治五年。西一千八百五十九年六十六年間。陸續收為意地。居意國北境而偏東。與奧接界。徐氏奧國說曰。倫巴多爾威尼西亞奴分兩部云云。地理全志曰。二部。一曰米蘭。近海濱。幅員廣大。山水清幽。有天主殿。廣二十七丈。長四十一丈。一曰威尼斯。臨亞得亞海。舊為大埠頭。握地中海利權千餘年。今衰廢。城建

於澤地。街衢皆小。人不駕車而駛船。飛橋橫跨。不碍船行。所屬巴士亞城疑即徐氏志所云之罷味亞也

內有大書院。

薩爾的尼亞王爲意大利總王。遷於拿破利城。迨撫有教皇國。又遷都羅馬。而以拿破利

爲陪都。

荷蘭國（和蘭　賀蘭　法蘭得斯　儒按同治二年八月二十四日即一千八百六十三年十月初六日所定和約稱大和國大君主　又按和蘭與比利時西人稱之曰尼特蘭譯言低地也又作納特蘭）

縱約六百五十里橫約三百五十里壤地褊小　儒按地輿圖考曰。縱約三百九十里。橫約三百七十三里。又按談瀛錄謂長六百里。廣四百里。總計約四萬三千里。

港道縱橫（至）民習水利　儒按河之大者曰來因。曰繆色。曰厄斯各。皆自南方境外發源貫內地北流入海。水利由此生焉。其義塞爾與瓦亞耳等河第來因三分支。義塞爾即徐氏志所云義斯加爾達河也。來因河一作拉安江

其地古時為土番部落種人名曰巴達卧　儒按一作巴達威

北宋時海潮決隄數百里（至）完富過於曩時　儒按事在明中葉時自道光二十年國王治水利興工。至咸豐八年。歷十八年之久。方成沃壤

有阿蘭治者（至）由是荷蘭復方為國　儒按萬國史記。謂阿蘭治侯維廉起義兵。則阿蘭治非人名也。其時為一千五百六十年。明世宗嘉靖末年。穆宗隆慶初年。是為荷蘭建國之始。衆奉維廉為主。號維廉第一。不稱王而稱太守。傳四世。皆稱太守。至一千七百九十八年。（我嘉慶元年）法國拿破侖併吞荷蘭。封其弟路易拿侖為王。荷蘭始有王號。未幾國人逐法吏。推前太守維廉第一之裔為王。亦號維廉第一。於一千八百十四年。（我嘉慶二十年）再立為國。又按列國歲計政要曰。蕙蘭第三。即今荷國之王也。（今謂一千八百七十三年我同治十二年）父蕙蘭第二於一

千八百四十年。我道光二十年受蔥蘭第一之傳。在位九年。退老傳位於子。蔥蘭即史記之維廉似人名矣按荷蘭本為日耳曼地十一週內。原注一千年至一千一百年宋真宗咸平二年至哲宗元符三年之間有侯爵哇蘭即阿蘭治又似人名矣據有其地。自立為國。分南北省。迨一千八百三十年。我道光十年南省民叛。兵爭數載。始與立約。任其自主。是為比利時國。按史記謂始立國在明中葉。政要謂在北宋中葉。既屬兩歧。徐氏志於六朝謂立侯國。而不言國名。於明謂由是荷蘭復立為國。亦係騎牆語。考四裔編年表。東晉安帝隆安四年。西歷四百年。日耳曼分為四國。曰日耳曼一。日耳曼二。比利時一。比利時二。雖無荷蘭國名。而實基於此。迨東晉末劉宋初。法郎格人併日耳曼二之地。自立為法蘭西國。唐高祖武德三年。西六百二十年。荷蘭之地立公爵。于不拉明。歸法國王主之。嗣後稱公侯稱王者甚多。國地瓜分為數區。或屬日耳曼。或屬法蘭西。至北宋仁宗時。各國中有侯爵國名福利西者。始改國號曰荷蘭。則政要所紀年代。較史記為得實。

而南洋數大島則依然荷蘭有也　儒按謂蘇門答臘與婆羅洲等島。

稅餉頗重至地分十一部　儒按荷國之政。君民參治。君與上下議院。分掌立法分稅之權。君位時有女子嗣之。　又按列國歲計政要曰。荷地分十一省。有二萬五百二十七方英里。荷人喜貿易。城居者多。鄉僻之間。烟戶寥寥。蓋幅員狹小。田畝不數耕種。務農者寡。

都城曰亞摩斯德爾登　儒按一作昂斯透丹。談瀛錄謂和都名哈克。

會城曰海牙　儒按一曰會城名辣海。為國之南都。

荷蘭德亞在南荷蘭之南　儒按此部又名西蘭。十一部之外別一部曰盧森不爾厄　儒按即哥森伯也。今已不在日耳曼列邦之內則地圖應合於荷蘭哥森伯譯音又轉為勒生倍列國歲計政要稱地有一千五百九十二方英里一千八百六十七年我同治六年在英倫敦立約曰嗣後勒生倍為各國局外之地無論何國用兵不得侵佔其疆界有不如約者天下共伐之以故前數年德法搆釁英國以兵保護而境內無匕鬯之驚也其地介德法比三國中。

荷蘭各屬島　新增

儒按列國歲計政要曰。荷蘭於東南洋各島通商最早。初租地。繼而全有其地。邇年以來南洋各島屬英者不一而足。顧其根底盤深。所踞島地仍有六十六萬六千七百五十六方英里較之本國多至三十三倍。民有二十四兆三十八萬六千九百九十一人。較本國多六倍其屬地在南洋東印度者。曰噶羅巴。曰麥多拉。曰蘇門答臘西南境亞齊等處。曰萬古屢原注一名茫古魯在蘇門答臘之南境曰覽房原注在蘇門答臘島曰巨港。曰而立華。曰三笠。曰比利敦原注婆羅洲西曰西里室原注婆羅洲南曰馬拿多。曰美洛居原注一名摩鹿加曰知汶。曰生扒原注一名松墨窪曰排利。曰郎薄。曰暴暴。其在西印度洋者。曰古拉沙。曰阿雅扒。曰山埋丁。曰撥乃爾。曰山萸斯帶斯。曰撒扒。曰蘇立南。按荷國屬島之最殷盛者。莫如噶羅巴麥多拉二島。共地五萬一千三百三十六方英里民有十七兆二十九萬八千二百人。有總督駐其地。以領東印度洋各島軍民。

儒按一千五百餘年。明嘉靖中荷人創印書法。

比利時國 比勒治　惟理儀　比義　比爾月加　比爾日喀　出爾閏　彌爾尼士　比利閏　儒按同治四年九月十四日即一千八百六十五年十一月初二日所定和約稱大比國大君主又按地球說畧曰比利士國又名伯利諸恒國

比利時人招日耳曼之薩克撒各不爾厄小侯留波爾多來國奉以為王自立為國　儒按留波爾多一作留波的即王位號留波的第一與荷人和荷國財用窮竭比人歲增五百萬古頓於荷以供償還國債之用留波的第一卒子留波的第二嗣留波的一作雷卜譯音之轉也列國歲計政要曰一千八百三十年比人叛荷推法王路易非立次子薩斯可孛納麻公爵為王數讓不就三十一年我道光十一年推雷卜第一王卒六十五年我同治四年卒子雷卜第二嗣當雷卜第一時荷人猶爭戰未已三十九年四月王乃與荷人至英倫敦立約講和分定疆界國之規模方定列邦皆以與國視之時為我道光十九年也

都城曰不魯捨拉斯　儒按同治四年比國和約第二款內稱其國京城曰布律斯[illegible]作伯辣塞斯平圓圖作白婁賽耳斯出使日記作伯魯色爾

安都厄爾比亞　儒按一作安物爾

東發蘭德斯　儒按一作東發蘭德耳

會城曰千的　儒按一作千德

海腦德　儒按一作海拏

靈不爾厄　儒按一作靈蒲爾

比利時國 新增

儒按萬國公法卷一第二章第九節內變外款并至條一千七百九十七年荷蘭七省有變。法國征之而王家黜焉。於是易其國法而改作民主之國。比利時諸省久與奧國平行拒合。維時被法征服後。有盟約將其地歸於法國。十六年後荷蘭王家復位。初稱主公。後稱荷蘭王。即有盟約將其七省與比利時諸省合為一國。歸其所治。此乃兩國合而為一新國也。若彼此相待之分。則俱係全亡。至其與他國往來。則二國可謂猶存。惟被其定立新國之盟約所改革而已。至一千八百三十年。比利時叛而與荷蘭復分。歐洲五大國。即墺法英普俄。皆認之為自王自立。後比利時國會公舉留波爾多為王。於時五大國立約定分立之章程。五大國公使會於英都。公議出誥曰。此約即為比利時分立永不變之章程。斷其疆界。定其自主。並永守局外之分。非比利時與荷蘭自行公議。則於此不得改移。

又按列國歲計政要曰。比利時地有一萬一千二百六十七方里。歐洲各國惟比戶口最繁。國分九省。三省出煤者。曰海拏。曰曩謨。曰留以希。

按又曰。通比國皆習天主教。習耶穌教不及一萬三千人。習猶太教不及千五百人。無論何等教會來比者。國無禁例。政要輯於一千八百七十三年。即我同治十二年。所云如此。與昔時情形大不同矣。可見外國奉教之心日衰。而中外交涉事件教案所以漸少也。近十餘年內。教案又多者。意在借教以起釁。豈真重教哉。

瀛環新志卷七上

丹徒李慎儒鴻軒氏著　江都夏霖夢蝯氏校

佛郎西國（佛蘭西　法蘭西　佛郎機　佛朗機　拂朗祭　荷蘭西　儒按咸豐八年即一千八百五十八年所立和約稱大法國大皇帝又按顏斯徐防海餘論曰法國旗本用純白近與荷蘭連結旗改紅白藍三色而豎用荷蘭旗三色橫用）

縱約二千二百五十里橫約二千六十里　儒按地輿圖考謂縱約千二百七十里。橫約千五百里。總計八十七萬六千八百二十三方里。僅比中國江南一省。而雄視歐洲　又按列國歲計政要曰。一千八百六十六年（我同治五年）五月單開法國方里計共五十四萬三千五十一結羅米特。合英國方里有二十萬七千一百八十里。兩說皆指已被普國割地之後而言。而互相參差未知孰是。地理全志謂長廣各二十里。總計六十八萬方里。則未削地以前之數。不可以言今之疆域也

齊高帝建元三年佛郎哥酋長哥羅味有雄略　儒按編年表法本荷蘭屬地地名法郎格四百二十年始自建國。改名法蘭西。時宋武帝（南朝宋也）劉永初元年也　又按哥羅味為王與日耳曼戰為日兵所敗。其妻本鄰邦公主素奉天主教。勸其敬奉天主以求福祐。果大勝。哥羅味乃率臣三千人同時洗受法國之死力以衛天主教實始於此

立國相比比諾為王　儒按羅馬為加王冠又按四裔編年表比比諾作白賓。天寶五年稱阿賴西王。天寶十二年改建揩羅弗因朝。始改元云云。揩羅弗因即甲盧萬的之轉音也

羅馬教王爲加冠　儒按教皇爲加羅馬西帝冕。又按編年表甲利泰甫作夏力門。當即査理曼之轉音。其即王位。在唐代宗大歷三年。克意大利。在大歷九年。教皇命之爲西帝在唐德宗貞元十六年。

有幼女年十六　儒按此幼女。法蘭西志云名約翰大英國志云名若安。生於亞爾格地方也。故法國志稱爲約翰亞爾格。地輿圖考名若亞納

元順帝年間國爲英吉利所滅　儒按地理備考及海國圖志所引各書。於英之滅法。皆未紀年代惟萬國史記謂係一千四百二十八年。則是明宣德三年。非元順帝時。

近年改爲八十六府　儒按普法戰紀。邇年得意大利所割地。增置三郡。於是爲郡八十九。蓋徐氏所志本道光年間所刻地理全志。在戰紀之前。而戰紀所載。則又追述未爲普所敗以前之疆域也。故皆與地輿圖考不符。

亞爾撒斯亞部在不壹德多美府之東　儒按此部實在極東北。徐氏誤辨詳後。

里荷內部在極東北隅　儒按此部實在荷威爾內部之東。徐氏誤辨詳後。

自哥羅味開基王今已千餘年　儒按哥羅味一作哥路易。定法立王必男不許立女謂之撒利法律。

至烹食小兒非人類所爲　儒按同治九年三月。天津民焚法國禮拜堂即以食小兒起釁。以非人類所爲。懸斷其必無。大不可解

世系新增

儒按法蘭西志。哥羅味作克魯味是爲美魯萬的氏傳至達俄比兒（萬國史記作達顛伯爾）於六百二十八年稱帝號。（唐太宗貞觀二年）

又按法蘭西志。法制選武臣一人掌宿衛。官名默爾。後漸與機務。法帝西的比爾時。北比爾諾德蘭韋旦爲默爾。勢愈重。（北比爾氏也非人名萬國史記作北賓）子孫世執國柄。國人但知有默爾。不知有君七百五十二年。（唐天寶十一年）默爾北比諾羅貌烈（萬國史記稱爲北賓）但廢其主。二世西耳德里即王位美魯萬的氏自克魯味至此。凡二十世。二百七十一年而亡。原志之誤詳後

又按法蘭西志。北比諾羅伯烈爲王。十年殂。長子早卒。次子查理曼立。查理曼一名甲利泰甫（徐志謂是北比諾之孫非也）天下稱之爲甲盧萬的氏。即查理曼之轉音。兼有本國及意大利日耳曼三國。爲羅馬西帝。查理曼卒。太子路易羅的本捏耳立。有四子。分封各屬地爲藩王。爭爲大宗。骨肉搆兵。大亂數十年。八百四十年路易卒。具第三子已死。存者三王。休兵會議。以查理伯爲法王。以二世路易爲日耳曼王。以魯的耳爲意大利王。三國自此分。後雖暫合。終不能混一。此八百四十年事。即唐文宗開成五年也。（徐志於日耳曼述其併於法而於意大利則未言之此實歐洲大有關係事而漏存之不可不補也）傳至五世路易於九百八十七年卒。（宗太祖雍熙四年）權臣巴里侯大武額之子武額加頒多自立爲法王。甲盧萬的氏十二世。二百三十六年而亡。

又按法蘭西志。武額加頒多自立爲王。是爲加頒的氏。卒。子魯伯耳立。魯伯耳卒。子顯理立

顯理卒，子悲立立（史記作非立第一），境内擾亂，擅地自專者分為八十餘國，日尋干戈，號為戰國。天主教徒憂人民塗炭，乃創一約，自水曜日至日曜日五日間為止殺之期，謂此五日不殺則上帝和悅，因號曰神和期。又創教會，會各國侯伯，評論政治，若有暴戾違約者，不得與會，名曰擯會。人民感激歸心，而教徒之權遂重於國王。時羅馬教皇二世若耳治欲乘此以除抗命者，復羅馬西帝之業，於是乎十字軍起。十字軍者，先時民間訛言上帝以下民兇狠殺戮，日造罪孽，降一大洪水淪沒世界，紀元一千年（宋真宗咸平三年）乃降厄之期。教徒又為之說，誠心禱救主者可免此厄。歐洲各國愚民信之，爭赴阿剌伯拜耶蘇墓。阿剌伯等處皆回教也，[illegible]侮辱歐洲人。教皇命奉教諸國征回部，法人首應命，兵皆以紅絨為十字標之胸前，故名十字軍。一千零九十七年，諸國合兵東發，是為第一次。十字軍嗣後歷次用兵，法國無次不尤盡力。至第七次十字軍，法王九世路易卒於的尼斯行營中，各國氣阻，從此罷兵，實一千二百七十年也。自十字興兵一百五十年間，歐人死者數百萬，而耶蘇墓地終陷於回部，不能得和。（一說十字軍有九次，未知何說。十字軍乃歐洲大知於法國，尤為非常之事，故撮其大略於右。）至一千三百二十八年，王第六世查理羅比兒（史記作沙爾第四）卒，無子，國人立瓦羅亞侯六世非立為王。自加頌的稱王，凡十五世，三百四十一年而亡。（加頌的氏，萬國史記作加北珍氏）

又按瓦羅亞侯六世非立於一千三百二十八年即王位（元文宗天歷元年），是為後加頌的氏（以係前王同宗，故加後字）。英王義德瓦第三（即徐志義都亞多爾也）以係法非立第四之外孫，曰汝國昔文有禁立女主之語而無禁立王女所生之文法無嗣義宜繼法人以無立外孫之例答之自是二國兵連不解凡九十餘年世謂之英法百年之役中間教會國會宗室紛起爭權君弱民窮英人乘之於一千四百二十年（明永樂十九年）遂滅法法國人起義兵無成功者時法地皆併入英獨西南數部尚為法守一千四百二十二年七世查理王即位於波亞地英兵來逼王遁保阿浰英兵圍之隘在旦夕貧家女約翰亞爾格以掃蕩英兵救國人誓上帝一日忽語人曰神命我勦絕英兵乃男裝甲冑乘馬見王於圍城中陳恢復之策王授以將印大破英軍圍遂解時方十九歲也嗣後每戰必勝英人畏之如神明年誤為英人所擒英人燒殺之然自此英兵不振法兵日強一千四百五十三年法國全疆盡復（明景泰四年）以後諸侯相爭又與西班牙搆兵六十年中國常多事已而天主舊教與耶穌新教相攻王顯理第三護舊教反為舊教所弒國中大亂教黨主政時一千五百八十八年也（明萬曆十六年）後加頒的氏凡十三世二百六十一年而亡

儒按布羅本侯安德諳其先出於九世路易王之後安德諳之子曰四世顯理於一千五百九十年眾推為法王是為布羅本氏法國封建為治侯伯封邑居全國之半王發府庫施與列侯而收其土主權漸振此後累代民會之勢日盛頒行議院所定新法創共和政體國王孤立以一千七百九十二年（我乾隆五十五年）九月二十一日為共和第一月第一日明年一月十三日共和黨議王十六世路易之罪弒之雖屢有義兵奉先王子孫討亂者皆為共和黨所

破滅

又按此時國無王。共和王政兩黨主政。自拿破侖起。兩黨漸平。拿破侖姓勃那巴。世稱為勃那巴氏。一千八百零四年。拿破侖即帝位。（我嘉慶七年）至一千八百十四年。為各國所逼。禠帝位。流厄襪島。（地中海內孤島也）法人迎路易十六之弟於英。即王位。是為路易十八。拿破侖在厄襪島。英氣不屈。復潛通國中心腹。於一千八百十五年二月起兵。由島入都。四月再即帝位。（我嘉慶二十年）路易十八逃走。各國又合攻之。為英所得。流於亞非利加之聖尼勒那島。在島六年。歡然如常。至一千八百二十一年五月五日。暴風雨飛石折木。瞑然而逝。年五十二。時道光元年也。一千八百四十年。法王非立第一以皇帝之禮葬之。一千八百五十二年。（我咸豐二年）拿破侖之姪路易即帝位。是為拿破侖第三。

儒按同治十年蘇州人王韜所著普法戰紀。拿破侖二次被流後。是年七月國人迎路易十八復位。至一千八百二十五年卒。弟查爾士第十立。在位六年出亡。是年國人奉路易非立為王。一千八百四十二年國人逐之。遁於英。乃推戴拿破侖第三主國事。期以四年。一千八百五十二年十一月二十一日。遂登大寶。即今在位之法王也云云。法蘭西志於拿破侖第三未即位之前。以共和紀號。即指主國事之四年而言。

儒按拿破侖第三乃即帝位後之號也。其名曰鈸魯斯路易。先是國人不欲立君。彷美國制。設大統領。請之主國事。及將即帝位。與國人約將來繼立者仍歸眾人推舉。逮即位則立其子有失路易拿破侖為太子。眾心不悅。然拿破侖第三實有雄畧一千八百五十三年與英土及撒丁攻俄。血戰三年俄不能支求和一千八百五十六年（我咸豐六年）各國公使會於巴黎斯。由是法之兵威雄於海外一千八百五十七年攻安南得其三省地開西貢商埔又定阿非利加洲北境之亂。所開埃及紅海地中海相通之新河閱九年而成一千八百五十九年助撒丁叛墺。撒丁本意大利屬國後屬墺法與為姻故助之敗墺兵割墺地一千八百六十年。犯我 大清天津又於一千八百六十六年攻朝鮮末下。後以西班牙立王事（詳普國說）普兵擒之於師丹城（法地）也。因之於加些兒（普地也後釋之以為寓公於英）致法之各城皆陷此一千八百七十年之秋也。（我同治九年）巴黎斯都城被圍一百四十日至明年正月法人允償兵費並割亞路西士及羅連兩省以和。皆屏藩重鎮也。於是法之精華盡矣。當議和之時國無主。眾仿美國之例。推爹亞為大統領一千八百七十三年爹亞辭位眾推大將麥馬韓代之又按麥馬韓之後。馬克孟代之一千八百七十九年（我光緒五年）新立為伯理璽天德者（伯理璽天德西語謂大統領也此稱始於美國法國亦仿之）曰格勒斐。自不立君而立大統領以來國之局面改為民主之邦。事權盡歸上下議院。兩議院首領國人亦稱之為伯理璽天德而總伯理璽天德不過擁虛位享厚祿而已。無一事能自專者。統觀海外各國從無民主之邦而生事於他國之舉以人心不一。且視伯理璽天德之位如傳舍。不必犯天下之不韙也。法國雖素悍橫此後必不能大有所為。

儒又按歲計政要曰波旁朝（波旁即法志布羅本之轉音）至一千七百九十二年易為民主國即法國志之共和也八百四年又改為世及即拿破侖即位之時也政要稱為拿破侖朝八百三十年至四十八年奧理杭（歷注波旁支派）雷非列重改為民主國即法國志之路易非立及拿破侖第三未即帝位以前法國第二次共和也一千八百七十年敗於德又改設民政即爹亞為統領也

儒按萬國史記曰哥路易為墨羅彬氏哥路易辛子孫累代爭國國勢因之衰弱冢宰加曾令北賓專權至其曾孫北賓請命於教皇撒加利於七百五十二年（唐元宗天寶十一年）廢其王施尔得力而自立墨羅彬氏自哥路易至此凡二十代二百七十一年而亡（地理全志之說與此同惟冢宰北賓之名作北比諸）北賓卒子沙立曼嗣誅諸叛羅馬教皇教皇立之為皇帝徐志所述略同人名之參差則釋音之無一定也惟合北賓立為王時教皇之代加冕與沙立曼立為皇帝時教皇之代加金冠併為一事則誤

儒按泰西各國之有公會議院始於法帝甲利泰前時在唐德宗年間詳後英國說

儒按法國奉天主教其十字軍及教黨爭權大略已見前法國世系考至教皇之興衰與各國並法國皆不以教士為然情事俱詳見於意大利亞國

疆域新增

儒按地輿圖考曰法國形勢東南有亞耳伯山（平圖圖作愛耳魄斯）延袤數千里白山其第一峯也廣

蟠二十三里長七十四里半懸崖陡絶瀑布飛流穿石成池深不可測亞耳伯山之北其連峯綿亘五百里有奇者汝拉山也最高之頂測量得三百三十六丈再北為窩日山高三千八百二十四丈此東境也西南境有比利牛斯大山(一作辟侖伊斯山)與西班牙犬牙相錯國中亦有峯巒内藴煤鉄甚多每年出煤二百六兆六千有八十餘擔鉄二十一兆四百八十六千餘擔此外又有鉛錫礦數處惟金銀之礦殊不多見境内河道縱横最大者曰羅亞尔(平圖作哈阿江)蜒蜿一千五百里源出腹地山嶺中西北流入大西洋(西洋海灣名必斯開灣一作比斯加灣)灌溉田地人皆賴之惟水中多漲沙隱現無定所為舟楫之憂潮汛盛時衝決堤塘每成巨災又有流水同入大西洋而居法國四大河之一者曰日倫大其上流名加羅内源出比利牛斯大山亦西北流經勝城波耳多四十餘里始名日倫大實一水而兩名也(平圖圖輯此河為英格力斯運河)其三名羅尼源出亞耳伯山中初甚濁西流積成大湖名曰窪内為瑞士南界漸由西南流去水澄清作深綠色又轉西北再轉南直流滙於地中海長約一千三百有十八餘里水勢湍急行舟畏之塞納河(平圖圖作賽恩江)自東南來流通數省中經巴黎京都歸於衣袖海其餘支河運道綫於無地蔑有舟楫四達灌溉無虞法地之腴甲於西土因此(法英兩國之間其海名衣袖海最狹處名加雷峽一名杜法峽)法國氣候西北濵海數省西南風為主吹急每致大雨瘴霧潮濕人易生疾惟土地沃潤冬不甚寒夏不甚熱中央及近東之地多東北風雨澤較稀氣候平順東北與近東之地山谷環繞寒暑無定夏酷熱蒸悶冬則凛冽水陸皆冰南方濵海數省氣候乾熱多迅雨暴

風間有西南風自阿非利加大沙漠吹來貽害穀果土人忌之西南日倫大一帶因有比利牛斯大山為遮護得免旱風而東北諸山風亦以相隔已遠猛勢減殺故雨澤雖多而潮濕無患其物產西境多麻西北產黍稷禾麥北方多麵麥蔬果種萊菔造糖又產細麻可製衣東北東南產葡萄東南更有一種葡萄可釀美酒全境中植桑甚繁惟養蠶之藝未精故縲紬一項概由外埠運進非土出也阿里伐油出於南境阿里伐樹名也形似橄欖結實則與橄欖大異人以阿里伐樹所作之油名為橄欖油者誤也油清澀味不甚可口西方人推為美品烹飪調和無可舍之者葡萄酒以釀自賞巴尼者為最馳名紅酒出於日倫大河一帶家多藏之故名波尔多酒其北勒達尼句加尔比的句諾尔滿的句不宜釀酒之地皆壓蘋汁飲之

法蘭西疆域以今日之制言之三十六省八十六府三百六十二縣茲列其省之大概於左

意里德法蘭薩（徐氏作壹里亞德佛蘭薩地里全志作壹佛朗西）其內也都城曰巴黎（一作巴黎司一作巴黎斯一作巴利一作巴勒一作巴列一作拍力斯）建於塞納河岸（一作賽恩江岸）周圍方五十里無城堞惟擇險要處環立礮臺十八座歐洲都會之盛推此為第二宮苑有名都而麗者前法王拿破侖第一之行宮也（按普法戰紀普王圍法都在華西路法王行宮擁帝號未知即此行宮否）數年前為亂黨所焚僅存廓落矣

法蘭德勒

亞多爾亞徐說同即徐圖巴的加雷諸地比加爾的徐說同即徐圖之索美諸地諾爾滿的徐說作諾爾滿的徐圖之諾爾諸地亞與英國相隔之內海名衣袖海即徐說之滿砂寬二十五英里英三里當中國之十里二十五里則中國八十四里有奇法之海口名布倫一作布輪一作補侖當即徐說之補羅義由布倫陸行八十九里至海濱有城名加利加利一作開利即徐說之加來地理備考稱衣袖海極狹處曰加雷挾亦即加來之轉音也由此渡加雷峽而收英國都登海口按平圖地球圖英之都登作杜法此海峽不書加雷而曰杜法峽賞巴尼徐說作賞巴尼亞徐圖之亞爾德尼斯諸地羅勒內徐說同徐圖之羅內諸地是省本領四府自啟於普後普割取其一府有奇普法戰紀云一千八百七十一年我同治十年法國大統領爹亞於二月二十六日赴普國行營立和約十條其第二條云割邊境兩省地一為亞路士西全省其中惟俾路佛城仍歸於法一為羅連省之半其中如落士如奉安如威爾均歸普所謂羅連即羅勒內也亞爾撒斯徐說作亞爾撒斯亞按此省方位在羅勒內之北其西北接比利時東接日耳曼列國與普境相鄰故普可割取之普法和約所謂割亞路士西全省即此省也徐氏圖列之羅勒內之南則當北界瑞士東界意大利亞不與日耳曼相接普安能越國鄙遠徐氏誤矣和約又云惟俾路佛城仍歸法按地輿圖考曰亞爾撒斯省現今法國僅存一縣之地則亞路士西之即亞爾撒斯無疑又按瀛海論曰德破法割其愛勒塞斯按即亞爾撒斯之轉音洛脫按即羅勒內之轉音七

城之地。七城者。一蔑士。二地顛荷鋒。三必齒。四發勒剌坏克。五士得喇士坏克。六施來拉塌特。七新白拉薩克。德人毀其發施二城。存城五。

賣內

安如

北勒達尼 徐說作北勒達尼亞

波亞多 徐氏作波亞都

痾尼斯 徐氏說作痾尼

都勒內

痾里亞 徐說作耳里亞內斯

北利

尼威爾內 徐說作威尼爾內

波爾波內 徐說作不爾波內

波爾可尼 徐氏作不爾痾尼亞

法郎師官德

薩痾亞 按此省在法郎師官德及波爾可尼之南德非內之東北徐氏圖與說皆無此省名或後來分三省之地之所置也

德非內 徐氏說作德爾非內 徐氏說謂與意大利之薩爾的尼亞接壤今按與意大利接壤者凡三省

曰薩尙亞曰德非內曰官德尼薩瀛寰畫報云法國與意大利交界處有一大山為阻來往者多苦之一千八百五十八年我咸豐八年兩國共議開通行火車之法穿山腹自東至西共二十二里閱十有三年始獲開通兩國共辦各費銀約四百萬兩火車行走約二十分時已洞穿山腹而過是為西國極大之工程不知在此三省中何省也所謂大山者亞耳伯山也

里尙內徐說同會城名里昂一作立墉音之轉也法國名城巴黎第一此為第二按此省在法國全境內偏南偏東尙北極南極南有郎給直省再南則地中海尙非極東極東有薩尙亞省再東則意大利亦徐氏說謂在極東北隅大誤曾襲侯日記曰立墉東南至馬爾塞七百一十六里西北至巴黎一千七百七十里有蘇安江龍納江由東北來會於城下經馬塞入海故立墉為法國水陸衝要繁富特甚夫北去巴黎遠而南去馬塞近又在蘇安龍納兩江岸按此兩江由東北來南流入地中海則即羅尼河也蘇安龍納或上流分支之別名則非在極東北可知又按里尙內在尙威爾內之東而徐氏以為在法地極東北隅亞爾撒斯在法地極東北隅而徐氏以為在尙威爾內之東蓋誤將兩省方位互換

尙威爾內

馬爾世

黎木性

桑當日徐說作森當日昂姑木亞

及英內按此省在黎木性桑當日兩省之南徐圖說無此名有城名波耳多為法國第三名城

加斯疴尼　按徐氏圖說無及英內加斯疴尼兩省名而有馬也納一部其首府名曰倫大首邑名波耳多或此兩省即馬也納一部所分置者地輿圖考則又將加斯疴尼及英內合並稱之似是一省不知何說地理全志又不作馬也納而云哥也納所屬六府首府名及倫首邑名波多及倫即日倫大蓋即及英內也波多即波耳多西人語耳字係語助辭可有可無之虛字

伯亞爾內徐說作伯彌內

官德佛亞　按此省在西南境伯亞爾內之直東加斯疴尼之東南近傍比利牛斯大山之陽徐氏說有佛亞部謂在疴尼斯之西考疴尼斯之西即大西洋無處再立一省則佛亞當即官德佛亞而徐氏又將方位舛誤也地理全志有岡的佛亞即官德佛亞列於南境八部中是矣

盧西隆

郎給道徐說作郎給德馬塞在此省南境平圖地球圖作麻賽耳一作馬爾塞里亞一作馬爾賽一作馬賽為地中海北岸大埔頭羅尼河在其東邊南流入地中海馬塞一口不獨法國之門户亦往來泰西各處之咽喉也大約由印度洋往大西洋者自亞丁入紅海西行穿蘇爾士新河入地中海至馬塞城海口登陸西北行七百一十六里抵里昂城又陸行一千有五十三里至法都城巴黎斯此說本環游地球錄與曾侯日記不同姑並存之又陸行五百一十五里至布倫城又陸行八十九里至開利城海口登舟出大西洋斜向西北對渡即英吉利再北轉東舟行入波羅的海則經瑞國丹國而至俄羅斯故近年中國使臣赴俄者必先赴英赴英者必先赴法也若由英赴美里哥則不東入波

羅的海而由英之君士湯埠西泛大洋（即大西洋也西語謂之阿蘭滴洋）一萬餘里。抵美國之特爾拉窪河口。已繞至地球背面歐洲之極西而阿墨利加洲之極東矣然中美公私來往多不行此路。蓋經南西兩洋。八九萬里。始至特爾拉窪河又須陸行八百餘里始至華盛頓都城不如由中國上海直東舟行一千七百九十七里至日本長崎入日本內海一千五百三十一里至日本之神戶。又一千三百四十一里至日本橫濱出太平洋（即大東洋）二萬二十四百餘里（環游地球錄謂一萬七千四百八十里未詳孰是）十八九晝夜至舊金山再火車陸行一萬一千餘里約七晝夜即至華盛頓之爲捷便也

赴英國者如不由馬塞登陸則舟直向西至西班牙地界義人答谷地中海口。入大西洋。折北偏東過法國西邊羅亞爾（北勒達尼省之一府也地形凸出三面臨海爲法極西之地）之瑪勝地方。即與英國倫登之哥爾奴瓦里斯地方隔海相望。至此橫渡海斜趨英波子倫敦收尼羅斯海口。程紆遠且出義人答谷口風浪極險不如由馬塞登陸渡加雷峽之妥速也

舊時馬塞海口狹小。近二十年於舊口之北別開新口寬大可容二千餘艘爲地中海極大船埠。口之東南百里許有二城一名西卧他一名桑納有法國製造局及船塢徐氏謂造戰艦處名土崙或即此二城也（平圖地球圖曰吐浪城即土崙之轉音地理全志以馬塞係於不羅溫薩省似未合）

官德威內森（一作官德威內薩徐說無此省名）

不羅溫薩

官德尼薩（徐氏說無此省名）

哥爾塞（徐說作哥爾塞牙）地中海內一大島乾隆中法購之意大利亞國立一省

以上疆域之大略也歲計政要法屬四大城

一曰巴黎（即京都）　二曰里昂（按即里衍內之會城）　三曰麥賽而立（即馬賽即給道省之馬爾塞里亞）　四曰巴度（即及英內省之波耳多）

又法之海口要隘有五

一曰賽婆葛（按諾爾滿的省北衣袖海之海徐氏說一曰補羅義一曰加來一曰東末而地理全志則稱海口名吉布克即賽婆葛也）　一曰伯斯德（按法之極西伸入大西洋之地名北勒達尼省所屬非尼斯德拉一府西南兩面皆突出臨海地理全志謂此府有海口名比臨斯的即伯斯德也所以控大西洋之西北者）　一曰羅亮（按法南境抱地中海北岸者兩省東曰不羅溫薩西曰郎給道而郎給道尤為要害馬塞口偏於東其地西所屬之府名高加羅內首邑名都羅塞平圖地球圖作吐魯斯此邑有海灣曰來昂灣來昂轉音為羅亮）　一曰羅斯福（按法地南北適中而臨大西洋海者有河尼斯省桑當日省河省在北桑省在南兩省之間為日倫大河入海之口徐氏說謂河尼部下砂蘭德府南境有海口內通大河者是也地理全志則以下砂蘭德府為屬森當省○森者桑之轉音○云有海口名羅吉縛為師船聚泊之所羅吉縛轉音為羅斯福所以控大西洋之直西者）　一曰度浪（按即結道省在法南境臨地中海馬塞之東有土崙海口平圖地毬圖作吐琨即土崙之轉音也又轉音為度浪）

以上五處各設水師提督（按五處一抱衣袖海在北兩抱大西洋在西兩抱地中海在南）

儒按列國歲計政要曰法國讓兩省地方劃歸布國一曰奧而賽斯（即亞路西士）一曰鹿林（即羅連）棄去民人一百五十萬之多而出餉轉增　又曰一千八百六十六年（我同治五年）五月單開法國方里計共五十四萬三千五十一結羅米特合英國方里有二十萬七千一百八十里民有三千八百六十萬七千九十四人七十二年（我同治十一年）單開法地方里五十二萬八千五百七

十七結羅米特。合英方里二十萬一千九百里民三千六百十萬二千九百二十一人計六年。削地五千五百八十英方里。民少一百九十六萬四千一百七十三人內隨地去者（指歸布國之兩省）一百五十九萬七千二百十九人。六十六年法分八十九府三百七十三廳二千九百四十一鎮。三萬七千五百四十八鄉七十一年與布國立約讓去兩府地方又兩廳又數鄉數社。現存八十七府內有一府殘缺不全蓋布人削去邊幅數處也

法國屬國新疆

儒按列國歲計政要曰。法國屬國新疆（原注國有王而臣服者為屬國本國人民所開闢者為新疆各國皆仿此）阿其利亞屬地密邇本國。法人視為連壤不計外（本書敎會條注在地中海南岸阿非利加洲北岸）其於亞細亞洲阿非利加洲亞美利加洲。南洋拍勒你什羣島。共四十六萬三千八百二十七方英里。各國制度與本國互異。

亞細亞新疆東印度屬地一千六百七十九年得。（我康熙十八年）五百九方結羅米特　安南老省。一千八百六十一年（我咸豐十一年）得二萬二千三百八十方結羅米特。　安南新省一千八百六十七年（我同治六年）得。三萬三千八百六十四方結羅米特。計亞細亞新疆共五萬六千七百五十三方結羅米特。

阿非利加新疆撒納加六百三十七年得（唐太宗貞觀十一年）二十五萬方結羅米特。　哥爾料斯得句鴿蓬句一千八百四十三年得（我道光二十三年）二十萬方結羅米特　勒永印又名蒲旁一千六百四十九年得。（我順治六年）二千五百十一方結羅米特　山茱莉一千六百三十五年得。（明崇禎八年）九百十方一結羅米特。　美耶得句好孚西倍克

句八百四十三年得。（唐武宗會昌三年）五百二十方結羅米特。阿非利加新疆共二十七萬二千九百四十一方結羅米特。阿美利加新疆濟安奈又名該英一千六百四年得（明萬歷十二年）九萬八百五十四方結羅米特。高特羅（又附地）一千六百三十四年得（明崇禎七年）一千六百四十五方結羅米特。賣得你葛一千六百三十五年得（明崇禎八年）九百八十八方結羅米特。尚必爾密葛郎一千六百三十五年得。二百一十方結羅米特。阿美利加新疆共九萬三千六百九十七方結羅米特。南洋拍勒你什羣島新疆。紐加勒度厄亞八百五十四年得。（唐宣宗大中八年）一萬七千四百方結羅米特。陸亞的羣島八百六十四年得（唐懿宗咸通五年）一千一百四十七方結羅米特。賣李葸羣島八百四十一年得。（唐武宗會昌元年）一千二百四十四方結羅米特。拍勒你什羣島共二萬七百九十一結羅米特。保護各屬國亞細亞洲内占臘八百六十二年立約。（唐懿宗咸通三年）南洋拍勒你什大希的一千八百四十一年立約（我道光二十一年）南洋監別島一千八百四十四年立約。南洋水土多羣島一千八百四十四年立約（我道光二十四年）。南洋吐步威句佛亞肥多。句四十五年立約。（按當係一千八百四十五年之訛）

又按凡屬地所出土產。只准與法國貿易。不與別國通商。如安南一國之土物。法所無用者。許售別國。蒲旁賣得你葛高得羅三處。生意較廣。其餘屬地。貨物不多。其濟南奈紐加勒度尼亞二地。法置為投畀之地。

瀛環新志卷七中

丹徒李慎儒鴻軒氏著　江都夏　霖夢峨氏校

西班牙國是班牙　實班牙　斯扁牙　士便　千絲臘　義斯巴尼亞　以西把尼亞　大呂宋　儒按古本名意卑里亞一作意斯巴尼亞今書作日斯巴尼亞　又按同治三年九月初十日即一千八百六十四年十月初十日所立和約稱大日斯巴尼亞國大君主

西南至東北約二千四百五十里東南至西北約二千八十里　儒按地理全志西班牙緯線自赤道北三十六度起至四十三度止經線自中華北京偏西百有五度起至百二十八度三十三分止地中海滙流之所長一千四百里廣二百里總計之方六十一萬里列國歲計政要云十二省分四十九府總計十八萬二千七百五十八方英里地輿圖考云西班牙幅幀恢闊埒於法蘭西東西約九百八十里南北約一千七百八十里說各不同似以地輿圖考為是

峩特酋長留維耶的約　儒按一作留維聖即歐利也乃峩特維司俄蘇族即肥司峩特也此族素信耶穌奉其教

以隋文帝開皇季年立國　儒按地理全志謂漢時羅馬征服之越三百載為北狄所侵地輿圖考謂西漢初為羅馬屬國越二百年羅馬衰北狄分而割據卒為峩特所併萬國史記云紀元前一百三十四年為羅馬所畧紀元後四百年間為北狄所侵奪皆與徐氏所載越六百年羅馬衰西境為北狄三部人所據東晉安帝十三年東境為峩特人所據年分不符攷

四裔編年表紀元前一百三十三年漢武帝元光二年羅馬取西班牙地紀元後四百九年東晉安帝義熙五年日耳曼所屬北狄阿拉立即徐說之亞拉如瑞意維句凡大利各種人敗羅馬遷於西班牙四百十四年東晉安帝義熙十年立肥斯峩特國四百七十六年宋後廢帝元徽四年肥斯峩特王歐利建國於西班牙史記以峩特居西班牙之時言之故云紀元後四百年間為北狄所侵奪徐氏自羅馬取西班牙至歐利立國時言之則適得六百年說實不誤惟以立國在開皇季年則誤矣

僅餘亞斯都里亞斯比斯加亞納瓦拉三部降為侯國　儒按四裔編年表西七百一十二年唐睿宗光天元年阿刺伯取西班牙別立為開篤凡國而西班牙峩特種之在亞斯里都者降為屬國改國號曰亞維德

稱加斯德辣王令峩特人自戰其地得即封之回部或降或竄故土全復　儒按一作阿蘇豐第八一作開斯的王名凡所其復全土在西一千二百三十六年宋高宗紹興六年

儔至女主依撒伯爾贅亞拉岡侯非爾難多明成化十五年諸部仍合為一是為西班牙復建之始　儒按女王之名一作衣薩倍利一作依薩伯拉其贅壻在一千四百六十九年明成化五年亞拉岡侯一作阿來良王先是西班牙分三國一加斯德辣一亞拉岡又有一小國自成婚後加斯德辣與亞拉岡合為一國既而兼併小國遂成一統

宏治初年遣其臣可崙至以此致富西土稱為金穴　儒按可崙尋地始於明孝宗宏治五年

西一千四百九十二年八月初三日由西班牙國啓行又於宏治六年宏治十五年兩次往
亞美利加拓地可崙一人前後凡三次出洋　儒按明穆宗隆
嘉靖年間復遣其臣米牙蘭航海東來至亞細亞東南洋之呂宋據其海口
慶五年西一千五百七十一年事非嘉靖年間也
西班牙立其世子非立第二句下小註之下　儒按四裔編年表女王衣薩倍利（即依撒伯爾一作依薩伯）
拄與佛得南（即非爾難多一作匪地難多）為夫婦於西一千四百九十六年明孝宗宏治元年嫁女與澳
王佛力（按女名納若亞納即儒安那一作力即非立）一千五百有四年明孝宗宏治十八年王佛得南卒其女約
安那嗣位與夫澳王佛力同治一千五百十六年明武宗正德十一年王佛力卒遺命立約
安那所生子澳王揩而止揩而止自荷蘭歸嗣位　又萬國史記曰匪地難多有一女適日
耳曼皇帝馬西密憐第一之子腓立生甲列（即揩而止）腓立卒甲列為荷蘭王一千五百有六年
匪地難多卒甲列遂兼西班牙王一千五百一十七年始入西班牙國　又輿地圖考曰加
祿第五者（加祿即揩而止與甲列之轉音也）西班牙之甥也出自依撒伯之女若亞納（即約安那）繼父王奧大利
亞位以方略著及西班牙王殂落乏嗣國人推戴為王三書所記大要相同是時奧國為日
耳曼列邦盟主世世稱日耳曼皇帝故曰耳曼皇帝之子實即澳王也是時澳國兼併荷蘭
地而甲列鎮之故云自荷蘭歸為西班牙王也地理備攷所紀似是而非綱鑑全誤徐氏沿
之而誤然地理全志所言乃與綱鑑同則徐氏之誤更不足責甚矣考証之難也

世系新增

儒按萬國史記述西班牙累代事迹名字歲月與徐氏志多不相同茲撮其近代國王大略於左以備攷證　按甲列第四於一千八百零七年我嘉慶十年并其世子亞地難多為法王拿破侖所囚拿破侖立其弟約瑟福為西班牙王國人不服推亞地難多第七為王而逐法國人王廢國人會議以收主權於是叛者蜂起幾於危亡卒除去民會而民窮財盡教徒放恣上下無一日之安矣一千八百三十三年我道光十三年九月王卒王女依薩伯拉第二立年甫三歲母后攝政大臣爭權相攻各引外國為助互有勝負教徒益橫幾弒女王至一千八百六十八年我同治七年國人羣起倡自由之議逼政府逐女王女王奔法國既而又欲王政請意大利王維多爾以馬努利第二之子亞斯達公為王稱亞馬特阿第一而黨人氣燄益甚一千八百七十三年我同治十二年王贈書議院去位居葡萄牙國議院以黨魁主政一千八百七十四年我同治十三年黨人始平是年十一月立前女王依薩伯拉之子亞豐蘇第十二為王

疆域新增

儒按列國歲計政要曰班國分十二省新分四十九府其省名一曰新加斯替分五府計三萬八百八十二方英里都城麥斯立得力一作麥在其內　一曰舊加斯替分十二府計三萬一千方里有奇　一曰格里瀉分四府計一萬五千八百九十七方里　一曰愛斯答臘麥多拉分二府計一萬四千三百二十九方里　一曰阿得魯瀉分五府計一萬七千方里　一

曰加將那特分三府計九千六百二十二方里　一曰佛蘭瀉分五府計一萬五千方里　一曰加到隆爾尼亞分四府計一萬二千一百八方里　一曰阿拉剛分三府計一萬四千七百二十六方里　一曰納扒計二千四百五十里原書不云方里以下皆同　一曰既布斯國華分三府計二千七百里　伯列阿立島在中海地計一千七百五十七方英里　克綏愛列島三千二百二十六方英里合為一省總計西班牙本國疆域共十八萬二千七百五十八方英里

儒按徐說謂西班牙舊分十三部今改四十九部地理全志謂昔分十四省今改四十九部地輿圖考謂舊分十二省今改作十二鎮四十八府圖攷為新出之書當從之

首鎮曰新加其德辣徐說同即政要之新加斯替領五府地理全志曰馬德理地曰㕁達拉薩即徐說之㕁達拉砂辣曰多勒即徐氏之多勒多曰固盈加以九達甲即徐讀之盧達里亞耳馬德里地其首府亦王之都城徐說同即政要之麥斯立一作麥得力平圓地球圖作羅得力果公法便覽作馬達力

其第二鎮曰舊加斯德辣徐說同即政要之舊加斯替田土肥沃氣候和平會城曰不爾厄斯其分鎮名良者會城亦名良地氣平善物產豐饒轄下府城有薩拉紫加者昔為大都會烽火之後周敝特其所併也徐說舊加斯德辣為一部良別為一部此合為一鎮蓋新全志謂舊加斯德轄六部良轄五部與徐說同　第三鎮曰加黎薩徐說同全志作加黎西即政要格利瀉平圓圖作俄來恩賽處西北隅有城名桑的亞谷為耶穌之徒雅各伯安葬處與葡萄牙接壤者義斯德勒西鎮徐說作義斯德勒馬都拉全志作斯德馬多即政要之愛斯答臘麥多拉地肥沃而頗炎蒸會城名巴達熱斯安德盧西亞鎮一作安大盧西徐說作安達盧西亞全志作安達羅西即政要之阿得魯瀉地豐饒夏酷熱會城塞維勒徐說作塞維里亞全志作塞維里平圓圖作賽斐耳烟戶稠密別城加的斯平圓圖作開氐資建於海隅大而堅昔西班

牙國時為巨埠。今蕭索。自此遵海而東。為加拉拿大鎮。徐說同全志同平圓圖作格來那達即政要之加埒那特其加拉拿大城。夙稱冠蓋輻輳之區。全志曰舊為回回王都城稱南方一大都會再東為木爾西亞。與瓦稜薩合鎮。木爾西亞之東為瓦稜薩再東則地中海徐說分為兩部今為合鎮即政要佛蘭瀉瓦稜薩處東南隅。與巴爾薩羅內城。為地中海貿易鎮鎮。土氣煖而正。罕見霜雪。物產繁富。加達魯尼鎮。徐說作加達魯尼亞全志作加達羅尼平圓圖作來里荅即政要之加到陸爾尼亞在瓦稜薩之東北。依山傍海。物產駢羅。戶口最盛。其巴爾塞羅內城。平圓圖作巴賽羅那為東境第一大市。轉西為亞拉岡鎮。徐說全志並同平圓圖作即政要之阿拉岡山嶺重疊。寒燠懸殊。又西北為納瓦拉鎮。徐說同全志作納瓦平圓圖作巴堯思即政要之納扒又西北為給不斯孫鎮。徐說作比斯加亞全志作比斯加兩書皆云所屬有給不斯孫城今立此城為一鎮蓋以地接法蘭西緊要之處也平圓圖作必爾巴儀即政要之既布斯國華其第十二鎮為巴利亞利斯五島在地中海。徐說作巴里亞利斯全志五島曰馬慈架米諾架佛德門加卑勒壹維薩與徐說粗同平圓圖作密淳嗒島抹昭刻島舊名巴里亞利斯伊斐薩島仆曼台拉島共四島不足五島之數不知何說即政要之伯列拉立島

儒按直布羅陀峽。徐氏說屬之安的盧西亞。即安大盧西一作安德盧西亞核其方位。似應屬加拉拿大。使西紀程云。奇巴荅荅有石山崛起。高一千四百餘丈。長七里有奇。英人名之曰諾。譯言大石也。與西班牙之說美阿非斯卑陰山相望咫尺。中隔一洲。海水泛則別為一島。今達爾幾河即今達爾幾維爾河徐說作達爾幾維爾河平圓圖作告達克蔚浮江繞其右南與阿非利加之班布斯赫德。並橫出海中。對峙成峽。為地中海之門戶。班布斯赫德者。譯言猴子頭也。英人據其地因山為礟臺。設總督。作重鎮。瀛寰志略名海口曰巴拉爾大。亦曰直布羅陀。名英所建城曰義人荅荅。皆奇巴臘荅之轉音。地球說略云。有海峽曰日巴拉爾大。又名以人荅荅平圓

地球圖。於此海峽北岸曰濟白老透峽濟白老透亦奇巴騰荅之轉音再轉為直布羅陀

儒按此外迆北絕境。比利牛斯小山之陽有附庸國一名安道耳平圖作安道拉介乎法班兩大之間。民僅萬人。牧畜為業。班亦借為屏蔽。常保護之。

儒按西班牙大山重疊。皆自東發脈而西。其北境與比利牛斯大山聯屬。氣候頗寒。南境臨地中海。夏酷熱。賴海風滌暑。中土獨高。歐洲平原此為最。國中大河五。曰斗羅一作杜羅。曰德人曰瓜的亞納一作果阿的阿那江。曰瓜達爾幾維爾一作告達克蔚浮江。皆自境內崇山發源。斗羅德人兩河西流入葡萄牙境。瓜的亞納則流向西南。又轉折而南。為兩國分疆。瓜達爾幾維爾亦西南流惟不出國境。此四者皆入大西洋。其五曰厄波羅一作伊伯羅。水道長八百一十餘里。入地中海。全境五穀皆備。南境亦種棉花。物產大宗惟綿羊細絨。一種羊名墨里諾斯。多產於加斯德辣地。國中政權操之國君。與上下議院。上議院官八十缺。下議院缺無定額。每五萬人推選一人。君主之位。男女皆得臨御。

新闢各地

儒按列國歲計政要曰。班國所闢新地。在東西兩半球者。不一而足。南北亞美利加洲。舊有大半。數十年來。率多叛而自立。今屬班國者惟古巴波多利哥呂宋羣島原注一云佛合利邊印度洋大西洋數島。阿非利加北邊一隅而已。計共地有十一萬五千七百七十三方英里。如古巴有二千五十八地理見方里零一三原注每一地理見方里為英二十一見方里。波多利哥二百六十九地理見

方里零一五此在亞美利加洲也其在亞細亞洲者即呂宋羣島三千一百地理見方里加羅林貝路斯二島四十三地理見方里零一馬列昂島十九地理見方里零六其在阿非利加者曰阜那圖圖博曰昂斯簿二十三地理見方里按古巴在西印度附近亞美利加洲當赤道北緯線二十度天氣温和土田肥美乃班國之外府也地分三省其東南一省及中省闤闠繁盛戶盡富饒城二十二鄉鎮二百有四商貨生糖菸葉為大宗　呂宋商貨生糖白蔴菸葉予按古巴相近之西印度非五印度之西印度也米利堅志曰一千四百九十二年明孝宗宏治五年科倫布即徐氏所載之哥譯音之轉也可航海覓新地向西而駛至南北亞美利加中間巴哈麻諸島之一布誤認為印度西極海岸遂稱曰西印度蓋亦著名處矣古巴去之不遠

葡萄牙國 葡萄偶　葡萄庫耳　布路亞　波耳都欺　博爾都嘴亞　大西洋

縱約一千三百里橫約五百里　儒按地理全志曰。緯線自赤道北三十七度起至四十二度止。經線自中華北京偏西百二十三度起。至百二十六度止長一千里。廣六百里。總方十二萬里。地輿圖考曰。東西相距二百七十里有奇。南北約九百三十里。列國歲計政要曰一千八百六十八年。我同治七年　轄地三萬六千五百一十方英里。

當西班牙恢復舊土。有臣曰英黎給至國人奉以為王。是為葡萄牙立國之祖　儒按英黎給一作顯利。一作恩理格。一作阿凡所。立國在一千一百三十九年。宋高宗紹興九年。徐說謂宋哲宗時非是。或又謂在紹興十五年。未知是否。

西班牙乘勢幷其國由是隷西班牙者六十年　儒按始於一千五百八十年。明萬歷八年至一千六百四十年。明崇禎十三年。背西班牙。自立國。

明初其國王遣善操舟者駕巨艦南行　儒按此事在宏治年間非明初也。

隆慶初抵粵東香山縣之濠鏡即澳門請隙地建屋至是為歐羅巴諸國通市粵東之始　儒按澳門紀略曰。諸番之復通市。自林富始。嘉靖十四年。都指揮黃慶納賄請於上官移舶口於濠鏡。歲輸課二萬金。澳之有番市。自黃慶始。嘉靖三十二年。蕃舶託言舟觸風濤。願借濠鏡地暴諸漬貢物。海道副使汪柏許之。初僅茇舍。漸運瓴甓榱桷為屋。佛郎機人混入。高棟飛甍。櫛比相望。遂專為所據。蕃人之入居澳。自汪柏始。佛既據澳。至萬歷二年。建閘於蓮花莖設官守之。而番夷之來日益衆。

世系新增

儒按萬國史記。女王湯馬利。（一作馬利亞）嘗與盧甸堡侯婚。侯早卒。一千八百三十六年（我道光十六年）再與撒遜哥堡侯匪地難多婚。一千八百五十三年（我咸豐三年）女王卒。子北德祿第五立。一千八百六十一年（我咸豐十一年）卒。路易第一立。國勢日漸不振。又按公法會通第一百五十六章女主之夫。不得與其同尊。注曰。英國女主之夫。本日耳曼王爵。英國未與以君主之稱。葡萄國女主之夫。本日耳曼公爵。而葡國以君主稱之。是例未畫一也。按薩遜係德國列邦之一也。又按列國歲計政要曰。一千八百二十六年（我道光六年）摩利亞第二（即湯馬利）以女主臨朝。配撒斯庫白大（徐說以為是日之世子）。按日耳曼列邦之薩克撒各蒲爾額達（徐說作薩克撒各不爾額達）。萬國史記轉為撒遜哥堡公。（按此係日耳曼小國稱公者五邦之一。史記以為公爵則大誤也。）阜得南（即匪地難多）初傳位於長子貝德第五（即比德祿第五）。一千八百六十一年。貝德第五卒。其次子而雷第一立。（即路易第一年表作唐法南朵第二）

疆域新增

儒按地輿圖考曰。葡萄牙今日之制。分作七省。曰義斯德勒馬都拉（徐氏說同）。處南北適中之地。王都在焉。名里斯破亞（一作力士門。徐說作里斯玻亞全志作里斯本平圓圖作力斯本）。曰米虐。有城名伯爾多（全志謂米虐首邑有波多為西洋黑酒大埠頭）。曰山陰。曰上卑拉（徐氏無山陰部又上下卑拉辣合為一部今分三省）。曰固音巴拉。今為會城。有大書院堪與意之羅馬法之巴黎𤤽之薩拉蒙加書院齊名曰下卑拉曰亞零德人曰亞利才爾威通國氣候北頗寒南温熱土田肥沃惟農事不甚講求葡萄最盛釀酒甚美徧販天下山縕銅鐵礦又產紅藍寶石墨利諾斯綿羊亦咸大犀惟不若班之美且多產騾馬極佳　又按歲計政要曰附近大西洋群島有三一曰愛熱犀島九百六十六方英里（即徐說之亞業利亞惟徐以為總名此小異）一曰麥對勒一曰波陀山督三百十七方英里　又按地輿圖考曰方葡萄之強也作威作福聲聞四海視東西洋諸國竟若外府外廐有莫我能禦之勢縱自後連遭頓挫柔弱不支而藩屬猶多尚可廁諸列國考大西洋一海中西有亞索勒九島偏西南有馬德勒犀島（余按葡國直西之屬島平圖圖稱為阿蘇阿斯犀島即徐說亞索利亞之轉音一曰聖麻里島即徐說之三達馬利亞一曰聖米察爾島即徐說之三迷給爾一曰透西拉島即徐說之德爾塞辣一曰緋雅爾島即徐說之發牙爾一曰夫老來斯島即徐說之佛羅利斯圖僅五島與九島之數不符或其太小者不入圖也其西南之島圖載麻氏辣島徐說無此島名當即政要之麥對勒政要以麥對勒與波陀山督兩島合計里數則此兩島當相近圖其一即無異圖兩故圖無波陀山督也）巴西一大國尚不在此內其外亞細亞阿非利加阿削尼亞三洲中各存屬地數處總計得三兆有六十萬零八百三十七方里合計約有五千八百八十四中國方里尚有可恃則振興之機豈至絕無期望哉

瀛環新志卷七下

丹徒李慎儒鴻軒氏著

江都夏霖夢蝯氏校

英吉利國英機黎　英圭黎　膺吃黎　諳厄利　英倫的　及列的不列嚩　儒按咸豐八年五月十六日即一千八百五十八年六月二十六日所立和約稱大英國大君主此後各約皆然未稱皇帝　又按光緒二年十一月十七日為西洋元旦印度人以是日崇英主為印度皇帝或云咸豐八年為皇帝詳見印度　又按公法會通曰英君主於一千八百七十七年兼稱印度皇帝蓋謂繼元代故也據此帝號但用於印度矣會通又曰英國雖稱君主而恆與皇帝同列據此則不在印度即不用皇帝號矣猶奧主兼治匈牙利而在奧稱帝在匈稱王之例

漢宣帝五鳳三年羅馬大將愷撒　儒按大英國志。作大將該撒。羅馬之有英土始於漢宣帝五鳳三四年。在耶穌前五十四五年。羅馬之失英土。在耶穌四百二十年。宋武帝永初元年。大英志於西歷紀年無訛。而所參中國紀年多訛者。茲悉更正。　又愷撒萬國史記作塞薩爾。

陳後主元年據英倫立國　儒按立國在西四百五十五年。宋孝武帝孝建三年。非陳後主時也。

先是英北族有酋曰威廉常仕佛即西至遂王英　儒按維廉本官諾爾曼侯。係法國屬地。既為英王。法國因收回諾爾曼。維廉怒。大舉伐法。每拔一城必焚之。會馬為火驚。維廉觸熱卒。法國以維廉實法臣。所闘之地。應歸之君。欲撫有英王。英人不服。由是英法兩國結世仇。兵戈時起者四百餘年。

華義都第三　儒按萬國史記作義德華。大英國志作義德氏。

先是日耳曼人得路者至手著一書駁詰之　儒按王顯理第八。專奉羅馬教而自爲教主。與列邦異。教王亦恨之。

其姊馬利嗣位　儒按女王馬利卒。顯理第八之后安波鄰之女依利薩伯立。即以利薩畢也。

英女主卒無子至查理第一立　儒按女主依利薩伯卒。惹迷斯第一立即熱給斯也。卒。子查爾斯第一立。即查理第一也。　又按查理第一。一作查爾斯。

時有大紳負才望至乃致位於先王世子曰查理第二　儒按一千六百四十九年我順治六年。教會交爭國中無主阿佛力格朗空。有文武才。衆推爲首領。主國事。權侔於王。而以其非王族不得居王位。稱之曰勞爾德日納拉。勞爾德英語主也。帥也。又上尊號曰勞爾德不羅德達。不羅德達。英語護也。而此時國會則名曰高門空。此空字與上格朗空之空或作窪高門。言衆也。言衆人獲益也。初政去先王之虐。頗有可觀。既而格朗空驕甚。一千六百五十八年。格朗空死。其子力查繼爲政。明年退居於野。一千六百六十年。國人迎前王查爾斯第一之子查爾斯第二爲王。計高門空共十二年。

查理第二句下　儒按查理第二。於我順治十七年立。其嗣立之弟。號惹迷斯第二。

王若耳治第一　儒按即若爾日第一。　又按若耳治第一之后。乃前王女馬利之妹。名安。

英吉利三島以英倫爲主　儒按大英國志。謂大英國聯絡英倫威爾士蘇格蘭三土。阿爾蘭別一島。不在三土數中

南北約千里東西廣狹不齊　儒按大英志地理志略篇曰南北二千里東西一千二百里
東方之部六　儒案志略篇曰英倫分四十部　迷都於達迷塞河濱　儒按志略作迷德塞
又按大英志維廉第四紀曰一千八百二十九年我道光九年斫大路於達迷斯河底造火輪車以行。又按地球說略曰倫敦城中有一大江名坦米斯上駕長橋五道以便往來江之下掘隧道一條通兩岸。馬車常出入焉　按光緒七年英法兩國議欲將加雷峽海底通道以行馬車殆與此同一辦法也訖未能成
東方次部曰諾耳佛爾克　儒按志略作諾弗。三曰索佛爾克按志略作素弗　四曰黑爾德佛爾。按志略作黑德弗。五曰厄塞斯按志略作厄塞　六曰岡比黎日按志略作堪比日。
南方分十部首曰根德按志略作根的。　曰薩塞斯按志略作薩塞　曰蘇勤按志略同。　曰北爾克。按志略作八克斯。　曰蘇當波敦曰烏義爾德按志略所紀無此二部而有緬爾德斯部塞的斯部　曰索美爾塞。按志略作索美塞　曰多爾塞按志略作託爾塞　曰的彎按志略作的分　曰哥爾奴瓦里斯。按志略作高奴瓦　又按使西紀程曰行抵倫敦詢知君主前赴温則行宮。按寰瀛畫報英國古宮名温色加士。在白克色省中為歐洲最古之宮八百年前。英王威林第一所創。柔延皆十餘里。累世增修窮極壯麗攷古之士所津津樂道者也云云。温則行宮當即此宮。白克色地名於此志無攷未知即北爾克否

南界有港口甚寬大至檣如林立。儒按志略曰。南方曰法爾謀。曰伯來謀。曰波的斯謀。諸港為要害地方。英國兵船皆聚於此。北方分六部其大部曰約爾克。儒按志略作約克。西北列五部曰蘭加斯德爾按志略同。曰威斯德謀爾蘭。按志略作味斯莫蘭。曰岡比爾蘭按志略作更北蘭。曰達爾威按志略作達罕。曰諾爾東北爾蘭按志略作諾東北蘭。中央之部十八。曰支斯德爾。按志略作支斯德。曰德爾比。按志略作德比。曰諾定昂。按志略作諾定恒。曰林哥爾內按志略作林岡。曰捨羅波。按志略作薩羅。曰斯達佛爾。按志略作斯達弗。曰雷塞斯德爾。按志略作雷塞斯德。曰魯德蘭。按志略作拉德蘭。曰氣耳佛爾。按志略作希耳弗。曰窩耳塞斯德爾。按志略作窩塞斯德。曰窩爾維克。按志略作瓦威克。曰諾爾桑波敦。按志略作諾但敦。曰恆丁敦。按志略作亨丁敦。曰瞞喝。按志略作門茂的。曰哥羅塞斯德爾。按志略作哥羅斯德。曰疴哥斯佛爾。曰巴京咸。按志略所紀中十八部。無此二部。而有阿斯福部。伯格斯部。曰比德佛爾。按志略作北德弗。西方總名曰威爾勒士。按志略作威爾士。分十二部。曰非林德。按志略同。曰敦比各。按志略作敦比。曰該拿爾彎。按志略作加拿文。曰安哥勒塞。按志略作安勒塞。曰美略內。按志略作麦略納。曰蒙德疴美里按志略作蒙疴麦里。曰拉德諾爾按志略作拉德諾

曰加爾的安。按志略作加的干。曰奔不羅各按志略作本不羅　曰該爾馬爾敦按志
志略作加馬敦　曰北勤各諾克。按志略作北勤諾
蘇格蘭在英倫之北　儒案志略曰。其先自為一國後折而入於英
明萬歷三十一年合於英為一國　儒按大英志英蘇合一乃康熙年間女王安時事
南方十三部曰壹丁不爾厄。按志略作壹丁不　曰林利德厄。按志略作林力哥　曰合丁敦
按志略作哈丁敦。曰北爾維克按志略作北威克。曰稜非律按志略同　其十二曰當
非利斯。按當即志略之敦非力斯。
中央十四部其四曰慕來。按當即志略之抹來。　其五曰邦弗。按志略同　其六曰亞北爾顛
按當即志略之亞北丁。　其十一曰見羅斯。按當即志略之京羅斯。　十二曰加拉克馬南
按志略作加拉馬南。　十三曰斯德爾零。按志略作斯德零　十四曰當巴爾敦按志略作
敦巴敦。
北方六部其四曰羅斯。按志略同。　五曰哥羅馬爾的。按志略作哥馬的。
儒按大英志地理志略篇。蘇格蘭分三十二部。　壹丁不　林力哥　哈丁敦　北威克
比八爾斯　塞爾格　洛斯伯羅　敦非力斯　格古比　未格敦　哀爾　拉拿格　稜
非律　非發　京羅斯　加拉馬南　斯德零　敦巴敦　伯爾貼　縛法　斤加丁　舌
的蘭　疴哥尼原注曰二島。每島之名三字　該德納斯　森忒蘭　羅斯哥馬的原注曰二共一部　柰爾納

抹來　邦弗　亞北丁　音弗納斯　亞該爾　彪的島

阿爾蘭在英倫蘇格蘭之西至東西約四五百里　儒按志略篇曰。阿爾蘭在歐洲西北。別為一島。形勢橢圓。南北七百五十里。東西三百七十里。或五百八十里。以都伯林為都會。建於河上。下連海口。南北西三面皆大西洋。東望威爾士。隔二小海。一三若爾日岔。海面一百六十里。一阿蘭海。海面五百六十里。迆北極狹處僅四十里。海濱東平。行中土微有岡阜。南西北隄岸委紆。港汊深邃。氣候温和。花草繁茂。人呼綠島。　又按阿爾蘭一作以耳蘭壞。道光二十二年。英人在江寧與當事議款。其文書曰英國之以耳蘭壞云云。以其兵帥濮定渣乃此島人也。而新嘉坡人所撰英國論略則稱之為倚耳蘭。

地分三十二部　儒按志略曰。境內置四大部。　東連斯德分十二屬部。

東方十二部曰都伯林。按志略同。原注首邑同名　曰勞斯。按當即志略之樓貼。　曰壹斯德迷。按當即志略之迷貼。　曰烏宜哥畏。按當即志略之維哥羅。　曰威哥斯佛爾。按當即志略之威斯弗。　曰幾爾給尼。按當即志略之幾爾代。　曰加爾畏。按當即志略之加羅。　曰幾爾德壹耳。按當即志略之幾爾格尼。　曰固音斯高翁的。按當即志略之桂岡的。　曰京師高翁的。按當即志略之京岡的。　曰威斯德迷。按當即志略之味斯迷貼。　曰郎佛爾。按志略作即拂。

西方五部　儒按志略曰。西各諸的分屬部五。　曰勤德靈。按志略作力德靈。　曰斯黎各。按

志略作斯來谷　曰羅斯哥滿按志略作羅斯哥門　曰馬約按志略作賚約　曰加爾威按志略同

南方六部　儒按志略曰南門斯德分屬部六　曰哥雷宜爾按當即志略之格勒爾　曰里摩黎克按志略作里美黎　曰給黎按志略作格黎　曰哥爾克按志略作高爾克　曰窩德爾佛耳按志畧作窩德弗　曰的卑拉黎按志略作的北拉黎

北方九部　儒按志略曰北亞爾斯德分屬部九　曰安德靈按志略同　曰刀尼按志略作豆尼　曰亞爾馬疴按志略作亞爾馬　曰的倫按志略作戴綸　曰倫敦德黎按志略同　曰德內加爾按當即志略之託尼加　曰非爾馬那疴按志略作非馬那　曰加彎按志略作加凡。　曰摩那安按志略作摩那干

澳大利一島　儒按光緒二年郭嵩燾使西紀程曰澳大利英人謂之新金山

英吉利之俗男女婚配一節　儒按大英國志查爾斯第一紀即位月餘即使代者往巴黎斯法之都城與法王顯理第四之女為婚成禮而還原注英俗壻可使人代往婦家行夫婦禮

總按新增

儒案徐氏於英國世次及各事均未盡得實茲據大英國志參以各說重為編訂於左

英吉利古名白里登一作比利敦至宋孝武帝孝建四年西四百五十五年日耳曼北部三種人內有一種人稱為英葛利入居其地後乃號為英吉利初僅東西兩島無他處藩屬迤東之島分為南北兩地南本英吉利地北曰蘇格蘭迤西一島曰

阿爾蘭蘇格蘭與阿爾蘭舊本別成列國。後爲英吉利所併（此與大英志所謂英倫威爾士蘇格蘭爲英國三土阿爾蘭別爲一島不在三土數中者不同從改）總計緯線自赤道北五十度起至五十八度止經線自中國北京偏西一百十五度起至一百二十七度止英吉利本地曰英倫京都在焉都城曰倫敦縱廣各七十里英倫全境長一千里廣約七百餘里蘇格蘭全境長約六百五十里廣約四百里阿爾蘭全境長約七百三十里廣約四百五十餘里國之東南境爲衣袖海南頭與法蘭西之加利城相望僅隔一加雷峽（一作杜法峽）所謂英倫都登海口也其民種初名琵爾的（即徐說之塞爾達土番）後有丟度泥種人居之（丟度泥即嶷特）而琵種衰漢宣帝五鳳三四年間西歷耶穌前五十四五年羅馬大將該撒（即徐說之愷撒）既克法蘭西渡加雷峽攻英英人敗乞降（萬國史記曰羅馬大將名曰塞薩尔即徐說一作人略塞薩尔）從此爲羅馬屬地雖叛服不常總不能自主歷四百餘載至劉宋孝武帝永初元年西四百二十年羅馬以內變迭生戍英之兵皆去英人始得自主而恒爲北狄所苦英國風俗無地無議會後分爲二一比利敦會一羅馬會各自爲黨勢若水火於是北狄乘之日耳曼部來攻克英盡驅英民於僻壤遂據其地（英人之得立國在宋孝武帝孝建三年西四百五十五年非陳後主時徐說誤）故今英人其言語種類皆日耳曼所遺也（徐說云俄特族卑勒敦人即比利敦也居撒遜界內者撒遜即日耳曼列邦之一也所紀與此畧同而其中情節不符）英之新民有三種。一八的。一英吉利一薩索尼皆丟度尼種居北海濱恒爲盜劫或云舊民以狄侵故求救引入遂爲所據（此則與徐說同萬國史記地理全志皆主之案慕維廉乃英國人作大英國志而不主求救之說以或云別記之則求救一節未足信也）八的人民最稀（編年表八的作薩生）得根的句維的島句諸地薩索尼（年表作沙葛生）得厄塞句薩塞句英吉利。人民最盛。得伯宜削句帶拉句後併為諸東北蘭句英吉利句墨爾削句於是七地為七國。並立七王。迄於唐文宗太和二年西八百二十八年。味塞王以格北一作以格伯一作愛葛伯以智略併吞六國。合為一。七國紀事之史稱為伯勒瓦爾大之史。譯言操國中大權也味塞王以格北。即徐說之厄伯德既兼有七國土宇。乃定制國號不復稱白里登。即比利敦轉音號謂英厄爾蘭。音與英吉利相近。以英吉利著實創於此。徐說謂併七為一在唐德宗時誤也八百三十六年唐文宗太和九年。以格北卒。子以愓無嗣。八百五十六年。以愓無因國人怨己。遜位長子以愓保。未幾以愓無卒。以愓保一作衣得色得以愓保卒。弟以愓伯嗣。以愓伯卒。弟以愓勒第一嗣。北人來侵。以愓勒第一戰敗受傷卒。弟亞弗勒嗣。北人者丹國之人徐氏所云大尼國也時唐懿宗咸通十四年。西八百七十三年也。按亞佛勒一作阿福利即徐說所云亞腓烈乃以格北之孫非以格北之子也徐說之厄伯德即以格北而以為亞腓烈為厄伯德之子舛誤殊甚亞弗有才略。屢敗大尼人。創造戰船。為英國有水師之始。尤好學。愛惜光陰。常三分一日二十四時。按西人以半個時辰為一時故一日有二十四時初八時聽政。次八時為學。終八時休息。當時未有時辰儀表。謂鐘用蠟燭三條。遞次然之。以定時刻。學拉丁語。拉丁者三代周以前初有羅馬國之稱其文字最古大英志謂獲古時之阿羅西書論日耳曼境者譯以教國人按阿羅西或即摩西之轉音也著書數部。又厭教中用羅馬方言。自著本國言語。頒諸國中。漸除羅馬教士惡習。又建大學院於諸處。刊成律書。開英國法律之源。新置五等爵。封勳戚。身經五十六戰。皆防護本國。未嘗佳兵瀆武。民守其法。無敢犯者。至於街頭挂金鐶。無復觸者。稱為賢明之主。至今弗衰。唐昭宗光化二年。西九百年。卒。子義德華第一嗣。一作義德瓦第一一作愛和德卒。子亞梯斯丹嗣（一作阿得斯坦）卒其弟以德門第一嗣（一作愛得門）三王皆有人君之度不墜威名以德門為盜所傷卒弟以德勒嗣（一作衣得力）卒以德門之長子以特維嗣（是以德勒之姪也萬國史記謂是以德勒之子非也編年表云兄子衣大溫立衣大溫即以特維也云兄子則是姪無疑）教士敦斯丹在先王時已擅權執意行三事一教中規制稟命羅馬教主一凡教士均不娶妻以見捐棄世事勤奉教皇之意（按英薩教中本分二等其一有室今一概不許娶妻）一凡國政悉歸教會俱未能行以特勒即位年方十六頗欲自立敦斯丹慮後更難以王所納妃非教皇所命乃大敦長疴多誣王納二等堂妹執妃支解之王亦被戕立其弟以特加為王時周世宗顯德六年西九百五十九年也（以特加一作愛得加）以特加時教士敦斯丹權益重欲盡逐教士之有室者幾激變乃懼而稍斂以特加奉教之外亦有方略國多猛獸傷人今民捕得猛獸者除其役獸為之盡惟嗜酒好色其次妃故有夫殺其夫而納之卒其長子義德瓦第二立（一作愛得和第二）年十三在位四年以特加之次妃為故夫報仇刺殺之以特加次子以愓勒嗣（以愓勒即次妃所生萬國史記作以愓勒第二年表作衣得力得第二）大尼人來侵國人以其出於微賤不為之助大尼以兵來索賄者五次初與之銀萬斤漸增至五萬斤凡此皆徵之民間後遂為例（年表初賄銀萬磅在宋太宗淳化二年西九百九十一年後增至四萬八千磅在宋真宗大中祥符三年西一千一十年）以愓勒卒子以德門第二嗣先是大尼已破英大尼王命其子加紐的為英王英人不服時以愓勒出奔英人仍奉為王年餘而死義德門第二立七月又死或云加紐的所謀殺也（加紐的年表作鏗牛得）英國遂為大尼所併時宋真宗大中祥符九年西一千一十六年也自伯勒瓦爾大史記七王事至此皆為英薩索尼朝始

於宋文帝元嘉二十三年西四百四十六年共歷五百七十一年英薩索尼朝亡
加紐的者大尼朝為英國第一王也又稱為丹朝以大尼乃丹麦國之古名故可謂大尼朝亦可謂丹朝也宋真宗大中祥符六年西一千一十三年大尼入英已建英國大尼朝因英人不服仍迎以惕勒為王事閱三載以惕勒以德華第二相繼死加紐的併其地合英國與大尼諾威即挪威瑞典此三地統名斯干的那味為一雄長列邦加紐的即併一說之駕奴特視薩索人與大尼人不為區別尚可為賢主加紐的納薩索尼朝前王以惕勒妃以馬為繼室生子名哈底加紐前妻所生子名哈羅德加紐的卒遺命哈底加紐嗣位哈羅德不服議會乃分哈底加紐還為大尼王哈羅德為英王在位六年哈羅德卒乃迎哈底加紐於大尼來王英哈底加紐暴虐無道未幾卒於是加紐的之親屬盡矣英人乃盡逐大尼人自此英尼不相往來大尼朝自宋真宗大中祥符九年西一千一十六年迄宋仁宗康定元年西一千四十年歷二十四年大尼朝亡
大尼撫有英地時加紐的納前王以惕勒之妃以馬為繼室以馬與以惕勒為夫婦時所生子名以德瓦第三逃於諾曼的地名依外祖丟克即中國公爵家國人迎立之以德瓦惟怯不樂為君大將高的溫助之乃得立高的溫特功專權以女為王后王與惟略力西瓦二部長逐之並幽后諾曼丟克維廉王之中表也來會王盡以諾曼的人列要職眾疑其將奪國高的溫與其子哈羅德率師來攻維廉懼而請和高的溫死哈羅德襲爵王病無子哈羅德在內以勛維廉在外以戚皆可得國一千六十六年宋英宗治平三年義德瓦卒遺命立哈羅德是

為哈羅德第二。哈羅德不納貢於教王，為教王所擯，國人亦惡之。維廉則事教王甚恭，乃建教王纛，由諾曼的起兵來攻。是年冬，殺哈羅德。自義德瓦第三至哈羅德二十六年，英史謂之薩索尼中興朝。

一千六十六年，維廉第一殺哈羅德第二，入即王位，在位二十一年。一千八十七年，宋哲宗元祐二年，卒。遺命長子羅伯主諾曼的部，為丟克；少子顯理得貲財；次子維廉主英部，是為維廉第二，又號路法斯（謂赤面）。羅伯怨不得為王，且以征回人耶路撒冷（即耶穌降生之所，西人所謂聖京）無兵費，遂以諾部地質法蘭西。英國各部又多叛者，維廉第二不能治。一千一百年，宋哲宗元符三年，為國人所弒。維廉第一之少子、維廉第二之季弟顯理行賄於衆，得立為王，是為顯理第一。執殺羅伯。於是昔以諾部併英，今則以英併諾。顯理第一有子早死，女貌德以安如部長若弗力北藍大日奈為贅壻，生子亦名顯理。顯理第一與諾、英人誓，身後必以貌德、顯理相繼為君。一千一百三十五年，宋高宗紹興四年，顯理第一卒。國人不樂立女主，其子顯理又幼，不能為君。時有士提反者，得民心，又納貢於教皇，教皇命為英王。貌德與爭國，為士提反所擒，尋得釋。未幾，士提反為貌德所擒。國人又背貌德，出諸獄，復立之。貌德之子顯理年既長，思復仇，有和解之者，議定士提反既已為君，當終其身，身後位歸顯理，乃罷兵。一千一百五十四年，宋高宗紹興二十四年，士提反卒。自維廉第一至此，英史謂之英諾曼朝。

士提反既卒，前王顯理第一之外孫安如部長（安如地在法國境）若弗力（人名也）北藍大日奈（若弗力恒以小樹枝置帽

（上法人呼之爲北藍大日森）之子顯理立。是爲顯理第二。在位三十年。一千一百八十九年。宋孝宗淳熙十五年。卒。長子力查第一即位。好武善戰。凡三征耶路撒冷。回同與法郎西王非立共興兵。而相猜忌。迄無成功。國內亂。二教長爭權。力查第一之弟約翰乘機欲自立。一千一百九十九年。宋寧宗慶元四年。弑之自立。英史稱約翰爲至無道之主（事迹與此志所紀同）。一千二百十六年。宋寧宗嘉定八年。卒。長子顯理第三立。

約翰既卒。子顯理第三立。屢爲民黨之軍所敗。被虜去。尋放還復位。卒時一千二百七十二年。宋度宗咸淳七年也。子義德華第一立（大英國志作義德瓦的第一）。即華義都第一也。及卒。華義都第二立。時一千三百七年。元成宗十一年也。此兩世亂者迭起。卒皆教民與法國勾結興兵。王竟爲所娶法國之女爲后者所弑。一千三百二十六年。元泰定帝泰定三年。華義都第三立。其太子衣械皆黑。人呼之爲黑太子。勇而有謀。將兵伐法蘭西西班牙兩國。幾滅之。及太子卒。英勢遂衰。華義都第三於一千三百七十七年。明太祖洪武十三年。卒。故黑太子之子理查第二立（一作査第二）。以叔父蘭加斯得侯約翰攝政。約翰死。王逐其子於法國。而奪其侯地。會王出兵於阿爾蘭。約翰之子乘機入倫敦。奪其位。時一千三百九十九年。明建文二年也。是爲顯理第四。至顯理第五。而併吞法國。時在一千四百十五年。至二十年。至顯理第六。復失法國。時在一千四百三十五年。至五十二年。而內亂益甚。蓋第六人極庸愚。其母其后皆法國女。兇悍肆虐。以致大亂。實由法深恨英。特進以兇惡之女爲報仇計也。

顯理第六。受制於太后及后。時王之諸父狠弗立為后所殺。王無子。國內大亂。北藍大日奈力查為約克（地）丢克（爵）。民望甚重。當得國。王忽生一子名義德瓦。王既有子。力查不得嗣王位。民心恐王死子幼。母后專政。欲得力查為主。后寵索美塞。欲丢克（爵）力查黜之。下之獄。巴力門（議院首領）之見王有心疾。推力查攝政。後數月王疾愈。納后言。黜力查而任索美塞。時一千四百五十四年。明景帝景泰四年也。自此權勢相傾。日謀攻伐。國分二黨。一黨王。一黨力查。有在園中互相詰難者。王之黨折紅玫瑰一。力查黨折白玫瑰一。適有見者。令人效之。後兩軍對壘。亦以紅白花為標幟。遂名紅白花之戰。一千四百五十五年。王為力查所虜。索美塞死。力查復攝政。一千四百六十年。明英宗天順四年。后起兵攻力查。殺之。力查長子義德瓦繼立於約克。明年攻入倫敦。王與后出奔。義德瓦即王位。是為義德瓦第四。於是紅玫瑰落矣。義德瓦第四納嫠婦以利沙伯為后。悉官其族。執政大臣瓦威克怨望。瓦威克又以其女嫁義德瓦第四之弟。猜忌益甚。國中叛者四起。皆以瓦威克為名。瓦威克命叛者退。而拘義德瓦第四於己壘。時前王顯理第六。亦為所獲。拘壘中。於是縲紲中有二王。而紅白玫瑰花俱落矣。未幾瓦德威釋義德瓦第四。復位。既復位。將誅瓦威克。瓦威克奔法國。深恨義德瓦第四負己。誓復立顯理第六。一千四百七十年。興師入國。顯理第六即位。義德瓦第四奔荷蘭。明年自荷蘭號召約克之衆。入國殺瓦威克。及顯理第六。仍為王。一千四百八十三年。明憲宗成化二十年。卒。子義德瓦第五立。格羅斯得專政。是年弒王自立。號力查第三。人心不服。

時阿溫都鐸爾。納顯理第五之后。其子枝力門（地名）亞爾館顯理。（人名）國人使義德瓦第五之女兄以利沙伯嫁之。舉兵攻力查第三。一千四百八十五年殺之。顯理為王。號顯理第七。計紅白玫瑰花血戰三十年。至此乃止。英史紀顯理第二至力查第三共三百五十年。謂之北藍大日奈朝。

顯理第七納以利沙伯為后。以女馬加勒為蘇格蘭王之后。遂伏後世蘇與英之根。是時自好望角通印度之海道始通。覓地者始得亞墨利加大洲。一千五百九年。（明正德五年）次子顯理第八立。一千五百四十七年卒。（明嘉靖二十五年）子義德瓦第六立。始顯理第八頗疑其非己子。巴力門乃定約王死則以同產姊馬利及以利沙伯相繼為王。一千五百五十三年。（明嘉靖三十二年）義德瓦第六卒。大臣欲更立先王女甥然格來。以國尚耶穌教。而馬利素奉天主教。為衆不喜也。馬利卒謀得位。是為英開國以來第一女主。納西班牙王子非立為夫。亦素奉天主教者。於是英之民人被戮者無數。非立尋還西班牙為王。而陰操英權。乃誘馬利伐蘇格蘭。法蘭西。而己乃中立。冀坐收其利。英師為法所敗。法取加勒斯地。加勒斯本法地。北藍大日奈朝入於英。已二百餘年。今失之。馬利慚忿病劇。一千五百五十八年。（明嘉靖二十八年）卒。妹以利沙伯嗣。（即以利撒畢）復興耶穌教。賢明知大體。勤於政治。英民頌之。是時荷蘭不肯從洋教。為西班牙所攻。英女主以兵助荷蘭。西班牙因移兵伐英。師船泊英港。忽大風激浪。船觸礁石。半沈壞。英人以小舟圍而殲之。片帆無返者。國勢益振。先是斯哥西亞別為一國。（一作師古泰即蘇格蘭地）元初英人取之。明中葉斯哥西亞人布魯斯復自立為國有女曰馬理姿絕世初嫁佛郎西王為后佛王早卒。馬理歸毋家。父卒嗣王位選群臣美丈夫為夫夫別有寵馬理妒之賁夜遣客殺夫焚宮以滅其迹。而贅殺夫者為夫時國人已競尚西教而馬理仍執洋教又殺夫有邪行。國人圍馬理。將因之。越城而逃。募兵決戰。兵敗降於英。英主謂馬理犯倫蔑亂下之獄馬理在獄十八年。復與獄吏姦。因逃去。英人捕得斬於市。以利沙伯誓不贅夫。恐為牽制一千六百有三年（明萬歷三十一年）卒。無子。顯理第七之女馬加勒後裔蘇格蘭王惹迷斯第六入為英王。改號惹迷斯第一。英人寄居亞墨利加。及商船至蘇門答臘摩鹿加。又立碼頭於戾哇皆以利沙伯時事。立碼頭之年則明萬歷二十八也。自顯理第七至以利沙伯一百一十八年英史謂之都鐸爾朝。

惹迷斯第一立英人始遷居亞利墨加。國中初創新聞紙。始不用教士為盞瑟（英制大政必由巴力門上下兩議院集議上院曰斯比格一名勞爾德盞瑟勒甚貴衆掌刑名位次首輔）一千六百二十九年卒（崇禎二年）子查爾斯第一立（徐說作查理第一）性拗僻好戲狎。不恤民隱。由是士民怨畔。公會皆撒税餉無所出。王將與佛郎西戰。擐甲無應者。師船未戰而退。一千六百四十七年。我順治四年。王募兵誅梗命者。國人與王戰。虜王弒之。一千六百四十九年。我順治六年。教會交爭國中無主。格朗空一名阿力弗有文武才。衆推為首領。主國事。權侔於王。而以其非王族。不得居王位。稱之曰勞爾德日納拉。勞爾德英語王也帥也。又上尊號曰勞爾德不羅德達。不羅德達英語護也。而此時國會則名曰高門空。高門言衆也。言衆人獲益也。初政去先王之虐。頗有可觀。既而格朗空驕甚。一千六百五十八年。我順治十五年。格朗空死。其子力查繼為政。明年退居於野。一千六百六十年。我順治十七年。國人迎前查爾斯第一之子查爾斯第二為王。高門空共十二年。查爾斯第二徐說之查理第二為人淫侈。多內寵。惰於聽政。常與荷蘭戰。師師者國之名。將入荷蘭內港。燬其戰船。王由此愈汰。忽倫敦大火。焚宮室民居殆盡。已而瘟疫盛行。死者相枕藉。國勢頓衰。一千六百八十五年。我康熙二十三年。卒。惹迷斯第二立。王素習天主教。強民相從。民習耶穌教久。不肯變。慮王之相難也。渡海招荷蘭王率兵至。王奔佛朗西。荷蘭王入倫敦即王位。號維廉第三。

維廉即威廉為阿蘭日部長。乃王惹迷斯第二長女馬利之貴壻。一千六百八十八年。我康熙二十六年。由荷蘭起兵入倫敦。惹迷斯第二奔法蘭西。明年維廉即王位。兼王荷蘭。與妻馬利同為政。馬利第二號維廉第三。雄武有大略。法度嚴明。百司任職。積粟如山。卬蒐討軍實。悉成勁旅。由是威聲大振。方欲席捲西土。會嬰疾殁。先是一千六百九十八年。我康熙三十六年。有俄羅斯王彼得隱姓名來英。居於軍船廠。習學造船事。一千六百九十四年。我康熙三十二年。馬利卒。至是一千七百二年。我康熙四十年。維廉第三卒。先已議定王之後立故王惹迷斯第二之次女安為王。至是安即位。安本庸才。其夫乃大尼國低納馬地名王子若尒日。亦庸才。國中多故。乃與蘇格蘭立誓。合為一國。名曰格勒的大也比利敦英蘇舊名。安即位六年。夫若

爾日死一千七百一十四年我康熙五十三年女王安卒自顯理第七至女王安二百五十六年英史謂之斯丟亞爾的朝

若爾日第一者其祖母乃英前王若述斯第一之女嫁為哈諾威國王后若爾日已嗣為哈諾威王號曰北侖瑞克英女王安死英人迎立之號若爾日第一一千七百二十七年我雍正五年卒長子若爾日第二立斯米敦建一塔於以的斯敦海中磐石頂置燈標識往來舟楫一千七百六十年我乾隆二十四年卒長子弗勒得力早卒其子嗣位號若爾日第三一千七百七十四年我乾隆三十九年米利堅始聚兵拒英明年推若爾日（名也）華盛敦（姓也即華盛頓）為大將又明年我乾隆四十一年乃合衆部馳檄顯背英立國號曰合衆國法蘭西西班牙荷蘭皆許之英屢伐之不能勝一千七百八十二年我乾隆四十七年不得已亦許之時英雖失米利堅而五印度旋為英得富强益甚一千八百二十年我嘉慶二十五年若爾日第三卒子若爾日第四立當先王倦勤時久為監國及是即位國人輕之以其少時多行不義也一千八百二十六年我道光六年英伐緬甸既而議和其西境折而入於英一千八百三十年我道光十年卒弟維廉第四立一千八百三十七年我道光十七年卒從女亞勒山的那維多利亞立年十八歲（卒于光緒二十六年）

萬國史記曰一千八百二十年（我嘉慶二十五年）若耳治第三卒子若耳治第四立一千八百三十年（我道光十年）弟維廉第四立一千八百三十七年（我道光十七年）卒女王亞勒山德那維多利立（即維多里亞）納日耳曼國薩哥堡侯世子亞伯多為夫一千

八百六十一年（我咸豐十一年）亞伯多卒國人皆服其喪此見在之朝也英人稱為北侖瑞克朝

儒按徐志於各國前代統系名號事迹每多脱略無關目前得失原無庸補輯然英大國也宜畧加詳茲就萬國史記掇其大凡附識於右

官制政略新增

儒案大英國志職政志略篇曰其政教百姓皆得自主巴力門上下兩議院集議上院曰勞爾德士一名比爾士下院曰高門士兩院人員他邦屬地人皆不得與上院人統名比爾士貴重無比一世爵或王自拔擢一教大長教長以下有丢克有馬貴斯有亞爾有非岡（按此皆世爵之得入上院者）凡百姓得與於推選高門士止一百五萬餘人或有田土或有房產國政必王與上下兩院詢謀僉同然後施行巴力門會議王不與聞惟聚散時王親臨之其所議之法上之王王弗從亦不能行凡納稅捐餉等事悉高門士為政上院諸貴人依違而已君相政有不善即不納賦稅於朝廷兩院俱擇一人掌之上院曰斯比格即勞爾德盞瑟勒此人亦兼為刑官之長下院曰斯比格言能言之人也聽衆議而裁制之以白於王凡有事先書一紙上比斯格集衆議以衆寡為去取必三議乃定國中各事分五官員共襄庶政號曰加比納（言機密處）又曰密尼斯德力（言執政者）國朝廷用人必擇巴力門所推重者一人為首輔領度亦任以銓選其次即勞爾德盞瑟勒又掌上院事外復有五人一治本國事一治列國事一治屬地事一治軍旅事一治阿爾蘭事又有以斯折格者亦盞瑟勒也專司賦稅亞密拉的駐防汛

地。掌水師事。興爾德難斯。掌軍器火器。又有掌印度公司事。掌本國商賈等事官。總名之曰加比納。議會又有畢力維議會。皆貴人有名譽者。王有機要召之共商。得參謀議。不盡關國政。而民間特以此為重。國中俸祿。惟執政大臣及倫敦牧守有之。地方有司出於民選者無俸。巴力門上下兩院皆無俸。凡立數衙門辦事曰加比納。（總理庶政）曰德勒如力。（總理度支）曰以斯析格（專司出納）曰德勒的。（主商賈事）曰瓦爾。（主戰事）曰勒文紐。（主納稅餉）曰亞密拉的（主兵船事）曰阿爾蘭。（主阿部事）以上諸衙門官員。巴力門兩院中人。亦任是職。若不協於輿論。則國人推擇者得黜陟之。

又按英國刑法志畧曰。國之法律有二。一載在刑書。一傳為故事。刑書巴力門所議定。故事先代相傳之法。引為成例。又有二法。一斯達丟的。前所定律。後若刪改。則行法時宜參用後律。一以圭的。因時制宜。勿寬勿濫。

又按高門伯理斯衙門。（高門尋常也伯理訟也斯語助詞猶言衆也言此常有之訟也專理户婚田土事）京斯板使衙門（英人謂王曰京板使位也言王來聽訟之位也治盜賊爭門之事王實不往令人代之）以斯析格衙門。（本掌賦稅兼理訟獄）盞瑟勒衙門。（掌王之詔令奉行以圭的法律此衙門在味斯閔斯德亦在都柏林）英地共設衙門六所。有司周行巡歷。治理大獄訟事。其小者訟於察斯的斯阿比斯。（官名言以公義使民得治平也無俸）每三月一會議。至教會一切事宜。皆以教中律法治之。又有亞密拉的者。治他邦人爭訟事。以歐洲通行之律治之。此外各島間有不用英律者。蘇格蘭部亦不書憲。又仇家誣陷。有如力以證之。聽兩造之辭。而證其是非。有司從其衆者。既證而兩造不服。則有司申送上院又按星軺指掌曰。各國京師又皆另立衙署專理交涉事務。始而名曰外務部。繼則名曰會議部。後則定為總理外國衙署。

又按光緒二年七月二十六日。英欽差威妥馬與李合肥所定條約三端。有云因本年春間威大臣接總理各國事務丞相伯爵德上年十二月初五日來咨云云。是英早有總理各國事務衙門。

又按萬國史記曰。歐洲政體有君民同治萬民共治二類。君民同治者有君御下而不能擅政令。必徵巴力門及公克勤斯代民者與之議政。衆以為可者施之。不可者舍之。萬民共治者。古制萬民會議為政。今則選於萬民。舉有德者使掌國政。別置巴力門商議之。此二者大同而小異。均為立憲政治。英法普奧以下諸國皆是也。惟俄羅斯土耳其未立此政體耳。

又按法蘭西志國會之制。始於法帝甲利秦甫在唐德宗時。各國咸效法之。英人模理蘇著萬國綱鑑。贊甲利秦甫為歐洲堯舜。

又按西報曰。英國定例。凡國中人民。身家殷實者。或仕宦。或商賈。歲得俸祿利益。每磅抽捐銀三本士。約計八十分抽一。名曰家產捐。此項通年共有五百八十九萬一千八百二十九磅。此光緒四年所算者。

又按英國倫敦都城西北二百零八里。克司芬城有書院二十一所。其最大之書院名客利柘池。英太子亦入院肄習。生徒共二千五百人。每人每年費用約洋銀一千元。均由院給發課程分天文地理格致文藝算學化學醫學軍學等門。生徒先由小學攷列優等。而後入院自年十七至二十一出院。出入院時。各大攷一次。中間大攷一次。共大攷三次。逐日督課者有丟德。譯言院師也。分期講解者有樸非色。譯言官教習也。生徒大攷之優者為樸非色。若中國之舉人。尤優者為道德。若中國之進士。道德之名譽眾著者。為書院大掌教。樸非色則為官教習。是為士子進身之階。特道德樸非色。亦有以平時聲望而得。不由於在院攷試者有一得即道德。不先為樸非色者。有以道德充樸非色者。　又各院生徒衣色各別。每出游人一望即知為某院中人。　又此書院外。尚有大書院二。一在蘇格蘭。名甘比利支。一在阿爾蘭會城。名都伯靈。皆現今事也。

又一千八百有七年。（嘉慶十年）始用氣學以煤氣代燭。一千八百十一年。（嘉慶十四年）造火輪船。皆若爾日第三時也。

中英交涉

儒按康熙二十三年台灣平。開海禁。於澳門漳州寗波及江南之雲台山。設海關。英商舶常泊於舟山。至三十七年。寗波海關監督張聖詔。移關於定海。許之。乃於定海城外道頭之西。立紅毛館一所。此英人至定海之始。乾隆二十年。英欲赴寗波開港。　上以向來不過偶年一至。若開港則又一澳門矣。不許。二十四年英人駕船至天津申請。仍不許。

又按乾隆二十七年五月。兩廣總督蘇昌奏。英吉利夷商啲囒等稟。以絲斤禁止出洋。夷貨

艱於成造。懇請准其配買奉　上諭每船准其配買土絲五千斤。二蠶絲三千斤。其頭蠶湖絲及紬綾緞疋。仍禁止如舊

又按乾隆五十七年十月。兩廣總督郭世勳奏。英國王因前年　大皇帝八旬萬壽未及叩祝遣正使嗎嘎呢咴。副使嘶噹㖦奉表進貢由海道至天津赴京。　上許之明年八月至京庚午　上御萬樹園大幄次令兩使入覲。兩使乃稟請多條俱不合定制者。一除廣東香山澳門通市外。將來貨船或到浙江甯波珠山（即定海之舟山）及天津廣東地方收泊交易。一英國買賣人在天朝京城另立一行。收貯貨物。一求相近珠山地方小海島一處商人到彼即在該處停歇。以便收存貨物。一求撥給附近廣東省城小地方一處居住或准令在澳門居住之人出入自便。一英商自廣東下澳。由內河行走。貨物或不上稅。或少上稅。一請任聽英人在中國傳教。其國王表中。又載有請聽英國派一人居住天朝。照管買賣一節。　上概不准降諭該國王敕兩道。凡數千言。嚴峻指駁不稍寬假。交來使賫回。

嘉慶二十年七月。英吉利遣使乘船至天津入貢。　上命於七月初七日早使臣入覲。　上已升殿。正副使行至宮門。以不肯行跪拜禮託疾不入。　上怒降不早據實奏明數大臣職。收所貢各物內地理圖畫像。山水人像。仍賜國王王如意一柄。翡翠玉朝珠一盤。大荷包二對。小荷包八個。敕諭一道。交該使賫回。停其筵宴賞賜。諭中有云。前於乾隆五十八年。高宗純皇帝御極時。爾國曾遣使來庭。維時爾國使臣恪恭成禮。不愆於儀等語。則是乾隆時

英使固嘗行跪拜禮也。案光緒中。薛福成出使英、法、義、比日記。其十七年正月二十七日所紀云。英外部有一匣黃綾包裹重疊度存室中七十餘年矣。但相傳由中國寄來並不知為何物。今啓視之。則匣内復有黃綾包裹竹筒筒内有函軸則嘉慶二十一年王氏東華錄紀於二十年薛記云是二十一年不知何故也

仁宗睿皇帝賜英吉利國王敕諭也。係清文、漢文、臘丁文三樣合璧。英使當不獲成禮時。即將國王表文使臣。斥令回國。敕諭則隨後由粵海關監督。交洋商寄倫敦。觀其包裹完好久庋外部。實未嘗啓視也。

按自道光朝以來中英交涉事。多不勝紀。茲悉不錄。

瀛環新志卷八

丹徒李慎儒鴻軒氏著　江都夏霦夢蝯氏校

阿非利加洲圖說新增

儒按使西紀程云紅海口外英國屬島名蘇克得拉距亞丁一千五百里亞丁與阿剌伯地勢相連瀛環志略誤為一小島瀕海一山皆石英人建礮臺山盡處東西各一山橫出海面廣十餘里可以泊舟英人據此以為紅海口外一形勝地

又按泰西人記載總摩羅哥（即摩洛哥）特利波里（即的黎波里）阿爾及（即阿爾及耳）突尼斯等國其地北接地中海東南界沙漠西接大西洋統名之曰巴巴里（或作巴巴黎譯音之轉也）

又按洲中東西橫亘之高山地球說略謂名曰月山　又大浪山一名好望角一名喜望峯

儒按萬國史記曰幾內亞輸出黑奴尤多轉賣於亞美理駕諸國而其從事買賣者則西（西班牙）葡（葡萄牙）二國商人為最一千八百四十年間（我道光年間）葡人自夯結拉輸出黑奴每歲逾二萬統計諸港輸出則其多可知也艙底闇室滿載數百人一列數十頭用長木材連縛其頸微動頭則絞或以鐵鎖繫其足左右肩摩胸背相接如魚貫不得屈伸糞食混和臭氣觸鼻號者鞭之死者投海殘忍不可言近世各國下令嚴禁之亞非利加各國仍以奴隸為第一產富家常養數百王室以萬計皆劫掠鄰邦得之名曰奴隸之狩屠殺老少得壯者縛之凱旋

又按萬國公法卷二第二章第十四節。公禁販賣人口條。曰。前時此等殘忍之事。不但不為犯法。直為貿易大業。諸國欲分其利。因有起戰爭。開公論。立約據等情。今則無不視為極惡之事。其初禁者係丹國美國英國。皆禁已民為之。後於一千八百十四年(我嘉慶二十年)英美法等國立約。合同剪除此業。於二千八百十七年。英與西班牙葡萄牙立約。得二國允其議。更與巴西立約。至一千八百二十六年。(我道光七年)該國亦禁已民為之。犯之者竟以海盜之法處之焉。於一千八百三十三年(我道光十四年)英法二國立約。互相允許彼此船隻在某處可以稽查以期斷此業根株。後歐洲各海國幾盡從其議。　按萬國公法刻於同治三年。萬國史記成於光緒五年。公法云剪除此業。而史記仍云以為第一產。夫使果已剪除。安能復以為產殆亦陽奉而陰違耳。

又按乘槎筆記曰。蘇爾士之地中海口。名三它呀。

又按阿非利加迤南土番種人。或稱合丁突者。或作哈吞塔。又有土人稱摩兒種。其黑人髮卷者為儞[illegible]兒種。

　阿非利加北土麥西國(厄日多　拒入多　厄日度　埃及多　以至比多　迤至比　多　伊揖　伊齊不托　共七國)

明初土耳其取為別部。至復通商於土耳其為外藩　儒按萬國公法曰。埃及之國。前為馬每路一黨占踞攬權。彼時其服土耳其也。似乎藩屬。不似省部。阿里巴沙滅其黨。後更不願以藩屬事土耳其。乃欲自立焉。不惟如此。猶欲臣服土國附近省部。為此英奧普俄四大國

公使會於倫敦而定章程土國亦允其議於是將埃及一邦歸之巴沙並許其世代相傳惟令其每年進貢於土王仍尊之為王

又曰土耳其能自立自主不被他國征服割據此乃歐羅巴均勢之法最要關鍵昔時諸國懼其强欲滅之今則憐其弱欲存之蓋因埃及總督阿里背叛土耳其欲自立阿里割據數部土耳其君欲戡定之於一千八百三十九年（我道光十九年）土耳其陸師敗績水師遂降於阿里土耳其君又崩一面埃及攻之一面俄羅斯護之土耳其在兩國間勢難自主英法等國於是共謀管制五大國共論此事

又按萬國史記曰一千八百零一年埃及復歸土耳其一千八百三十四年又叛土人擊之不克阿里益跋扈會歐洲各國援土耳其阿乃反侵地納貢一百六十二萬圓約為藩國聽其徵兵子孫世襲然實不受土羈縻也一千八百五十年（我咸豐元年）卒傳之今代凡五世（今代謂光緒五年）

曰加義羅其都城也

儒按乘槎筆記稱都城曰改羅　又使西紀程作加意羅　又按地球說略曰埃及國有大城二一即介爾阿當（即此志之加義羅）今之京城也一即亞拉撒得城建於地中海之濱舊京城也

儒按列國歲計政要曰埃及為土耳其屬國之一當一千八百六年（我嘉慶十一年）土派總督墨哈密阿律（即阿里）轄治之以部下兵力得據其地十一年（嘉慶十六年）土王許墨哈密阿律主埃及國

傳位照土例擇長為嗣不拘拘於傳子嗣兵亂土王征之六十六年我同治五年土王肇錫嘉名
名其主曰濟建愛福爾彌塞歲供土王銀三千磅土王少之令其增貢許傳子不必循土例
於是歲供六萬六千磅加至七萬五千磅一千八百七十三年同治十二年六月王又許其主與
各國立約通商及養兵諸務今其主依思梅勒即墨哈密阿律之孫開國至今謂同治十二年第五
世主持埃及全權依思梅勒一千八百六十三年我同治二年即位世子墨麥得阜五十三年生
我咸豐三年國會有四文四武皆其主所派置兵戶外三部員襄辦國政疆土有六十萬方英里
分上中下三段省十一天時亢旱終年無雨民賴奈律江水即尼羅河今又名那耳江以資灌溉　又載
埃及所產之果名豆特
泰西人述麥西古事至次曰肥德　儒按徐氏志所載皆地理備考中語也四裔編年表少
昊氏四十年西歷前二千三百四十九年是年有洪水百五十日始平西國傳紀云西歷前
四千四年間開闢天地肇生人物有亞當子孫相傳千有餘年該隱嗣立無道天降洪水人
畜蕩然迨挪亞嗣立日漸繁庶有三子曰閃曰含曰雅弗分王其地為西洋諸國之祖按挪
亞之與諾咸閃與僧含與剛雅弗與肥德皆譯音之轉
阿非利加北土努北阿國奴北阿怒北紐必阿儒按一作努比亞地球說略又作努皮亞平圖地圖作努比喻
儒按泰西人合努北阿及阿北西尼亞而總稱之曰伊西阿比
阿非利加北土阿北西尼亞國阿八思尼阿哈北阿邁斯尼亞昆心域馬八兒儒按一作亞比西尼地球說略又作亞皮西尼亞

山嶺盤迴，岡陵錯雜。儒按：使西紀程曰：阿剌伯所屬高山，爲阿剌伯西尼亞，蓋土番也。紅海兩岸皆回教，惟阿剌伯西尼亞奉洋教，自爲部落，亦不與各國通市。頃以擒禁英人，英征之，入其滿克得林都城，其王戰死，爲別立王而還。

由西印度西行，有小島曰亞丁，英吉利之所據也。至海國聞見錄謂很不用刀截斷者，即指此也。

儒按：使西紀程曰：麥西，西洋人謂之埃及。海盡處分兩汊，東曰阿喀巴，地屬阿剌伯；西曰蘇爾士灣，地屬麥西。蘇爾士灣口，地爲亞細亞、阿非利加兩洲一線相連處，廣約三百里，介紅海、地中海之間。同治三年，法國大賽模以機器開河通舟楫，廣六丈，深不逾三丈，至同治九年始成，費至七八千萬。各國商人醵金爲之，以地屬埃及，竭與三分之一，往來徵船稅，按成分收其利。同治十三年，埃及以千二百萬金鬻之英人，於是英人合官民所出公費，約得全股之半。船由蘇賽江口入新開河，河僅容一船，中有數湖，往來船於此交互取道相避。三十六里至小苦水湖，過此則大苦水湖（亦名鹽湖）、阿美大賽拉賓二湖，則木薩湖、提格湖，至斯麥里亞，適當新開河之中。由此入蘇賽江，入小江，江路愈狹，兩岸沙山高十餘丈，舟行距岸不過數尺，又多作灣迴之勢。再過小巴拉湖，至滿薩磊湖，從小苦水湖到此共二十里。再五十四里至波賽北岸，達地中海。新開河故沙漠，下游尼羅江積沙上壅，成淤數尺，又有海潮沙，故於新開河入海處爲長堤，橫截海面以攔沙。北岸約長二百餘丈，南岸又數倍之。沙地不可得石，乃用機器積沙壓成之，長方約七八尺，寬厚二尺餘云云。然則蘇爾士已通水路矣。然

天生沙漠以限東西。雖以洋人之財力機巧，祇能引此一衣帶水，而不能不日防其淤墊，亦
可知前此千有餘年未有敢輕易施工者，良有以也。
又按光緒二年李圭環游地球新錄言：紅海地中海間陸路二百三十八里，蘇爾士在紅海
北岸。咸豐六年，法國人里息勃斯創議開鑿，於咸豐八年興工，同治七年十月告成。與前使
西紀程說小異。普法戰紀與李圭之說同，自當以新錄為據。開河之法國人，使西紀程曰賽撲環游錄曰里息勃
斯，曾侯日記曰勒色布斯，皆譯音之轉也。

阿非利加北土的黎波里國的黎不里　特利破里　直波里　儒按即今所謂巴巴里也　又平圓地球圖作特力坡里　地球說略則稱之曰特力波里

的黎波里在麥西之西，土耳其屬國也。儒按萬國公法卷一第二章第十四節：巴巴里之
於土耳其，頗為奇異。蓋其聽命既靡常，其進貢亦無定。故歐羅巴與亞美利加奉教之國，即
未嘗不視其為自主之國也。因與立和好交戰之議，與自立之回回國同例。中古時他國，巴
巴里諸邦為盜賊黨類；今則依例視為邦國。蓋邦國之所以異於盜賊者，巴巴里皆有之。有
定地，有法度也。

阿非利加北土突尼斯國都尼斯　土匿　儒按一作多尼思又平圓地球圖作吐逆斯

在的黎波里之西，至皆臨地中海。儒按突尼斯本屬阿爾及，今為自主之國，而納貢於土
耳其，聽其徵兵。地球說略稱曰土尼斯。又使西紀程曰：突尼斯地勢突入地中海，境內有

一山。横列海面。下有伏洲。僅中路可通巨艦。洋船過此。亦稱險惡。境過此北岸。已接法蘭西境矣。　光緒七年四月間。法國因突尼斯侵擾阿爾及。起兵伐之。

阿非利加北土　阿爾及耳國　亞爾日耳　阿利額

阿爾及耳在突尼斯之西。至今為佛郎西藩部。　儒按阿爾及古屬羅馬。繼歸西班牙。一千五百十八年。明正德十二年 有巴爾巴魯薩者。為海賊酋。叛西班牙。即王位。傳數百年。世世為海盜。泰西商船出入地中海者。至納稅求免抄掠。至同治二年。法國大舉伐之。其王降。至今為法國屬部。　又按巴爾巴魯薩。初亦隸土耳其。地球說略謂此國曰亞利及斯。平圓地球圖謂此國曰愛爾基力歐。列國歲計政要謂此國名亞圾爾斯。一名阿而畿里亞。法國之屬國。置提督武員以控制之。迨一千八百七十一年。我同治十年 法人復置總督大員。駐紮省會。以理邦政。百姓游牧者。出沒於撒海而拉。原注即大沙漠 無定蹤。故其地仍由提督管轄。地分三省。省分四府。府設府僚。然必由法國屬國部員議准施行。一千八百六十四年。我同治三年 法議會有人云。征服亞圾爾斯。糜費軍需一百二十兆磅。傷亡兵丁十五萬人。始克其地。顧其疆界不定。百姓之未服法者。游牧在外。不能包舉。約其地有六十六萬九千十五方結羅米特。比法蘭西本國大六分之一。土產以曷斯巴督原注做紙之料 為大宗。餘則五穀與錫。

阿爾及耳其都城也。建於山坡。曰阿士丹的納。　儒按地球說略曰工士丹底拿城。當即此志之阿士丹的納 其舊京城也。今平圓地球圖作康斯塔恩提恩。

阿非利加北土摩洛哥國（馬羅各　馬洛可　摩樂哥　儒按一作摩拉哥一作摩老科）

摩洛哥在阿爾及耳之西　儒按摩洛哥本屬土耳其至明嘉靖中自立為西回國不受土人管轄。又按列國歲紀政要曰墨哈密（即埃及開國之墨哈密阿律）之孫於一千六百五十年（我順治八年）即位。是為花瑟你朝之始祖傳至摩列昔提墨哈密即一千七百五十七年至八十九年間（我乾隆二十二年至五十四年）國頗强盛國例世代相傳以長老為嗣不必傳子與土耳其同然亦可不拘摩列昔提有第二人不立而立子摩列昔提卒後爭位五年子摩列嗜勒們即位及卒傳子雪提摩列墨哈們一千八百七十三年（我同治十二年）卒長子摩拉嘛山即位乃花瑟你朝第十六世也照例王有全權無律例文教議會之窒礙凡政務候王旨而行王並主教會部官不一定惟王所指。王有全權者以力為權宿衛兵八千人馬步各半國分二十八屬大小不均每屬置總督其權亦全屬地兵民由其調度而王則綜制之要隘二十四處各設礮堡其大者有五曰阿直美曰瑪式更曰嗜利曰蘇以那曰丹圾爾國教回回與土耳其波斯有異王以戈蘭經註解（戈蘭即可蘭）昔提李加利註解為宗皆寫本無刊刻者平時什襲宮中用兵則置營內兵將以此故出死力以保護之疆域接連沙海拉（原注即沙漠）界址未清約有二十一萬九千方英里

阿非利加中土尼給里西亞國（共三國）

尼給里西亞又名蘇丹（至）南接兵山　儒按今外國地圖。此邦以蘇丹名地球說略則又名

之曰蘇但國。此志所云岳山蓋即説略之月山也
曰丁不各都。儒按萬國史記蘇丹中丁巴都爲商賈薈萃之地。白人至此者僅有英美法
三國。各一名耳似即此志所云之丁不各都也
阿非利加東土各國共五國
亞德爾一作亞占 儒按亞德爾今名阿桑
桑給巴爾 儒按今名散西巴。
莫三鼻給一作摩散北一作磨山密 儒按地球説略作馬生別給今又名摩散母比克
阿非利加西土各國共三大國
塞內岡比亞 儒按地球説略有西尼降皮亞國。謂東界蘇但國及上奇尼亞國南與西皆
大西洋按其方位。則即塞內岡比亞也 按上奇尼亞即幾內亞 又平圓圖作賽尼剛母
比阿國。
幾內亞 儒按地球説略。謂幾內亞爲上奇尼亞國。公額爲下奇尼亞國。平圓圖作幾內亞
一作勾尼亞。徐氏謂幾內亞之西界即大西洋今按平圓地球圖其西有拉比里阿國再其
西方抵大西洋。或即幾內亞之屬部所分列國歲計政要作里比利亞國。民皆黑種一千八
百二十二年我道光二年始開闢四十七年我道光十七年八月立爲民主國先爲英所許。次法次比布巴
丹葡六十一年我咸豐十一年美亦許之國例照美國立正副伯理璽二人以二年爲期上議院

八人。四年為期。下院十二人。二年為期。如戶口增得一萬人。下院亦可增舉一員。國之西接大西洋。疆土橫有一百英里。縱有六百英里。會城曰孟陸維亞。平圓圖作孟老斐阿 土產柏杭姆。原注棗樹名

又按萬國史記謂上幾內亞王宮以人骨頭顱為飾。祭祀以人為牲。禮之厚薄視殺人之多寡。王家大祭則殺奴隸數十人。其歲入視掠奴隸為數。近禁諭出。比舊少減。黑人諸邦皆崇木石禽獸為神。而此國獨尊蛇。蟒見之則拜。納之蛇堂。皆茅屋。廣三四十尺。高稱之。中有數萬蛇。內架木便蛇升降。土人裸體入室。使蛇纏其身。

公額國 一作公我　儒按平圓地球圖作南幾內亞。又名下吉尼阿。

凡二部。北曰昂窩拉。一作安果拉 南曰奔給拉。一作奔該耳

阿非利加南土各國 共四國

加弗勒里亞 一作喀士列里　儒按當即開偲考老尼。詳見下加不。

荷丁多的亞 一作合丁突　儒按地球說略作霍丁得

加不一錨岋朴 一作岋阿穩曷朴又作好望海角　儒按今皆稱喜望峯又名好望角英國於此建大城名蓋比墩

儒按列國歲計政要曰。好望角向為葡萄牙人泊船之所。蕞爾小埠。一千六百五十二年。我順治九年 荷人望黎勒據有其地。一千七百九十六年。我嘉慶元年 為英人所得。四境加擴。一千八百三年。嘉慶八年 荷與英講和。復還其地於荷。一千八百六年。英人又據之。由是其地更闢。計有一千方英里。南盡印度南洋。北至瓦蘭江。原注以地多瓦蘭樹故名 上通梯斯江。一千八百六十五年。至六

十八年間。我同治四年至七年又拓地曰喀福勒里亞當即平圓圖之開㖿考老尼曰伯色多蘭。英國設總督一員以轄治之。設議會。皆英人。內二十一人。十年為期。十一人五年為期。又下院六十六人。五年為期　按喀福勒里亞。今皆稱曰開福　又光緒六七年間。土人叛英。英用兵征勦。亦為所敗。久之乃定

又按列國歲計政要曰。奈搭勒在好望角之東。本與合為一土。一千八百五十六年我咸豐六年始分治。為英屬地。英派巡撫轄之。有議會政會。置大兵官。及律例司。新疆記事使。度支使。又置觀察土民使。以及按察司。其政會乃巡撫於各員中酌委之。議會有各大員。巡撫又派十二員同討議。英之得奈搭勒也。未嘗折一矢。廢一錢。地有一萬八千方英里。海岸長一百五十英里。　又平圓地球圖有歐班那塔耳。即此地也

阿非利加羣島共九島

馬達加斯加爾大島一作馬大狎甲又作墨勒阿士喀又作聖老佐楞大島　儒按此島一作抹剌斯喀

丹徒李慎儒鴻軒氏著

江都夏霖夢峻氏校

亞墨利加一作亞墨理駕

前明宏治年間西班牙之臣有可侖者至先取可侖比亞儒按米利堅志。可侖原書作科倫布譯音之異也小再航新地。後一年伊大利人亞米利剛往來新地自稱在可侖以前見新地。其所記風俗土地甚詳悉其書甚行於世。於是人不復說可侖。其地名曰亞米利加源於此。蓋西人通例何人所闢之地。即以其人之名名之。

葡萄牙王為拿破侖所逼至巴西人逐去之儒按仍是班國之後為王。非逐也。詳巴西國

北亞墨利加之西北境有高山綿亘至北河諸水山。名曰石山。其自北至南。綿亘一帶。長約數千里。當即徐志之落機儒按地球說略曰。洲之西北有至高之押羅拉既俺兩山及大江五條。北曰麥經齊西曰可侖皮亞。南曰米西悉比。當即徐志之密士失必曰米蘇利東曰聖螺瀾素當即徐志之桑羅梭

新增

儒按加勒海。地球說略謂之加立皮恩海。

又按米利堅之舊金山。本墨西哥賣與米利堅。

又按萬國史記。美國於一千八百六十七年。我同治六年買俄羅斯屬地在北亞美理駕者。然則今已為美所有。非俄之地矣。此指亞墨利加西北角俄地而言

北亞墨利加英吉利屬部

北亞墨利加一土自米利堅以北至故仍爲英轄　儒按列國歲計政要曰。喀納塔國本北亞美利加迤北荒地。久爲英人所得。土宇遼闊。數十倍於英國南界美利堅西際北太平洋北盡冰海。東濱大西洋海。共三百四十八萬三千九百五十二方英里。計有七大省。曰杭答哩鶴。曰圭里孛格。曰努佛斯古勝。曰扭不侖垂。曰瑪那土拔。曰孛律鉄雪科侖比亞。曰佛靈塞鐵得島。原注名一千八百六十七年我同治六年三月。英議院將七省歸併爲一。七月初一日。奉准施行。總名之曰喀納塔。許自立章程。與英例大略相同。大權歸英君主。簡派總督大員駐紮其地。又置僚屬。分十三部。其一監理各部。其二掌律例。其三掌團練。其四掌關稅。其五掌度支。其六掌工程。其七掌捐輸。其八閣部。其九海部。其十掌書信。其十一掌冊籍。其十二掌版籍。其十三掌契帖。議會亦分上下院。上院由總督給印憑派委。其人必土著或入籍之時已久。年三十以上。有產業能值四千銀錢者。方許入院。日後產業或不足四千。即撤委。下議院議員。由民間公舉。以五年爲限期。例於一萬七千人中舉一員。其都會曰阿塔谿。在杭答哩鶴省內。各官咸駐紮焉。杭答哩鶴省有十二萬一千二百六十方英里。圭里孛省少一格字蓋虛字司光有三萬二十方里。努佛斯古勝有一萬八千六百六方里。扭不侖垂有二萬七千一百五方里。瑪那土拔有二百八十九萬一千七百四方里。孛律鉄雪科侖比亞有二十一萬三千方里。佛靈塞鐵得有二千一百七十三方里。此外有英屬地。未歸併喀納嗒者。曰紐芬蘭。有四萬二

百方英里。喀納嗒進口英貨爲多。出口貨至美爲多。出口至英之貨木值五穀爲多。　又按環游地球新錄。此國爲堪納荅

上加拿他在桑羅棱索河之上游一節　　儒按地球説略。作東加拿他大城之名與徐志同

下加拿他在上加拿他之東一節　　儒按地球説略。作西加拿他大城曰京斯敦

新不倫瑞克一作新本土咸在下加拿他東境之南一節　　儒按地球説略。新不倫瑞克地產樹最多。故木料出售於此爲盛。有大城曰聖約翰。國之大埔頭也

新蘇格蘭在新不倫瑞克之南　　儒按地球説略。新蘇格蘭產煤之所。有大城名赫立法

撒約翰島在新蘇格蘭之東北　　儒按地球説略。作新必列單。係土人以皮貨與英人貿易處。不言有城

新著大島在新蘇格蘭之極東北　　儒按地球説略。新著大島產魚最旺。有大城名聖約翰芝。

北亞墨利加合衆國圖説新增

儒按光緒二年。李圭環游地球新錄。美國富庶之區。皆萃於東北各省。各省中以三大城稱最。一曰費里地費。一曰紐約。一曰波士登　又云美國之東有地名柯倫比爾者。美之京畿也。在馬利藍之東南。勿賚尼阿之東北。居二省交匯之處。京城名華盛頓。按與徐氏圖之哥倫米阿馬理蘭勿爾吉尼阿音皆相合。惟徐圖只有紐約而無費波兩城。豈二城之建在咸

豐年以後輿新錄又謂華盛頓東北距費城四百五十里
又按費地里費係邊西威業之費勒特費也詳見後說在米利堅志為邊西威業。環游地球
新錄為嘖夕爾費呢阿係志為賓夕爾勒呢安皆譯音之轉　又波士登係緬馬溲米斯之
波士頓也詳見後說係志為麻沙朱色士國之摩士敦
儒按戈攬彌阿河西一帶又謂為合衆國新疆再西濒東洋大海三藩謝司戈城是為舊金
山係買之墨西哥國　又舊金山詳見卷一地球全圖澳大利之名新金山蓋對舊而言也

北亞墨利加米利堅合衆國

米利堅（米一作彌即亞墨利加之轉音或作美利哥一稱亞墨理駕合衆國又稱兼攝邦國又稱聯拜國西語名奈育士迭）
亞墨利加大國也　儒按今和約稱大亞美理駕合衆國按西語亞阿等字乃虛字可有
可無約言之則但云美理駕合衆國即奈育士迭譯出之華言也　又按各條款中則止稱
之曰大合衆國　又按今和約及公文稱美國之主曰伯理璽天德按環游地球新錄謂伯
理璽天德譯言大統領也
乾隆四十年紳耆聚公局至謀舉兵拒英　儒按乾隆四十一年西歷一千七百七十六年
也是年建國號曰合衆國至光緒二年西歷一千八百七十六年為美國立國百年之期特
開大會蓋乾隆四十一年開國至四十七年乃定也
自華盛頓至今（頓以嘉慶三年病卒）開國六十餘年　儒按彼國人所著美理哥志曰頓以嘉慶五年

卒。國人呼之曰國父　又志中載康熙二十年。英法兩國相爭。往來其間者已有本國人華盛頓。蓋另一人而同名者　又按米利堅志曰。華盛頓姓華盛頓。名卓爾治。費邦人。住婆多麥河堤岸。一千七百九十九年卒。是我嘉慶四年也。萬國史記曰。華盛頓勿爾吉尼亞州西摩爾蘭人。一千七百九十八年十二月十三日卒。年六十七。卒時則我嘉慶三年也。然西歷與中國不同。或十二月已交中歷之嘉慶四年。　又按大英國志稱爲若爾日華盛敦。若爾日與卓爾治。華盛敦與華盛頓。音皆相近。西語先名而後姓。則華盛頓固姓也。

儒按伯理璽天德之位。華盛頓歷兩任。凡八載。一千七百九十一年。則爲亞登士任滿後立遮費爾孫。歷兩任。凡八載。馬地遜代之。任滿。一千八百十七年。瞞羅代之。歷兩任。一千八百二十五年。前亞登士之子小亞登士代之。一千八百二十九年。查克遜代之。歷兩任。一千八百三十七年。范摽倫代之。一千八百四十一年。哈爾遜代之。未幾卒。副統領戎迨列攝理。一千八百四十五年。蕪年志多能玖志薄代之。次年迭納代之。卒於任。斐謨代之。一千八百五十三年。壁爾斯代之。一千八百五十七年。布堪南代之。一千八百六十年（我咸豐十年）。亞伯拉罕林根代之。衆推再留任。一千八百六十七年被刺殺。亞得烈潤遜代之。以罪廢。一千八百六十九年。格蘭多代之。歷兩任。一千八百七十五年（我光緒元年）。黑士代之。一千八百八十一年。嘉斐而特代之。時光緒七年也（嘉斐而特或作嘉斐路）。

以上各大統領世次。參合各說彙記之。然以年分計。黑士之在位一任則有餘。兩任則不足不得不疑黑士任滿去位後。或已另有一人接任。因事故出缺而後立嘉斐而特耳。惟考之光緒六年西報。則有美大統領海斯現與議員議。欲以舊統領格蘭特為兵馬大元帥云云。海斯音近黑士。格蘭特音如格蘭多。而又為一千八百八十年之事。則是統系相承。中間並無另立者。殊不可解

嘉斐路立數月。被刺殺。副總統亞薩代之

明正德年間至康熙三十一年復歸英轄

儒按米利堅志。緬馬澳未斯等地名新英。英人奉波羅特士旦教者（即耶穌教又名新教　旦字或作坦或作頓）不服加特力教（即天主教又名舊教）於一千六百二十年攜家來此。順布的遜河岸乘船覓地。為暴風漂至葛布剛突此地。亦屬馬邦。因上岸探得路一埠。土肥可耕種。眾大悅。名之曰玭理某。後以來者日眾。乃共開玭理某之北。移堅不列顛波士頓等地。數年之後。田土墾闢。貨物匯聚。商旅日至。如水赴壑。波士頓不特為馬邦首邑。實為英屬部中一大都會。　按麻沙朱色士即緬馬澳未斯。摩士敦即波士頓也

干捏底吉國（一作干尼底吉又作哥內的古又作突特底格又作捏的格爾）在洛哀倫之西

儒按米利堅志。干捏底格譯言長江也。

英吉利將領威廉兵據之。至乾隆年間歸合衆國

儒按此邦米利堅志云。名邊西威業。在特拉華灣開一埔。名費勒特費。運輸頗便。於聯邦為第二埔頭。其繁盛勝扭約

特爾拉華國

儒按米利堅志曰。瑞典開特拉華。名曰新瑞典

北喀爾勒那國至名之曰查爾士頓（未詳是查理第幾）儒按米利堅志云一千六百五十三年英人在費邦者先開諾格阿利納一千六百七十年開叟格阿利納後二年闢查爾士頓地洋語北曰諾南曰叟云云然則曌查爾士頓乃一千六百七十二年也計其時為英王者是查理第二

後又有臘里者亦來墾至產棉花煙葉會城曰喇里　儒按臘里英人名也即以名所建之城臘里攜烟草歸歐洲之人始知吸煙詳米利堅志

合衆國之西抵大洋海尚有荒地數十里一節　儒按亞墨利加洲與亞細亞歐羅巴阿非利加三洲兩背相對我之左彼之右也由中國往北亞墨利加者從日本之橫濱出太平洋東行一萬七千四百八十里則已繞地球背面而至北亞墨利加之西邊其土人皮色紫赤泰西人或稱之為紅皮人或稱紅人或稱紅苗或稱因顛即徐氏志所云因底阿土番也皆蠢蠢無所知美人於海濱建三藩謝司戈城以地多金礦故亦名金山官商皆歐洲白人無用因顛者因顛初亦小肆劫殺久遂相安美人因其本地主亦善待之故因顛族類繁滋今有九十餘萬口而地方則悉聽美國料理於是穴山腹跨水面造火輪車鐵路一萬零七十五里以達華盛頓都城環游地球新錄記自金山東至都城鐵路所經之十省曰卡釐方利亞曰宜發達曰由達曰威俟明（此境內有山當路穿通山腹在黑洞中行二里餘又山之多雪者則搭木架若深巷車行其中山多野牛奔甚速野羊大如驢）曰奈撥拉司加（此境內多居紅皮人有野狗小如鼠）曰哀俟窪（此境內有大鐵橋長二百七十五丈寬五丈以安車路從此後山川漸佳非復以前之黃

沙四起畀頗讚心矣曰伊林奈司亦有大鐵橋下可行輪船曰因的安納曰倭海爾曰噴夕爾費呢阿　按卡釐方利亞即克勒你阿邦宜發達即尼發達部由達即油島部威倭明即懷鶴鳴邦奈撥拉司加即納李拉斯葛邦哀倭隹即愛鶴阿邦伊林奈司即伊里拿輪邦因的安納即應地杭那邦倭海爾即幗海鶴邦噴夕爾費呢阿即奔細浮尼亞邦互詳後總說　又按地球說略曰初合衆國自立為主祇得十三省後從荒地開墾並從佛蘭西大呂宋買入數地遂擴有三十餘省前所有惟在大西洋今則相延而遠大東洋之側亦有分屬矣國之西即大東洋所界有一地本墨西哥所屬合衆國與墨人交戰墨人議和後賣其地於是此地遂為所有產金甚夥今中國人至是以掘金為業者數萬人即所謂舊金山也　國內大臣緣開國時祇十三省京城華盛頓建在中央今則添立多省此城不在全土正中矣

總按新增

儒按列國歲計政要曰有公天下者華興興字音近盛即盛字也頓統帥北亞美利加大兵拒英而立合衆民主國乃西歷一千七百七十六年我乾隆四十一年七月初四日也一千七百八十七年我乾隆五十二年議院始定國例頒行嗣有便於民者陸續增例十五條是為新例國之政權有三一行政之權伯理璽天德暨各部官是二議法之權國會之上下院是一掌律之權刑審各官是伯理璽天德與副伯理璽天德以四年為期其公舉之法各邦各有邦會由本邦之百姓公舉每邦會各選二員至國會上院而下院之員則視各邦民數之多寡而定舉數於是上

下院員會同指保再合眾邦之指保擇其所保之人多者而定正副伯理璽天德第在官食祿之人不得應舉當其未舉之先議院傳令各邦同日公舉不得略有先後所舉之人必本邦土著年三十五以上或入籍已十四年未曾他出者其主上院議席亦有正副正即副伯理璽天德例載每四年屆期於十一月第一禮拜二日為公舉之期次年三月初四日受事行政部員七人皆由伯理璽天德簡派第須上議院核准然後授職部員亦各有副外部猶常兼戶部兵部海部內部信部法律部凡七部而計議國是權屬上下議院各邦各會各舉之二人入上院以六年為期伯理璽有違例處下院呈訴上院上院承問例能削其權而褫其職以故議院所在即國例所在所謂社稷為重君為輕焉顧議院條陳諸事非伯理璽批准亦不能行而所以不准之故必逐條諸駁以付議院於是發上院者下院再加核議眾議員復得三分之二以為是者即呈伯理璽蓋印施行而伯理璽不復齟齬於其間矣發下院者上院再議如前例前朝有發還一次議院遂寢其議今則議上俟旨以十日為期過此則儘行矣下院議員每二年公舉例載二萬五千人舉一人至於每邦地方有關係事宜國會不能遙制仍由邦會自行酌辦各邦各有邦主謂之格佛那格佛那所辦一切與伯理璽同一體亦可派委員弁惟須本邦上議院應允乃可例載格佛格有違例受賄情弊許百姓指控而去之美國開國之初一千七百八十九年至九十一年（我乾隆五十四年至五十六年）為第一次國會每二年一聚故逢一三五七九等年為國會會議之期

又按環游地球新録。謂柯倫比爾者（即徐志所云哥倫比阿亦即平圖地球圖之科倫比阿）即美之京幾也。在馬利蘭之東南。（即馬理蘭亦即美立命）勿賽尼阿之東北。（即南喀爾勒那亦即南喀羅凌那又轉音為薩斯噶爾蘭那）居二省交匯之處。最得形勢。計地二千三百二十正方里。京城名華盛頓。建於遮次畢海灣西汊之尾。（平圓圖作昂斯羅灣按昂斯羅灣近在華盛頓側灣外大海名開力比海遮次畢武即開力比之轉音）東臨袍特密河。（平圓圖作散提江）縱橫各十里。予按新録所載柯倫比爾乃合眾國之總都會。不在眾國數內。徐氏志著於道光末年。眾國之數為二十六。列國歲計政要。著於同治二年。則云三十七邦。（西人記載通例凡合眾小國為一大國其總則謂之國腹內眾小國則謂之邦如日耳曼意大利亞瑞士奧地利亞皆然不獨美理哥也）環游地球新録。著於光緒三年。謂華盛頓初開國時為省僅十三。今共有三十九省。而不載各省之名。考政要三十七邦者。當一千七百九十年。（我乾隆五十五年）成聚十七邦。一千八百年。（我嘉慶五年）成聚二十邦。一千八百二十年（我嘉慶二十五年徐志所紀蓋此時之數也）成聚二十七邦。一千八百四十年（我道光二十年）成聚二十九邦。一千八百五十年（我道光三十年）成聚三十三邦。一千八百六十年。（我咸豐十年）成聚三十六邦。一千八百七十年。（我同治九年）成聚三十七邦。曰美吘。（當即緬邦平圓圖曰又作曼邦）曰紐喊杭賽（即徐志紐罕什爾平圓圖作紐罕受爾邦）曰佛網脫。（即徐志注滿的平圓圖作浮耳蒙特）曰墨守犇瑟黃。（即徐志麻沙朱色士平圓圖作麻賽楚賽實邦）曰陸特命（即徐志洛哀倫平圓圖作羅得邦）曰揹紡的克。（即徐志干捏底吉平圓圖作康乃狄克邦）曰紐約克。（徐志同平圖同亦稱日邦）曰紐貧府。（即徐志紐特爾西平圓圖作紐周耳西邦）曰奔細浮尼亞。（即徐志賓夕爾勒尼安平圓圖作嘖昔耳雉尼亞邦）曰特勒彎（即徐志特爾拉華平圓圖作代辣斡邦）曰美立命（即徐志馬理蘭平圓圖作麻里闌邦）曰伯其尼亞（即徐志勿爾吉尼阿平圓圖作浮耳基尼阿邦）曰拏斯噶爾蘭那（即徐志喀爾勒那平圓圖作北喀羅凌那邦）曰薩斯噶爾蘭那（即徐志南喀勒那平圓圖作南喀羅凌那）

邦曰蹻而迦即係志若爾治平圓圖作基奧耳基阿邦曰阿拉拔瑪即係志阿拉巴麻平圓圖作阿拉巴麻邦曰美雪雪比即係志密士失必平圓圖作米西西比邦曰羅衣丟阿那即係志魯西安納平圓圖作魯西安那邦曰國海鶴即係志俄海阿平圓圖作俄海俄邦曰指得記即係志干的伊平圓圖作肯特基邦曰特納西即係志田納西平圓圖作田乃西邦曰應地杭那即係志英第安納平圓圖作英氏安那邦曰伊里努翰即係志奕係諾爾平圓圖作乙凌奴耳邦曰密鈕律即係志密蘇爾薩平圓圖作密蘇耳里邦曰阿根梢即係志阿甘石平圓圖作阿干掃邦曰密希梗即係志密勒安平圓圖作米番干邦曰福祿力大即係志佛萬爾勘釐部平圓圖作佛羅里答不未言是邦此則列為邦矣曰脫瑟綏平圓圖有台克賣斯邦必即此邦係志譯魯西安納國之西交得撒界今西人所書書及地圖皆無言得撒者為米利堅之西南墨西哥之東上有此邦且得撒二字得又作待與脫同母撒與瑟同母綏與斯同音乃西人語中虛字可有可無之字即脫瑟綏即得撒無疑台克賣斯又譯音之轉者也曰愛鶴阿華即係志咸士干遜部南衣喻部平圓圖作愛烏阿邦曰會其剛生即係志咸士干遜部平圓圖作咸斯剛星邦

以上共三十邦內除福祿力大邦脫瑟綏邦愛鶴阿邦會斯剛生邦皆係志所稱部落不名為國者則為二十六國可以按其方位而得

曰納李拉斯葛環游地球新錄記所經之處哀倭窪省西為奈撥拉斯加省哀倭窪即愛鶴阿也據地理之形勢推之奈撥拉斯加即平圓圖之百白拉斯喀邦即此邦與疑曰麥納索德當即平圓圖明乃蘇塔邦曰克勒方伱阿即平圓圖開里佛尼亞邦金山在此邦內曰瓦立根當即平圓圖之奧來根邦在落機山之西係志所云阿里顏達多里部中地方曰欽出斯當即平圓圖之干薩斯邦

按自脫瑟綏邦北即欽出斯再北即納李拉斯葛再北即麥納索德皆係志咸斯頓達多里及咸斯頓底特力兩部落中地方

曰會斯佛其尼曰納伐阿達平圓圖開里佛尼亞邦之東為尼法達當即此但稱為部不稱為邦

以上三十七邦之名俱全矣其納李拉斯葛以下七邦乃徐志所無者。

又按光緒二十三年夏（西一千八百九十七年六月）西報云美利哥合三十八邦。曰緬曰可倫比亞曰乇夢讌。曰買殺之昔子曰陸讀倫曰空內恰脫曰紐約曰紐若西曰亰錫路乇泥亞曰特拉回爾。曰麥累蘭曰乇實泥亞曰回思乇實泥亞曰奴思卸路來那曰騷司卸路來那曰若爾治曰華波育曰密溪[illegible]曰肯塔凡曰富六理達曰田你怱曰阿拉巴麻曰密士火必曰羅衣細阿捺。曰英凡阿捺曰一提奴司曰阿庚殺司曰密槎里。曰回斯庚力曰愛蛙挖曰脫閘司曰加利福泥亞。曰密泥蘇達。曰而里共曰庚殺司。曰耐波拉蘇甲。曰耐乇達不指羅拉。只三十七邦。蓋合華盛頓而為三十八也

又按列國歲計政要謂三十七邦之外。其未成邦者十處（未成邦則部落也）曰阿列所那。（即平圓圖之阿里蘇那部亦在落機山之西其南即墨西哥國界）曰考陸拉徒。（即平圓圖之考老來杜邦是已成邦矣南即紐墨西哥近在落機山之東麓或亦墨西哥之也併入美國者）曰得國塔（當即平圓圖之代科塔邦是亦成邦矣）曰愛塘花（即平圓圖之愛代如邦是亦成邦矣）曰門他那（當即平圓圖之莽塔那邦是亦成邦矣）曰紐墨西哥（平圓圖名與此同而稱之曰邦是亦成邦矣）曰油皇（地球新錄自舊金山赴美都所過之處曰卡釐方利亞即克勘方係阿邦也曰宜發達即平圓圖尼法達部也亦即政要納代達邦也曰由達即平圓圖之優達哥優油二字音相近由又爲作由鳥與達字母與音亦相近則油島必即優達哥）曰華興頓（華盛頓政要皆作華興頓興盛二字音相近也平圓圖謂之華盛頓邦在舊金山之北近臨大東洋其極北有地名科侖比亞皆非近臨大西洋之華盛頓都城科侖比亞京畿也平圓圖謂之華盛頓邦是今亦不復以為部落已成邦矣）曰懷鶴鳴（即平圓圖之瓦愛俄明邦是亦升部落而成邦矣）曰阿拉斯加（一作阿拉斯喀乃美之極西北境近臨拜凌海峽本俄國之藍札加同治六年賣與美互詳俄國說）以光緒六七年間新刻平圓地球圖參考此十處中部落而聚成

邦者。又有七合之三十七邦。則為四十四邦。又平圓圖於納伐阿達但謂之尼法達部不謂之邦。而於伯其尼亞既謂之浮耳基尼亞邦。更於邦之西增一邦曰西浮耳基尼亞以所增之邦。補所減之邦。則仍係四十四邦。如亦以尼法達為邦則成四十五邦矣。

又按一千八百六十八年。我同治七年布國人希理哈著防海新論紀美國南北交兵事大概謂近三十年來。美國南北兩方之人。因風俗不同。政令互異。彼此不能相睦。遇有會議之事必各存意見。互欲爭強如是者久之。遂分為南北兩黨竟成仇敵。然南方之人大半務農北方之人。多嫻工藝。本各安居樂業。迨一千八百六十一年。我咸豐十一年應推某人為諸部之長按是年新立伯理璽天德乃亞伯拉罕林根一作凌更出身係伊里挐翰邦亞伯拉罕即伊里挐翰之轉音也希理哈蓋自以同時之人未便明言為誰而渾之曰某人其人平居議論常有刻待南邦之心。每欲革其風俗奪其權柄。南人已熟知之。至其當國之日。南方各部悉不服其統轄。自擅國政。自設國法。自立國主。以與北方之邦相絕。於是年四月十二日在查斯敦港內色未塔堡壘。放第一聲礮為起事之期查斯敦即係志北喀勒那國之查爾士頓平圓圖之北喀羅棱那邦政要之揮斯噶爾蘭那邦也就新論中所紀地方。考所謂南方起事之邦。曰挐斯噶爾蘭那邦。薩斯噶爾蘭那邦。美雪雪比邦。羅衣西那邦。脫瑟綏邦。伯其尼亞邦。阿拉拔瑪邦。蹻而迦邦。用兵四年餘至一千八百六十五年。我同治四年而後定。蓋物眾地大。聯合為一。經營駕馭。非易易矣。

又按列國歲計政要曰。美國鐵鑛已開者計有十六邦。奔細浮尼亞獨旺。銅礦已開者九邦密希堙即密西梗得五分之四。煤油有四邦。奔細浮尼亞獨多。金銀出處甚多其極旺者曰納伐阿達。曰克勒阜你亞。（即克勒方你亞舊金山在此）邦曰忙帶納（即門他那）曰愛踏花（即愛塘花）曰考勒拉度（即考陸拉徒）餘五省略少。

又按列國歲計政要曰。美國幅員當一千八百七十年（我同治九年）有三百六十萬三千八百四十四方英里。併江河水道而計之共四百萬方里有奇。以畝數言之（儒按外國一畝合中國五畝五六）有一千九百四十二兆畝。有奇錢糧關稅一。內地各捐。國用水陸兵餉。一國債利關稅抵官俸兵餉。內地各捐。除還債利餘。還債本。及雜費。按美利堅開國未久。土地肥饒。物產充溢。民皆殷富。歲有輸將。每多餘羨。先期議院按國用之多寡。而賦稅必期稱是。無使過贏。此藏富於民之良法。故國庫素無藏鏹。遇有大繇役。議院一籌畫則數十百萬。應期而集。蓋國為民之國政。即為民之政。而下議院實財賦之所自出。泰西各國皆如之。議院以歷屆度支屢有盈餘。每為減捐薄賦。一千八百七十二年（我同治十一年）裁去銀票捐。以是內地捐。祇存酒捐烟課二項。而歲復有贏。議院因以奇羨之款。償民債本。查美國民債本屬無幾。一千八百六十一年。南北爭戰。軍需以億萬計。明年始借民債二千七百八十三兆四十二萬五千八百七十九元。合英銀五伯七十九兆八十八萬三百九十一磅。至七十三年（我同治十二年）已還債本五百餘兆元。

又按列國歲計政要曰。美國例載第八條。招兵籌餉。總歸議院辦理。伯理璽天德為大統領。調度水陸。控馭中外。置一軍機處。參贊戎政。一千七百九十年（我乾隆五十五年）議院以通國分布營兵不過一千二百十六人足以彈壓明年增九百人九十二年我乾隆五十七年議定各邦壯丁籍為留兵有三兆二十四萬五千人以備調撥一千七百九十六年我嘉慶元年美兵約二三萬人一千八百六十一年美之南境叛亂礮臺各兵不過一萬四千人按海防新論南北花旗因其洲獨在大洋之中不與強鄰接壤故素不以邊備為急且百姓亦不願多養坐食之兵是以美國之兵邦步兵不過十營馬兵不過五營礮兵不過四營與工程之兵不列營伍者共計不過一萬四十人是合南北各邦之兵一萬四千人也攻興請兵約二三萬南境叛亂守兵不過一萬四十人似是南北兩境各邦合之為二三萬兵及南境已叛北境但存一萬四千兵者疑誤新論係記南北交兵之事且希理哈身歷戎行四年當較確也四年爭戰增兵凡二百六十七萬八百七十四人事平兵悉歸田議院議定截留三萬人分守要隘以為常制陸兵每人充兵五年始罷歸分戍兵計十一處設四營寨以領之美國民間無不習武藝有警則盡人可將可兵蓋不獨寓兵於農且寓於士工商也泰西各大國類然

按又曰美國造鐵甲礮輪船及礮兵輪船之船廠有十處曰霸子瑪曰揩而斯當曰北羅筆林曰阜立特非亞曰離島曰紐倫敦曰華興頓原注即都城曰罕福曰奔色哥拉曰曼而島

又按萬國公法卷二第一章第七節曰美國出告云歐羅巴連橫之邦如欲行其政在亞美利加一洲之內則必致我美國難以久安常治就歐羅巴而言我美國早定箴規後雖諸國久戰我則堅守之各國內政我則不謀之國既成立我則認之與之論交際敦友誼我則不傷之凡此堂堂修信加國仍有討索於我我則理直之各國橫逆加害於我我則防禦之

又按同治七年六月初九日續增和約第八條凡無故干預代謀別國內治之事美國向不

以為然。至於中國之內治。美國聲明。並無干預之權及催問之意。即如通鐵路、電線各等機法。於何時照何法。因何情欲行製造。總由中國　皇帝自主。酌度辦理云云。據以上兩事言之則美之較英俄等國猶為此善於彼

節錄環游地球新錄書華人寄居美國始末情形篇

卡釐方利亞省之三藩謝司戈城。華人稱之為舊金山。美西海濱一大都會也。華人在美男女約共十六萬名口。居三藩城者約四萬。居卡省各城者約十萬餘。皆散處腹地各屬。三藩城立有粵人六大會館。南海番禺順德附三水清遠花縣 約一萬一千人。陽和會館香山東莞增城附博羅 約一萬二千人。岡州會館新會附鶴山四會 約一萬五千人。甯陽會館新甯凡姓余人不入 約七萬五千人。合和會館新甯余姓開平恩平 約三萬五千人。人和會館。約四千人。其不入館者別省人及教徒優伶共約二千人。婦女約六千人。良家眷屬十之一二。餘皆娼妓。此光緒二年夏季之數也。按卡省舊屬墨西哥。南土為墨人牧場。北土皆紅皮土番。後乃屬美。道光二十八年秋。初知其地產金。各國人趨之如鶩。時有華人充洋船水手至其地。獲貲而歸。力勸親友航海至咸豐元二年。連引日多。始刱三邑陽和四邑新會新甯恩平開平 三會館。三年分四邑之新甯為甯陽。分陽和之新安為人和。同治元年。新甯余姓復合四邑之開平恩平為合和。四邑之名。旋改為岡州。即今之六會館也。以同治元年計之。不過六萬人。捲烟業者十之二。每日工資二三圓。別項作者數略同。工資梢減。其餘六成。則皆攻鑛。其時各國鑛工。畦分畛別。各食其力。嗣因金鑛開清。咸歸

工藝。凡捲烟葉、做鞾鞋、織絨布、洗衣、打纜、築鐵路、力田牧畜，華人工良價賤。現減至每日工值洋銀六七角至一元，而西人之作工者，日恨一日。洋人中有所謂愛利士者（英屬愛爾蘭人），最狡悍，遂立一會，專以阻碍華工，故華人呼之為會黨，欺淩毆辱，皆出若輩。美國有准他國人寄居六年後入美籍之例，愛爾蘭人已皆入美國籍，故卡省之官亦彼黨居多，華人從無入籍者，是以美亦深悔之。蓋美國前皆紅皮土番所居，全賴各國之人往歸成國，而不意得資即回也。近來每年每年到者約八千，回者約五千，逐年加多。美又無禁人入境之例，故百計欺淩，意在傳播中國，使自然裹足。彼黨人今春誣六會館華人買人作工，取利肥己，及私設衙門，申詳美京，請禁止華人入境。迄未批復，不審有所善處否也。華人於彼為商者，百纔四五，中國之傭僱寓美華人。前利頗厚，近則輪船二三月一至，各傭難以居奇，日趨日薄，然嘗獲之易，究勝中華。

又按光緒六年十月十五日，即西一千八百八十年　月　日，美使在京新定之約，其第一欵曰：華工到美國，若有碍美國利益之處，准由美國設法限止，但不准有苛待情事。此專指工人而言，其餘人等不在此欵之內云云。語涉含糊，有碍則聽其定罪名，設法則聽其處置矣。

浦珉雜志

卷□總按新增

瀛環新志卷十

丹徒李慎儒鴻軒氏著　　江都夏　霖夢崚氏校

北亞墨利加南境各國

墨西哥羨之嘉慶十五年畔西班牙西班牙征之九年方克至與米利堅有治亂之分焉

儒按萬國史記曰一千八百十三年諸部叛西班牙一千八百二十二年（我道光二年）推大將奧古斯丁依多昆德為皇帝明年廢之為共和政治以威多利亞為大統領後又廢之歐德拉撒代立未幾又廢之基爾列羅代立數月又廢之一千八百二十九年皮斯胥門為大統領當時有二黨一欲立聯合共和政體一欲設合一共和政體合一共和黨魁三達安那終得志為大統領一千八百三十八年國人作亂逐之越三年復任大統領北部之得撒州叛歸美國爭之不得乃與美和國日貧弱一千八百五十五年國人分五黨三達安那出奔他國自是屢易大統領內訌不止一千八百六十年（我咸豐十年）蘇亞勒士執政先是墨西哥港口為英國海軍所封又失北方州郡於美墨人怒行事過激一千八百六十二年英西法三國合兵討之蘇亞勒士懼求和納償金英西旋師惟法人欲乘此立威明年五月進兵攻拔彪不拉進破其都城蘇亞勒士遠遁北地法人廢其共和政立奧地利亞皇族馬西密憐為皇帝立三四年國中共和黨人叛之馬西密憐倉皇走給勒達羅一千八百六十七年（我同治六年）法回軍去勢益孤遂為墨人所殺蘇亞勒士復得志變君政為共和政自為大統領國亂愈甚

一千八百七十二年。（我同治十一年）蘇亞勒士卒。大審院長鐵實耶潤（一作鉄亞達）代立國內少康。
大部十九首曰墨西哥至會城名美里達　儒按列國歲計政要曰。墨西哥有十九部落。各
治其事。屬西班牙。後合為一國在一千八百二十一年（我道光元年）叛西國而自立始稱合邦民
主國。一千八百六十七年（我同治六年）二月。議定國例。立伯理璽天德。置上下議院上院每百姓
八萬人舉一人。年須及二十五歲入籍八年以上者。在院以二年為期上院每邦舉二人蓋
由邦會內選舉者。年須三十以上。伯理璽天德與副伯理璽由上下議院公舉以四年為期。
都城曰墨西哥。行政分義部戶部內部兵部海部外部工部。錢糧出關稅居多。國用以兵餉
為鉅。近來日不敷出。一千八百六十五年。（我同治四年）官單國債實數六十三兆四十七萬一千
四百五十磅。歲利三兆九十四萬五千九十四磅。除內地民債外。他國債銀。俱不承認。歲利
亦未繳。法國是以有十年前興師問罪之舉。地有一百三萬四百九十二見方英里。一千八
百七十年。（我同治九年）出口貨值四百八十二萬七千磅。內有銀錢（名曰秘瓆即現今通用之鷹洋銀）三百四十
四萬二千磅。餘則礦銅喀吃呢拉。色（原注染紅粉）靛青牛羊皮曼好格麗木及各木植。地方銀礦
之盛。莫之倫比。前所掘之礦。久已停工。一千八百六十四年。（我同治三年）復設英墨公司開挖至
今。其間極美之礦地有二。曰黎阿特綱。曰法祖格。距都城六十英里
道光九年畔墨西哥。至乃聽其自立為國　儒按不知何時仍歸為墨西哥郡縣。故有墨之
北方州郡叛入美之語見前墨國說。　又按四裔編年表。道光二十六年。西一千八百四十

六年美國與墨西哥戰明年墨西哥降得其數地則得撒歸美當在此數年中按今西洋所刻地圖墨之東美之西南無所謂得撒者乃美三十七邦內之紐墨西哥邦紐即新也本墨屬部台克賽斯邦魯西安那邦米西西比邦阿拉巴麻邦基奧耳基阿邦其邦名雖未能詳悉源流而阿拉巴麻固徐志所云得撒屬部也又地圖阿干掃邦有阿干掃江流至米西西比邦為米西西比河入海徐志所云得撒之巴拉索河巴拉音輕讀速讀則近於阿干索近於掃蓋得撒已全歸於美矣

危地馬拉在墨西哥之東南至會城名新危地馬拉　儒按地球說略稱此國曰跨的馬拉國其舊京城跨的馬拉被洪水又地震城為之壞後復建一城名新跨的馬拉即京城也

又按危地馬拉今名告提抹辣列國歲計政要曰告提抹辣國地有四萬一千八百三十方英里本西班牙屬地一千八百五十九年我咸豐九年十月自立為國與徐志所云附墨西哥者不合置會議上下院上院二十四人下院五十二人議員以四年為期下院皆百姓公舉上院即於下院中揀選立伯理璽四年為期置部官其舊都名有六萬餘一千八百七十三年我同治十二年火山迸裂地震坍陷人去其大半止存二萬餘新遷之都名新告提抹辣按徐氏之志成於道光末年地球說略成於咸豐六年已有新危地馬拉新跨的馬拉之說此殆其新後之又新歟土產靛青喀吃尼拉原注蟲名色紅為染物之用茄啡五穀按英商與中亞美利加貿易者計五國徐志從巴拏馬分洲為南北政要以巴拏馬附近一帶地方為中然後分為南北也曰考斯搭里噶即哥斯德爾黎加曰杭杜辣即閔都拉斯曰呢加拉乖即尼加拉瓜曰山薩佛道即桑薩爾瓦多耳其一即告提抹辣與四國

載商貨過乎之其海口有三新告提抹辣都城通太平洋依賽伯瀕大西洋山福陲瀕太平洋

曰桑薩爾瓦多耳國至會城與國同名　儒按桑薩爾瓦多耳今名聖薩發道（見平圜地球圖）又名山薩佛道中亞美利加五國之一政要曰地有九千五百九十四方英里本與杭杜辣為一國一千八百五十三年（我咸豐三年）始分治六十四年（我同治三年）定例國常有亂乃屢修改之議會上院十二人下院倍之立伯理璽以六年為期置部官二一掌戸兵內一掌文教民以耕種手藝為務並開鉄礦土産五穀靛青茄啡藥料會城曰山薩佛道一千五百二十八年築（明世宗嘉靖七年）地多火山常常地震至一千八百五十四年（我咸豐四年）地大震城坍地圻民改於他處築城名曰新山薩佛道七十三年（我同治十二年）又因火山震坍

曰關都拉斯國至會城名哥麻牙依　儒按關都拉斯今名杭杜辣列國歲記政要曰杭杜辣為中亞美利加五國之一其先本聯邦混一屬西班牙後乃分治一千八百三十九年（我道光十九年）自立為國一千八百六十五年（我同治五年）定國例置議會上院七人每歲調換三人下院十四人每歲調換七人伯理璽四年為期下有三部官其二部由伯理璽派委一部由上下議院公選又有掌律例大員地有三萬九千六百方英里都城曰土麥野軋土産曼好格釐木（即紅木之最佳者）牛皮茶靛青牛羊沙沙配力拉（原注藥名）

曰尼加拉瓜國至會城名良　儒按尼加拉瓜一名逆喀拉夸又作呢加拉乖政要曰呢加

拉乖者。亦中亞美利加小部落地。有四萬九千五百方英里。一千八百五十八年（我咸豐八年）始定章程。置議院上院十人。下院十一人。皆百姓公舉。四年為限。立伯理璽主。亦期以四年。行政分戶部外部工部兵部海部。土人游牧在野。多於城居。歐洲人極少。舊都曰立昂（一作里昂）距太平洋海口十里。四圍火山五座。烈焰飛灰。城名盡沒。新都曰麥那乖。亦逼近火山處。亦未能久居。貿易寥寥。

曰哥斯德爾黎加國。至會城名桑若塞。

儒按哥斯德爾黎加。今名考斯搭里噶。政要曰地有二萬六千四十方英里。初屬西班牙。一千八百四十二年（我道光二十二年）自立為國。四十七年定國例。議會上院二十人。下院二十九人。皆百姓公舉。立伯理璽及副伯理璽。以四年為期。置二部官。一掌戶義外等務。一掌內兵海工等務。由伯理璽派委。太平洋海口曰奔打阿里那。商船所泊。

危地馬拉之東南。為南北亞墨利加連界之地。（全節）

儒按光緒六年十二月初六日。即西歷一千八百八十一年正月初五日。前開蘇爾士新河之法國人。帶傭工機器由法都巴黎起程。赴巴拿馬興工開空。　又詳可侖比亞

南亞墨利加各國

可侖比亞（一作可侖巴。又作金加西臘）　南亞墨利加極北境也

儒按據光緒三四年間西人紀載。可侖比亞已服屬於英吉利。其始於何時則未詳。

西境安達斯大山衆峙　儒按地球說略作安地師山

道光十一年仍舊三部分爲三國　儒按地球說略載所分三國一曰宜蘇意拉國（即徐志之委內瑞辣）京城名加拉克四（即加拉架）一曰新加拉挪大國（與徐志同）京城名波哥得（即波哥大）一曰依怪佗國（即危瓜多爾）京城名既多（即基多）

儒按可侖比亞舊爲三國合一之總名今可侖比亞與三國各自立邦不相統攝故錄

列國歲計政要之說於左

列國歲計政要曰可侖比亞國一作科侖比亞最爲西班牙所關有四十三萬二千四百方英里其地分九邦曰伯納瑪曰山喋特曰拷茄曰北亞迦曰根廷那瑪迦曰杭的華迦曰託里瑪曰波里伐曰鸞呸特里那一千八百六十一年（我咸豐十一年）始合爲一以爲合衆民主國一千八百六十三年（我同治二年）五月定國例立伯理璽天德以二年爲期議法會分上下院上院二十七人每邦派三人下院六十六人每邦於五萬人中舉一人再分二萬人中舉一人各邦有主者亦有邦會議事皆地方公舉國之上院置副伯理璽主議府置四部官根廷那瑪迦之薄穀他即其都會土產棉花拷爵（原注即象皮料）靛青秘魯樹皮伯納瑪西邊太平洋六百里東邊大西洋四百里商賈聚集之海口曰怕郎伯納瑪界隔兩海居南北亞美利加之脊所謂巴拿馬是也美國人久思開通免行船紆遠之險六十九年（我同治八年）美與立約即於彼處山脊所通濶約六里二年內由美人量繪五年內開辦期以十五年一律深通既通之後歲

收商船稅銀。科侖比亞得十分之一。俟美國收足工本後，乃得十分之二分五。然訖今未開通也。

新加拉那大國在西北境　儒按平圓地球圖。新加拉那大。今名紐克來乃大

由巴拿馬一綫與北亞美利加相連　儒按巴拿馬今歸可侖比亞國。

厄瓜爾多在新加拉那大之南　儒按列國歲計政要曰。厄瓜爾多國。今名唵蒯道國。疆域二十一萬八千九百八十四方英里。向屬西班牙。一千八百三十年（我道光十年）五月自立為國。四十三年（我道光二十四年）議定國例。立伯理璽以四年為期。置會議上下院。上院十八人。下院三十人。皆公舉。歲於九月十五會議。不俟伯理璽之諭也。其舉伯理璽也。先由百姓公舉九百人。九百人復相推擇。第一為伯理璽。第二為副伯理璽。伯理璽行政置三部官。伯理璽例不能預議院之事。而於部員則責成之。政務不愜輿情。議院例可詰問。伯理璽有不合。副伯理璽可以接辦。自上下。悉為平等。無貴賤尊卑之分。邇年（謂同治十二年以前）國頗叛亂。蓋無天澤之分限故也。通商海口曰乖雅飛。貿易惟英獨多。土產科啯拷爵等物。

委內瑞辣在二國之東　儒按平圓地球圖。一名番乃賽拉。　又按列國歲計政要曰。委內瑞辣者。本紐格侖那大（即扭克來乃荅，亦即新加拉那大之轉音）之地。屬西班牙。有三十六萬八千二百三十五方英里。一千八百三十年（我道光十年）自立為合衆國。定國例。嗣是諸部落各思分治。兵爭數年。至六十四年（我同治三年）四月。因悉循美國章程。國分十三省。各省自有政權。置律例官。自開銀

礦立伯理璽。又有副伯理璽主議席。皆民間公舉以四年為期一千八百七十三年（我同治十二年）例。伯理璽於議會條陳不能批駁阻止。議員亦民間公舉。又公舉部員六人。凡在齊民能習書識字。不分貴賤。皆得預選政。四十七年來（謂自一千八百二十餘年以後至七十三年）國常亂。有欲伯理璽總攬各部落大權者。有欲分國之柄而自主者。政者國無一尊。故釁易起也。地土肥饒。五金礦所在多有。民皆務耕種。故經商者寥寥。土產棉花。

秘魯（或作庇魯一作李露又作佰路又作北盧）南亞墨利加名國也。舊與玻利非亞合為一國。今分　儒按地球說略。作比路國。又按列國歲計政要曰。秘魯國為西班牙開闢亞美利加洲最初之地。經營獨久。疆土五十萬二千七百六十方英里。一千八百十年（我嘉慶十五年）叛亂。爭戰幾十餘年。一千八百二十一年（我道光元年）班國內訌。遂棄其地。秘魯乃自立為國。推桀黠者為雄長。一千八百六十七年（我同治五年）始定國例。置議會上下院。下院議員由百姓公舉。每三萬人舉一人。蓋各省先舉若干人。萃於各省會。由省會再選送下院。上院議員每省派二人。計四十人。下院則倍之。伯理璽置正副二人。以五年為期。行政有外部內部義文部戶商部兵海部。皆伯理璽派委。一切照民主國例。行教除天主教外。槩不許入境。國用多出自古阿那古阿那者海鳥糞。或謂其灰土肥沃。足培各種植物之用。而其實不盡鳥糞。明化學者分辨其質可用物質配製。故西人有自造古阿那者。取以滋其田土。甚肥澤焉。一千八百七十二年（我同治十一年）置兵一萬三千二百人。鐵甲礮輪船六號。其一名黌格茄伯。在美國購到。有活礮臺磨旋開礮置五百磅彈大礮三尊自頭至尾包裹鐵甲甚厚臨陣時船可沉下出水六寸許敵礮不能及而行駛如飛上有熱滾水管開其關捩則滾水沖人而敵不得上此奇構也都城曰黎瑪（即利馬又作利麻）都城海口曰泊嗒羅即兵船駐泊之所國分十八省曰祕吾拉曰加亞瑪格曰阿墨旅奈曰陸勒督曰立孛搭曰杭嘉闍曰林船曰喀羅曰俄臨曰王加福祿曰花衙諾喝曰依近曰額牙股骨曰古寺谷曰普孥曰阿律記巴曰墨記括曰亞拉伯格因開礦新繪輪鐵路共有一千八百英里之遙其中最要者從都城至話路耶海口二百二十二英里更有孥（即阿字）律記巴至普孥之鐵路中隔雁題詩山（安達斯轉音為安底斯又作安氐斯此又其轉音）開斫穿通長一百八十七里四五年內總可蔵工（謂自同治十二年以後也）又按萬國史記曰一千八百二十五年（我道光五年）分為祕魯玻里非為二國大將克黎俞士併謀二國為一不能如意加以二國皆醉心歐洲共和黨過激之論內訌不止大統領拔爾達以一千八百七十二年（我同治十一年）為下所殺巴爾鐸代為大統領

光緒四年七月上海新報譯出西報論祕魯國形勢一篇照錄之以備考

祕魯國在南亞美利加之西自赤道南三度二十一分起向南至二十二度三十二分止海岸自西北而東南長四千餘里濶十八經度半地面計有五百五十萬方里中有峻嶺二一南一北積雪山巔終年不化地勢高低不一分五處第一處沿海邊高至四五千尺春夏秋三季均無雷雨惟冬微雨山澗之旁闢地以耕產甘蔗棉花芭蕉觀音米餘多砂石第二處

比第一處又高一倍。夏季雷雨並施。而在晚間尤多。故無苦熱之憂。冬則嚴寒。入夜尤甚。近海岸則雨水絕少。故沿海居民屋多平頂。山居屋頂皆斜。蓋土產米麥山薯蘋果葡萄。另有紅仙人掌。以汁染物。鮮艷無比。第三處為平原。然亦高低不一。且寒燠不時。竟有朝披葛而夜御棉者。雖季夏亦時有凝冰至冰雹雨雪。則無時無之地。多豐草。故居人多以養牧牛羊為業。第四處與第三處相仿。惟冰雪更甚。第五處則山川叢雜。天氣甚煖。雨澤亦多。河道寬濶。可通舟楫。地勢較低之處則炎熱非常。稍高則煖寒適中。百物滋生。為秘魯最佳之地。惟居民無多耳。境內水道則分為三。西流者入太平洋。東流者入大西洋。惟南流之水不入海而入鹹水湖。湖名鐵梯喀卡。國中部落二十一。分九十七府。再分七百八十一縣。

儒按同治十三年五月十三日。即一千八百七十四年。秘魯國全權大臣葛爾西耶。與李合肥所定和約。稱秘魯國主曰大伯理璽天德。和約凡十九條。十九條外另立專條。大略云。現因秘魯地方有華民多名。且有稱該華民有受屈之處。茲欲兩國通好。一面由中國派員前往秘國。將華民情形徹底查辦。並出示曉諭華工。以便周知。一切。俟委員到時。秘國無不諭知各處地方官。竭力相助。如查得實有受苦華工。合同年限未滿。不拘人數多寡。均議定由委員開單知照地方官。僱主不認。即由地方官傳案訊斷。如華工仍抱不平。許上告秘國各大員再為查覆。凡僑寓秘國。無論何國人民。呈稟式最優者。華工應一體均沾其益。凡華工合同已經期滿。若合同內有僱主應出回國船腳之議。該工人有願回國者。即當嚴令僱主出費送回。又各華工合同若無送回字合同已經期滿該工人無力自出船資有願回國者祕國將該工人等。附搭往華船上送回。船資一切。無須工人自備。祕國自行料理。又按光緒元年七月初七日。欽差大臣前江蘇巡撫丁日昌。與祕魯國欽差愛照會云。前於十三年五月議約之後。即由本國派委員於七月間前往貴國。查明華工情形。旋據送到華民呈詞口供以及見證人所錄情形。皆經指實華工所受委曲之處。務望貴大臣行知貴國。查照妥將以前苛待華工之弊端。盡行革除。本亦當或派　欽差。或委員前往確查。凡遇可以為華工保護除弊之處。隨時商同貴國。妥立章程。以歸盡善。附去華工見證供詞一本云云。當日祕欽差愛照覆皆允行。

儒按祕魯國生財之道。向惟開礦。今則專重古爱奴。古爱奴者鳥糞也。安達斯大山之東西多曠土。無人烟。鳥集於此。糞積如邱。淘汰之。熬煉之。則加資可制器。渣滓可肥田。各處多來販賣。一墩之價。約值銀十三磅。亞美利加地廣人稀。不敷驅使。故常至廣東澳門販人帶回。曰招工。既至其國。則呼為猪子。地當赤道之下。炎熱非常。鳥糞臭穢。易生疾疫。加以官吏苛刻。土人作踐。致死者不計其數。而中國窮民。仍被誑去。中國定例。凡中國人出洋者。自備川資。由中國至美國。每名川資約五十元。至祕魯當亦相仿。窮民川資無出。則貸於商人。言明到某國某埠。以傭工之值歸還。既到埠。商人代向傭主議定工值年限。寫立合同。取資而去。從此窮民身有所屬。不得自由。或淩虐。或轉販。悉聽傭主之便。雖有中國領事官駐紮之區。若情亦無由上達。此出洋傭工之通病，不獨美、秘等國為然也。光緒七年六月，兩廣總督張樹聲、巡撫裕寬聯銜出示，將此情弊愷切曉諭。

玻利非亞一作摩里威耶，又名高秘魯　儒按列國歲計政要曰：玻利非亞初屬西班牙，有波力萬者又作波里維亞起兵叛班，屢戰屢勝，至一千八百三十六年我道光六年八月二十五日，始自立為民主國。波力萬自定國例，後稍增損之。主國者為伯理璽天德，以四年為期。設國會，分上下議院。議員由百姓公舉，更置副伯理璽，與內、義、戶部、兵部、文教部各長相助為理。其都會向在拉拜而斯，後遷瓦路勞。國分九屬：曰拉槐阿司即拉拜而司，曰哥格班拔，曰帕託西，曰楚基薩格，曰山達克勒魯司，曰瓦路勞，曰大理宅，曰阜尼，曰阿達加麥。到秘魯國之貨，樹皮、科嘓茄啡、銅、軟鉛等類；到英國之貨，銅、銀、硝、古阿那原注鳥糞泥，按即古殷奴。東無出海之口，皆假道於巴西、秘魯，以西通南太平洋曰科比亞原注一名科比亞波爾多。農礦事務不甚講求，以土產多而出運難，其轉運惟賴驢馬而已。近由民興築馬路、鐵路，以便來往商旅。

分六部：

曰朱基薩加，都城建於平原，名作爾加斯　儒按朱基薩加即楚基薩克，都城名朱圭沙加，見地球說略。當即朱基薩加之轉音，作爾加斯當即拉拜而斯。

曰巴斯　儒按當即阿達加麥

曰疴魯羅　儒按當即瓦路勞

曰波多西　儒按當即帕託西

曰哥沙邦巴　儒按巴字當係巴字之訛。歲計政要有哥格班拔與哥沙邦巴音相近

智利（一作潛利，又作治里）在玻利非亞之西南　儒按列國歲計政要曰智利國向為西班牙屬地，一千八百十年（我嘉慶十五年）九月十八日自主為國。推擇有名望者為伯理璽天德。一千八百三十年（我道光十年）議定國例，設上下議院。上院公舉二十員，以九年為期。下院議員不定數，視民數之多寡為率，每二萬人舉一人，以三年為期。伯理璽天德以五年為期。推擇之法，百姓公舉二百十六人，即於其中定一人。視櫃中投名紙之多者定之。官分四部：曰內外部，曰戶部，曰義教部，曰兵海部。有軍機處，部官亦可入。審案置按察二員，教會置一大員，統兵置一大將，或水師提督。疆土有十三萬九百七十七見方英里。其南部落曰奧律高尼亞，六十二年始歸併（時為同治元年即地球說略所云南處土人也說略一書成於咸豐六年故不知併入智利）。有十二萬方英里，七萬土人。智利都城曰山的阿哥。其海口曰法不雷速（即地球說略之法巴雷鎖）。與英國貿易三分之二，次法，次德，美，秘魯。伐（與法同音）不雷速海口到都城輪路（火輪車之鐵路也），祗有一百十五英里之遙（合中國三百七十五里）。民間有出新法巧異者，由國給憑，許獨享其利。

地分八部，曰散地牙哉，至與部名同　儒按地球說略。智利國都城名散地牙哉。國中大城三。一即京城。一即哥固英波，產銅最勝。一名法巴雷瑣，國之極南處土人甚黠。其人自立為主國，不能統轄焉。　儒按光緒七年春，智利攻秘魯，破其都城，枝捋殆盡。秘主逃去求和。立有和約九欵。茲節錄其大略。　第一欵，令秘魯割交三處地方，一處名安多法界斯苔，一

處名大賴伯盖。一處名荅克乃　第二欵智利兵費。及一切零雜費用。均須秘魯賠償兵丁犒賞。與智國購造之船隻等。其費用亦須秘國還。　第三欵從前智利之人。廣居秘魯。為秘人所逐出者。其所失銀錢物產。均須秘國賠還　第四欵秘魯自此後五十年之内。不准築礮臺。四十年之内。不准製造兵船。　第五欵智利國如有貨物運往秘魯。須與他國一樣保護。秘魯之運智。智國亦一例照看　第六欵秘魯所有之古受奴。須歸智利經管。其使費由智利支給。所獲之利。作三股分開。一股歸秘魯。一股歸智利。尚有一股。則秘魯從前所欠各債。自一十八百七十九年以内者。由此股餘利内算還。俟還清各債之後。再將此股餘利兩分。秘智各得一半。然秘魯應得之一半。亦須俟第二第三欵秘魯應付之銀。全數付清。再行算交。　第七欵智利留兵一萬。在秘魯境内。其屯紮之地。任智利擇便而處。智利船隻之來秘地者。亦聽其所往。不得阻止。其駐紮秘魯之兵。粮費用均由秘魯支給。俟第二第三欵銀子償清。始行撤還　第八欵玻利非亞。本與秘魯接壤。此次秘魯應給智利之銀。智利但向秘魯索取。不涉玻利非亞之事。　第九欵此次所定條約。如有疑惑之處。可請居間人代為剖斷。

拉巴拉他一作孛臘達又作巴拉大河　在智利之東　儒按列國歲計政要曰。阿根廷舊名拉不拉搭。又作由乃的朴拉文士士本西班牙屬地。後乃自立為民主國。一千八百五十三年我咸豐三年須行國例立伯理璽天德柄國政。以六年為期。國分十四屬。每屬公舉九人。合為一百三十三人。以操選政議政分上下院。有副伯理璽佐上院主持衆議。國中文武職官律例師等由伯理璽天德簡派。行政有部官。分内部外部戸部兵海部文教部。今（謂同治十二年）伯理璽天德名薩面都。一千八百六十八年（我同治七年）得推為主。副伯理璽名阿西那。亦於是年入上院。各屬置總督一員。由地方公舉。可專主通屬民事。期限三年。一千八百六十二年（我同治元年）定皮湖那司愛爾斯地方為都會。其十四屬者。江省四屬。曰皮湖那司愛爾斯。有六萬三千方英里。曰山達霏。有一萬八千方英里。曰安得爾華。有四萬五千方英里。曰科爾速特。有五萬四千方英里。西山省四屬。曰而留華滑。有三萬一千五百方英里。曰該得瑪克。有三萬一千五百方英里。曰山旺有二萬九千七百方英里。曰侖多拉。有五萬四千方英里。中山省四屬。曰拷徒伐。有五千四百方英里。曰山雷。有一萬八千方英里。曰撒的亞哥特。曰勒斯的陸。有（兩共有地）三萬一千五百方英里。山北省二屬。曰薩德。有四萬五千方英里。曰鋤隨。有二萬七千方英里。通共有五十一萬五千七百方英里。阿根廷為新造之國。戸口本少。近年外國遷至客民入籍者無歲無之。土産羊毛牛油牛羊皮牛肉大馬鳥毛等物。與英美法三國往來居多。錢糧公項。多半出自關税。都會為大口岸。

地分十四部。曰不宜諾塞利（一作捕諾愛勒）。　儒按：即皮湖那司愛爾斯。

都城建於巴拉大河濱。與部名同（當即拉巴拉他之轉音）。　儒按：地球說略。京城名普納塞利斯。其大江名伯拉那儒按光緒七年春。智利既破秘魯。即以兵攻拉巴拉他。入其都城。拉國懼。求和立約。始退兵。

巴拉圭（或作巴拉乖又作巴拉吾愛）南亞墨利加小國也。間於巴西拉巴拉他之間。儒按地球說略作巴拉怪。其成城名亞生生。本隸拉巴拉他。一千八百一十三年。（我嘉慶十七年也與徐志乾隆年間異）自立為國。時有歐羅巴洲人名佛蘭西亞者。居是國。國人推為長官。又按巴拉圭今名巴來蒯。列國歲計政要曰。巴來蒯者。南亞美利加洲東偏小部落也。本為西班牙人所闢。一千八百十一年。（我嘉慶十一年）始叛而自立。不立王。置二監國。一千八百十五年。有啡蘭西牙者草澤特起。奪二人之權而自立。一國皆慴伏。迄一千八百四十年卒。國遂亂。鼠竊狗盜者二年。四十二年（我道光二十二年）始興議會。公舉啡蘭西牙之姪二人為主。一名唐阿郎蜀陸貝斯。（原注陸貝斯其姓唐阿郎蜀其名西人先名而後姓）一名唐噶陸貝斯。四十四年。唐噶獨主政。五十七年。（我咸豐七年）仍請唐噶留辦六十一年。（我咸豐十一年）唐噶卒。遺命傳子。唐福蘭昔斯哥陸貝斯嗣立。六十五年。（我同治四年）以爭疆界與巴西搆兵。巴西率阿根廷烏拉乖兩國兵戰爭五年之久。七十年三月。（我同治九年）巴來蒯兵大敗。唐福蘭昔斯哥戰歿。疆土削去大半。本有十一萬三千一百四十五方英里。至是僅存五萬七千三百三方英里。是年改國例。悉照阿根廷合衆國章程。七十一年。（我同治十年）立伯理璽六年為期。置副伯理璽主議會。行政有內部戶部文教部兵海部外部。國內多半荒地。茂林水草所在多有。故游牧者衆。近復令民相種畜養牛馬。土產麥堆。麥堆形如中國黃芽菜。將葉曬乾磨粉。西人用以代茶。謂之巴來蒯茶。七十年麥堆計有四百八十萬磅。值銀二十九萬磅此外麩葉牛羊客　又按四裔編年表嘉慶十八年巴拉圭自立為國。巴拉圭即巴拉圭轉音。

烏拉乖在巴拉圭之南　儒按地球説略作烏拉怪。其京城名門抵非豆　又按平圓地球圖。作伍魯秀愛國。　列國歳計政要曰烏拉乖本巴西之一省。後叛而自立。爭戰多年至一千八百二十八年八月二十七日。我道光八年巴西與立和約。許其分治。三十一年我道光十一年頒行國例。置上下議院立伯理璽。並有副者主上院議席均以四年為期。疆土有七萬三千五百三十八方英里。會城曰麥得肥地亞有海關。商船貨物進出必經之路。　又按四裔編年表作歐立奎國

巴西一作巴悉又作伯爾西又作巴拉西利又稱布拉熱爾南亞墨利加大國也地居南亞墨利加一洲之半　儒按巴西一作白來其。　又按光緒六年巴西遣使臣喀拉多至京都議立約通商。

江河多而長最大者曰亞馬孫自西而東口門似海　儒按亞馬孫一作亞馬生

嘉慶年間葡萄王為佛郎西王拿破侖所逼逃至巴西　儒按事在一千八百零七年。我嘉慶十二年。至一千八百十五年我嘉慶二十年。立巴西國。

佛師退歸國尋卒其子伯德祿留王巴西至土人暨遠方各國之人七十餘萬　儒按列國歳計政要曰。一千八百二十一年。我道光元年葡王回本國。葡人迎葡王學京第一之子貝德路即伯德祿永主巴西　按四裔年表葡國避法兵至巴西者為女王馬利佛蘭昔司加一千八百十六年女王卒子約翠為王仍居於白來齊一千八百二十一年約翠歸葡白

來其立貝德為攝王約罕不許一千八百二十四年我道光四年葡民叛因約罕英國討平之而赦貝德白來其即巴西約罕即學亨貝德即貝德路事事與政要同徐志所述誤矣以故巴西為葡國不拉剛薩朝之支庶。一千八百二十二年九月。貝德路令巴西與葡萄牙分治。自成一國。即年表葡王約罕於一千八百二十二年許智利自立為國不許貝德為白來其攝王時事蓋貝德路叛父自專也國會公議國例以巴西為傳代民主國。葡例無子可傳女。巴西亦仍其例。一千八百三十一年。貝德路第一退位。我道光十一年子貝德路第二立。國會分上下院。議員皆民舉。行政分七部。一關部兼戶部。二外部。三內部。四海部。五兵部。六義部。七工農商三部。別有武學院。繪事院。總書院。水師兵學院。大礮學院。均屬內部。而國家時稽察之。巴西疆土遼濶。有三百十萬一百四方英里。開闢未久。外來商民多聚沿海口岸。內地半屬荒土未墾。居民甚稀。一千八百五十年。我道光三十年始議招徠開墾。給土田。不取值。初時國家給其糸之。後皆能自贍。

都城建於海濱至為通國大埔頭　儒按地球說略。京城之北有一地。名巴喜亞。亦通國之大埠頭。

巴西北境濱海地名歪阿那一作古牙那又作　儒按地球說略作器亞拿。平圓地球圖作基阿那

巴他我拿一作八的哥尼阿又作智加又作巴羅彌那亞國。　儒按地球說略伯達加尼亞。平圓地球圖作帕塔果尼

南北亞墨利加海灣羣島

西班牙遣可侖駕船覓新地至遂稱之曰西印度　儒按可侖所誤認為印度者。實即巴哈

麻羣島之一可侖泊舟處土人名其地曰瓜亞那哈尼可侖更名曰桑撒瓦多一作三薩瓦多詳
語神聖救護也
西班牙屬島曰古巴　儒按地球說略。稱古巴為苦柏有大城名赫法拿當即哈瓦那之轉音　又按
中國窮民之赴古巴傭工者。其受凌虐。甚於舊金山秘魯等處。光緒三四五年間各國為之
不平。以告中國。中國派員前往料理其改革與否未可知也。　又中國於古巴設領事官西
班牙設有古巴總督　又光緒四年日斯巴尼亞駐紮中國欽差兼駐紮越南暹羅欽差御
賜頭等意薩貝勒等寶星大臣。伊作為全權大臣。與我總理各國事務衙門大臣　沈　毛
董　成　夏會議古巴華人事立章程十二條。
海地島在古巴之東全節　儒按海地島一作海帶。三多明各斯一作聖多明。又名山度明
哥。今分為兩國。列國歲計政要曰。海帶為亞美利加海灣羣島之一。本法國屬地。一千八百
六十七年。我同治六年六月。自立為國。有一萬二千四百方英里。議會分上下院。下院百姓公舉。三
年為期。上院議員。即於下院揀選。二年為期。立伯理璽天德以四年為限。例不得留辦越四
年可再舉。行政有四部。國常叛亂。多羨民。都會曰倒撥奔斯。即通商海口。居民多阿非利加
洲黑人。餘則法人與黑人產子。真歐洲人蓋少。土產茄啡棉花。最好格麗木。紅木之佳者　蘇木古
阿那。即鳥糞鳥地分東西兩部。西即海帶。東曰山度明哥　山度明哥國在西印度海灣即
海帶之東半島有一萬八千四十五方英里向屬法國一千八百四十四年。我道光二十四年叛而

自立。定國例。置議院上院五人。下院十五人。以六年為期。議院兼出號令與兵講和赦罪之權。近年立有伯理璽。四年為期。有義戶兵外四部官國地置四屬各屬有小議會。關稅極重。每倩值百磅。納稅四十磅。其族內黑白混雜。與海帶同。其歐洲人西班牙居多。故言語皆操班音。都城即名山度明哥。一千四百九十四年明孝宗弘治七年。築。距科倫婆即可命尋地至亞美利加洲時。才二年耳。此為西半球各國築城之首。即在烏石麥江口。通商甚少。因稅重也。土產茄啡。染料蘇木等古阿那。其東北角有一海灣。曰薩墨那灣。長三十英里。闊十里。停泊海船之最佳處。天下無與比者。一千八百七十三年。我同治十二年讓歸美國管轄。美與立約。其口岸四圍六百見方英里。皆由美公司管理。而山度明哥不置問焉。

瀛環新志跋

瀛環新志十卷丹徒李鴻軒先生之所著也先生以名孝廉沈滯郎署數十年生平於書無所不讀詩古文辭雄一世而尤留心有用之學輿地一門專精者五六十年無論家居旅店除會客論事外不間寒暑日常手一編與人談山川阨塞如數羅紋能使聽者忘倦故所著禹貢易知編遼史地理志攷及中國邊疆簡覽等書皆行於世而是書則專補徐志之疏漏譌誤博采數十百家之說不憚煩瑣務期詳贍蓋搜羅者十餘年矣歲辛丑　朝政維新士講西學將付石印津筏後生而先生方以辦理洲賑之故奔走江鄉無暇纂輯稿本乃以抄集之役屬霖凡四閱月而稿竣悉心校對者又數十日又仿徐志例於人名旁加丨地名旁加‖以別出之俾無牽混凡以遵先生教也夫霖於西學直門外漢耳然嘗聞西人議論謂各國圖記書籍如林欲求其詳莫如瀛環志略是徐氏志已為西學入門之要而是書增入咸同以來事實與各國因革罔不備具不尤為西學之要乎故霖樂是書之竟有成也又自以為小有微勞也不揣固陋謹綴數語於末以志欽佩而並望世之讀是書者無負先生之苦心焉至是書之義例先生自序已詳不敢復贅

世愚姪江都夏　霖謹跋

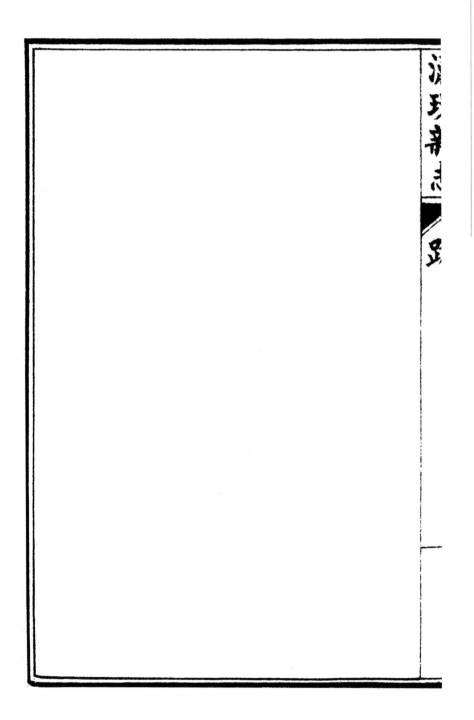

圖書在版編目（CIP）數據

海上絲綢之路文獻集成. 歷代史籍編. 第一輯. 第二卷 / 范金民主編. --福州：福建人民出版社，2023.8
ISBN 978-7-211-09081-5

Ⅰ. ①海… Ⅱ. ①范… Ⅲ. ①海上運輸–絲綢之路–史料–彙編 Ⅳ. ①K203

中國國家版本館CIP數據核字（2023）第072933號

審圖號 GS（2023）93號
本書有關内容和地圖僅代表作者個人觀點，不代表官方立場。

海上絲綢之路文獻集成・歷代史籍編（第一輯 第二卷）

主　　編　范金民
責任編輯　宋一明
美術編輯　白　玫
出版發行　福建人民出版社
電　　話　0591-87533169（發行部）
電子郵箱　fjpph7221@126.com
地　　址　福建省福州市東水路 76 號
經　　銷　福建新華發行（集團）有限責任公司
印刷裝訂　上海盛通時代印刷有限公司
地　　址　上海市金山區廣業路 568 號
電　　話　021-37910000
開　　本　787 毫米 ×1092 毫米　1/16
印　　張　243.5
版　　次　2023 年 8 月第 1 版第 1 次印刷
書　　號　ISBN 978-7-211-09081-5
定　　價　3200.00 元（共 8 册）